Strafrecht
Allgemeiner Teil

von

Dr. Horst Schlehofer

Professor an der Universität Düsseldorf

Dr. Holm Putzke, LL.M. (Krakau)

Professor an der Universität Passau
sowie der EBS Universität für
Wirtschaft und Recht Wiesbaden

Dr. Jörg Scheinfeld

Professor an der Universität Mainz

2022

C.H.BECK

www.beck.de

ISBN 978 3 406 62817 7

© 2022 Verlag C.H.Beck oHG
Wilhelmstraße 9, 80801 München
Druck: Druckerei C.H.Beck Nördlingen
(Adresse wie Verlag)

Satz: DTP-Vorlagen der Autoren
Umschlaggestaltung: Druckerei C.H.Beck Nördlingen

CO_2
neutral

chbeck.de/nachhaltig

Gedruckt auf säurefreiem, alterungsbeständigem Papier
(hergestellt aus chlorfrei gebleichtem Zellstoff)

Vorwort

Unser Lehrbuch ermöglicht Ihnen den Einstieg in den „Allgemeinen Teil" des Strafrechts, ebenso erleichtert es das Wiederholen des Stoffes vor strafrechtlichen Klausuren, etwa im Staatsexamen. Es schult Sie zugleich in der juristischen Methodik. Mit ihr werden die Probleme des Allgemeinen Teils entwickelt und gelöst. Wollen Sie sich nicht in der Fülle des Stoffes und im (aussichtslosen!) Lernen von Einzelheiten verlieren, müssen Sie die juristische Methodik beherrschen und den Allgemeinen Teil des Strafrechts gedanklich durchdrungen und verstanden haben. Nur dann sind Sie in der Lage, auch Probleme zu erkennen und zu bewältigen, zu denen Sie kein spezielles Wissen parat haben, sei es, weil Sie den Meinungsstand nicht kennen, sei es, weil das Problem noch gar nicht diskutiert ist. Ziel des Studiums ist es, Sie zu befähigen, auch solche Probleme zu lösen. Sie können Ihnen schon während des Studiums in Klausuren und Hausarbeiten begegnen und erst recht später im Referendariat und in der juristischen Praxis. Allein mit dem Auswendiglernen von Prüfschemata, Definitionen und Streitständen kommt man dann nicht weiter. Unser Lehrbuch zielt also auf Verständnis und nicht auf bloßes Auswendiglernen. Wer sein Studium so ausrichtet, reduziert den Lernaufwand ganz erheblich. Das Durcharbeiten des Buches wird Sie in die Lage versetzen, Aufgaben aus dem Allgemeinen Teil des Strafrechts gut vertretbar zu lösen und Ihre Lösung verständig zu begründen. Um Ihnen das Verstehen des Stoffes zu erleichtern, nehmen wir als Ausgangspunkt der Betrachtungen häufig anschauliche Fälle; zum leichteren Erfassen der Strukturen und Prüfabfolgen finden Sie diverse Aufbauvorschläge.

Für wertvolle Unterstützung danken wir unseren Mitarbeitern *Sophie Berensmann, Simon Bloch, Leon Böhm, Sarah Gade, Maria Knopp, Sofia Kolowos* und *Joshua Preißig*. Exzellente verlegerische Betreuung hat uns *Dr. Klaus Winkler* zuteilwerden lassen. Wenn das Buch hilft, Ihnen den Zugang zum Allgemeinen Teil des Strafrechts zu erleichtern, hat es seinen Zweck erfüllt. Kritik und Anregungen sind stets willkommen, am besten per E-Mail unter: holm.putzke@uni-passau.de.

Düsseldorf/Passau/Mainz, November 2021

Horst Schlehofer
Holm Putzke
Jörg Scheinfeld

Inhaltsverzeichnis

Vorwort V

Abkürzungsverzeichnis XV

Literatur zum Allgemeinen Teil des StGB XVII

Kapitel 1. Methodik der Fallbearbeitung im Strafrecht 1
A. Die Falllösung als Aufgabenstellung 1
B. Das Aufsuchen der in Betracht kommenden
   Rechtsnormen 2
   I. Die Strafandrohungsnormen im StGB und im
      Nebenstrafrecht 2
   II. Die Festlegung der Prüfungsfolge 2
      1. Mehrere Tatkomplexe 2
      2. Mehrere Personen 3
         a) Bei mehreren Personen, die nicht an
            derselben Straftat beteiligt sind 3
         b) Bei Personen, die an derselben Straftat
            beteiligt sind 3
      3. Bei mehreren Strafvorschriften 5
         a) Im Fall mehrerer Tathandlungen 5
         b) Im Fall einer einzigen Tathandlung 6
   III. Ergänzung der Strafandrohungsnormen durch
      allgemeine Strafbarkeitsvoraussetzungen und
      Strafverfolgungsvoraussetzungen 6
      1. Ergänzende Strafbarkeitsvoraussetzungen 7
         a) Im Allgemeinen Teil des StGB 7
         b) Im Besonderen Teil des StGB
            und außerhalb des StGB 7
      2. Strafverfolgungsvoraussetzungen 7
      3. Geltungsbereich des StGB (Strafanwendungsrecht) 8
         a) Anwendbarkeit des deutschen Strafrechts 8
         b) Schutzbereich der Norm 9
D. Die Systematisierung der Strafvoraussetzungen 10
E. Deliktstypen 12

Kapitel 2. Der Zweck des Strafens 14

A. Die „Zweispurigkeit" des Strafrechts 14
B. Mögliche Strafzwecke 15
   I. Die Zwecke der Strafandrohungsnormen 16
   II. Die Zwecke der Strafverhängung 16
   III. Die Zwecke des Strafvollzugs 17

Kapitel 3. Das vorsätzliche vollendete Handlungsdelikt 18

A. Der Tatbestand 18
   I. Der objektive Tatbestand 18
      1. Das Handlungsmerkmal 18
         a) Die Handlung 18
         b) Tatbestandliche Folgen, insbesondere
            tatbestandlicher Erfolg 22
         c) Die Kausalität 23
         d) Die objektive Zurechnung 28
         e) Das vorsatzdeliktische Maß der strafrechtlich
            missbilligten Gefahrschaffung 37
      2. Spezielle Merkmale des objektiven Tatbestandes 38
      3. Die allgemeinen Täterschaftsvoraussetzungen
         des § 25 I 39
         a) Die gemeinsame Voraussetzung der
            Täterschaftsformen: das Begehen der Straftat 39
         b) Die speziellen Voraussetzungen der
            verschiedenen Täterschaftsformen 40
         c) Die Prüfung der Täterschaftsvoraussetzungen
            im Deliktsaufbau 53
   II. Der subjektive Tatbestand 55
         a) Der kongruente (zur Verwirklichung des
            objektiven Tatbestandes passende) Vorsatz 55
         b) Andere Voraussetzungen des subjektiven
            Tatbestandes 72
B. Die Rechtswidrigkeit 72
   I. Die objektiven Voraussetzungen der Rechtswidrigkeit 73
      1. Die Abwesenheit von Rechtfertigungsgründen 73
         a) Die Struktur der Rechtfertigungsgründe 73
         b) Vollständiger und partieller Unrechtsausschluss
            durch Rechtfertigungsgründe 75
      2. Die Abwesenheit anderer Erlaubnisgründe 77
      3. Der Rechtswidrigkeitszusammenhang,
         insbesondere bei hypothetischer Einwilligung 78

II. Die subjektive Voraussetzung der Rechtswidrigkeit:
der Vorsatz bezüglich der objektiven Rechtswidrigkeitsvoraussetzungen 80
III. Die Rechtfertigungsgründe 84
    1. Prinzipien der Rechtfertigung 84
    2. Wirkungen des Unrechtsausschlusses 86
    3. Notwehr 86
        a) Notwehrlage 88
        b) Notwehrhandlung 92
        c) Subjektives Notwehrelement 99
        d) Speziell: Notwehr gegen Unterlassen 100
        e) Speziell: Hoheitliches Handeln und Notwehr 102
    4. Rechtfertigender Notstand 103
        a) Notstandslage 104
        b) Notstandshandlung 104
        c) Interessenabwägung und Angemessenheit der Tat 105
        d) Subjektives Notstandselement 111
    5. Einwilligung 111
        a) Einverständnis und Einwilligung 111
        b) Wirksamkeitsvoraussetzungen von
           Einverständnis und Einwilligung 113
        c) Subjektives Einwilligungselement 120
    6. Mutmaßliche Einwilligung 120
    7. Festnahmerecht 122
    8. Weitere Rechtfertigungsgründe 123
    9. Unrecht des Vorverhaltens (actio illicita in causa) 125
C. Die Schuld 126
  I. Die Voraussetzungen strafrechtlicher Schuld 126
  II. Die gesetzlichen Schuldregeln, insbesondere die
Schuldausschließungs- und Entschuldigungsgründe 127
    1. Schuldunfähigkeit gemäß § 19 127
    2. Die Schuld des Jugendlichen gemäß § 3 S. 1 JGG 127
    3. Schuldausschluss wegen seelischer Störungen
gemäß § 20 128
        a) Die geschriebenen Voraussetzungen 128
        b) Ungeschriebene Einschränkungen des § 20
           in Fällen der actio libera in causa? 128
    4. Schuldausschluss wegen unvermeidbaren
Verbotsirrtums gemäß § 17 S. 1 131
        a) Fehlen der Unrechtseinsicht 131
        b) Die Unvermeidbarkeit des Irrtums 132
    5. Schuldausschluss wegen Überschreitung
der Notwehr gemäß § 33 134

a) Die Bedeutung der Rechtsfolge
„wird er nicht bestraft".. 134
b) Die Voraussetzungen des § 33 134
6. Schuldausschluss analog § 33 bei irriger
Annahme einer Notwehrlage? 136
7. Entschuldigender Notstand gemäß § 35 137
a) Der Schuldausschluss gemäß § 35 I 137
b) Der Schuldausschluss gemäß § 35 II 1 143
c) Exkurs: Strafmilderungen bei Zumutbarkeit
gemäß § 35 I 2 und bei vermeidbarem Irrtum
gemäß § 35 II 2 143
8. Schuldausschluss analog § 35 – sog.
übergesetzlicher entschuldigender Notstand?............. 144

Kapitel 4. Fahrlässigkeitsdelikt 146
A. Der Tatbestand des Fahrlässigkeitsdelikts............................ 146
I. Die Fahrlässigkeit.. 146
1. Die objektive Fahrlässigkeit...................................... 147
a) Die objektive Sorgfaltspflichtverletzung
und ihre Bestimmung... 147
b) Subjektive Komponenten der objektiven
Fahrlässigkeit: bewusste und unbewusste
Fahrlässigkeit 149
2. Die subjektive Fahrlässigkeit als Merkmal des
Tatbestandes? 150
II. Der Zusammenhang zwischen der Fahrlässigkeit
und den tatbestandlichen Folgen........................... 150
1. Die Herleitung dieser Voraussetzung........................... 151
2. Die Bestimmung des Zusammenhangs zwischen
der Fahrlässigkeit und den tatbestandlichen Folgen 151
a) Die Fallgruppe des Pflichtwidrigkeitszusammenhangs 152
b) Die Fallgruppe des Schutzzweckzusammenhangs.. 154
III. Die objektive Zurechnung als Tatbestandsvoraussetzung? 155
IV. Die Täterschaftsmerkmale des § 25 als Tatbestandsvoraussetzungen?... 155
B. Die Rechtswidrigkeit 156
C. Die Schuld 157
I. Schuldausschluss wegen Unzumutbarkeit norm-
gemäßen Verhaltens?... 157
II. Die subjektive Sorgfaltspflichtverletzung als Schuld-
voraussetzung? 158

Kapitel 5. Die Vorsatz-Fahrlässigkeits-Kombinationen der Teilvorsatzdelikte 159

A. Die „eigentlichen" Vorsatz- Fahrlässigkeits-
kombinationen 159
B. Die erfolgsqualifizierten Delikte 159
   I. Der objektive Tatbestand 160
   II. Der subjektive Tatbestand 160

Kapitel 6. Unterlassungsdelikt 162

A. Unechte und echte Unterlassungsdelikte 162
B. Strafbarkeitsprüfung für unechte Unterlassungsdelikte 163
   I. Prüfschema 163
   II. Keine Abweichungen zum Handlungsdelikt 164
      1. Erfolgseintritt, Kausalität und objektive Zurechnung ... 164
      2. Vorsatz 164
C. Strafbarkeitsvoraussetzungen bei unechten
Unterlassungsdelikten 165
   I. Unterlassen der Erfolgsabwendung 165
      1. Abgrenzung „Tun/Unterlassen" 165
      2. Erfolgsabwendungsfähigkeit 166
      3. Ursächlichkeit (hypothetische Kausalität) 166
   II. Einstandspflicht (Garantenpflicht) 167
      1. Allgemein 167
      2. Arten von Einstandspflichten 167
         a) Beschützergaranten 167
         b) Bewachergaranten 169
   III. Entsprechungsklausel 171
   IV. Rechtswidrigkeit und Schuld 171
      1. Rechtfertigende Pflichtenkollision 171
      2. Unzumutbarkeit normgemäßen Verhaltens 172

Kapitel 7. Anstiftung (§ 26) und Beihilfe (§ 27) 174

A. Die objektiven Tatbestände der §§ 26, 27 174
   I. Die vorsätzlich begangene rechtswidrige Tat eines
anderen 174
   II. Die Handlungsmerkmale „Bestimmen" und
„Hilfeleisten" 175
      1. Das „Bestimmen" 175
         a) Die Art und Weise des Bestimmens 175
         b) Der Umfang des Bestimmens 176
      2. Das Hilfeleisten 177
      3. Die Voraussetzungen der objektiven Zurechnung 177

a) Die Fallgruppe des äußerlich neutralen
Verhaltens 178
b) Die Fallgruppe der notwendigen Teilnahme 178
c) Die Fallgruppe des agent provocateur 179
B. Die subjektiven Tatbestände der §§ 26, 27 180
I. Der Vorsatz hinsichtlich der Umstände, die zum
objektiven Tatbestand gehören 180
II. Der Vollendungsvorsatz als Voraussetzung? 182
C. Die Modifizierungen der §§ 26, 27 durch § 28 183
I. Die Rechtsfolge des § 28 I 183
II. Die Rechtsfolge des § 28 II 183
III. Die Voraussetzungen des § 28 I, II 186
1. Die Voraussetzungen des § 28 I 186
a) Die besonderen persönlichen Merkmale 186
b) Besondere persönliche Merkmale, welche die
Strafbarkeit des Täters begründen 187
2. Die Voraussetzungen des § 28 II 188
a) Die besonderen persönlichen Merkmale 188
b) Die strafschärfenden, strafmildernden und
strafausschließenden besonderen persönlichen
Merkmale 189
IV. Die Prüfung des § 28 im Deliktsaufbau 189
1. Die deliktssystematische Einordnung des § 28 I 189
2. Die deliktssystematische Einordnung des § 28 II 189
a) Bei Deutung der Rechtsfolge als
Strafrahmenverschiebung 189
b) Bei Deutung der Rechtsfolge als
Tatbestandsverschiebung 190

Kapitel 8. Versuch und Rücktritt 192

A. Versuch 192
I. Die gesetzlichen Merkmale 193
1. Vorstellung von der Tatbestandsverwirklichung
und weitere subjektive Tatbestandsmerkmale
(Tatentschluss) 194
a) Unbedingter Handlungswille 194
b) Untaugliche, abergläubische (irreale)
Versuche und Wahndelikt 195
c) Irrtümer (error in persona) 196
2. Unmittelbares Ansetzen „nach seiner Vorstellung" 197
a) Allgemeine Kriterien 198
b) Besondere Konstellationen 202
II. Sonderkonstellationen 208

1. Versuch bei erfolgsqualifizierten Delikten 208
   a) Versuch eines erfolgsqualifizierten Delikts............ 209
   b) Erfolgsqualifizierter Versuch 209
2. Versuchte Anstiftung (§ 30 I) 210
B. Rücktritt vom Versuch... 212
I. Ratio legis... 213
II. Einzeltäter (§ 24 I)... 214
1. Gesetzesfremde Prüfpunkte und das Prinzip der
   Sorgfaltswahrung... 214
2. Die gesetzlichen Rücktrittsalternativen des § 24 I 216
   a) Aufgeben der weiteren Tatausführung (§ 24 I 1
      Alt. 1).. 216
   b) Verhindern der Tatvollendung (§ 24 I 1 Alt. 2)...... 222
   c) Ernsthaftes Bemühen um Vollendungs-
      verhinderung (§ 24 I 2).. 224
   d) Freiwilligkeit als Voraussetzung eines jeden
      Rücktritts.. 225
III. Mehrere Beteiligte (§ 24 II)... 227
IV. Partieller Rücktritt 228
V. Rücktritt vom Versuch nach § 31 228

Kapitel 9. Konkurrenzen 229

A. Die konkurrenzrechtliche Ausgangslage 229
B. Konkurrenzen bei mehreren Gesetzesverletzungen 230
I. Gesetzeskonkurrenz... 231
1. Spezialität.. 231
2. Konsumtion 231
3. Subsidiarität... 232
4. Konkrete Normbetrachtung 232
II. Tateinheit (§ 52 I) 233
1. Mehrere Gesetzesverletzungen.................................... 233
2. Dieselbe Handlung 233
   a) Eine Handlung im natürlichen Sinn........................ 234
   b) Eine Handlung im rechtlichen Sinn........................ 234
III. Tatmehrheit (§ 53 I) 237
IV. Ergebnissatz mit Normenkette 237

Stichwortverzeichnis 239

Abkürzungsverzeichnis

aA	andere(-r) Ansicht
allgM	allgemeine Meinung
Alt.	Alternative
Anm.	Anmerkung
Art.	Artikel
AT	Allgemeiner Teil
Aufl.	Auflage
BayObLG	Bayerisches Oberstes Landesgericht
Bd.	Band
Beschl.	Beschluss
BGBl	Bundesgesetzblatt
BGH	Bundesgerichtshof
BGHSt	Entscheidungssammlung des BGH in Strafsachen
BR-Drucks.	Drucksache des Bundesrats
BT	Besonderer Teil
BT-Drucks.	Drucksache des Bundestags
BVerfG	Bundesverfassungsgericht
BVerfGE	Entscheidungssammlung des BVerfG
bzw.	beziehungsweise
ca.	circa (ungefähr, etwa)
d.h.	das heißt
etc.	et cetera (und so weiter)
f.	folgende (Einzahl, zB Seite)
ff.	folgende (Mehrzahl, zB Seiten)
Fn.	Fußnote
FS	Festschrift
ggf.	gegebenenfalls
GA	Goltdammer's Archiv für Strafrecht
GG	Grundgesetz
grds.	grundsätzlich
hL	herrschende Lehre
hM	herrschende Meinung
Hrsg.	Herausgeber
i.d.R.	in der Regel
iErg.	im Ergebnis
i.S.d.	im Sinne des
JA	Juristische Arbeitsblätter
JURA	Juristische Ausbildung
JuS	Juristische Schulung
JZ	JuristenZeitung
LK	Leipziger Kommentar

m. .... mit
m.a.W. .... mit anderen Worten
MüKo .... Münchener Kommentar
mwN .... mit weiteren Nachweisen
NJW .... Neue Juristische Wochenschrift
NK .... Nomos-Kommentar
Nr. .... Nummer
NStZ .... Neue Zeitschrift für Strafrecht
OLG .... Oberlandesgericht
Rn. .... Randnummer(-n)
Rspr. .... Rechtsprechung
S. .... Seite(-n)
s. .... siehe
SK .... Systematischer Kommentar
sog. .... so genannte(-s/-r)
StGB .... Strafgesetzbuch
StPO .... Strafprozessordnung
s.u. .... siehe unten
u.a. .... und andere
Urt. .... Urteil
usw. .... und so weiter
v. .... von, vom, vor
vgl. .... vergleiche
zB .... zum Beispiel
zit. .... zitiert
ZStW .... Zeitschrift f. die gesamte Strafrechtswissenschaft

Literatur zum Allgemeinen Teil des StGB

I. Lehrbücher

Baumann/Weber/Mitsch/Eisele: Strafrecht Allgemeiner Teil, 13. Aufl. 2021
Eisele/Heinrich: Strafrecht Allgemeiner Teil für Studienanfänger, 2. Aufl. 2020
Frister: Strafrecht Allgemeiner Teil, 9. Aufl. 2020
Gropp/Sinn: Strafrecht Allgemeiner Teil, 5. Aufl. 2020
Hardtung/Putzke: Examinatorium Strafrecht AT, 1. Aufl. 2016
Heinrich: Strafrecht Allgemeiner Teil, 6. Aufl. 2019
Hilgendorf/Valerius: Strafrecht Allgemeiner Teil, 2. Aufl. 2015
Ibold: Strafrecht I, Allgemeiner Teil, 2019
Jäger: Examens-Repetitorium Strafrecht Allgemeiner Teil, 10. Aufl. 2021
Jescheck/Weigend: Lehrbuch des Strafrechts, Allgemeiner Teil, 5. Aufl. 1996
Kaspar: Strafrecht – Allgemeiner Teil, 3. Aufl. 2019
Kindhäuser/Zimmermann: Strafrecht Allgemeiner Teil, 10. Aufl. 2020
Krey/Esser: Deutsches Strafrecht Allgemeiner Teil, 7. Aufl. 2021
Kudlich: Strafrecht Allgemeiner Teil, 6. Aufl. 2021
Kühl: Strafrecht Allgemeiner Teil, 8. Aufl. 2017
Murmann: Grundkurs Strafrecht, 6. Aufl. 2021
Puppe: Strafrecht Allgemeiner Teil, 4. Aufl. 2019
Rengier: Strafrecht Allgemeiner Teil, 13. Aufl. 2021
Roxin/Greco: Strafrecht Allgemeiner Teil, Band I, 5. Aufl. 2020
Roxin: Strafrecht Allgemeiner Teil, Band II, 2003
Schmidt: Strafrecht Allgemeiner Teil, 22. Aufl. 2022
Stratenwerth/Kuhlen: Strafrecht Allgemeiner Teil, Die Straftat, 6. Aufl. 2011
Tofahrn: Strafrecht Allgemeiner Teil I, 5. Aufl. 2021
Tofahrn: Strafrecht Allgemeiner Teil II, 4. Aufl. 2017
Wessels/Beulke/Satzger: Strafrecht, Allgemeiner Teil, 51. Aufl. 2021

II. Fallbücher

Beulke: Klausurenkurs im Strafrecht I, 8. Aufl. 2020
Beulke: Klausurenkurs im Strafrecht II, 4. Aufl. 2019
Beulke: Klausurenkurs im Strafrecht III, 5. Aufl. 2018
Gropp/Küpper/Mitsch: Fallsammlung zum Strafrecht, 2. Aufl. 2012
Hemmer/Wüst/Berberich: Die 34 wichtigsten Fälle Strafrecht AT, 12. Aufl. 2020
Hilgendorf: Fälle zum Strafrecht I (4. Aufl. 2020), II (3. Aufl. 2020), III (2. Aufl. 2016)
Kaspar/Reinbacher: Casebook Strafrecht Allgemeiner Teil, 2020
Kudlich: Fälle zum Strafrecht Allgemeiner Teil, 4. Aufl. 2021
Mitsch: Strafrecht in der Examensklausur, 2021
Schmidt: Fälle zum Strafrecht I, 6. Aufl. 2018
Schmidt: Fälle zum Strafrecht II, 7. Aufl. 2018
Wohlers/Schuhr/Kudlich: Klausuren und Hausarbeiten im Strafrecht, 6. Aufl. 2020

Kapitel 1. Methodik der Fallbearbeitung im Strafrecht

Literatur: *Schlehofer*, Plädoyer für die Ablösung der üblichen Methodik, JuS 1992, 572 ff.; ferner *Klaas/Scheinfeld*, Die Strafrechtsklausur, Jura 2010, 542; *Wank*, Die Auslegung von Gesetzen, 6. Aufl. 2015; *Wieduwilt*, Die Sprache des Gutachtens, JuS 2010, 288; *Wolf*, Kleine Stilkunde für Jurastudenten, ZJS 2020, 553; *Zippelius*, Juristische Methodenlehre, 12. Aufl. 2021.

A. Die Falllösung als Aufgabenstellung

Strafrechtliche Aufgaben an der Universität und im Examen bestehen **1** regelmäßig darin, einen Sachverhalt strafrechtlich zu begutachten, d.h. die Frage zu beantworten, ob und ggf. wie sich jemand strafbar gemacht hat. Dazu benötigt man nicht nur Kenntnisse im Strafrecht, sondern auch in der **juristischen Methodik**. Man muss wissen, wie das Strafrecht auf den Sachverhalt anzuwenden ist, etwa auf den

> **Fall 1:** Dem Vogelliebhaber V ist die Katze seines Nachbarn N ein **2** Dorn im Auge, weil sie den Vögeln nachstellt und auch schon einige getötet hat. Als er sich wieder einmal über sie ärgert, rät ihm seine Frau F, die Katze doch zu vergiften. Und das tut V, indem er einen vergifteten Köder auslegt. Als N die verendete Katze findet, hat er sogleich V in Verdacht. Er erstattet gegen ihn bei der Polizei Strafanzeige.

Inwieweit in einem solchen Fall die **Strafbarkeit** zu untersuchen ist, **3** hängt ab von der Frage, die zu dem Sachverhalt gestellt wird. Hier könnte sie etwa lauten: Strafbarkeit von V, F und N? Dann ist die Strafbarkeit umfassend zu untersuchen; insbesondere sind dann auch Strafnormen außerhalb des StGB – des sog. **Nebenstrafrechts** – zu berücksichtigen, hier § 17 Nr. 1 TierSchG („Mit Freiheitsstrafe bis zu drei Jahren oder mit Geldstrafe wird bestraft, wer ein Wirbeltier ohne vernünftigen Grund tötet"). Ordnungswidrigkeiten haben aber außer Betracht zu bleiben, wenn nicht ausnahmsweise ausdrücklich nach ihnen gefragt ist. Denn eine Ordnungswidrigkeit ist keine Straftat; sie kann nur mit einer „Geldbuße" „geahndet" werden (siehe § 1 I OWiG).

B. Das Aufsuchen der in Betracht kommenden Rechtsnormen

4   Der erste Schritt zur Beantwortung der Fallfrage besteht darin, zu dem **(strafrechtlich) relevanten Verhalten** (im Fall 1: bei V „Köder auslegen", bei F „rät" und bei N „Anzeige erstatten") die in Betracht kommenden Rechtsnormen aufzusuchen.

I. Die Strafandrohungsnormen im StGB und im Nebenstrafrecht

5   Zunächst ist nach **Rechtsnormen** zu suchen, die die **Rechtsfolge** „Strafe" androhen. Sie finden sich im Besonderen Teil des StGB, vereinzelt auch im Allgemeinen Teil des StGB und im schon erwähnten Nebenstrafrecht. Im Fall 1 kommen in Betracht: für V (durch das Auslegen des Köders) aus dem Besonderen Teil des StGB § 303 I und aus dem Nebenstrafrecht § 17 Nr. 1 TierSchG, für F (durch das Erteilen des Rats) aus dem Allgemeinen und dem Besonderen Teil des StGB die §§ 303 I, 26, aus dem Allgemeinen Teil des StGB und dem Nebenstrafrecht die §§ 17 Nr. 1 TierSchG, 26 und für N (durch das Erstatten der Anzeige) aus dem Besonderen Teil des StGB die §§ 185, 186.

II. Die Festlegung der Prüfungsfolge

6   Im nächsten Schritt ist zu entscheiden, in welcher **Reihenfolge** die Vorschriften zu prüfen sind. Dabei sollte man sich vom **Zweck des Gutachtens** leiten lassen, den Leser darüber zu informieren, ob und ggf. wie sich jemand strafbar gemacht hat. Das gelingt umso besser, je mehr man sich um Übersichtlichkeit, gedankliche Ordnung, Verständlichkeit und eine richtige Schwerpunktsetzung bemüht.

1. Mehrere Tatkomplexe

7   Bei umfangreichen Fällen mit mehreren Tatkomplexen kann es sinnvoll sein, auch die Prüfung nach zeitlich aufeinander folgenden Tatkomplexen aufzubauen (chronologisch). Dadurch kann das Gutachten **übersichtlicher** werden. Das würde sich beispielsweise anbieten bei einem Sachverhalt, in dem zunächst ein Banküberfall mit Geiselnahme, dann der gewaltsame Ausbruch der Täter aus der Untersuchungshaft, ihr Untertauchen im Rotlichtmilieu und ihre dortigen Taten als Zuhälter geschildert werden. Hier würde sich die Untergliederung in drei Tatkomplexe anbieten, nämlich in den Banküberfall, den Ausbruch aus der Untersuchungshaft und die Taten im Rotlichtmilieu.

2. Mehrere Personen

Ist nach der Strafbarkeit mehrerer gefragt, muss zudem nach Personen gegliedert werden.   **8**

a) Bei mehreren Personen, die nicht an derselben Straftat beteiligt sind

Sind die Personen nicht an einer Tat beteiligt, wird es regelmäßig   **9** auch dabei zweckmäßig sein, **chronologisch** vorzugehen, d.h. entsprechend der zeitlichen Abfolge. So sollte im Fall 1 die Strafbarkeit des V vor der Strafbarkeit des N untersucht werden.

b) Bei Personen, die an derselben Straftat beteiligt sind

Anders ist es, wenn die Beteiligung mehrerer an einer Tat zu prüfen   **10** ist (Mittäterschaft gemäß § 25 II, mittelbare Täterschaft gemäß § 25 I Alt. 2, Anstiftung gemäß § 26, Beihilfe gemäß § 27). Dann hätte ein chronologisches Vorgehen mehr Nachteile als Vorteile. Das liegt an den gesetzlichen Voraussetzungen dieser Beteiligungsformen.

aa) Bei der Mittäterschaft (§ 25 II)

Für die Mittäterschaft sind sie so formuliert, dass die Beteiligten bei   **11** der Prüfung zusammengefasst werden müssen; denn nur die Beteiligten zusammen können die Voraussetzungen des § 25 II („Begehen *mehrere* die Straftat *gemeinschaftlich*") erfüllen. Diese **zusammengefasste Prüfung** empfiehlt sich auch, wenn jeder Beteiligte den Tatbestand schon gemäß § 25 I Alt. 1 vollständig selbst verwirklicht. Denn § 25 I Alt. 1 erfasst nur einen Teil des mittäterschaftlich begangenen Unrechts – nur den Teil, den jeder der Beteiligten selbst verwirklicht (wenn zB sowohl A als auch B den C ins Gesicht schlagen). Nach § 25 II wird jedem Mittäter aber außer dem von ihm selbst verwirklichten Unrecht auch das vom anderen verwirklichte wie selbst verwirklichtes angelastet. Und das kann Auswirkungen sowohl auf den Umfang der Strafbarkeit wie auch auf die Strafverfolgung haben. Das zeigt beispielhaft

> **Fall 2:** Die Stadtstreicher S und T brechen gemeinschaftlich in einen   **12** Kiosk ein, um daraus Schnaps zu stehlen. Jeder entwendet wie geplant zwei Flaschen Grappa im Wert von jeweils 15 Euro.

13   Jeder der beiden hat gemäß § 25 I Alt. 1 „selbst" einen Diebstahl gemäß § 242 I und eine Sachbeschädigung gemäß § 303 I begangen. Beließe man es dabei, könnten S und T jeweils nur nach den §§ 242 I, 303 I bestraft werden. Ein besonders schwerer Fall des Diebstahls nach § 243 I Nr. 1 (Einbruchsdiebstahl) wäre gemäß § 243 II ausgeschlossen, wenn man die Geringwertigkeitsgrenze mit der neueren Rechtsprechung bei 50 Euro zieht (siehe OLG Frankfurt a.M. NStZ-RR 2017, 12; aA BGH BeckRS 2004, 7428: 25 Euro). Denn dann beziehen sich die von S und T jeweils selbst begangenen Diebstahlstaten nur auf geringwertige Sachen. Auch wäre die Verfolgung des von ihnen jeweils selbst begangenen Diebstahls wegen der Geringwertigkeit der jeweiligen Beute nur unter den Voraussetzungen des § 248a möglich. Als Mittäter sind S und T aber in weiterem Umfang strafbar, nämlich wegen Einbruchsdiebstahls gemäß § 243 I Nr. 1. Ein besonders schwerer Fall ist nicht nach § 243 II StGB ausgeschlossen. Denn der von ihnen gemeinschaftlich begangene Diebstahl von vier Flaschen Grappa im Wert von 15 Euro übersteigt die Geringwertigkeitsgrenze von 50 Euro. Damit wäre zudem die Strafverfolgung nicht mehr an die Voraussetzungen des § 248a gebunden.

bb) Bei der mittelbaren Täterschaft (§ 25 I Alt. 2), der Anstiftung
(§ 26) und der Beihilfe (§ 27)

14   Bei der Prüfung der mittelbaren Täterschaft (§ 25 I. Alt. 2) und der Teilnahme (§§ 26, 27) ist ein chronologischer Aufbau nach den gesetzlichen Voraussetzungen zwar möglich. Er würde die Prüfung hier aber unübersichtlicher machen. Denn sowohl für die mittelbare Täterschaft als auch für Anstiftung und Beihilfe kommt es darauf an, wie das Verhalten des später Handelnden strafrechtlich zu beurteilen ist. Denn davon hängt ab, ob er ein „anderer" i.S.d. § 25 I Alt. 2 ist – das soll nach hL nur jemand sein können, der für die Tat strafrechtlich nicht verantwortlich ist (siehe etwa *Kindhäuser* LPK StGB § 25 Rn. 5 ff.) – oder ob er eine vorsätzliche rechtswidrige – und das heißt nach § 11 I Nr. 5 auch: straftatbestandsmäßige – Tat i.S.d. §§ 26, 27 StGB begangen hat. Im Fall 1 sollte deshalb nicht – wie es der Chronologie entspräche – mit der Strafbarkeit der F, sondern **zweckmäßiger** mit der des V begonnen und die Strafbarkeit der F erst im Anschluss daran (vor der Strafbarkeit des N) geprüft werden. Denn würde man mit der Strafbarkeit der F wegen Anstiftung beginnen, müsste dabei schon ein Teil der Strafvoraussetzungen für V untersucht werden, nämlich ob er eine vorsätzliche rechtswidrige Tat begangen hat. Zieht man die Prüfung der Strafbarkeit des V vor, kann man hingegen bei der Prüfung der Anstiftung im Hinblick auf die vorsätzlich begangene rechtswidrige Tat des anderen auf die entsprechenden Ausführungen bei der Strafbarkeit des V verweisen.

15   Dieser Aufbau verbietet sich allerdings, wenn der Haupttäter tot ist oder wenn ausnahmsweise nur nach der Strafbarkeit des Teilnehmers, nicht auch nach der des Haupttäters gefragt ist. Dann darf man nicht vorab die Strafbarkeit des Haupttäters prüfen, sondern *nur* im Rahmen (d.h. inzident) der §§ 26, 27, ob er eine vorsätzliche rechtswidrige Tat begangen hat.

Bei der mittelbaren Täterschaft wäre es ähnlich. Angenommen, im **16** Fall 1 hätte V seinen 13-jährigen Sohn S angewiesen, das Gift auszulegen. Dann könnte V die §§ 303 I StGB, 17 Nr. 1 TierSchG gemäß § 25 I Alt. 2 als mittelbarer Täter verwirklicht haben. Würde man das vor der Strafbarkeit des S prüfen, müsste man im Rahmen des § 25 I Alt. 2 auf die Strafbarkeit des S vorgreifen – weil eine mittelbare Täterschaft des V nach hM (etwa *Roxin* AT II § 25 Rn. 45 ff.) davon abhängt, ob S für die Vergiftung der Katze selbst strafrechtlich verantwortlich ist; nur, wenn er dies nicht ist, soll er wie gesagt nach hM ein „anderer" i.S.d. § 25 I Alt. 2 sein. Beginnt man hingegen mit der Strafbarkeit des S, kann man bei der Strafbarkeit des V wegen mittelbarer Täterschaft auf das zur Strafbarkeit des S Gesagte verweisen.

So dürfte man aber wiederum nicht vorgehen, wenn nur nach der Strafbarkeit **17** des V gefragt wäre. Dann müsste bei § 25 I Alt. 2 untersucht werden, ob S ein „anderer" i.S. dieser Vorschrift ist – und damit nach hM, ob S für die Tat strafrechtlich verantwortlich ist.

3. Bei mehreren Strafvorschriften

Sind für eine Person mehrere Strafvorschriften erwägenswert, muss **18** schließlich deren Reihenfolge festgelegt werden.

a) Im Fall mehrerer Tathandlungen

Kommen die Strafvorschriften für unterschiedliche Handlungen in **19** Betracht, sollten grundsätzlich auch sie nach der **zeitlichen Abfolge** der Tathandlungen geprüft werden, weil das meist die übersichtlichste Lösung ist. Es gibt aber auch hier Gründe, von der Chronologie abzuweichen. Einer ist, dass das Gutachten sich auf das beschränken soll, was für die Lösung des Falles erheblich ist. Deshalb sollte man nicht mit der Prüfung einer Strafvorschrift beginnen, die von einer anderen als Strafgrundlage verdrängt wird. Man spricht in solchen Fällen von **Gesetzeskonkurrenz**. Ihr Grundgedanke ist, dass die Bestrafung aus dem vorrangigen Delikt das Unrecht des verdrängten Delikts mit abgilt. Ist die Gesetzeskonkurrenz offensichtlich, erübrigt es sich sogar, die verdrängte Strafvorschrift im Einzelnen zu prüfen. Es genügt dann zu sagen, dass auch eine Strafbarkeit nach dieser Vorschrift in Betracht kommt, das aber offenbleiben kann, weil sie von der anderen wegen Gesetzeskonkurrenz verdrängt werden würde. So wären im Fall 1 Ausführungen zur Strafbarkeit der F wegen Anstiftung überflüssig, wenn F auch zusammen mit V das Gift ausgelegt hätte und damit Mittäterin einer Sachbeschädigung und Wirbeltiertötung wäre. Denn dann würde F nur wegen der mittäterschaftlichen Begehung und nicht auch wegen der Anstiftung bestraft; die Anstiftung würde durch die Bestrafung wegen Mittäterschaft mit abgegolten.

b) Im Fall einer einzigen Tathandlung

20   Kommen mehrere Strafvorschriften schon für eine Tathandlung in Betracht, hilft der Gesichtspunkt der Chronologie nicht weiter, wohl aber der der Gesetzeskonkurrenz. So ist es im Fall 1 bei der Strafbarkeit des N. Selbst wenn N durch die Anzeige außer § 186 auch § 185 verwirklicht haben sollte, würde er nur nach § 186 bestraft. § 186 würde als **speziellere Vorschrift** § 185 verdrängen.

21   Bei der Strafbarkeit des V versagt aber auch dieser Gliederungsgesichtspunkt. Denn die für ihn in Betracht kommenden Delikte der §§ 303 I StGB, 17 Nr. 1 TierSchG stehen zueinander nicht in Gesetzeskonkurrenz. Sind die Voraussetzungen der §§ 303 I StGB, 17 Nr. 1 TierSchG erfüllt, ist V wegen Sachbeschädigung *und* Wirbeltiertötung strafbar. Denn eine Bestrafung nur wegen Sachbeschädigung oder nur wegen Wirbeltiertötung würde das Unrecht des jeweils anderen Delikts nicht deutlich genug machen. § 303 erfasst nur das Unrecht einer Eigentumsverletzung („Wer ... eine *fremde* Sache beschädigt oder zerstört"), § 17 Nr. 1 TierSchG nur das Unrecht einer Wirbeltiertötung („Wer ... *ein Wirbeltier* ... tötet"). In solchen Fällen kann man die Delikte nach ihrer Schwere reihen, die sich aus der **Strafdrohung** ergibt. Denn so teilt man dem Leser das Bedeutsamere zuerst mit. Im Fall 1 wäre danach für V zunächst eine Strafbarkeit gemäß § 17 Nr. 1 TierSchG zu prüfen. Denn die Wirbeltiertötung ist nach der Strafdrohung des § 17 Nr. 1 TierSchG das schwerere Delikt. Sie ist mit Freiheitsstrafe bis zu drei Jahren oder Geldstrafe, die Sachbeschädigung hingegen nur mit Freiheitsstrafe bis zu zwei Jahren oder Geldstrafe bedroht.

III. Ergänzung der Strafandrohungsnormen durch allgemeine Strafbarkeitsvoraussetzungen und Strafverfolgungsvoraussetzungen

22   In den Strafandrohungsnormen des StGB und des Nebenstrafrechts sind nicht alle Strafvoraussetzungen genannt. Sie werden ergänzt durch allgemeine ***Strafbarkeits*voraussetzungen** und durch ***Strafverfolgungs*voraussetzungen** – Voraussetzungen, die nicht die materielle Strafbarkeit, sondern die prozessuale Verfolgbarkeit betreffen.

1. Ergänzende Strafbarkeitsvoraussetzungen

a) Im Allgemeinen Teil des StGB

Ergänzende Strafbarkeitsvoraussetzungen finden sich insbesondere 23
im Allgemeinen Teil des StGB. Einige davon gelten für alle Delikte, andere nur für bestimmte Deliktstypen. Zu den Voraussetzungen des § 303 I beispielsweise kommen hinzu das **Vorsatzerfordernis** des § 15 und die **Täterschaftsmerkmale** des § 25. Ein weiteres allgemeines Deliktsmerkmal ist die **Rechtswidrigkeit**. Sie wird in den Vorschriften des Allgemeinen Teils für alle Straftaten vorausgesetzt, so in § 12, der die Straftaten in Verbrechen und Vergehen unterteilt und von beiden sagt, dass es „rechtswidrige Taten" sind (§ 12 I, II). In manchen Strafvorschriften wie § 303 I ist die Rechtswidrigkeit sogar ausdrücklich genannt. Schließlich gehört zu den allgemeinen, für alle Delikte geltenden Voraussetzungen die **Schuld**. Sie ergibt sich u.a. aus § 29.

Um die Strafvoraussetzungen aus dem Allgemeinen Teil des StGB 24
sind grundsätzlich auch die Strafandrohungsnormen des Nebenstrafrechts zu ergänzen, etwa § 17 Nr. 1 TierSchG. Denn gemäß **Art. 1 EGStGB** gelten die Vorschriften des Allgemeinen Teils des StGB auch für solche Vorschriften (sofern gesetzlich nichts anderes bestimmt ist).

b) Im Besonderen Teil des StGB und außerhalb des StGB

Voraussetzungen, von denen die Strafbarkeit abhängt, gibt es aber 25
auch außerhalb des Allgemeinen Teils des StGB, beispielsweise Rechtfertigungsgründe. So findet sich für die Beleidigungsdelikte ein Rechtfertigungsgrund im Besonderen Teil des StGB, in § 193. Andere Rechtfertigungsgründe sind außerhalb des StGB geregelt, so in den §§ 228, 229, 904 BGB, 127 StPO. Für jugendliche Straftäter gibt es zudem eine besondere Schuldregel in § 3 S. 1 JGG.

2. Strafverfolgungsvoraussetzungen

Strafverfolgungsvoraussetzungen gibt es ebenfalls innerhalb und au- 26
ßerhalb des StGB. Im Allgemeinen Teil des StGB finden sich beispielsweise die Vorschriften über die **Verfolgungsverjährung** (§§ 78 ff.). Sie lassen die Verfolgung der Straftat nur zu, wenn die Straftat noch nicht verjährt ist. Strafverfolgungsvoraussetzungen aus dem Besonderen Teil des StGB nennen etwa die Vorschriften, die die Verfolgung der Tat von einem Strafantrag abhängig machen oder davon, dass die Strafverfolgungsbehörde wegen des **besonderen öffentlichen Interesses an der Strafverfolgung** ein Einschreiten von Amts wegen für geboten hält. Solche Regelungen treffen u.a. die §§ 123 II, 194, 248 a, 303c. Außerhalb des StGB

normiert beispielsweise Art. 46 II GG eine Strafverfolgungsvoraussetzung (**Immunität**). Danach darf ein Abgeordneter des Deutschen Bundestages wegen einer mit Strafe bedrohten Handlung nur mit Genehmigung des Bundestages verfolgt werden, es sei denn, dass er bei Begehung der Tat oder im Laufe des folgenden Tages festgenommen wird.

3. Geltungsbereich des StGB (Strafanwendungsrecht)

27   Einerseits kann (und will) die deutsche Strafjustiz nicht alles Unrecht auf der Welt verfolgen. Andererseits müssen aber auch Piraten, die am „Horn von Afrika" (deutsche) Schiffe überfallen, damit rechnen, dass sie in Deutschland vor Gericht landen (die Zuständigkeit folgt aus § 7 I, weil deutsche Seeleute betroffen waren, über § 4, weil es sich um „deutsche Schiffe" gehandelt hat, und aus § 6 Nr. 3 wegen des Angriffs auf den Seeverkehr – vgl. dazu LG Hamburg, Urt. v. 19.10.2012, BeckRS 2013, 7408).

28   Die Zuständigkeit der deutschen Strafgerichtsbarkeit ist eine (von Amts wegen zu prüfende) Verfahrensvoraussetzung (BGHSt 34, 1, 3 f.). Strafrechtsdogmatisch handelt es sich nach hM beim Strafanwendungsrecht um eine objektive Bedingung der Strafbarkeit (worauf sich der Vorsatz nicht zu erstrecken braucht).

29   Wenn es um das Strafanwendungsrecht geht, sind **zwei Fragen** zu klären: Erstens, ob eine konkrete deutsche Strafnorm auf einen Lebenssachverhalt anwendbar ist (a) und, wenn ausschließlich ausländische Rechtsgüter betroffen sind, zweitens, ob die deutsche Strafnorm dazu dient, die betreffenden ausländischen Rechtsgüter zu schützen (b).

a) Anwendbarkeit des deutschen Strafrechts

30   Ausgangsnorm ist § 3. Er erklärt (unabhängig von der Staatsangehörigkeit des mutmaßlichen Täters) deutsche Strafrechtsnormen für anwendbar für Taten, die im Inland begangen wurden (**Territorialitätsprinzip**). Konkretisiert wird das Begehen in § 9 I, wonach Begehungsort der Ort des Verhaltens ist, aber auch der Erfolgsort. Für Teilnehmer gilt Absatz 2.

31   Ohne einen Auslandsbezug ist in einem strafrechtlichen Gutachten immer davon auszugehen, dass der Fall in Deutschland spielt und also die jeweilige Strafnorm auf den jeweiligen Sachverhalt anwendbar ist. Dann sind Ausführungen zur Anwendbarkeit der zu prüfenden Strafnorm nach den §§ 3 ff. unnötig.

Wenn es einen Auslandsbezug gibt, ist es vorzugswürdig, die Frage, ob eine deutsche Strafnorm zur Anwendung kommt und der Schutzbereich der Norm auch die betroffenen ausländischen Rechtsgüter erfasst, zu Beginn der Prüfung eines konkreten Straftatbestands zu erörtern.

Wo der **Erfolgsort** liegt, ist besonders umstritten bei Verbreitungs- und Äuße- 32 rungsdelikten (zB §§ 86, 86a, 130, 184), wenn das Internet von im Ausland agierenden Personen zur Tatbegehung genutzt wird. Dazu sagt der BGH, dass bei abstrakt-konkreten **Gefährdungsdelikten** der Erfolg dort eintrete, wo die konkrete Tat ihre Gefährlichkeit im Hinblick auf das im Tatbestand umschriebene Rechtsgut entfalte, was bei der Volksverhetzung die konkrete Eignung zur Friedensstörung in Deutschland sei (vgl. BGHSt 46, 212).

§ 4 verankert das **Flaggenprinzip**: Das deutsche Strafrecht gilt (un- 33 abhängig vom Recht des Tatorts) für Straftaten, die auf deutschen Schiffen und Luftfahrzeugen begangen werden (soweit sie sich nicht in deutschen Gewässern bzw. Luftraum befinden – dann gilt § 3).

§ 5 erfasst (unabhängig vom Recht des Tatorts) Auslandstaten gegen 34 bedeutsame inländische Rechtsgüter (**Schutzprinzip**) und Straftaten von Tätern, die die deutsche Staatsangehörigkeit besitzen, zB § 5 Nr. 15 (**aktives** Personalitätsprinzip).

§ 6 erfasst (unabhängig vom Recht des Tatorts) selbst Taten von Aus- 35 ländern gegen Ausländer im Ausland, nämlich dann, wenn es um international geschützte Rechtsgüter geht (**Weltrechtsprinzip**).

§ 7 erfasst (abhängig vom Recht des Tatorts) in Absatz 1 Auslands- 36 straftaten gegen einen deutschen Staatsbürger (**passives** Personalitätsprinzip), in Absatz 2 Nr. 1 von einem deutschen Staatsbürger begangene Auslandsstraftaten (**aktives Personalitätsprinzip**) und in Absatz 2 Nr. 2 von einem Ausländer begangene Auslandstaten, soweit sich (salopp gesagt) niemand auf der Welt darum kümmern mag (**Prinzip der stellvertretenden Strafrechtspflege**).

b) Schutzbereich der Norm

Auch wenn deutsches Strafrecht anwendbar ist, setzt eine Strafbarkeit 37 nach einer deutschen Norm bei Auslandsbezug voraus, dass der inländische Straftatbestand dazu dient, ausländische Rechtsgüter zu schützen. Das steht bei Delikten gegen Individualrechtsgüter (Leben, körperliche Integrität) außer Frage. Wenn aber zum Beispiel ein Deutscher in Passau einen Polen in Warschau anruft und ihn dazu überredet, in einem Strafverfahren beim Kreisgericht in Krakau falsch auszusagen, dann ist über § 3 i.V.m. § 9 II zwar deutsches Strafrecht anwendbar. Aus dem **Schutzzweck** von § 153 ergibt sich aber, dass mit „Gericht" kein polnisches gemeint ist (vertiefend dazu *Murmann* AT § 11 Rn. 14).

D. Die Systematisierung der Strafvoraussetzungen

38   Die nächste Aufgabe besteht darin, die Strafvoraussetzungen zu ord-
nen, sachlich Zusammengehöriges zusammenzufassen und sachlich
Verschiedenes zu trennen. Zusammen gehören zunächst diejenigen
Merkmale, die die Eigenart des Delikts kennzeichnen, das also, was es
von anderen Delikten unterscheidet. Bei § 303 I sind das jedenfalls die
Merkmale „wer ... eine fremde Sache beschädigt oder zerstört", bei § 17
Nr. 1 TierSchG jedenfalls die Merkmale „wer ... ein Wirbeltier ... tötet".
Diese deliktsspezifischen Merkmale fasst man zusammen zum gesetzlichen Tatbestand. Die Rechtswidrigkeit ist nach hM hingegen eine von
den deliktsspezifischen Merkmalen verschiedene Voraussetzung. Auf
einer wieder anderen Ebene liegt nach allgemeiner Meinung die Voraussetzung der Schuld. Ihr Platz ist hinter der Rechtswidrigkeit. – Zu prüfen
ist also nach diesem sog. **dreistufigen Aufbau**:

1. Tatbestand
2. Rechtswidrigkeit
3. Schuld

39   Auf diese Stufen lassen sich allerdings nicht alle Strafbarkeitsvoraussetzungen verteilen. Manche sagen weder etwas über die Eigenart des
Delikts noch über die Rechtswidrigkeit noch über die Schuld aus. Zu
diesen zusätzlichen Strafbarkeitsvoraussetzungen zählen nach hM die
sog. **objektiven Strafbarkeitsbedingungen**. Das sind Merkmale, die
nur die Strafwürdigkeit oder Strafbedürftigkeit der Tat betreffen sollen.
Ein Beispiel dafür sind in § 186 die Merkmale „wenn nicht diese Tatsa-
che erweislich wahr ist". Weitere Strafbarkeitsvoraussetzung ist die Abwesenheit von **Strafausschließungsgründen** wie § 258 V, VI und
Strafaufhebungsgründen wie § 306e. Diese Strafbarkeitsvoraussetzungen sind im Anschluss an die Schuld zu prüfen.

40   Außerhalb der drei Deliktsstufen liegen auch die **Strafverfolgungsvoraussetzungen**. Sofern nach ihnen überhaupt gefragt ist, werden sie
nach den Strafbarkeitsvoraussetzungen geprüft.

Danach ergibt sich insgesamt folgender Deliktsaufbau:

1. Tatbestand
2. Rechtswidrigkeit
3. Schuld
4. Objektive Strafbarkeitsbedingungen (alternativer Prüfungsort:
   nach dem subjektiven Tatbestand)
5. Fehlen von Strafausschließungs- und Strafaufhebungsgründen
6. Strafverfolgungsvoraussetzungen

Sind die Strafvoraussetzungen so in eine systematische Reihenfolge **41** gebracht, kann die gutachtliche Prüfung beginnen. Ihr Ziel ist es herauszufinden, ob die Tat die Strafvoraussetzungen „erfüllt", ob sie ihnen – wie man sagt – subsumiert werden kann. Dazu bedient man sich eines logischen Schlusses, des **Syllogismus**. Er besteht aus drei Sätzen: aus einem **Obersatz**, der die rechtlichen Prämissen nennt, einem **Untersatz** mit den relevanten Sachverhaltsangaben und einem **Schlusssatz**, der das aus Obersatz und Untersatz abgeleitete Urteil enthält.

Zur Veranschaulichung ein einfaches Beispiel aus Fall 1: die Prüfung des Wirbeltiermerkmals des § 17 Nr. 1 TierSchG. Dort sähe dieser Schluss wie folgt aus: Der Obersatz würde lauten „Wirbeltier ist jedes Tier mit einer Wirbelsäule", der Untersatz „Die Katze des N ist ein Tier mit einer Wirbelsäule" und der Schlusssatz „Also ist die Katze des N ein Wirbeltier".

Der **Syllogismus** beruht darauf, dass zwei Begriffe, die einen dritten **42** Begriff gemeinsam haben, insoweit übereinstimmen. Das heißt, man kann im Schlusssatz nur dann eine Übereinstimmung folgern, wenn Ober- und Untersatz einen Begriff gemeinsam haben; im Wirbeltierbeispiel ist es der Begriff „Tier mit einer Wirbelsäule", der dem Begriff „Wirbeltier" im Obersatz und dem Begriff „Katze des N" im Untersatz gemeinsam ist. Das hat Bedeutung für die Formulierung des Obersatzes eines Syllogismus. Der Obersatz muss so konkret gefasst sein, dass allein im Wege des logischen Schlusses – also ohne zusätzliche Wertungen – entschieden werden kann, ob Ober- und Untersatz einen Begriff gemeinsam haben. Dazu muss man im Obersatz den Sinn des gesetzlichen Merkmals entfalten, das geprüft werden soll; allerdings nur soweit, wie es nötig ist, um festzustellen, ob eine Gemeinsamkeit mit dem Begriff des Untersatzes besteht. Diese begriffliche Bestimmung eines gesetzlichen Merkmals fällt leicht, wenn es um seinen eindeutigen Bedeutungskern geht. So ist es beim Wirbeltiermerkmal. Dann kann man diese Bedeutung im Obersatz schlicht so feststellen, wie dies oben geschehen ist. Oft ist der subsumtionsrelevante Sinn eines gesetzlichen Merkmals aber nicht evident. Dann muss er erst durch Auslegung ermittelt werden. So ist es im Fall 1 beim Sachbeschädigungsmerkmal „Sache". Ob das Sachmerkmal des § 303 I auch jedes Tier meint, ist keineswegs so klar wie der Umstand, dass das Wirbeltiermerkmal des § 17 Nr. 1 TierSchG jedes Tier mit einer Wirbelsäule erfasst. Damit steht man vor der Frage, wie der subsumtionsrelevante Sinn eines gesetzlichen Merkmals zu bestimmen ist. Die Antwort lautet: durch Definieren des Merkmals oder durch eine methodengerechte Gesetzesauslegung.

Zur Auslegung, also der fallbezogenen Konkretisierung der gesetzlichen Merkmale, verweisen wir auf *Schlehofer*, in: Putzke, Juristische Arbeiten erfolgreich schreiben, 7. Aufl. 2021, Rn. 110 bis 142.

E. Deliktstypen

43   Straftatbestände des Besonderen Teils des StGB und des Nebenstrafrechts lassen sich verschiedenen Deliktstypen zuordnen. So orientieren sich die Abschnitte im StGB daran, welche **Rechtsgüter** geschützt sind, zB Straftatbestände zum Schutz der sexuellen Selbstbestimmung (§§ 174 bis 184l), des Lebens (§§ 211 bis 222), der körperlichen Unversehrtheit (§§ 223 bis 231), der persönlichen Freiheit (§§ 239 bis 241a) oder des Wettbewerbs (§§ 298 bis 301).

44   In Reinform hat der Gesetzgeber diese Klassifizierung aber nicht verwirklichen können: Manche Delikte schützen mehrere Rechtsgüter (zB § 249: Willensfreiheit und Eigentum), andere schützen die gleichen Rechtsgüter, stehen aber in unterschiedlichen Abschnitten, zB Diebstahl und Sachbeschädigung.

45   Anknüpfen kann eine Klassifizierung auch an der **Intensität des Angriffs auf das Rechtsgut**.

   — Bei einem **Verletzungsdelikt** tritt bei dem Rechtsgut ein wirklicher Schaden ein, zB beim Totschlag, der Körperverletzung oder der Sachbeschädigung.
   — Bei **Gefährdungsdelikten** wird das Rechtsgut – wie der Name schon sagt – nur gefährdet, nicht aber verletzt.

46   Hier gibt es Delikte, die eine konkrete Gefährdung voraussetzen („**konkrete Gefährdungsdelikte**", zB § 315c, bei dem nach hM ein „Beinaheunfall" notwendig ist). Bei anderen Delikten genügt die Schaffung einer abstrakten Gefahr („**abstrakte Gefährdungsdelikte**"). Zum Beispiel ist betrunken Auto zu fahren, abstrakt gefährlich. Dies stellt § 316 unter Strafe, ohne dass eine konkrete Gefährdung erforderlich ist.

47   Abstellen lässt sich bei einer Klassifizierung auch auf die **Art des Angriffs** auf das Rechtsgut.

   — **Vorsatz- und Fahrlässigkeitsdelikte:** A schießt B absichtlich in den Kopf (vorsätzlicher Totschlag nach § 212 I, ggf. Mord). Beim Säubern seiner Dienstpistole löst sich versehentlich ein Schuss, wodurch ein Kollege tödlich verletzt wird (fahrlässige Tötung nach § 222).

– Bei **Teilvorsatzdelikten** („Vorsatz-Fahrlässigkeit-Kombination") wird ein Deliktsteil vorsätzlich begangen, ein anderer fahrlässig (zB bei § 315c III Nr. 1b, wenn der Autofahrer wissentlich übermüdet fährt und übermüdungsbedingt-fahrlässig einen Radfahrer gefährdet). Zu dieser Kategorie zählen auch „erfolgsqualifizierte Delikte" (zB § 227), bei denen mit Blick auf die schwere Folge nach § 18 Fahrlässigkeit genügt, es sei denn, das jeweilige Delikt enthält einen eigenen Maßstab für die Verknüpfung von Grunddelikt und schwerer Folge (wie zB bei § 251: Der Täter beraubt das Opfer vorsätzlich mit einer Waffe und verursacht „leichtfertig den Tod").

– **Vollendung und Versuch:** B stirbt, nachdem A ihm in den Kopf geschossen hat (vollendeter Totschlag nach § 212 I). A schießt auf B, um ihn zu töten, verfehlt ihn jedoch um Haaresbreite (versuchter Totschlag nach §§ 212 I, 22).

– Bei **Unternehmungsdelikten** (zB § 307 I) wird nach § 11 I Nr. 6 schon ein Versuch formal als Vollendung behandelt.

– **Handeln oder Unterlassen:** A gibt B eine Ohrfeige (Handeln). A schreitet nicht ein als sein sechsjähriger Sohn von einem kleinen Hund attackiert wird, obwohl er die Bisse hätte verhindern können und ihm ein Einschreiten auch zumutbar gewesen wäre. A hat sich strafbar gemacht wegen Körperverletzung durch Unterlassen nach §§ 223 I, 13 I. Weil sich die Pflicht zum Einschreiten aus § 13 I ergibt (als Vater ist A Garant und hat rechtlich dafür einzustehen, seinen Sohn zu beschützen, damit er körperlich nicht verletzt wird) ist die Rede von einem „unechten Unterlassungsdelikt". Bei „echten Unterlassungsdelikten" ergibt sich die Tatbestandsmäßigkeit des Unterlassens direkt (insbesondere ohne § 13) aus der Beschreibung der jeweiligen BT-Norm, etwa bei der unterlassenen Hilfeleistung nach § 323c.

Schließlich können Delikte noch eingeteilt werden in **Dauer- und Zustandsdelikte** (§ 123 bzw. § 223), Erfolgs- und Tätigkeitsdelikte (§ 212 bzw. § 153), **Allgemein- und Sonderdelikte** (§ 223 I: „Wer" bzw. § 340 I: „Amtsträger") und **eigenhändige Delikte** (zB §§ 153, 154, 316). **48**

Eigenhändige Delikte setzen nach dem Wortlaut der Strafnorm eine höchstpersönliche Tatbestandsverwirklichung voraus, weshalb nach hM eine mittelbare Täterschaft ausscheidet (wer zB einen volltrunkenen Autofahrer zum Losfahren verleitet, „führe" nicht i.S.d. § 316 „durch einen anderen" das Fahrzeug, beachte aber § 160 bei den Aussagedelikten: strukturelle mittelbare Täterschaft als vertyptes Selbstbegehen); eine Mittäterschaft komme bei eigenhändigen Delikten nur in besonderen Konstellationen in Betracht (bei § 316: der eine Volltrunkene gibt Gas, der andere lenkt); dafür können aber – wie stets – Anstiftung oder Beihilfe greifen. **49**

Kapitel 2. Der Zweck des Strafens

50 **Fall 3:** A hat auf der Passauer Maidult mehrere Mass getrunken. Auf der Heimfahrt kommt er mit seinem Auto alkoholbedingt versehentlich auf die Gegenfahrbahn, wo er mit einem entgegenkommenden Fahrzeug zusammenstößt, wodurch der Fahrer schwer verletzt wird. Die BAK von A betrug zum Zeitpunkt des Unfalls 1,9 Promille.

51   Die Trunkenheitsfahrt und der Unfall haben für A rechtliche Konsequenzen verschiedener Art. Das Bürgerliche Recht verpflichtet A dazu, F den unfallbedingten Schaden zu ersetzen (§ 823 I BGB, §§ 7, 18 StVG). Das Strafrecht droht A für die Tat Strafe an (§§ 315c I Nr. 1a, 229); außerdem verfügt es, dass das Gericht dem A die Fahrerlaubnis entzieht (§§ 61 Nr. 5, 69 I, II Nr. 1) und eine Sperre für die Erteilung einer neuen Fahrerlaubnis bestimmt (§ 69a). Das Öffentliche Recht wertet die Trunkenheitsfahrt als Ordnungswidrigkeit (§ 24a I Nr. 1 StVG), allerdings mit der Maßgabe, dass sie als solche nur geahndet werden darf, wenn keine Strafe verhängt wird (§ 21 I, II OWiG). Daneben ordnet das Öffentliche Recht die Entziehung der Fahrerlaubnis an (§ 3 I StVG), gibt dabei aber wiederum dem Strafrecht den Vorrang (§ 3 III, IV StVG).

52   Diese unterschiedlichen Bewertungen und Rechtsfolgen erklären sich aus den **unterschiedlichen Zwecken**, die die Normen des Bürgerlichen Rechts, des Strafrechts und des Öffentlichen Rechts verfolgen. Worum es § 823 BGB geht, liegt nach dessen Rechtsfolge auf der Hand: Er sorgt dafür, dass F einen Ausgleich für die Schäden erhält, die er durch den Unfall erlitten hat. Klar ist auch der Zweck des § 3 I StVG. Die Vorschrift will verhindern, dass ungeeignete Personen Kraftfahrzeuge führen, um so die Sicherheit des Straßenverkehrs zu gewährleisten. Schwerer fällt es zu sagen, was die Normen des Strafrechts und des ihm nahestehenden Ordnungswidrigkeitenrechts bezwecken.

A. Die „Zweispurigkeit" des Strafrechts

53   So wie sich die Zwecke der §§ 823 BGB, 3 I StVG aus deren Rechtsfolgen ergeben, könnte sich das vom Strafrecht Bezweckte aus den

Rechtsfolgen der Strafrechtsnormen erschließen. Diese sehen, grob gesagt, zwei Arten von Rechtsfolgen vor: die **Verhängung von Strafe** (siehe insbesondere die Normen im Besonderen Teil des StGB, §§ 80 ff.) und die **Anordnung von Maßregeln** der Besserung und Sicherung (§§ 61 ff.). Man spricht deshalb von der „**Zweispurigkeit**" des Strafrechts. Der Zweck, genauer: die Zwecke der Maßregelvorschriften kommen in der gesetzlichen Kennzeichnung der Maßregeln deutlich zum Ausdruck. Es sind die Besserung des Täters und die Sicherung der Allgemeinheit.

B. Mögliche Strafzwecke

Was die Strafrechtsnormen erreichen sollen, die die Verhängung von **54** Strafe vorsehen, sagt das StGB hingegen nicht so klar. Man diskutiert deshalb verschiedene Strafzwecke. Im Grundsatz geht es dabei um **Vergeltung** auf der einen Seite und **Prävention** auf der anderen Seite. Der Präventionsgedanke taucht dabei in verschiedenen Formen auf. Man unterscheidet zum einen danach, ob präventiv auf die Allgemeinheit oder auf den bereits straffällig gewordenen Täter eingewirkt werden soll. Im ersten Fall spricht man von **Generalprävention**, im zweiten von **Spezial- oder Individualprävention**. Zum andern wird danach differenziert, wie die General- oder Spezialprävention erreicht werden soll, durch „negative" oder durch „positive" Einwirkung: „negativ" durch Abschreckung des straffällig gewordenen Täters (**negative Spezialprävention**) oder der Allgemeinheit (**negative Generalprävention**); „positiv" durch Besserung des straffällig gewordenen Täters (**positive Spezialprävention**) oder durch Erhaltung und Stärkung des allgemeinen Vertrauens in die Bestands- und Durchsetzungskraft der Rechtsordnung (**positive Generalprävention**).

Jeder dieser möglichen Strafzwecke wird auch als Strafzweck postu- **55** liert, entweder als ausschließlicher oder als einer neben anderen (*Roxin/Greco* AT I § 3 Rn. 1 ff.). Die hM hat sich für die sog. **Vereinigungstheorie** entschieden. So hat etwa das BVerfG „Schuldausgleich, Prävention, Resozialisierung des Täters, Sühne und Vergeltung für begangenes Unrecht" als „Aspekte einer angemessenen Strafsanktion" bezeichnet (BVerfG 45, 187, 253 f.).

Bei dieser Diskussion wird allerdings oft nicht hinreichend differen- **56** ziert. Man muss nämlich Mehreres auseinanderhalten. Zunächst gilt es zu trennen zwischen der rechtsphilosophischen und rechtspolitischen Frage, welchem Zweck das Strafrecht dienen soll, und der rechtsdogmatischen Frage, welchem Zweck das geltende Strafrecht dient. Die letztere

– hier allein interessierende – Frage muss vorrangig nach den gesetzlichen Vorgaben beantwortet werden. Rechtsphilosophische oder rechtspolitische Erwägungen dürfen die Antwort nur insoweit mitbestimmen, wie das geltende Recht dies zulässt. Außerdem ist zu trennen zwischen der Frage nach dem Zweck der die Strafe androhenden Normen (Strafandrohungsnormen), dem der Strafverhängung und dem des Strafvollzuges. Denn diese Zwecke könnten verschieden sein.

I. Die Zwecke der Strafandrohungsnormen

57   Indem der Gesetzgeber eine Tat mit Strafe bedroht, drückt er aus, dass er sie rechtlich missbilligt, dass sie nicht sein soll. Damit bewertet er zugleich das, was durch die Tat verletzt oder beeinträchtigt wird, als etwas, das nach rechtlicher Bewertung schützenswert ist, sprich: als Rechtsgut. Die Strafandrohungsnormen dienen mithin dem **Rechtsgüterschutz**. Diesen Zweck können sie aber nur erreichen, wenn sie auch darauf abzielen, das Verhalten der Menschen zu beeinflussen. Das tun sie auf zweierlei Weise. Zum einen wollen sie durch die Androhung des Strafübels als Preis für die Straftat abschreckend wirken. Insoweit stehen sie im Dienst negativer Generalprävention. Zum andern zeigen die Strafandrohungsnormen, dass der Staat gewillt ist, durch den Einsatz von Strafe für die Erhaltung des Rechtsguts zu sorgen, und werben damit um Vertrauen in die Rechtsordnung und ihre Durchsetzungskraft. Sie setzen mithin auch auf positive Generalprävention. Über negative wie positive Spezialprävention oder über schuldausgleichende Vergeltung können sie ihr Ziel des Rechtsgüterschutzes hingegen nicht erreichen. Soweit die Strafandrohungsnormen Rechtsgutsbeeinträchtigungen verhindern wollen, müssen sie Strafe für den Fall einer zukünftigen Straftat androhen; eine begangene Straftat lässt sich ja nicht mehr verhindern. Dann kann sich die Strafandrohungsnorm aber auch nicht im Nachhinein an den individuellen Täter der Straftat wenden. Ihn gibt es erst, wenn die Straftat begangen worden ist. Und erst dann gibt es auch eine Schuld, die vergolten werden kann.

II. Die Zwecke der Strafverhängung

58   Zu welchem Zweck die Strafe für die *begangene* Tat verhängt und bemessen wird, ergibt sich aus den Vorschriften über die **Strafbemessung** (§§ 46 ff.). Nach § 46 I 1 ist „Grundlage für die Zumessung der Strafe" die „Schuld des Täters". Das heißt, dass sich das Maß der Strafe (jedenfalls auch) nach dem Maß der Schuld bestimmt. Soweit sich das Strafmaß aus dem Maß der Schuld ergibt, dient die Strafe mithin dem

Schuldausgleich. Das ist nach den §§ 46 ff. aber nicht der einzige Zweck der Strafe. § 46 I 2 verpflichtet den Richter, bei der Strafbemessung auch die „Wirkungen ... zu berücksichtigen", „die von der Strafe für das künftige Leben des Täters in der Gesellschaft zu erwarten sind". Zu diesen Wirkungen gehören die **Abschreckung** des Täters vor weiteren Straftaten und seine **Besserung** hin zu einem rechtstreuen Lebenswandel. **Negative** und **positive Spezialprävention** sind damit ebenfalls Zwecke der Strafe. Schließlich gibt § 47 zu erkennen, dass Strafe auch „zur Verteidigung der Rechtsordnung" verhängt wird. So ist gemäß § 47 I einer der Gründe, eine Freiheitsstrafe unter sechs Monaten zu verhängen, dass „besondere Umstände, die in der Tat oder der Persönlichkeit des Täters liegen, die Verhängung einer Freiheitsstrafe ... *zur Verteidigung der Rechtsordnung* unerlässlich machen". Verteidigt wird die Rechtsordnung sowohl durch eine Strafbemessung, die die Allgemeinheit von entsprechenden Rechtsbrüchen abschreckt, wie auch durch eine Strafbemessung, die die Geltung und Durchsetzungskraft der Rechtsordnung unterstreicht und ihr dadurch in der Allgemeinheit Akzeptanz verschafft. Indem das StGB Strafe zur **Verteidigung der Rechtsordnung** erlaubt, legitimiert es also ihren Einsatz zu den Zwecken der negativen und positiven Generalprävention.

III. Die Zwecke des Strafvollzugs

Auskunft über die Zwecke des Strafvollzugs, genauer: des Vollzugs **59** der Freiheitsstrafe in Justizvollzugsanstalten, geben die Strafvollzugsgesetze der Länder und das Strafvollzugsgesetz des Bundes. So bestimmt etwa § 2 S. 1 BStVollzG: „Im Vollzug der Freiheitsstrafe soll der Gefangene fähig werden, künftig in sozialer Verantwortung ein Leben ohne Straftaten zu führen (**Vollzugsziel**)". Schlagwortartig spricht man von Resozialisierung oder in der Terminologie der Straftheorien: von positiver Spezialprävention. Gemäß § 2 S. 2 BStVollzG „dient" der Vollzug der Freiheitsstrafe „auch dem Schutz der Allgemeinheit vor weiteren Straftaten". Dieser Schutz ist aber nicht wie die **Resozialisierung** ein Zweck, der am Ende des Vollzugs erreicht sein soll. Denn § 2 S. 2 BStVollzG meint nur den Schutz der Allgemeinheit während des Vollzuges. Insoweit ist dieser Schutz allerdings auch bezweckt. Übersetzt in die Sprache der Straftheorien heißt das, dass der Strafvollzug für die Dauer des Vollzuges auch der negativen Spezialprävention dient. Mit ihr ist nämlich neben der Abschreckung des Täters auch die Sicherung der Allgemeinheit vor weiteren Straftaten des Täters gemeint.

Kapitel 3. Das vorsätzliche vollendete Handlungsdelikt

A. Der Tatbestand

60   Der Tatbestand wird herkömmlich unterteilt in den objektiven und den subjektiven Tatbestand. Dem objektiven Tatbestand weist man die Merkmale zu, die (jedenfalls auch) Umstände beschreiben, die *außerhalb* der Psyche des die Tat Begehenden liegen – so bei § 303 I die Merkmale „Wer eine fremde Sache beschädigt oder zerstört" –, dem subjektiven Tatbestand die Merkmale, die ausschließlich Umstände beschreiben *in* der Psyche des die Tat Begehenden. So gehört in den subjektiven Tatbestand des § 303 I der von § 15 geforderte Sachbeschädigungsvorsatz.

I. Der objektive Tatbestand

1. Das Handlungsmerkmal

61   Zum objektiven Tatbestand eines jeden vorsätzlichen vollendeten Handlungsdelikts gehört das Handlungsmerkmal, beispielsweise das Töten (eines Menschen) in § 212 I. Die Handlungsmerkmale lassen sich in Einzelmerkmale aufspalten. Schon allgemeinsprachlich beschreibt etwa das Verb „töten" eine Handlung, einen Todeserfolg und die Kausalität zwischen beidem.

a) Die Handlung

aa) Die allgemeine Voraussetzung eines Verhaltens (Handelns oder Unterlassens) im strafrechtlichen Sinne: Die Fähigkeit, das körperliche Verhalten – hier die Körperbewegung – zu vermeiden.

62   Unter einer „**Handlung**" versteht man im allgemeinen Sprachgebrauch ein Tun. Als solches könnte man selbst noch unvermeidbare Körperbewegungen bezeichnen, wie zB **Reflexbewegungen** oder **Bewegungen im Schlaf**.

Fall 4: M nimmt ihren Säugling jeden Abend zu sich ins Bett in der Hoffnung, ihn eines Nachts zu ersticken, wenn sie sich im Schlaf herumwälzt. So kommt es tatsächlich.

Allgemeinsprachlich kann man durchaus sagen, dass M ihren Säug- **63** ling durch das Herumwälzen im Schlaf getötet und damit gehandelt habe. Diese Deutung würde sich aber nicht in die gesetzliche Systematik einpassen. Danach setzt ein strafrechtliches Handeln mehr voraus als eine bloße Körperbewegung. Das ergibt sich aus dem systematischen Zusammenhang mit der Rechtsfolge des § 212 I, der Strafdrohung. Dieser Zusammenhang macht es notwendig, das Merkmal des „Handelns" so auszulegen, dass es zu dieser Rechtsfolge passt, dass es sie zusammen mit den anderen Deliktsmerkmalen auslösen kann. Es wäre sinnlos, das Merkmal des „Handelns" auf Verhaltensweisen zu erstrecken, für die Strafe unter gar keinen Umständen angedroht werden dürfte. Welche Verhaltensweisen der Gesetzgeber nicht mit Strafe belegen, ja nicht einmal verbieten darf, ergibt sich aus dem im Grundgesetz verankerten Verhältnismäßigkeitsgrundsatz. Er besagt, dass alle den Bürger belastenden Akte, also auch Verbot und Strafdrohung, „geeignet", „erforderlich" und „verhältnismäßig" sein müssen. „Geeignet", ein Verhalten durch Verbot und Strafdrohung zu verhindern, ist eine Norm aber nur dann, wenn sie vom Bürger etwas verlangt, das ihm möglich ist. Unmögliches kann sie nicht erreichen. Daraus folgt, dass man ein strafrechtliches Verhalten – gleich ob „Handeln" oder „Unterlassen" – nur annehmen darf, wenn der Betreffende *fähig ist, das Verhalten zu vermeiden.* Diese **Vermeidefähigkeit** wird der Sache nach auch allgemein für ein strafrechtliches Verhalten vorausgesetzt – sowohl für ein Handeln wie für ein Unterlassen.

Man benennt diese Voraussetzung meist nur anders. Beim Hand- **64** lungsdelikt charakterisiert man das Verhalten als „willkürlich" (so die **kausale Handlungslehre**), als „willkürlich und zielgerichtet" (so die **finale Handlungslehre**), als „sozialerheblich" (so die **soziale Handlungslehre**) oder als „Persönlichkeitsäußerung" (so die **personale Handlungslehre**). Für die Fallbearbeitung hat das aber keine praktischen Auswirkungen.

> An der Vermeidefähigkeit und damit an der „Handlung" fehlt es bei **65** Körperreflexen, bei denen Bewegung oder Bewegungslosigkeit unmittelbar durch einen das Nervensystem treffenden Reiz ausgelöst werden, bei Körperbewegungen im Zustand der Bewusstlosigkeit und bei Verhaltensweisen, die durch unwiderstehliche Gewalt (vis absoluta) ausgelöst werden.

Die Konsequenz im Fall 4: Das für den Säugling tödliche Herumwälzen der M **66** ist kein Handeln i.S.d. § 212 I. Die Vorschrift scheidet damit *insoweit* aus. Zu erwägen bliebe aber, ob M sich dadurch wegen Totschlags strafbar gemacht hat, dass sie den Säugling mit zu sich ins Bett nahm in der Hoffnung, ihn zu ersticken.

Dieses Verhalten ist eindeutig ein strafrechtliches, nämlich eine vermeidbare Körperbewegung. Sind auch alle übrigen Strafvoraussetzungen erfüllt, ist M mithin wegen *dieses* Verhaltens strafbar gemäß § 212 I.

bb) Die speziellen Voraussetzungen einer Handlung im strafrechtlichen Sinne

67   Das strafrechtliche Handeln muss neben dieser allgemeinen, für „Handeln" wie für „Unterlassen" geltenden Voraussetzung allerdings auch noch etwas aufweisen, das es vom „Unterlassen" unterscheidet. Nach allgemeinem Sprachgebrauch ist das die **Körperbewegung**: Wer handelt, bewegt sich, wer unterlässt, ist untätig. In diesem Sinne dürfen die gesetzlichen Handelns- und Unterlassensmerkmale allerdings nur ausgelegt werden, wenn dieses Verständnis auch der Gesetzessystematik entspricht. Danach muss das strafrechtliche Handeln schwerer wiegen als das strafrechtliche Unterlassen. Dies ergibt der Vergleich der Rechtsfolgen von Handlungs- und Unterlassungsdelikt. Die Strafe für das Unterlassungsdelikt kann gemäß § 13 II gemildert werden; für das Handlungsdelikt ist eine solche allgemeine Kann-Milderung nicht vorgesehen. Diesen unterschiedlichen Rechtsfolgen muss bei der Auslegung von „Handeln" und „Unterlassen" Rechnung getragen werden. Die Strafvoraussetzungen müssen so gedeutet werden, dass das Strafrahmengefälle zwischen Handlungs- und Unterlassungsdelikt gerechtfertigt ist. Und das ist es nur dann, wenn das „Handeln" schwerer wiegt als das „Unterlassen". Die hM sagt deshalb insofern zu Recht, dass der „Schwerpunkt des strafrechtlich relevanten Verhaltens" beim Handeln liegen müsse (**„Schwerpunkt der Vorwerfbarkeit"**). Offen bleibt dabei aber, wie zu bestimmen ist, wo der Schwerpunkt liegt. Es heißt zwar, dass das nach normativer Betrachtung und bei Berücksichtigung des sozialen Handlungssinns zu entscheiden sei (so *Wessels/Beulke/Satzger* Rn. 1159). Doch wird weder gesagt, was der normative Maßstab sein soll, noch wie der soziale Handlungssinn zu ermitteln sein soll; er ist ja nicht als Faktum vorgegeben, sondern müsste wertend bestimmt werden.

68   Weiter hilft aber die systematische Auslegung in Form des **Fallvergleichs**, des Vergleichs mit eindeutigen Fällen. Systematische Vorgaben ergeben sich nämlich auch durch das Bedeutungsspektrum des auszulegenden Merkmals. Denn sein Inhalt ist nicht gänzlich unbekannt. Man kann – grob gesagt – drei Bereiche unterscheiden: einen eindeutigen Kernbereich des Merkmals, vage Randzonen, in denen sich die Auslegungsprobleme stellen, und jenseits dieser Randzonen einen Bereich, der eindeutig außerhalb des Bedeutungsspektrums des Merkmals liegt. Daraus folgt für die systematische Auslegung in der problematischen Randzone, dass sie sowohl den eindeutigen Kernbereich wie auch den eindeutigen Bereich außerhalb des Merkmals beachten muss. Denn sonst droht eine in sich widersprüchliche Deutung des Merkmals.

Bei dieser **systematischen Auslegung** geht man so vor, dass man den **69** problematischen Fall mit eindeutigen Fällen aus dem Kernbereich und/oder dem Bereich außerhalb des Merkmals vergleicht. Ergibt dieser Vergleich, dass der problematische Fall in den für die strafrechtliche Beurteilung maßgeblichen Elementen dem eindeutigen Fall gleichsteht, muss er strafrechtlich auch genauso behandelt werden wie dieser, das Merkmal also entsprechend ausgelegt werden. Ergibt der Vergleich, dass die Fälle sich in strafrechtlich relevanten Elementen unterscheiden, sind sie auch entsprechend unterschiedlich zu behandeln. Der Fallvergleich braucht im Gutachten nur so weit zu gehen, wie dies für die *fallbezogene* Konkretisierung des Handlungsmerkmals notwendig ist. Mehr braucht dort nicht geleistet zu werden; eine abschließende Definition ist im Gutachten nicht nötig. Solche Fallvergleiche stellt auch die hM an, um ihre **Schwerpunktformel** zu konkretisieren, so etwa im

---

Fall 5: Der Patient P liegt im Koma und ist an die Herz-Lungen-Maschine angeschlossen. Weil keine Aussicht mehr besteht, dass die Organe ihre Funktion wieder aufnehmen, schaltet X die Maschine ab. P stirbt. X ist a) der behandelnde Arzt, b) ein naher Angehöriger.

Für die Lösung von Fall 5 zieht man zum Vergleich den Fall heran, dass ein **70** Arzt die mit eigenen Händen durchgeführten Lebenserhaltungsmaßnahmen abbricht. Darin würde allgemein nur ein Nicht-weiter-Handeln, ein „Unterlassen" gesehen. Diesem Fall setzt man den Fall 5a gleich, weil die Herz-Lungen-Maschine nur der verlängerte Arm des Arztes sei und deshalb kein rechtlich relevanter Unterschied zwischen den Fällen bestehe. Das Abschalten der Herz-Lungen-Maschine sei auch nur ein Nicht-weiter-Handeln. Anders sei es hingegen im Fall 5b, weil die Maschine nicht der verlängerte Arm des Angehörigen sei.

Das Problem ist bei diesem Fallvergleich – und meist auch bei anderen Fall- **71** vergleichen – allerdings, ob die Fälle in rechtlicher Hinsicht wirklich gleich liegen. Das hängt hier davon ab, ob die Maschine rechtlich gesehen – wie die hM behauptet – ein „verlängerter Arm" des Arztes ist, das Wirken der Maschine dem Arzt also genauso zuzurechnen ist wie seine eigenen Körperbewegungen. Das lässt sich durch einen weiteren Fallvergleich klären, nämlich durch den Vergleich mit einem Fall, bei dem eindeutig ist, ob ein von einem Arzt eingesetztes Gerät als sein verlängerter Arm bewertet wird oder nicht. Ein solcher Fall ist etwa der, dass ein Patient aufgrund der Fehlfunktion eines Infusionsgerätes die Infusionslösung zu schnell bekommt, der Arzt dies erkennt und es aber mit Tötungsvorsatz nicht verhindert, sodass der Patient dadurch zu Tode kommt. In dem Fall ist man sich einig, dass der Arzt nur eine Tötung durch Unterlassen begangen hat. Das Infusionsgerät wird damit nicht als sein „verlängerter Arm" angesehen. Denn sonst müsste wegen der Aktivität des Gerätes ein Handeln und nicht nur ein Unterlassen des Arztes angenommen werden. Dann darf aber auch im Ausgangsfall die Herz-Lungen-Maschine nicht als „verlängerter Arm" des Arztes angesehen werden – sonst würde die Bewertung dort der in dem zweiten Vergleichsfall widersprechen. Der Ausgangsfall steht damit strafrechtlich gesehen *nicht* dem Fall gleich, dass ein Arzt die mit eigenen Händen durchgeführten Lebenserhaltungsmaßnahmen abbricht. Im Ausgangsfall ist das Verhalten des Arztes mithin in beiden Varianten als Tötung durch Handeln zu deuten.

b) Tatbestandliche Folgen, insbesondere tatbestandlicher Erfolg

72   Die tatbestandlichen Handlungsmerkmale beschreiben auch Folgen, d.h. von der „Handlung" abtrennbare Umstände. Offensichtlich ist das bei den sog. Erfolgsdelikten, zB bei § 212 I. Dort beschreibt das Verb „tötet" auch einen Todeserfolg. Ein weiteres Beispiel sind die **Gefährdungsdelikte**, die eine tatbestandliche Gefährdung voraussetzen, so etwa § 308 I mit dem Merkmal „gefährdet".

73   Bei anderen Delikten, den sog. **Tätigkeitsdelikten**, scheint es auf den ersten Blick anders zu sein. Zu diesen Delikten werden u.a. gezählt der Hausfriedensbruch (§ 123) und die uneidliche Falschaussage (§ 153). Bei ihnen, behauptet die hM, werde kein Erfolg vorausgesetzt (so etwa *Roxin/Greco* AT I § 10 Rn. 54; *Frister* AT 8/16). Sieht man näher hin, zeigt sich aber, dass das nicht stimmt. Die hM selbst setzt für diese Delikte einen Erfolg voraus. Er wird meist nur nicht so deutlich sichtbar wie bei den sog. **Erfolgsdelikten**; meist fällt er bei den sog. Tätigkeitsdelikten mit der „Handlung" zusammen. Auch bei ihnen kann er aber von der „Handlung" getrennt sein.

74   Ein Beispiel dafür ist der Fall, dass das Gericht einem Zeugen, der in der Verhandlung vorsätzlich falsch ausgesagt hat, nicht glaubt und seine Vernehmung deshalb am nächsten Tag fortsetzen will, um ihm Gelegenheit zu geben, seine Aussage zu überdenken und richtig zu stellen. Wäre es so, dass § 153 keinen Erfolg voraussetzt, müsste § 153 bereits mit der vorsätzlichen Falschaussage vollendet sein. So ist es aber nicht. Vollendet ist das Delikt des § 153 nach hM erst mit dem Abschluss der Aussage, d.h. wenn der Richter die Befragung und der Zeuge seine Bekundung zum Gegenstand der Vernehmung beendet haben (siehe BGHSt 8, 301, 314; *Rengier* BT II § 49 Rn. 15). Damit wird ein von der „Handlung" abtrennbarer Erfolg verlangt, der im Beispiel auch tatsächlich von der „Handlung" – der Aussage – getrennt ist; nur die Falschaussage, nicht aber die Befragung ist beendet worden.

75   Die Erkenntnis, dass die sog. Tätigkeitsdelikte einen Erfolg voraussetzen, ist auch praktisch bedeutsam, nämlich für die „objektive Zurechnung" des Erfolges. Wer das Erfolgsmerkmal in den sog. Tätigkeitsdelikten übersieht, läuft Gefahr, sich die Zurechnungsfrage nicht zu stellen und dadurch Zurechnungsprobleme zu übergehen.

c) Die Kausalität

aa) Die Kausalitätstheorien

In den Handlungsmerkmalen steckt schließlich auch die Vorausset- **76** zung der Kausalität zwischen der Handlung und den tatbestandlichen Folgen, etwa im Verb „tötet" die Voraussetzung der Kausalität zwischen der Handlung des „Täters" und dem Tod des Opfers. Diese „**Kausalität**" ist als **naturgesetzliche** zu verstehen. Das gilt heute im Strafrecht als gesichert. Nur in der Terminologie und in den Verfahren zur Kausalitätsfeststellung gibt es noch Unterschiede.

Die hM (siehe zB *Kindhäuser* AT § 10 Rn. 8 ff.) arbeitet mit der **77** **Äquivalenztheorie** (auch Bedingungstheorie genannt). Danach ist im strafrechtlichen Sinne ursächlich jede Handlung, die nicht hinweggedacht werden kann, ohne dass der Erfolg in seiner konkreten Gestalt entfiele (sog. **Conditio-sine-qua-non-Formel**). Im Ergebnis das Gleiche sagt die **Lehre von der gesetzmäßigen Bedingung**: Ursache für einen Erfolg sei ein Verhalten dann, wenn der Erfolg durch eine Reihe von Veränderungen gesetzmäßig mit dem Verhalten verbunden sei.

bb) Scheinbare Probleme der Kausalitätsfeststellung

Man sollte meinen, dass mit der Gleichsetzung von strafrechtlicher **78** und naturgesetzlicher Kausalität auch die *juristischen* Kausalitätsprobleme verschwunden sind. Denn ob ein naturgesetzlicher Zusammenhang zwischen Handlung und Erfolg besteht, ist eine physikalische, keine juristische Frage. Die Lektüre von Rechtsprechung und Literatur vermittelt allerdings den Eindruck, dass hier sehr wohl juristische Probleme liegen. Die behandelten Schwierigkeiten haben jedoch andere Gründe.

(1) Probleme bei der Bestimmung anderer Merkmale, insbesondere bei der Bestimmung des Erfolgsmerkmals

Zum einen wird etwas als Kausalitätsproblem ausgegeben, was in **79** Wahrheit ein Problem der Auslegung eines anderen Merkmals ist, eines Merkmals, das ein Glied der Kausalkette beschreibt, so wie „Handlung" das erste und „Erfolg" das letzte Glied der Kausalkette beschreibt. Bei *diesen* Merkmalen können sich natürlich Auslegungsprobleme ergeben; was sich bei der „Handlung" ja schon gezeigt hat.

Ein Beispiel für eine solche Problemverlagerung begegnet in Fällen, **80** wo sich die Frage stellt, wie weit das Erfolgsmerkmal durch Auslegung zu konkretisieren ist. Gemeint ist etwa der Fall, dass A dem B eine Kapsel mit einem tödlichen Gift verabreicht, die sich aber erst nach Stunden im Körper auflöst und das Gift freisetzt. Wird B von C erschossen, nachdem er die Kapsel geschluckt, aber noch bevor sie das Gift in den Körper entlassen hat, ist beim Erfolgsmerkmal des § 212 I zu entscheiden, wie weit es durch Auslegung zu konkretisieren ist: nur so weit, dass es den Tod eines Menschen beschreibt, oder so weit, dass es den Tod eines Menschen mit einer Giftkapsel im Magen beschreibt.

81   Die Lösung ergibt sich daraus, dass das Gericht bei der Bemessung der konkreten Strafe gemäß § 46 auch alle Umstände berücksichtigen muss, die für das Maß des Unrechts relevant sind. Es muss deshalb den tatbestandlichen Erfolg so weit konkretisieren, wie dies für die Strafzumessung nötig ist, beispielsweise für die Bemessung der Strafe wegen einer Körperverletzung gemäß § 223 auch die Schwere der Verletzung feststellen. Danach ist im obigen Fall des § 212 I der Umstand, dass der Getötete eine unwirksam gebliebene Giftkapsel im Magen hatte, für den Todeserfolg irrelevant. Dass das Leben des B durch die Giftkapsel gefährdet war, mindert nicht das von C begangene Tötungsunrecht. Ein gefährdetes Leben zählt rechtlich genauso viel wie ein nicht gefährdetes. Näher zur Konkretisierung der gesetzlichen Tatbestandsmerkmale unten (→ Rn. 204 ff.).

82   Hat man die Frage der **Erfolgskonkretisierung** beantwortet, ist die Kausalität kein Problem. Sie fehlt, wenn man den Erfolg nur als Tod eines Menschen beschreibt. Hingegen wäre sie gegeben, wenn man den Erfolg als Tod eines Menschen mit einer Giftkapsel im Magen beschreibt. Für den so beschriebenen Tod ist die Giftkapsel ja eindeutig im naturgesetzlichen Sinne kausal. Ohne die Giftkapsel gäbe es den Tod eines Menschen mit einer Giftkapsel im Magen nicht. Solche Fälle werden aber üblicherweise nicht dort erörtert, wo sich die Auslegungsfrage stellt, nämlich beim Erfolgsmerkmal, sondern bei der „Kausalität", etwa unter dem Stichwort der „**überholenden Kausalität**". Das erweckt den falschen Anschein, als gehe es hier um eine Kausalitätsfrage; denn das wirkliche Problem – das der Konkretisierung des Erfolgsmerkmals – kommt dabei nicht zur Sprache.

(2) Probleme und Erkenntniswert der conditio-sine-qua-non-Formel

83   Zum andern ergeben sich Schwierigkeiten der Kausalitätsfeststellung erst durch die Formel, mit der man die Kausalität ermitteln will, durch die Conditio-sine-qua-non-Formel. Sie verleitet zu Fehlern. Dazu

> **Fall 6:** Um sich von der Tyrannei ihres Mannes M zu befreien, schlägt ihm Frau F in Tötungsabsicht von hinten eine schwere Bratpfanne auf den Kopf. M sinkt bewusstlos zu Boden. F läuft fort, um die Polizei zu benachrichtigen. Währenddessen findet ihre Tochter T den M, ergreift die Bratpfanne und schlägt sie M auf den Kopf. M stirbt. Schon Fs Schlag wäre tödlich gewesen. T hat den Todeseintritt aber beschleunigt (vgl. BGH NJW 1966, 1823).

Nach der Conditio-sine-qua-non-Formel sind die Handlungen von F und T für **84** den Tod des M kausal geworden, wenn ihr Handeln nicht hinweggedacht werden kann, ohne dass der konkrete Erfolg entfiele. Wendet man die Formel auf die Tat der F an, ist das richtige Ergebnis noch gewährleistet: Hätte F den M nicht niedergeschlagen, hätte T ihn nicht bewusstlos vorgefunden und ihm nicht den Schlag versetzt. Gefährdet ist die richtige Lösung aber schon bei der Beurteilung der von T begangenen Tat. Erfahrungsgemäß ist die Versuchung groß, nicht nur Ts Schlag *hinwegzudenken*, sondern auch *hinzuzudenken*, dass M ohne Ts Schlag an Fs Schlag gestorben wäre. Dann wäre Ts Schlag nicht kausal, weil Ms Tod nicht entfiele. Dieses Ergebnis wäre falsch. Naturgesetzlich kausal sind nur Umstände, die *tatsächlich* wirksam geworden sind; tatsächlich hat Fs Schlag *allein* den Tod des M aber nicht verursacht. Solche Fehler lassen sich allerdings schon dadurch vermeiden, dass man sich streng an die Conditio-Formel hält. Sie erlaubt in solchen Fällen ja nur das Hinwegdenken von Umständen.

Fehler bei der Kausalitätsfeststellung drohen bei Anwendung der **85** Conditio-sine-qua-non-Formel auch in Fällen von **Gremienentscheidungen**, so im

> **Fall 7** (vgl. BGH NJW 1990, 2560): A, B und C sind Geschäftsführer der X-GmbH, die Schuhsprays vertreibt. Als sich herausstellt, dass Verbraucher nach der Benutzung des Sprays Gesundheitsschäden erlitten haben, stoppen A, B und C zunächst den Vertrieb, um Untersuchungen mit dem Spray durchführen zu lassen. Die Resultate deuten A und B so, dass die Gesundheitsschäden nicht auf das Spray zurückzuführen seien. C sieht das anders. A, B und C stimmen daraufhin darüber ab, ob das Spray weiter vertrieben werden soll. C stimmt trotz seiner Bedenken mit A und B dafür. Die Mehrheit von A und B hätte allerdings schon für einen wirksamen Vertriebsbeschluss genügt. Durch das aufgrund des Vertriebsbeschlusses ausgelieferte Spray kommt es bei Verbrauchern nachweislich zu Gesundheitsschäden.

Hier kann die Conditio-sine-qua-non-Formel dazu verleiten, Cs Stimme nicht **86** als kausal für den Vertrieb des Sprays und die dadurch eingetretenen Gesundheitsschäden anzusehen. Denkt man die Stimme des C hinweg, bleibt ja noch die Stimmenmehrheit von A und B, die für den Vertriebsbeschluss ausgereicht hätte. Wer deswegen einen Kausalzusammenhang zwischen der Stimme des C und den Gesundheitsschäden verneint, macht aber den Fehler, einen hypothetischen Kausalverlauf hinzuzudenken, nämlich den, dass der Vertrieb durch einen Beschluss nur von A und B angeordnet worden ist. Diesen Beschluss gibt es in der Wirklichkeit nicht. Real ist der Vertrieb durch den Beschluss von A, B und C angeordnet worden. Die Stimme des C ist mithin ebenfalls kausal für die Gesundheitsschäden. – In solchem Fall liegt auch eine weitere Strafbarkeitsvoraussetzung vor, der Pflichtwidrigkeitszusammenhang (→ Rn. 578). Er würde nämlich nur fehlen, wenn C die Erfolge (die Gesundheitsschäden) auf rechtmäßigem Weg hätte verursachen können; denn dann wäre das Verbot, dem Vertrieb zuzustimmen, nicht geeignet, die Erfolge zu vermeiden (Unverhältnismäßigkeit). So liegt es im Fall 7 aber nicht. Das sich an alle Geschäftsführer richtende Verbot, dem Vertrieb des Schuhsprays zuzustimmen, ist durchaus geeignet, die Gesundheitsschäden zu vermeiden.

87   Es gibt allerdings auch Fälle, in denen man etwas hinzudenken muss, um das richtige Ergebnis zu erzielen. So ist es im

> **Fall 8:** Der Schüler S sieht, wie sein Klassenlehrer K auf einer Bananenschale auszurutschen droht und will ihn warnen, wird daran aber durch seinen Mitschüler M gehindert. K rutscht tatsächlich auf der Schale aus und zieht sich durch den Sturz erhebliche Prellungen zu. Hätte S ihn gewarnt, wäre es dazu nicht gekommen.

88   Würde man hier nur hinwegdenken, dass M den S gehindert hat, K zu warnen, hätte er die Verletzung des K nicht verursacht. Alle anderen Umstände blieben dann unverändert: K wäre nicht gewarnt worden und er wäre gestürzt. Auch diese Lösung wäre aber eindeutig falsch. Ms Verhalten ist eine naturgesetzliche Bedingung für den Sturz des K. Es hat zur Folge, dass S den K nicht warnt, wodurch K nicht auf die Schale aufmerksam wird, auf ihr ausrutscht, stürzt und sich die Prellungen zuzieht. Um dieses Ergebnis mit der Conditio-Formel zu erreichen, muss man nicht nur Ms Verhalten hinwegdenken, sondern auch die Warnung des S hinzudenken. Für solche Fälle wird deshalb die Conditio-Formel modifiziert: „**Rettende Kausalverläufe**", heißt es, müsse man hinzudenken.

89   Die hM verändert die Conditio-Formel darüber hinaus noch für eine andere Fallgruppe, für die der sog. **alternativen Kausalität** (auch „Mehrfach"- oder „Doppelkausalität" genannt). Dazu würde etwa gehören der

> **Fall 9:** X und Y mischen dem Z unabhängig voneinander eine jeweils tödliche Dosis Gift in ein Getränk. Der ahnungslose Z trinkt es und stirbt an den Giftdosen.

90   Hier würde man sagen, dass man nicht nur die Giftgabe des X oder nur die des Y hinwegdenken dürfe, weil sonst herauskäme, dass weder X noch Y den Tod des Z verursacht hätten: Wenn man nur die Giftgabe des X hinwegdächte, bliebe die des Y im Getränk, wenn man nur die des Y hinwegdächte, bliebe die des X darin. Und da jede für sich tödlich ist, würde der Todeserfolg nicht entfallen. Weil die Verneinung der Kausalität aber evident falsch wäre, glaubt man, die Conditio-Formel für solche Fälle dahingehend modifizieren zu müssen, dass die Handlungen *nicht alternativ, sondern kumulativ*, also zusammen, hinweggedacht werden müssen (so etwa *Heinrich* AT I Rn. 229).

Richtig daran ist, dass die Lösung dann stimmt; denkt man im Beispiel beide **91** Giftgaben hinweg, stirbt Z nicht am Gift. Doch diese Korrektur ist unnötig. Sie resultiert nur daraus, dass die hM ihre eigene Formel falsch anwendet. Sie selbst erliegt der Versuchung, vor der bei Fall 6 gewarnt wurde, der, etwas *hinzu*zudenken. Zur Verneinung der Kausalität führt die unmodifizierte Conditio-Formel im Beispiel nur, wenn man die Giftgabe des einen hinwegdenkt und *hinzu*denkt, dass die verbleibende Giftgabe des anderen *allein* zum Tod führt. Der Fall ist ja so gemeint, dass Z durch Giftmoleküle aus beiden Giftdosen stirbt. Dieses Hinzudenken ist nach der Conditio-Formel aber ebenso unzulässig wie im Fall 6 das Hinzudenken einer *alleinigen* Todesverursachung durch F. Wendet man die Conditio-Formel im Beispiel richtig an, gelangt man problemlos zur Bejahung der Kausalität. Denkt man sich eine der Giftgaben hinweg, fehlt ein Teil der Giftmoleküle, die *tatsächlich* zum Tod des Z geführt haben.

Das richtige Ergebnis kommt auch dann heraus, wenn – anders als im typi- **92** schen Fall der „alternativen" Kausalität – nachweislich nur eines der Gifte gewirkt hat. Ist es etwa nur das des X gewesen, entfällt der Todeserfolg, wenn man diese Giftgabe hinwegdenkt – X hätte den Tod des Z verursacht; denkt man die wirkungslose Giftgabe des Y hinweg, entfällt der Tod des Z nicht – Y hätte den Tod nicht verursacht. Beides ist richtig.

Macht man sich das klar, ist auch nicht mehr einzusehen, warum man **93** die „alternative" Kausalität von der „kumulativen" unterscheiden soll – wie das die hM tut. Von **„kumulativer" Kausalität** spricht sie, wenn erst das Zusammenwirken mehrerer Handlungen, die für sich allein nicht erfolgstauglich sind, den Erfolg verursacht; wenn etwa die Giftdosen von X und Y nicht jede für sich, sondern nur im Zusammenwirken tödlich sind. In der *tatsächlichen* Wirkung besteht indes kein Unterschied zu dem Fall der „alternativen" Kausalität, wo jede der Dosen für sich zur Tötung ausreicht, das Opfer aber *tatsächlich* an Giftmolekülen stirbt, die aus *beiden* Giftdosen stammen. Die Fälle unterscheiden sich nur im *Hypothetischen*, darin, dass im Fall der „alternativen" Kausalität jede Dosis allein schon zur Todesverursachung ausgereicht *hätte*, im Fall der „kumulativen" Kausalität hingegen nicht. Das ist für die naturgesetzliche Kausalität aber ohne Belang. Ein naturgesetzlicher Zusammenhang wird nur durch Umstände hergestellt, die *tatsächlich* wirksam sind. So gesehen ist die Unterscheidung der Fallgruppen eher irreführend als erhellend; sie macht glauben, dass sie für die Kausalitätsfeststellung relevant ist.

Die Conditio-Formel ist aber nicht einmal dort von Nutzen, wo sie **94** problemlos die richtigen Lösungen liefert. Mit ihr kann nur zu einem Ergebnis kommen, wer schon *vor ihrer Anwendung* weiß, ob die Kausalität gegeben ist oder nicht. Weiß man das nicht, kann man auch nicht sagen, ob der Erfolg entfiele, wenn die Handlung hinweggedacht wird. Solange beispielsweise ein ursächlicher Zusammenhang zwischen der

Creutzfeldt-Jakob-Krankheit und dem Verzehr von Fleisch eines Rindes
mit BSE naturwissenschaftlich nicht nachgewiesen ist, kann auch mit
der Conditio-Formel nicht festgestellt werden, ob zwischen beidem ein
Kausalzusammenhang besteht. Ist die Kausalität hingegen erwiesen,
braucht man die Conditio-Formel nicht zur Kausalitätsfeststellung. Nach
Anwendung der Formel weiß man ja nicht mehr als vorher.

95   In der Sache ist mit der Conditio-Formel mithin nichts gewonnen. Im
Gegenteil: Wie sich gezeigt hat, gefährdet sie mitunter sogar die richtige
Lösung. Wer die Formel aus taktischen Gründen – weil er meint, sie
werde vom Prüfer erwartet – dennoch heranziehen möchte, sollte gedanklich stets die Probe machen, ob das mit der Formel gefundene Ergebnis richtig ist, ob ein naturgesetzlicher Zusammenhang zwischen
Handlung und Erfolg besteht. Maßgeblich dafür ist, welche **tatsächlichen Wirkungen** die Handlung hat.

d) Die objektive Zurechnung

aa) Die Herleitung der Voraussetzung

96   In den Tatbeständen einiger vollendeter Vorsatzdelikte werden die
Handlungsmerkmale durch ein **Pflichtwidrigkeitsmerkmal** ergänzt. So
in § 315a I Nr. 2 („durch grob pflichtwidriges Verhalten gegen Rechts-
vorschriften ... verstößt") und in § 356 I („pflichtwidrig dient"). Die
Handlungsmerkmale anderer vorsätzlicher vollendeter Handlungsdelikte legen nach ihrem allgemeinsprachlichen Wortsinn immerhin nahe,
sie so zu verstehen, dass sie ein pflichtwidriges Verhalten meinen. Beispiele dafür sind das „Misshandeln" in § 223 I und das „Berauben" in
§ 239 I. Im allgemeinen Sprachgebrauch meinen diese Verben ein *missbilligtes* Verhalten, „*miss*handeln" eine *missbilligte* Behandlung, „berauben" ein *missbilligtes* Entziehen. Das könnten natürlich Besonderheiten dieser Tatbestände sein; es könnte aber auch sein, dass dort eine *allgemeine*, für alle vorsätzlichen vollendeten Handlungsdelikte geltende
Voraussetzung zum Ausdruck kommt. Einen entsprechenden Befund hat
man ja beispielsweise auch beim allgemeinen Rechtswidrigkeitsmerkmal. In einigen Strafvorschriften – wie in den §§ 123 I, 303 I – ist es
ausdrücklich genannt, in den meisten aber nicht.

97   Klärung bringt auch hier die systematische Auslegung, nämlich der
Vergleich mit anderen Deliktstypen: mit dem Unterlassungsdelikt i.S.d.
§ 13 und dem Fahrlässigkeitsdelikt. Sie setzen in *allen* ihren Tatbeständen der Sache nach ein *pflichtwidriges* Verhalten voraus. § 13 I erfasst
nur denjenigen, der „es unterläßt, einen Erfolg abzuwenden, der zum
Tatbestand eines Strafgesetzes gehört", obwohl er „*rechtlich dafür einzustehen hat*, daß der Erfolg nicht eintritt", der also eine rechtliche Ein-

standspflicht verletzt. In den Fahrlässigkeitstatbeständen ist es das Fahrlässigkeitsmerkmal, das die „Pflichtwidrigkeit" voraussetzt. Denn „Fahrlässigkeit" ist objektiv gleichbedeutend mit dem Außerachtlassen der im Verkehr rechtlich geforderten Sorgfalt (vgl. § 276 II BGB), kurz: mit der **Sorgfaltspflichtverletzung.**

Diese Pflichtwidrigkeitsmerkmale in § 13 I und den Fahrlässig- **98** keitstatbeständen zwingen dazu, auch die Tatbestände der vorsätzlichen vollendeten Handlungsdelikte so auszulegen, dass sie eine Pflichtwidrigkeit voraussetzen. Denn sonst ergäben sich Widersprüche. Etwa im

> **Fall 10:** Mutter M hat ihrer 9-jährigen Tochter T Schlittschuhe geschenkt und lässt sie damit in die Eishalle gehen, wohl wissend, dass es bei den ersten Laufversuchen nicht ohne Stürze und blaue Flecken abgehen wird. So kommt es auch.

Für die Sturzverletzungen haftet M weder nach § 229 noch nach den §§ 223 I, **99** 13. Sie hat sie weder gemäß § 229 „durch Fahrlässigkeit" verursacht noch hatte sie gemäß §§ 223 I, 13 I „rechtlich dafür einzustehen", dass es nicht zu Sturzverletzungen kommt. Denn das Risiko, dass ein 9-jähriges Kind beim Erlernen des Schlittschuhlaufens stürzt und sich Prellungen zuzieht, würde allgemein rechtlich toleriert. Man würde sagen, es sei ein **„sozialadäquates"** oder **„erlaubtes" Risiko.** Dann besteht aber auch kein Grund, die Schaffung eines solchen Risikos zu verbieten, der M also zur Pflicht zu machen, der T keine Schlittschuhe zu schenken.

Würde man das vorsätzliche Handlungsdelikt des § 223 I nicht entsprechend **100** einschränken, würde dieses die Tat der M aber erfassen: M hätte vorsätzlich den Erfolg einer körperlichen Misshandlung und einer Gesundheitsschädigung der T verursacht. Die Tat wäre auch rechtswidrig; denn ein Rechtfertigungsgrund stünde M nicht zur Seite. Die Folge wäre ein Widerspruch: Das im Verhältnis zu den §§ 229; 223 I, 13 schwerere Körperverletzungsunrecht des § 223 I (vgl. die unterschiedlichen Strafdrohungen) würde bejaht, das weniger schwere der §§ 229; 223 I, 13 aber verneint.

Deutet man die Handlungsmerkmale der vorsätzlichen vollendeten Handlungs- **101** delikte hingegen so, dass sie der Sache nach das Gleiche voraussetzen wie die Merkmale der „Verletzung der rechtlichen Einstandspflicht" in § 13 I und die Merkmale „durch Fahrlässigkeit" in den Fahrlässigkeitstatbeständen, verschwindet der Widerspruch. M hätte durch das Verschenken der Schlittschuhe auch den Tatbestand des § 223 I nicht erfüllt. Dieser würde wie die §§ 229; 223 I, 13 ein pflichtwidriges Verhalten voraussetzen; und daran würde es wie bei jenen Vorschriften fehlen, weil M ein „erlaubtes" Risiko geschaffen hat.

Die hL zieht diese systematisch gebotene Konsequenz. *In der Sache* **102** verengt sie die Handlungsmerkmale der vorsätzlichen vollendeten Handlungsdelikte durch Einfügung der „objektiven Zurechnung" so, dass auch diese Delikte nur Taten erfassen, die – wie es § 13 I sagt –

durch eine „Verletzung der rechtlichen Einstandspflicht" oder – wie es die Fahrlässigkeitstatbestände sagen – „durch Fahrlässigkeit" begangen werden. Die hL *benennt* diese Voraussetzungen beim vorsätzlichen vollendeten Handlungsdelikt nur anders. Statt von der Verletzung einer „rechtlichen Einstandspflicht" und von „Fahrlässigkeit" spricht sie hier von „rechtlich missbilligter Gefahrschaffung"; statt von der Verletzung der speziellen „rechtlichen Einstandspflicht", *gerade den Erfolg abzuwenden, der später eingetreten ist,* und von der Verursachung des Erfolges *„durch"* Fahrlässigkeit spricht sie von der Verwirklichung der rechtlich missbilligten Gefahr im Erfolg. Gemeint ist damit, dass das Verhalten eine **strafrechtliche Pflichtwidrigkeit** sein und dass diese **gerade hinsichtlich des später eingetretenen Erfolges** gegeben sein muss.

103   Für die „objektive Zurechnung" ist danach dreierlei erforderlich:

(1) Der Täter muss *rechtlich missbilligt*, sprich: *pflichtwidrig* gehandelt haben – er muss eine Rechtspflicht verletzt haben („Schaffung einer rechtlich missbilligten Gefahr").

(2) Die rechtliche Missbilligung muss eine *strafrechtliche* sein – sie muss so schwer wiegen, dass sie nach dem verfassungsrechtlichen Übermaßverbot mit Strafe bedroht werden darf.

(3) Die strafrechtliche Pflichtwidrigkeit muss gerade *hinsichtlich des tatbestandlichen Erfolges (und etwaiger sonstiger tatbestandlicher Folgen,* beispielsweise bei § 224 I Nr. 5 auch hinsichtlich der „das Leben gefährdenden Behandlung") gegeben sein („Gefahrverwirklichung").

104   Allerdings sind sich nicht alle im Lager der hL auch bewusst, dass die Voraussetzungen der „objektiven Zurechnung" in der Sache deckungsgleich sind sowohl mit den die Einstandspflichtverletzung beschreibenden Merkmalen des § 13 I wie mit den Merkmalen „durch Fahrlässigkeit". Dem sollte man *terminologisch* Rechnung tragen, um unberechtigter Kritik vorzubeugen, also *terminologisch unterscheiden* zwischen „objektiver Zurechnung", „Einstandspflichtverletzung" und „Fahrlässigkeit". *In der Sache* ändert sich dadurch aber nichts; *sachlich* ist bei all diesen Merkmalen *dasselbe* zu prüfen. Das gilt auch dann, wenn die Merkmale in einem Tatbestand kumulativ auftauchen, wie etwa in dem des fahrlässigen Unterlassungsdelikts. Ein Beispiel ist der Tatbestand der fahrlässigen Tötung durch Unterlassen gemäß §§ 222, 13. Zu ihm gehören die Merkmale „durch Fahrlässigkeit", die Merkmale des § 13 und nach hL auch die Voraussetzungen der „objektiven Zurechnung" (die in das Gesetz hineinzulesen hier allerdings überflüssig ist, weil sie

schon in den geschriebenen Merkmalen der §§ 222, 13 enthalten sind –
in den Merkmalen „durch Fahrlässigkeit" und in den Merkmalen des
§ 13, die die Verletzung einer rechtlichen Einstandspflicht beschreiben).
Danach ist in der Sache dreimal dasselbe vorausgesetzt: eine strafrechtliche Pflichtwidrigkeit hinsichtlich des vom Tatbestand der §§ 222, 13
vorausgesetzten Todeserfolges. Ausführlich braucht man sie natürlich
nur einmal zu behandeln, nämlich beim ersten dieser Merkmale, das man
prüft. Bei den anderen kann man sich dann darauf beschränken, dem Leser klarzumachen, dass es bei ihnen in der Sache um dasselbe geht und
im Übrigen auf die vorangegangenen Darlegungen verweisen. Übersieht
man die sachliche Übereinstimmung, drohen Fehler. Entweder werden
die Merkmale unvollständig geprüft, weil man bei jedem der Merkmale
noch etwas Neues sagen will und dies deshalb bei der Erörterung des
Vorhergehenden auspart. Oder sie werden vollständig, aber mit langat-
migen Wiederholungen geprüft.

bb) Die Voraussetzungen der objektiven Zurechnung im Einzelnen

(1) Die strafrechtlich missbilligte (pflichtwidrige) Gefahrschaffung

> **Fall 11:** I ist HIV-positiv. Er verschweigt das seinem Partner P und **105**
> verkehrt weiterhin geschlechtlich mit ihm. Er benutzt dabei aller-
> dings ein Kondom. Trotzdem steckt P sich an und erkrankt.

I könnte sich durch den ungeschützten Geschlechtsverkehr u.a. einer Körper- **106**
verletzung gemäß § 223 I schuldig gemacht haben. Dies hängt davon ab, ob ihm
der in der Erkrankung des P liegende Misshandlungs- und Gesundheitsschädi-
gungserfolg objektiv zuzurechnen ist. Möglich ist das nur, wenn der Geschlechtsverkehr strafrechtlich missbilligt (pflichtwidrig) gewesen ist. Eine Voraussetzung
für die strafrechtliche Missbilligung (Pflichtwidrigkeit) ist, dass das Verhalten
eine Rechtspflicht verletzt.

(a) Die Verletzung einer Rechtspflicht

Rechtspflichten ergeben sich vorrangig aus geschriebenen Verhal- **107**
tensregeln, aus Normen, die bestimmte Verhaltensweisen gebieten oder
verbieten. Beispiele dafür sind die Verhaltensregeln aus der StVO (etwa
das Gebot, innerhalb eines verkehrsberuhigten Bereichs nur mit Schritt-
geschwindigkeit zu fahren, § 42 IV 4a StVO).

Die Rechtfertigungsgründe müssen hier allerdings außer Betracht bleiben. **108**
Zwar ergibt sich auch aus ihnen, was rechtlich erlaubt und damit nicht rechtlich
missbilligt ist. Sie deswegen schon bei der „objektiven Zurechnung" zu berücksichtigen, widerspräche aber den Vorstellungen des Gesetzgebers. Er ging davon
aus, dass die Rechtfertigungsgründe erst die Rechtswidrigkeit ausschließen. Das

zeigt sich zum einen darin, dass er in § 13 I und in den Fahrlässigkeitstatbeständen zwischen der tatbestandlichen Pflichtwidrigkeit – der Einstandspflichtverletzung und der Fahrlässigkeit – und der Rechtwidrigkeit unterscheidet, zum anderen darin, dass er als Rechtsfolge der Rechtfertigungsgründe nur den Ausschluss der *Rechtswidrigkeit* normiert. So heißt es in den §§ 32, 34 „handelt nicht rechtswidrig" oder in § 228 BGB „handelt nicht widerrechtlich". Dann muss man aber auch die Voraussetzungen der „objektiven Zurechnung" und die der „Rechtswidrigkeit" auseinanderhalten – weil sich die Voraussetzungen der „objektiven Zurechnung" ja in der Sache mit denen der „Einstandspflichtverletzung" und der „Fahrlässigkeit" decken. Das heißt, bei der „objektiven Zurechnung" muss all das unbeachtet bleiben, was für die Rechtswidrigkeitsvoraussetzungen relevant ist. Da zu ihnen die Abwesenheit von Rechtfertigungsgründen gehört, dürfen diese nicht in die Prüfung der „objektiven Zurechnung" einbezogen werden.

109   Eine spezielle Verhaltensnorm, an der sich ablesen ließe, ob im Fall 11 Is Tun erlaubt oder verboten ist, gibt es jedoch nicht. Wo es an einer solchen speziellen Verhaltensnorm fehlt, stellt sich die Frage, wonach dann zu entscheiden ist, wann ein Verhalten pflichtwidrig ist und wann nicht. Dafür gibt es eine allgemeine ungeschriebene Regel. Sie erschließt sich auf der Rechtwidrigkeitsebene aus den Rechtfertigungsgründen. Bei ihnen geht es ja ebenso wie beim Merkmal der *tatbestandlichen* Pflichtwidrigkeit darum, die Grenze zwischen Erlaubtem und Verbotenem zu ziehen. Alle oder jedenfalls fast alle Rechtfertigungsgründe ziehen die Grenze zwischen Recht und Unrecht danach, ob das verfolgte Interesse das beeinträchtigte wesentlich (d. h. eindeutig) überwiegt **(Prinzip des überwiegenden Interesses)**. Deutlich zum Ausdruck kommt das in § 34 („handelt nicht rechtswidrig, wenn bei Abwägung der widerstreitenden Interessen ... das geschützte Interesse das beeinträchtigte wesentlich überwiegt"). In anderen Rechtfertigungsgründen, etwa in § 32, taucht diese Voraussetzung so zwar nicht auf. Aber das liegt nur daran, dass der Gesetzgeber die Interessenabwägung dort mehr oder weniger schon selbst vorgenommen hat. Für spezielle Rechtfertigungssituationen hat er die Umstände benannt, die nach seiner Wertung typischerweise ein wesentliches Überwiegen des geschützten Interesses begründen, in § 32 II beispielsweise den gegenwärtigen rechtswidrigen Angriff und die erforderliche Verteidigung.

110   Nach dieser Regel des überwiegenden Interesses muss man dann auch im Tatbestand entscheiden, ob das Verhalten pflichtwidrig ist oder nicht. Allerdings mit dem oben erwähnten Unterschied, dass man hier die Sachverhaltsumstände ausspart, aus denen sich eine Rechtfertigung ergeben könnte. Im Übrigen ist in die Abwägung aber alles einzubeziehen, was für oder gegen eine Erlaubnis spricht, namentlich – wie § 34 zeigt – die betroffenen Rechtsgüter und der Grad der ihnen drohenden Gefahren.

Diese allgemeine Regel wird der **Pflichtwidrigkeitsprüfung** aber 111
meist nur unausgesprochen zugrunde gelegt. Viele begnügen sich damit,
einzelne Abwägungskriterien und Fallgruppen zu nennen. So heißt es,
dass „bei der Klärung der Frage, ob eine rechtlich relevante Gefahr geschaffen worden ist, ... insbesondere folgende Kriterien und Fallgruppen
Bedeutung erlangen" „können": „**Schutzzweck der verletzten Verhaltensnorm**", „**allgemeines Lebensrisiko** und die Reichweite des **erlaubten Risikos**", „**freiverantwortliche Selbstschädigung** und -ge-
fährdung des Opfers", „**eigenverantwortliches Dazwischentreten eines Dritten**", „**Risikoverringerung**" (*Wessels/Beulke/Satzger*
Rn. 291 ff.). Damit sind zweifellos relevante Abwägungsgesichtspunkte
angesprochen; aber es sind eben auch nicht mehr als **Abwägungsgesichtspunkte**. Macht man sich das nicht klar, droht, dass man einzelne
Gesichtspunkte verabsolutiert und die notwendige Abwägung unterlässt.

Im Fall 11 stehen sich gegenüber das Interesse des I, geschützt mit P ge- 112
schlechtlich zu verkehren, ohne ihn zuvor über seine Krankheit aufzuklären, und
das Interesse des P, sich nicht mit lebensbedrohenden HI-Viren anzustecken, und
selbst darüber zu entscheiden, ob er sich einer solchen Gefährdung aussetzt. Letzteres darf man hier – bei der Prüfung der tatbestandlichen Pflichtwidrigkeit – nach
dem oben Gesagten allerdings nur berücksichtigen, wenn es nicht erst für die
Rechtswidrigkeit relevant ist. Das hängt davon ab, ob man in der Verletzung des
Selbstbestimmungsrechts des Opfers eine Tatbestands- oder eine Rechtswidrigkeitsvoraussetzung sieht. Die traditionelle Lehre betrachtet sie als Rechtswidrigkeitsvoraussetzung. Das zeigt sich in der Einordnung der Einwilligung des Opfers;
denn diese schließt ja eine Verletzung des Selbstbestimmungsrechts aus. Die Einwilligung wird aber traditionell als Rechtfertigungsgrund eingestuft, die Verletzung des Selbstbestimmungsrechts also erst auf der Rechtswidrigkeitsebene ausgeschlossen. Dann ist das Interesse des P an einer selbstbestimmten Preisgabe seiner Rechtsgüter erst für die Rechtswidrigkeit relevant und muss bei der Prüfung
der tatbestandlichen Pflichtwidrigkeit außer Betracht bleiben.

Danach sind dort also nur zu berücksichtigen das Interesse des I, geschützt mit 113
P geschlechtlich zu verkehren, ohne ihn zuvor über seine Krankheit aufzuklären,
und das des P, sich nicht mit lebensbedrohenden HI-Viren anzustecken. Die in die
Abwägung dieser Interessen einzubeziehenden Rechtsgüter sind folglich auf Seiten des I die Handlungsfreiheit und auf Seiten des P die körperliche Unversehrtheit und das Leben. Die den Rechtsgütern des P drohende Gefahr ist allerdings sehr
gering; denn beim geschützten Geschlechtsverkehr ist das Ansteckungsrisiko minimal. Andererseits droht die Handlungsfreiheit des I erheblich eingeschränkt zu
werden, wenn man ihm den geschützten Geschlechtsverkehr mit einem unaufge-
klärten Partner verbietet. Wenn sich I offenbaren muss, hat er es möglicherweise
erheblich schwerer, einen Sexualpartner zu finden. Hinzu kommt, dass dieses Risiko von den das Volk nach Art. 20 II GG repräsentierenden Staatsorganen akzep-
tiert worden ist. In ihren Aufklärungskampagnen haben sie seinerzeit allein auf
eine Risikominimierung durch „safer sex" gesetzt und den Infizierten nicht abver-
langt, sich gegenüber ihren Sexualpartnern zu offenbaren oder gar Enthaltsamkeit

zu üben. Man kann deswegen sagen, dass die Gefahr, die im Falle eines Verbots dem I droht, schwerer wiegt als die Gefahr, die im Falle einer Erlaubnis dem P droht. Bei dieser Gewichtung ist dann das überwiegende Interesse auf der Seite des I und sein Verhalten damit erlaubt. Gibt man dem Interesse des I hingegen nicht mehr Gewicht als dem des P, etwa weil man ausschlaggebend sein lässt, dass auf Seiten des P das Leben als ranghöchstes Rechtsgut auf dem Spiel steht, ist das Verhalten des I rechtlich missbilligt, also pflichtwidrig. Das allein genügt aber nicht für eine *straf*tatbestandliche Pflichtwidrigkeit. Dafür ist ein *straf*rechtlich missbilligtes Verhalten notwendig.

(b) Das strafrechtlich notwendige Maß der Pflichtwidrigkeit

114   Die strafrechtliche Missbilligung setzt mehr voraus als eine schlichte Pflichtwidrigkeit. Das folgt aus dem verfassungsrechtlichen Übermaßverbot. Danach müssen alle den Bürger belastenden staatlichen Akte, also auch die Strafdrohungen, verhältnismäßig sein. Da Strafe die schwerste innerstaatliche Sanktion und die Strafdrohung damit die schwerste Form rechtlicher Missbilligung ist, darf diese nur für entsprechend schweres Unrecht ausgesprochen werden. *Straf*rechtlich dürfen also nur solche Pflichtwidrigkeiten missbilligt werden, die mit Strafe zu bedrohen verhältnismäßig ist. Das wird allerdings nur selten deutlich gesagt. Meist begnügt man sich den Worten nach mit einer *bloß rechtlichen* Missbilligung. Dass damit in der Sache aber eine **strafrechtliche Missbilligung** gemeint ist, wird deutlich in Definitionen tatbestandlicher Handlungsmerkmale, nach denen *unerhebliche* Beeinträchtigungen *kein* tatbestandsmäßiges Verhalten sein sollen. Ein Beispiel ist die Definition der „körperlichen Misshandlung" i.S.d. § 223 I: eine üble und unangemessene Behandlung, die das körperliche Wohlbefinden oder die körperliche Unversehrtheit *nicht nur unerheblich* beeinträchtigt.

115   Im Fall 11 ist Is Verhalten mithin nur dann auch strafrechtlich missbilligt, wenn es so schwer wiegt, dass es nach dem verfassungsrechtlichen Übermaßverbot mit Strafe bedroht werden darf. Einen exakten Maßstab dafür, wann ein Verhalten dieses Gewicht hat, gibt es nicht. Anhaltspunkte kann aber auch hier ein systematischer Fallvergleich liefern. Einig ist man sich, dass verschwindend geringe Schadenswahrscheinlichkeiten nicht hinreichen. So soll im ebenen Gelände die Gefahr, bei Gewitter von einem Blitz erschlagen zu werden, zu gering sein, um die Schaffung dieser Gefahr, etwa durch Hinausschicken in das Gewitter, *straf*rechtlich zu missbilligen. Ähnlich gering ist aber auch die Wahrscheinlichkeit, sich beim geschützten Geschlechtsverkehr mit HI-Viren zu infizieren. Dieses Risiko nicht *straf*rechtlich zu missbilligen, entspricht obendrein der demokratisch legitimierten Wertung der Staatsorgane, wie sie in den Aufklärungskampagnen Ausdruck gefunden hat. Es fehlt danach jedenfalls an einer *straf*rechtlichen Pflichtwidrigkeit des I mit der Folge, dass ihm die Infizierung des P nicht objektiv zurechenbar ist.

(2) Verwirklichung der strafrechtlich missbilligten (pflichtwidrig geschaffenen) Gefahr in den eingetretenen tatbestandlichen Folgen

Für die „objektive Zurechnung" ist noch eine weitere Einschränkung **116** zu machen: Strafrechtlich missbilligt muss gerade die Gefahr sein, dass es zu den später tatsächlich eingetretenen tatbestandlichen Folgen kommt. Auch das ergibt sich aus den systematischen Vorgaben der Unterlassungs- und der Fahrlässigkeitsdelikte. § 13 I bezieht die rechtliche Einstandspflicht auf die Abwendung des Erfolges, der durch das die rechtliche Einstandspflicht verletzende Unterlassen eingetreten ist: „wenn er rechtlich dafür einzustehen hat, dass *der* Erfolg nicht eintritt". „*Der* Erfolg" kann nur derjenige sein, den der Täter abzuwenden unterlassen hat. In Fahrlässigkeitstatbeständen, etwa in den §§ 222, 229, deutet sich diese Voraussetzung darin an, dass der tatbestandsmäßige Erfolg „durch Fahrlässigkeit ... verursacht" sein muss. Das versteht man heute allgemein so, dass die Fahrlässigkeit gerade hinsichtlich des später eingetretenen tatbestandlichen Erfolges gegeben sein müsse. Für den besonderen Delikstyp der erfolgsqualifizierten Delikte (zB Körperverletzung mit Todesfolge gemäß § 227) formuliert das Gesetz selbst diese Voraussetzung präzise in § 18: Dem Täter muss gerade *hinsichtlich der schweren Folge* – im Fall des § 227 der Todesfolge – Fahrlässigkeit zur Last fallen. Damit ein Verhalten gerade *hinsichtlich der tatbestandlichen Folgen* strafrechtlich pflichtwidrig is*t, die tatsächlich eingetreten sind*, muss die Gefahr *dieser Folgen* strafrechtlich missbilligt sein. Das heißt, *diese Gefahr* muss erstens nach der Regel des überwiegenden Interesses der Grund sein, das Verhalten rechtlich zu verbieten, und zweitens nach dem verfassungsrechtlichen **Übermaßverbot** so schwer wiegen, dass die Strafdrohung verhältnismäßig ist.

Die *rechtliche* und die *straf*rechtlich Missbilligung werden danach **117** also insgesamt zweimal geprüft: zunächst beim Merkmal der „strafrechtlich missbilligten Gefahrschaffung" im Hinblick darauf, ob das Verhalten *überhaupt* strafrechtlich missbilligt ist, dann beim Merkmal der „Verwirklichung der strafrechtlich missbilligten Gefahr in den eingetretenen tatbestandlichen Folgen" im Hinblick darauf, ob das Verhalten *gerade wegen der Gefahr der tatbestandlichen Folgen* strafrechtlich missbilligt is*t, die später tatsächlich eingetreten sind*.

Da tatbestandsmäßig letztlich nur die **strafrechtliche Pflichtwidrig- 118 keit** *hinsichtlich dieser Gefahr der später eingetretenen tatbestandlichen Folgen* ist, könnte man sich gleich auf die Prüfung dieser Pflichtwidrigkeit beschränken. Einige tun das auch. Die hM hält – wie ihre Zurechnungsformel zeigt – theoretisch an der gestuften Prüfung fest. Praktisch verschwimmen bei ihr aber die Zurechnungsvoraussetzungen. Man meint wohl – wie es z.T. sogar ausdrücklich gesagt wird –, dass die beiden Voraussetzungen der Zurechnungsformel „kaum voneinander abgrenzbar" sind und sich „häufig" „überschneiden" (*Wessels/Beulke/ Satzger* Rn. 259). Wie sich oben gezeigt hat, ist aber sehr wohl eine saubere Trennung der Voraussetzungen möglich. Wenn man also mit der hM theoretisch zwischen ihnen unterscheidet, sollte man diese Unterscheidung auch in der praktischen Prüfung durchhalten. Die Alternative wäre, von vornherein nur zu prüfen, ob die Schaffung gerade der Gefahr strafrechtlich missbilligt ist, die sich in den tatbestandlichen Folgen verwirklicht hat.

119   Wie die Prüfung praktisch aussehen kann, zeigt beispielhaft die Lösung zu

> **Fall 12:** M hat den O in der Absicht niedergestochen, ihn zu töten. Passanten alarmieren den Notarzt. O wird ins Krankenhaus gebracht und dort operiert. Auf der Intensivstation infiziert er sich mit einem Erreger, der bis dahin nur in den Tropen aufgetaucht ist. O stirbt an der Infektion.

120   M könnte den O i.S.d. § 212 I getötet haben. Ursächlich geworden ist er für den Tod des O. Dieser müsste ihm darüber hinaus objektiv zurechenbar sein. Das setzt voraus, dass das Niederstechen des O eine strafrechtlich missbilligte (pflichtwidrige) Gefahrschaffung ist und dass sich gerade diese im Tod des O verwirklicht hat.

121   Strafrechtlich missbilligt ist das Niederstechen des O jedenfalls wegen der Gefahr, dass schon die Stichverletzung allein tödlich ist. Es gibt keinen Grund, M die Schaffung dieser Gefahr zu erlauben; auch wiegt diese Gefahrschaffung so schwer, dass sie nach dem verfassungsrechtlichen Verhältnismäßigkeitsgebot bei Erfüllung der übrigen Strafvoraussetzungen mit der Strafdrohung des § 212 I belegt werden darf.

122   *Diese* Gefahr hat sich allerdings nicht im Tod des O verwirklicht. Der Tod resultiert vielmehr aus der anderen, ebenfalls durch das Niederstechen geschaffenen Gefahr, dass O wegen der Stichverletzung ins Krankenhaus gebracht wird, sich dort mit einem Erreger infiziert, der bis dahin nur in den Tropen aufgetaucht ist, und daran stirbt. Ob auch die Schaffung dieser Gefahr strafrechtlich missbilligt ist, ist allerdings zweifelhaft. Denn die Wahrscheinlichkeit, dass O so zu Tode kommt, war minimal. Ob man diese Gefahrschaffung deswegen schon für nicht rechtlich missbilligt erklären muss, kann dahinstehen. Sie ist jedenfalls nicht strafrechtlich missbilligt. Denn in anderen Fällen mit vergleichbar geringen Risiken lehnt man eine strafrechtliche Missbilligung allgemein ab. So etwa in dem Fall, dass jemand einen anderen zwingt, ins Gewitter hinauszugehen, damit ihn der Blitz erschlage. Wenn es in Fällen wie diesem unverhältnismäßig sein soll, die Risikoschaffung strafrechtlich zu missbilligen, darf man auch die von M geschaffene minimale Gefahr der tödlichen Erkrankung nicht strafrechtlich missbilligen.

Sonst wären die Bewertungen widersprüchlich. M ist der Tod des O demnach nicht strafrechtlich zuzurechnen.

e) Das vorsatzdeliktische Maß der strafrechtlich missbilligten Gefahrschaffung

Die unter dd) behandelten Zurechnungsmerkmale, die sich – wie gezeigt – aus **123** dem systematischen Vergleich mit den Tatbeständen der Unterlassungs- und Fahrlässigkeitsdelikte ergeben, könnten beim Vorsatzdelikt noch um eine spezielle Gefahrvoraussetzung zu ergänzen sein.

Auch sie könnte sich aus der gesetzlichen Systematik ergeben, nämlich aus **124** dem Verhältnis zwischen dem vollendeten und dem versuchten Vorsatzdelikt. Nach allgemeiner Meinung soll jedes vollendete Vorsatzdelikt das Stadium des Versuchs durchlaufen. Das tut es aber nur, wenn es auch alle Versuchsvoraussetzungen erfüllt. Zu ihnen gehört nach § 22, dass der Täter nach seiner Vorstellung von der Tat zur Verwirklichung des Tatbestandes unmittelbar ansetzt. Soll das vollendete Vorsatzdelikt den Versuch umfassen, müssen diese Merkmale des § 22 folglich in den Tatbestand des vollendeten Vorsatzdelikts hineingelesen werden. Weil das unmittelbare Ansetzen beim vollendeten Vorsatzdelikt in den tatbestandlichen Erfolg einmünden muss, muss es dort nicht nur wie beim Versuch nach der Vorstellung des Täters, sondern auch objektiv gegeben sein. Das heißt, die für das vollendete Vorsatzdelikt notwendige Gefahrschaffung muss nicht nur strafrechtlich missbilligt, sondern auch ein unmittelbares Ansetzen zur Tatbestandsverwirklichung sein (ebenso *Herzberg* BGH-FG IV, S. 66 ff.).

Entsprechend verengt sich die zweite Zurechnungsvoraussetzung der Gefahr- **125** verwirklichung: Im tatbestandlichen Erfolg muss sich gerade die Gefahr verwirklichen, die durch das strafrechtlich missbilligte unmittelbare Ansetzen zur Tatbestandsverwirklichung geschaffen worden ist.

Die hM begnügt sich beim vollendeten Vorsatzdelikt mit den allgemeinen Vo- **126** raussetzungen der objektiven Zurechnung. Widersprüche glaubt sie dadurch vermeiden zu können, dass sie im subjektiven Tatbestand für den „Vorsatz" sowohl des Vollendungs- als auch des Versuchsdelikts voraussetzt, dass der Täter die Tatbestandsverwirklichung „will". Allerdings soll ein solches „Wollen" schon dann anzunehmen sein, wenn der Täter die Möglichkeit der Tatbestandsverwirklichung „ernst nimmt", „in Kauf nimmt", sich mit ihr „abfindet". Dadurch entgeht die hM den Widersprüchen aber nicht. Der Täter kann die Tatbestandsverwirklichung bei der Tat in jenem Sinne „wollen" und zu ihr dennoch nicht gemäß § 22 nach seiner Vorstellung von der Tat unmittelbar ansetzen. Das zeigt sich im

Fall 13: Um eine verpasste Ausfahrt zu erreichen, benutzt G die Autobahn bewusst entgegen der vorgeschriebenen Fahrtrichtung. Es kommt dadurch zu einem Unfall, der drei anderen Menschen das Leben kostet.

Hier wäre man sich im Ergebnis einig, dass G keinen vollendeten Totschlag **127** begangen hat. Begründen würde man dies damit, dass G keinen Tötungsvorsatz gehabt habe, weil die Tötung nicht „gewollt" gewesen sei. Das ist aber nicht schlüssig, wenn ein „Wollen" schon darin zu finden sein soll, dass der Täter die Möglichkeit des Erfolgseintritts „ernst nimmt", „in Kauf nimmt", sich mit ihr „abfindet". Denn dies hat G getan. Er hat sich bewusst für die „Geisterfahrt" und damit für ein Handeln entschieden, das die Gefahr eines tödlichen Unfalls birgt. Damit hat er die tödliche Gefahr „ernst genommen"; er hat sie bei seiner Entscheidung ja nicht ausgeblendet, sondern in Rechnung gestellt. Da er sich trotzdem für die lebensgefährdende Fahrt entschieden hat, hat er sie auch „in Kauf genommen", sich mit ihr „abgefunden". Wäre die hM konsequent, müsste sie sagen, dass G die als möglich erkannte Tötung eines Menschen auch „gewollt" habe. Das Ergebnis wäre ein dreifacher Totschlag. Das aber würde im systematischen Verhältnis von vollendetem und versuchtem Vorsatzdelikt zu einem Widerspruch führen, nämlich dazu, dass ein vollendetes Vorsatzdelikt angenommen würde, das nicht das Versuchsstadium durchlaufen hat. Denn Totschlagsversuche hat G auch dann nicht begangen, wenn man seine Entscheidung konsequent als „Wollen" i.S. eines „Ernstnehmens", „In-Kauf-Nehmens", „Sich-Abfindens" wertet. Er hat nicht – wie von den §§ 212 I, 22 vorausgesetzt – „nach seiner Vorstellung von der Tat zur Verwirklichung des Tatbestandes" des § 212 I „unmittelbar" angesetzt. Solange G die Gefahr durch Anstrengungen, einen Unfall zu vermeiden, niedrig hält, ist die Tatbestandsverwirklichung gehemmt. In solch hemmenden Momenten wird aber ein Hindernis für die Annahme eines „unmittelbaren Ansetzens" gesehen. Als Gs Anstrengung versagt und der tödliche Unfall unvermeidbar ist, ist die Hemmung zwar nicht mehr vorhanden. Aber zu diesem Zeitpunkt fehlt es aus einem anderen Grunde am „unmittelbaren Ansetzen": Als tatbestandliches Handlungsmerkmal setzt das „unmittelbare Ansetzen" ein *vermeidbares* Verhalten voraus, woran es beim Wegfall der Hemmung fehlt.

128   Verengt man den objektiven Tatbestand des vollendeten Vorsatzdelikts hingegen durch die dem § 22 entnommenen Merkmale des „unmittelbares Ansetzen zur Tatbestandsverwirklichung", ist in casu auch das Vollendungsdelikt des § 212 I zu verneinen und der Widerspruch damit beseitigt.

2. Spezielle Merkmale des objektiven Tatbestandes

129   Die objektiven Tatbestände mancher vorsätzlicher vollendeter Handlungsdelikte enthalten neben den soeben erörterten Handlungsmerkmalen mit ihren Komponenten „Handlung", „Erfolg", „Kausalität", „objektive Zurechnung" und „unmittelbares Ansetzen zur Tatbestandsverwirklichung" noch spezielle Merkmale, die den Täter, das Tatobjekt, die Art der Tatbegehung oder sonstige Umstände beschreiben.

130   Unter diesen Merkmalen, aber auch unter den Handlungsmerkmalen gibt es welche, die nicht nur objektive, sondern auch subjektive Umstände meinen. Beispiele dafür sind die Merkmale „grausam" in § 211 II und „Gewalt" in § 240 I. Vorausgesetzt wird für die „Grausamkeit" objektiv die Zufügung besonders schwerer, über das für die Tötung erforderliche Maß hinausgehender Schmerzen, subjektiv, dass dies aus einer gefühllosen, unbarmherzigen Gesinnung geschieht; für die „Gewalt" objektiv eine körperliche Zwangswirkung, subjektiv die Absicht, erwarteten Widerstand auszuschließen oder zu überwinden. Um die Sinneinheit solcher objektiv-subjektiven Mischmerkmale nicht zu zerreißen, hat man sich darauf verständigt, diese *komplett*, also *einschließlich ihrer subjektiven Komponenten*, dem *objektiven* Tatbestand zuzuweisen und dort zu prüfen.

3. Die allgemeinen Täterschaftsvoraussetzungen des § 25 I

Schließlich gehören zu den objektiven Tatbestandmerkmalen des **131** vollendeten Vorsatzdelikts auch die objektiven Täterschaftsvoraussetzungen des § 25. Er unterscheidet drei Formen der Täterschaft: das Selbstbegehen der Straftat gemäß § 25 I Alt. 1 (die sog. **unmittelbare Täterschaft**), das Begehen der Straftat durch einen anderen gemäß § 25 I Alt. 2 (die **mittelbare Täterschaft**) und das gemeinschaftliche Begehen der Straftat gemäß § 25 II (die **Mittäterschaft**). Um diese Merkmale müssen die Tatbestände des Besonderen Teils jeweils ergänzt werden. Der Totschlagtatbestand des § 212 I etwa lautet ergänzt um die Merkmale des § 25: „Wer einen Menschen *selbst* (§ 25 I Alt. 1) oder *durch einen anderen* (§ 25 I Alt. 2) tötet oder töten *mehrere* einen Menschen *gemeinschaftlich* (§ 25 II) …"

a) Die gemeinsame Voraussetzung der Täterschaftsformen: das Begehen der Straftat

Gemeinsame Voraussetzung dieser Täterschaftsformen ist das Bege- **132** hen der Straftat. Damit ist die Verwirklichung der übrigen Tatbestandsmerkmale gemeint. Zum objektiven Tatbestand gehört das Begehen allerdings nur insoweit, wie es die objektiven Tatbestandsmerkmale meint; die subjektiven Tatbestandsmerkmale sind im subjektiven Tatbestand zu prüfen. Begehen der Straftat bedeutet im objektiven Tatbestand also Verwirklichung der (übrigen) objektiven Tatbestandsmerkmale.

Zu ihnen gehören nach dem oben Gesagten auch die Voraussetzungen der objektiven Zurechnung. Schon sie können nicht erfüllt sein, wenn das Opfer eigenverantwortlich an der Tat mitwirkt. Das wird allerdings meist übersehen und das Problem in die speziellen Täterschaftsvoraussetzungen des § 25 verlagert. Das zeigt sich etwa im

---

Fall 14: E, von unheilbarem Gesichtskrebs entstellt, will ihrem Leiden ein Ende machen und bittet den Arzt Prof. H, ihr zum Sterben zu verhelfen. H überlässt ihr einen Becher mit Zyankali. E trinkt ihn leer und stirbt. (OLG München JA 1978, 579 ff.)

133   Ob H dadurch eine Tötung auf Verlangen gemäß § 216 begangen hat, halten Rechtsprechung und Literatur für ein Problem der „Abgrenzung von Täterschaft und Teilnahme" – also für ein Problem der speziellen Täterschaftsvoraussetzungen des § 25 und nicht für eines der objektiven Zurechnung. Tatsächlich entscheidet sich die Frage des täterschaftlichen Begehens der Straftat aber schon bei diesem Merkmal. Denn dafür kommt es darauf an, ob die Schaffung der Gefahr, dass E das Gift trinkt und daran stirbt, strafrechtlich missbilligt ist oder nicht. An einer strafrechtlichen Missbilligung fehlt es zwar nicht schon deswegen, weil die Tat des H kein Lebensinteresse der E verletzt – sie hatte sich ja eigenverantwortlich entschieden, so zu sterben. Denn allein ihre eigenverantwortliche Entscheidung kann das Unrecht einer Tötung auf Verlangen nicht ausschließen. § 216 setzt mit dem „ernstlichen Verlangen" ja gerade voraus, dass das Opfer sich eigenverantwortlich für den eigenen Tod entschieden hat. § 216 muss also ein anderes Interesse als das Lebensinteresse des Opfers schützen. Das könnte sein das Interesse am Schutz der Menschenwürde, das an der Tabuisierung aktiver Tötungen, das, einem „Dammbruch" vorzubeugen, oder das, das Opfer vor übereilter Lebensbeendigung zu schützen – um nur einige der denkbaren Interessen zu nennen. Nur wenn das von § 216 geschützte überindividuelle Interesse verletzt ist, gäbe es einen Grund, das Verhalten des H strafrechtlich zu missbilligen. Sieht man es mit einer verbreiteten Meinung (so zB *Hoerster* JZ 1971, 123 ff.) darin, das Opfer vor einer übereilten Aufgabe seines Lebens zu schützen, ist es hier eindeutig nicht verletzt. Denn dieses Schutzes bedarf das Opfer nicht, wenn es eigenverantwortlich selbst die letzte Entscheidung über Leben und Tod trifft.

b) Die speziellen Voraussetzungen der verschiedenen Täterschaftsformen

134   Welche speziellen Voraussetzungen § 25 mit seinen übrigen Merkmalen (den Merkmalen „selbst" in § 25 I Alt. 1, „durch einen anderen" in § 25 I Alt. 2 und „mehrere gemeinschaftlich" in § 25 II) meint, ist strittig. Weithin glaubt man, dass sich deren Bedeutung aus dem Gesetz allein nicht ergäbe, und zieht deshalb zur Auslegung gesetzesfremde Kriterien heran. Zwei Grundpositionen lassen sich unterscheiden: die der Tatherrschaftslehre und die der subjektiven Theorie.

aa) Die Deutung der Tatherrschaftslehre

135   Die Tatherrschaftslehre knüpft an einen phänomenologischen Befund an, nämlich an den, dass der Täter typischerweise die Tat beherrscht, so in dem klaren Fall, dass A den B in einen Hinterhalt lockt und dort durch einen gezielten Schuss tötet. Dementsprechend wird die „**Tatherrschaft**" von manchen auch definiert als das „vom Vorsatz umfasste In-den-Händen-Halten des tatbestandsmäßigen Geschehensablaufs". Doch diese Definition ist irreführend und verleitet zu Aufbaufehlern.

136   Irreführend ist sie insofern, als gar nicht für alle Täterschaftsformen ein „In-den-Händen-Halten des tatbestandsmäßigen Geschehensablaufs" verlangt wird. Der Inhalt des Tatherrschaftskriteriums ist nämlich

– wie sich gleich zeigen wird – bei den einzelnen Täterschaftsformen verschieden.

Zu Aufbaufehlern kommt es, wenn man den Vorsatz als Element der **137** Tatherrschaft im objektiven Tatbestand prüft. Bezieht man den Vorsatz in die Tatherrschaftsdefinition ein, muss man die objektiven Voraussetzungen der Tatherrschaft im objektiven Tatbestand und den Vorsatz im subjektiven Tatbestand prüfen. Inhaltlich muss er dann – neben den anderen vom objektiven Tatbestand beschriebenen Umständen – auch die objektiven Umstände der „Tatherrschaft" umfassen, beispielsweise beim Begehen durch einen anderen gemäß § 25 I Alt. 2 auch die Umstände, die jemanden zu einem „anderen" machen.

(1) Tatherrschaft beim Selbstbegehen gemäß § 25 I Alt. 1

Das Selbstbegehen gemäß § 25 I Alt. 1 soll eine tatsächliche Herr- **138** schaft – eine sog. Handlungsherrschaft – voraussetzen. Dabei bleibt allerdings das für die Täterschaft Entscheidende offen, nämlich welches die tatbestandsmäßige Handlung ist, die der die Tat selbst Begehende beherrschen muss. Denn die Herrschaft über irgendeine rechtlich missbilligte Handlung, die zur Tatbestandsverwirklichung führt, kann offensichtlich nicht genügen. Sonst müsste ja auch der Anstifter Täter sein; er beherrscht seine Handlung des „Bestimmens" und diese führt auch dazu, dass der Tatbestand der Haupttat verwirklicht wird.

(2) Tatherrschaft beim Begehen durch einen anderen gemäß § 25 I Alt. 2

(a) Der Grundsatz – das sog. Verantwortungsprinzip

Beim Begehen durch einen anderen gemäß § 25 I Alt. 2 wird die Tat- **139** herrschaft ganz überwiegend nicht faktisch, sondern normativ verstanden. Ein „anderer" soll grundsätzlich nur sein können, wer für die Tatbestandsverwirklichung aufgrund eines **Wissens- oder Willensdefizits** strafrechtlich nicht verantwortlich ist (sog. **Verantwortungsprinzip**). Man spricht hier von einer **Tatherrschaft kraft überlegenen Wissens oder Willens**.

Der Maßstab für die Prüfung der strafrechtlichen Verantwortlichkeit **140** des Tatmittlers variiert dabei, je nachdem, ob der Mittler ein Dritter ist – so, wenn A den B durch Drohung dazu bringt, den C zu verletzen – oder ob der Mittler das Opfer selbst ist – so, wenn A den B durch Drohung dazu bringt, sich selbst zu verletzen. Ist ein Dritter der Mittler, sind Maßstab für die strafrechtliche Verantwortlichkeit die Strafbarkeitsvoraussetzungen des Tatbestandes, der Rechtswidrigkeit und der Schuld. Ist das Opfer selbst der Mittler, streitet man darüber, welcher Maßstab der richtige ist. Manche wollen die Strafbarkeitsvoraussetzungen, insbe-

sondere die Schuldregeln analog heranziehen (sog. Exkulpationslösung), manche halten die Einwilligungsregeln für maßgeblich (sog. Einwilligungslösung).

(b) Die Ausnahmen

141   Von dem Grundsatz, dass „anderer" nur jemand sein kann, der aufgrund eines Wissens- oder Willensdefizits für die Tatbestandsverwirk-
lich strafrechtlich nicht verantwortlich ist, werden allerdings verbreitet
Ausnahmen gemacht.

*(aa) „Normative" Tatherrschaft bei qualifikationslos-dolosem und ab-
sichtslos-dolosem Tatmittler*

142   Ein Teil der Tatherrschaftslehre lässt als „anderen" i.S.d. § 25 I Alt. 2
auch Tatmittler gelten, die den Tatbestand nur deswegen nicht verwirklichen, weil sie eine tatbestandlich vorausgesetzte Qualifikation – etwa
die Stellung als Treupflichtiger in § 266 I – oder eine tatbestandlich vorausgesetzte Absicht – etwa die Zueignungsabsicht in § 242 I – nicht
verwirklichen. Im ersten Fall spricht man vom qualifikationslosen
Werkzeug, im zweiten Fall vom absichtslos-dolosen Werkzeug. Diese
Tatmittler wären nach dem Verantwortungsprinzip keine „anderen"
i.S.d. § 25 I Alt. 2. Zwar sind sie wegen der Nichterfüllung eines Tatbestandsmerkmals strafrechtlich nicht für die Tat verantwortlich; aber dieser Verantwortungsausschluss ergibt sich nicht aus einem Wissens- oder
Willensdefizit. In diesen Fällen soll es also für das Merkmal des „anderen" genügen, dass jemand strafrechtlich nicht für die Tat verantwortlich
ist. Das begründe eine „normative" Tatherrschaft.

(bb) Tatherrschaft kraft organisatorischen Machtapparats

143   Gänzlich außer Kraft gesetzt wird das „Verantwortungsprinzip" für
die Tatbegehung innerhalb sog. organisatorischer Machtapparate. Gedacht war dabei zunächst nur an staatliche „Machtapparate" wie im Dritten Reich und an kriminelle Organisationen wie die Mafia. Man hat den
Gedanken dann aber auch auf hierarchisch gegliederte Unternehmen und
selbst auf eine Tierarztpraxis übertragen.

144   Eine solche Tatherrschaft kraft organisatorischen Machtapparats soll
schon dann gegeben sein, wenn in einer hierarchischen Organisation der
Mittler jederzeit durch einen anderen ersetzt werden könnte (sog. **Fungibilität**). Der BGH lässt sogar die kraft Hierarchie bestehende Wei-
sungsmacht ausreichen, so im Fall der Tierarztpraxis die Weisungs-
macht des Tierarztes gegenüber seinen Mitarbeitern.

(cc) Der Verzicht auf die Tatherrschaft bei den sogenannten Pflichtdelikten

Noch weiter gehend ist die Ausnahme, die man bei den sog. Pflicht- **145** delikten macht. Darunter versteht man Delikte, die sich durch die Verletzung einer außerstrafrechtlichen Pflicht auszeichnen. Ein Beispiel dafür ist der Treubruchstatbestand des § 266, der die Verletzung einer Vermögensbetreuungspflicht voraussetzt. Bei diesen Delikten wird verbreitet ganz auf das Tatherrschaftskriterium verzichtet. Das täterschaftliche Begehen soll schon in der Pflichtverletzung liegen. So sei Täter einer Untreue gemäß § 266 auch der Vermögensverwalter (V), der von Amerika aus einen unbeteiligten Dritten in Deutschland bittet, das ihm – dem V – anvertraute Geld ins Ausland zu schaffen (*Roxin*, Täterschaft und Tatherrschaft, S. 360).

(3) Tatherrschaft beim gemeinschaftlichen Begehen gemäß § 25 II

Beim „gemeinschaftlichen Begehen" gibt man dem Tatherrschaftskri- **146** terium wieder einen anderen Inhalt. Hier spricht man von **„funktioneller Tatherrschaft"**. Sie soll objektiv ein „arbeitsteiliges Zusammenwirken" und subjektiv einen „gemeinsamen Tatentschluss" voraussetzen.

Allerdings verbergen sich auch hinter dem Begriff des „arbeitsteili- **147** gen Zusammenwirkens" unterschiedliche Deutungen. Man streitet über zweierlei: erstens darüber, ob die Beiträge gleichgewichtig sein müssen oder ob ein „wesentlicher" Tatbeitrag ausreicht; zweitens darüber, **in welchem Tatstadium** die Beiträge erbracht werden können, nur im Versuchsstadium, auch im Vorbereitungsstadium oder auch in einer der tatbestandlichen Vollendung nachfolgenden Phase der tatsächlichen Beendigung des Delikts, etwa im Zeitraum, wo die gestohlene Sache in Sicherheit gebracht wird. Im letzteren Fall sprechen die Befürworter von „sukzessiver Mittäterschaft".

Mit dem „gemeinsamen Tatentschluss" ist gemeint, dass jeder Betei- **148** ligte wie der Alleintäter den subjektiven Tatbestand des Delikts – also das Vorsatzmerkmal und etwaige spezielle subjektive Tatbestandsmerkmale wie die Zueignungsabsicht in § 242 I – erfüllen muss (sog. Tatentschluss) und dass zusätzlich zwischen den Beteiligten Einvernehmen über die Tatbegehung besteht. Der gemeinsame Tatentschluss ist damit nichts anderes als der subjektive Tatbestand der Mittäterschaft.

bb) Die Deutung der subjektiven Theorie

(1) Der Grundsatz und seine Konsequenzen für das Selbstbegehen, das Begehen durch einen anderen und das gemeinschaftliche Begehen

149   Die subjektive Theorie meint, dass sich das täterschaftliche Begehen von der Teilnahme nicht durch ein objektives Kriterium wie die Tatherrschaft unterscheiden könne. Denn unter dem Aspekt der Kausalität seien alle objektiven Bedingungen und damit auch das Verhalten von Täter und Teilnehmer gleichwertig. Kriterium für die Täterschaft könne daher nur ein subjektiver Umstand sein: der **Täterwille**. Täter sei, wer die Tat als eigene wolle, Teilnehmer, wer sie als fremde wolle. Welcher psychische Befund mit dem Täterwillen konkret gemeint ist, bleibt allerdings unklar. Genannt werden insofern nur Indizien, die auf einen Täterwillen schließen lassen sollen. Das seien insbesondere das Interesse am Taterfolg und der Wille zur Tatherrschaft.

150   Für die Voraussetzungen des § 25 bedeutet das, dass sie durch die subjektive Theorie nur im subjektiven Tatbestand eingeschränkt werden. Die objektiven Merkmale des § 25 werden so weit ausgelegt, wie es der allgemeinsprachliche Wortsinn zulässt: das Selbstbegehen als die Verwirklichung des objektiven Tatbestandes, das Begehen durch einen anderen als die Verwirklichung des objektiven Tatbestandes durch einen anderen Menschen – gleich, ob dieser für die Tat strafrechtlich verantwortlich ist oder nicht – und das gemeinschaftliche Begehen als die Verwirklichung des objektiven Tatbestandes durch das Zusammenwirken mehrerer – gleich, wie bedeutend oder unbedeutend der jeweilige Beitrag für die Verwirklichung des Tatbestandes ist. Im subjektiven Tatbestand kommt nach der subjektiven Theorie für alle Varianten des § 25 der Täterwille und für die Mittäterschaft gemäß § 25 II wie bei der Tatherrschaftslehre der „gemeinsame Tatentschluss" hinzu.

(2) Die Ausnahme: Verzicht auf das Kriterium des Täterwillens bei § 216

151   Diese rein subjektive Auslegung des § 25 hält man allerdings nicht durch. Bei der Tötung auf Verlangen gemäß § 216 macht man eine Ausnahme. Dort sei der Täterwille als Täterschaftskriterium untauglich, weil der Täter typischerweise kein eigenes Interesse am Taterfolg habe und sich dem Willen des Opfers unterordne. Deshalb müsse bei § 216 auf die Tatherrschaft abgestellt werden.

cc) Die Deutung der neueren Rechtsprechung

152   Zwischen diesen beiden Grundpositionen, der Tatherrschaftslehre und der subjektiven Theorie, bewegt sich die neuere Rechtsprechung. Sie verbindet die Auslegungskriterien beider Theorien, allerdings ohne

System. Mal erklärt sie allein den Täterwillen für maßgeblich, mal allein die Tatherrschaft, mal die vom Täterwillen getragene Tatherrschaft.

dd) Die gesetzlichen Vorgaben für die Auslegung des § 25

Die Auslegungsvorschläge der Tatherrschaftslehre, der subjektiven **153** Theorie und der neueren Rechtsprechung zeigen schon selbst, dass sie keine systematisch stimmige Deutung des § 25 liefern. Alle diese Ansätze sind inkonsistent; keiner von ihnen wird konsequent durchgehalten. Sie entsprechen zudem nicht den gesetzlichen Vorgaben. Aus ihnen lassen sich nämlich durchaus die Voraussetzungen für ein täterschaftliches Begehen ableiten.

(1) Die speziellen Voraussetzungen des Selbstbegehens gemäß § 25 I Alt. 1

(a) Keine Zwischenschaltung der vorsätzlichen rechtswidrigen Tatbestandsverwirklichung eines anderen

Für die Täterschaft nach der 1. Alternative des § 25 I muss hinzukom- **154** men, dass die Straftat „selbst" begangen wird. Allgemeinsprachlich bedeutet das nur, dass man die Straftat „in eigener Person" begeht. In § 25 I Alt. 1 muss mit dem Merkmal aber mehr gemeint sein. Das ergibt sich aus dem systematischen Zusammenhang mit den §§ 26, 27. Sie normieren die strafbare Teilnahme an einer täterschaftlich begangenen Tat – § 26 die Anstiftung, § 27 die Beihilfe. Aus ihnen ergibt sich, dass allein die Verwirklichung der in der BT-Norm – etwa in § 212 – genannten Tatbestandsmerkmale für die Täterschaft nicht hinreicht. Denn sonst wäre die gesetzliche Unterscheidung von Täterschaft und Teilnahme hinfällig. Beispielsweise wäre auch der Anstifter zum Totschlag Täter eines Totschlags. Denn indem der Anstifter einen anderen zu dessen vorsätzlichem rechtswidrigem Totschlag bestimmt, verursacht er in objektiv zurechenbarer Weise den Tod eines anderen Menschen. Was für das Selbstbegehen hinzukommen muss, ergibt sich aus dem systematischen Zusammenhang mit den §§ 25 II. 26, 27.

Aus § 25 II folgt, dass man für die vorsätzliche rechtswidrige und **155** schuldhafte Tat eines anderen nur täterschaftlich haften darf, wenn die Tat „gemeinschaftlich" begangen wird. Denn sonst käme es zu einem Wertungswiderspruch: Eine Tat die nicht das gesteigerte Unrecht eines „gemeinschaftlichen Begehens" verwirklicht, würde genauso bestraft wie die Mittäterschaft.

Daraus folgt, dass sich die Annahme einer sog. **Nebentäterschaft 156** entgegen der hM (z. B. *Wessels/Beulke/Satzger* Rn. 863) verbietet. Dazu

> **Fall 15:** Der Sizilianer M will seinen Landsmann F töten, weil dieser seine Frau vergewaltigt hat. Als F erfährt, dass M ihm an einsamer Stelle seines Heimweges auflauern will, bittet er seinen Arbeitskollegen T, ihn nach Hause zu fahren. T, der Ms Plan kennt und innerlich billigt, beschließt, F dem M in die Hände zu spielen. Er nimmt F mit, hält aber nahe dem Versteck des M an, stößt F aus dem Wagen und fährt weg. Kurz darauf bemerkt M sein Opfer und erschießt es.

157   In diesem Fall würde die hM ein gemeinschaftliches Begehen und damit eine Mittäterschaft gemäß § 25 II verneinen, weil M und T keinen gemeinsamen Tatentschluss gefasst haben. M und T sollen die Tat aber gemäß § 25 I Alt. 1 „selbst" begangen haben; sie seien Nebentäter. Das widerspricht der Wertung des § 25 II: M und T würden wie Mittäter täterschaftlich für die vorsätzliche rechtswidrige und schuldhafte Tat des jeweils anderen haften, obwohl sie die von § 25 II für eine solche Haftung normierte zusätzliche Unrechtsvoraussetzung der „Gemeinschaftlichkeit" nicht verwirklichen.

(b) Gefahrschaffung und Gefahrerhöhung

158   Eine weitere Voraussetzung für das Selbstbegehen ergibt sich aus den §§ 26, 27. Sie zeigen, dass ein Beitrag grundsätzlich nur täterschaftliches Gewicht hat, wenn er die Gefahr der Tatbestandsverwirklichung *schafft* und nicht nur erhöht. Das ergibt sich daraus, dass nur die Anstiftung gemäß § 26, nicht aber die Beihilfe gemäß § 27 wie ein täterschaftliches Begehen bestraft wird: der Anstifter wird gemäß § 26 „gleich einem Täter bestraft", der Gehilfe gemäß **§ 27 II** aber milder. Dieser unterschiedlich schweren Strafdrohung muss auch unterschiedlich schweres Unrecht entsprechen. Dieses **Unwertgefälle** liegt bei Anstiftung und Beihilfe jedenfalls auch darin, dass der Anstifter die Gefahr *schafft*, dass es zur vorsätzlichen rechtswidrigen Tat des anderen kommt und der Gehilfe die Gefahr der Tatbegehung nur erhöht. So verlangt die hM für das „Bestimmen" i.S.d. § 26 ein „Hervorrufen des Tatentschlusses" und für das „Hilfeleisten i.S.d § 27 nur, dass die Gefahr, dass der andere die Haupttat begeht, erhöht wird (siehe etwa zu § 26 *Frister* AT 28/12 und zu § 27 BGHSt 42, 135, 136).

159   Ausnahmsweise muss nach den gesetzlichen Vorgaben auch eine bloße **Gefahrerhöhung** ausreichen. Dann nämlich, wenn es schon an der Zwischenschaltung einer vorsätzlichen und rechtswidrigen Verwirklichung des Tatbestandes durch einen anderen fehlt. In dem Fall besteht nur die Alternative, den Hintermann entweder als Täter oder gar nicht zu bestrafen. Denn Anstiftung und Beihilfe setzen nach den §§ 26, 27 die vorsätzliche und rechtswidrige Tat eines anderen voraus. Beide Alternativen führen nach den gesetzlichen Vorgaben zu systematischen Brüchen. Zum einen müsste das Gesetz für eine Bestrafung als Täter in

Konsequenz zu § 27 II 2 für den Fall der bloßen Gefahrerhöhung eine entsprechende Strafmilderung vorsehen. Denn wie §§ 26, 27 zeigen, wiegt die bloße Gefahrerhöhung ja weniger schwer als die Gefahrschaffung. Eine dem § 27 II 2 entsprechende Milderung fehlt aber bei der Täterschaft. Zum andern widerspräche die Straflosigkeit der Wertung des § 27. Denn die Gefahrerhöhung wiegt bei Fehlen einer zwischengeschalteten vorsätzlichen rechtswidrigen Tat eines anderen nicht weniger schwer, als wenn eine solche Tat zwischengeschaltet ist. Dann aber ist die Gefahrerhöhung strafbar nach § 27. Systematisch gebührt dann der Deutung der Vorzug, bei der das Maß der Ungleichbehandlung geringer ist – und das ist die Deutung als Täterschaft. Denn das geringere Gewicht der Gefahrschaffung kann immerhin gemäß § 46 bei der Strafzumessung berücksichtigt werden. Ein Selbstbegehen ist daher auch anzunehmen im

> **Fall 16:** B sieht, wie das 6-jährige Nachbarkind N ungenießbare Beeren pflückt, um sie zu essen. Weil er das Kind nicht leiden kann, bestärkt er es in dem Entschluss mit den Worten „Iss nur!" N isst die Beeren und bekommt heftige Magenschmerzen.

160 B hat die Körperverletzung gemäß §§ 223 I, 25 I Alt. 1 durch die Aufforderung selbst begangen. Er hat die Verletzung des N durch den Zuruf ohne Zwischenschaltung einer vorsätzlichen, rechtswidrigen und schuldhaften Verwirklichung des § 223 I bewirkt – die Selbstverletzung erfüllt schon nicht den Tatbestand des § 223 I. Zwar hat er die Gefahr, dass es dazu kommt, nicht geschaffen, sondern nur erhöht; N war ja schon vor dem Zuruf zum Verzehr entschlossen. Die Erhöhung der Gefahr, dass der Tatbestand ohne Zwischenschaltung der *vorsätzlichen und rechtswidrigen* Tatbestandsverwirklichung eines anderen erfüllt wird, muss aber nach den systematischen Vorgaben genügen.

161 Weder die von der Tatherrschaftslehre geforderte „Handlungsherrschaft" noch der von der subjektiven Theorie geforderte „Täterwille" sind danach Kriterien des Selbstbegehens. Die subjektive Theorie führt sogar zu gesetzwidrigen Ergebnissen.

162 Der theoretische Streit muss in der Fallbearbeitung selten austragen werden, denn die beiden Ansichten lassen sich – recht leicht – zur Deckung bringen, weil für den Täterwillen das Vorliegen oder das Fehlen von Tatherrschaft ein gewichtiges Indiz ist.

> **Fall 17** (vgl. BGHSt 18, 87 ff.): Der KGB-Agent S tötet auf Befehl der sowjetischen Regierung in München einen russischen Exilpolitiker (E) mit einer Giftpistole.

163 Obwohl S den E „selbst" – ohne Zwischenschaltung der vorsätzlichen, rechtswidrigen und schuldhaften Verwirklichung des Tatbestandes durch einen anderen – getötet hat, hat der BGH ein Selbstbegehen gemäß § 25 I Alt. 1 verneint, weil S keinen „Täterwillen" gehabt habe. Er habe kein eigenes Interesse am Taterfolg gehabt und sich nur dem Willen seiner Auftraggeber gebeugt; er sei deshalb bloß Gehilfe. Diese Sicht widerspricht der Bestimmung des § 25 I Alt. 1.

164   Das Selbstbegehen gemäß § 25 I Alt. 1 StGB setzt damit nach den gesetzlichen Vorgaben voraus:

die *Schaffung* der tatbestandsmäßigen Gefahr, dass der Tatbestand ohne Zwischenschaltung der *vorsätzlichen, rechtswidrigen und schuldhaften* Verwirklichung des Tatbestandes durch einen anderen verwirklicht wird

oder

die *Erhöhung* der tatbestandsmäßigen Gefahr, dass der Tatbestand ohne Zwischenschaltung der *vorsätzlichen und rechtswidrigen* Verwirklichung des Tatbestandes durch einen anderen verwirklicht wird.

(2) Die speziellen Voraussetzungen des Begehens durch einen anderen gemäß § 25 I Alt. 2

(a) Der „andere" i.S.d. § 25 I Alt. 2

165   Die Straftat begeht nach dem allgemeinsprachlichen Wortsinn „durch einen anderen", wer sie durch Mitwirkung eines anderen Menschen bewirkt. Man nennt den „anderen" deshalb auch „Tatmittler" oder „Werkzeug". Allerdings führt die systematische Auslegung auch hier zu einer Verengung der allgemeinsprachlichen Bedeutung. Aus dem systematischen Zusammenhang mit § 25 II ergibt sich, dass „anderer" nur jemand sein kann, der den Tatbestand nicht vorsätzlich, rechtswidrig und schuldhaft verwirklicht. Denn sonst würde man nach § 25 I Alt. 2 täterschaftlich für die vorsätzliche, rechtswidrige und schuldhafte Verwirklichung des Tatbestandes durch einen anderen haften – was der Wertung des § 25 II widerspräche (s.o.). Danach ist ein „anderer" i.S.d § 25 I Alt. 2, wer nicht tatbestandsmäßig, nicht rechtswidrig oder nicht schuldhaft handelt. So ist es im

Fall 18: A leidet unter dem Mobbing seines Arbeitskollegen K. Als K an einem Freitagabend in dem im Kellergeschoss gelegenen Archiv Überstunden macht, beschließt A, sich zu rächen. Er veranlasst den Hausmeister H, den K im Archiv einzusperren,
a) durch die Täuschung, es sei außer ihnen – A und H – niemand mehr im Haus,
b) durch die Täuschung, im Archiv sei ein Einbrecher,

> c) durch die offene Bitte, K einzusperren. H ist so betrunken, dass er unfähig ist, das Unrecht der Tat einzusehen.

In allen Varianten begeht A die Freiheitsberaubung gemäß §§ 239 I, 25 I Alt. 2 **166** „durch einen anderen": in der Variante a), weil H gemäß § 16 I 1 ohne Vorsatz ist, in der Variante b), weil H einem Erlaubnistatbestandsirrtum erliegt, der – nach hier vertretener Auslegung des § 16 I 1 – ebenfalls den Vorsatz ausschließt, in der Variante c), weil H gemäß § 20 ohne Schuld handelt.

Die Tatherrschaftslehre und die subjektive Theorie würden hier im Ergebnis **167** genauso entscheiden: die subjektive Theorie, weil nach ihr jeder andere Mensch, gleich ob er für die Tat strafrechtlich verantwortlich ist oder nicht, ein „anderer" ist; die Tatherrschaftslehre, weil H jeweils aufgrund eines Wissensdefizit strafrechtlich nicht für die Freiheitsberaubung verantwortlich ist.

„Anderer" können aber auch der qualifikationslos-dolose Mittler und **168** der absichtslos-dolose Mittler sein. Beispiele:

> **Fall 19:** Textilkaufmann K ist zahlungsunfähig und steht kurz vor **169** der Eröffnung des Insolvenzverfahrens. Er überredet seinen Bruder B dazu, einen Einbruch in die Firma vorzutäuschen. Wie vereinbart, schafft B die Waren in sein Haus, um sie für K zu retten.

> **Fall 20:** A sammelt wie sein Chef Karikaturen. C hat eine in einem **170** Büro hängen, die A gern für sich hätte. Er will sie sich mit Hilfe von Cs Sekretärin S verschaffen. Er weiß, dass C ihr gekündigt hat und dass sie auf Rache sinnt. A kommt mit S überein, dass sie das Bild heimlich von der Wand nehmen und es in einen Müllsack gehüllt in den Müllcontainer auf dem Parkplatz legen soll. S tut das, wobei ihr – wie A weiß – gleichgültig ist, ob er das Bild an sich nimmt oder ob es auf der Mülldeponie landet. Es geht ihr nur darum, C zu schädigen.

Im Fall 19 begeht K einen Bankrott (§ 283 I Nr. 1), im Fall 20 begeht A einen **171** Diebstahl (§ 242 I) gemäß § 25 I Alt. 2 „durch einen anderen". B ist ein „anderer", weil er nicht wie in § 283 I Nr. 1 vorausgesetzt Bestandteile *seines* Vermögens beiseiteschafft, ihm also die tatbestandlich vorausgesetzte Qualifikation fehlt, Inhaber des Vermögens zu sein, das beiseitegeschafft wird (sog. qualifikationslosdoloses Werkzeug). S ist eine „andere", weil ihr die in § 242 I vorausgesetzte *Absicht* fehlt, die Sache sich oder einem Dritten rechtswidrig zuzueignen; ihr ist ja gleichgültig, ob A das Bild an sich nimmt oder nicht.

Die Tatherrschaftslehre kann B und S nur als „andere" i.S.d. § 25 I Alt. 2 be- **172** handeln, wenn sie auf ihre sonst geforderte Voraussetzung eines Wissens- oder Willensdefizits verzichtet (sog. normative Tatherrschaft).

173   Ausgeschlossen ist ein Begehen durch einen anderen hingegen schon, wenn der Mittler auch nur eingeschränkt für die Tatbestandsverwirklichung verantwortlich ist wie im

> **Fall 21:** Im Fall 18 Variante c) ist die Fähigkeit des H, das Unrecht der Tat einzusehen, durch die Trunkenheit nur erheblich vermindert.

174   Hier ist die Schuld des H nicht ausgeschlossen, sondern nur vermindert. Das heißt, H hat die Freiheitsberaubung auch schuldhaft begangen. Dann darf A für sie aber nur nach Maßgabe des § 25 II täterschaftlich haften, d.h. nur, wenn er die Tat mit H gemeinschaftlich begangen hat.

In der Tatherrschaftslehre würde das zum Teil anders gesehen werden. Manche ihrer Vertreter wollen ein „Begehen durch einen anderen" auch in den Fällen der verminderten Schuldfähigkeit gemäß § 21 und des vermeidbaren Verbotsirrtums gemäß § 17 S. 2 annehmen.

175   Erst recht wird die Tat nicht „durch einen anderen" begangen, wenn der Mittler den Tatbestand voll schuldhaft verwirklicht. So ist es auch in den Fällen der sog. organisatorischen Machtapparate, etwa im

> **Fall 22** (BGHSt 40, 218 ff.): Aufgrund von Beschlüssen des Nationalen Verteidigungsrates der DDR ist den Grenzsoldaten der DDR befohlen worden, „Grenzverletzer festzunehmen bzw. zu vernichten". In Ausführung dieses Befehls erschießt der Grenzsoldat S zwei Flüchtlinge, die versuchen, die Mauer nach West-Berlin zu übersteigen.

176   Die Mitglieder des Nationalen Verteidigungsrats haben die Flüchtlinge nicht gemäß §§ 212, 25 I Alt. 2 „durch einen anderen" getötet. Denn „anderer" i.S.d. § 25 I Alt. 2 wäre S nur, wenn er den Tatbestand des § 212 I nicht vorsätzlich, rechtswidrig und schuldhaft verwirklicht hätte. Das ist aber eben nicht der Fall.

Der BGH hingegen hat in S einen „anderen" gesehen, weil er durch einen anderen Grenzsoldaten hätte ersetzt werden können (dagegen *Herzberg* ZIS 2009, 576, 579 f.).

(b) Gefahrschaffung und Gefahrerhöhung

177   Um mit den Wertungen der §§ 26, 27 – so weit wie gesetzessystematisch möglich – in Einklang zu stehen, muss § 25 I Alt. 2 eine dem Selbstbegehen entsprechende Gefahrschaffung oder Gefahrerhöhung voraussetzen.

178   Das Begehen durch einen anderen gemäß § 25 I Alt. 2 setzt damit nach den gesetzlichen Vorgaben voraus:

die *Schaffung* der tatbestandsmäßigen Gefahr, dass der Tatbestand durch einen anderen verwirklicht wird, der den Tatbestand selbst *nicht vorsätzlich, rechtswidrig und schuldhaft* verwirklicht,

oder

die Erhöhung der tatbestandsmäßigen Gefahr, dass der Tatbestand durch einen anderen verwirklicht wird, der den Tatbestand *nicht vorsätzlich und rechtswidrig* verwirklicht.

(3) Die speziellen Voraussetzungen des gemeinschaftlichen Begehens der Straftat gemäß § 25 II

Allgemeinsprachlich verstanden hat das „gemeinschaftliche Begehen" zwei Komponenten: erstens, dass mehrere beim Begehen zusammenwirken, zweitens, dass sie dabei eine „Gemeinschaft" sind – und d.h. allgemeinsprachlich, dass sie durch gemeinsame Interessen oder Gedanken verbunden sind. **179**

(a) Die für das „gemeinschaftliche Begehen" *notwendigen Tatbeiträge*

Von einem Zusammenwirken könnte man beim Begehen einer Straftat allgemeinsprachlich auch schon sprechen, wenn einer der Beiträge nur bei der Vorbereitung der Straftat erbracht wird, wie etwa die Ausarbeitung eines Tatplans für einen Bankraub. Die subjektive Theorie und Teile der Tatherrschaftslehre lassen solche bloßen Vorbereitungshandlungen auch genügen. Die Systematik des § 25 II zwingt jedoch zu einer Einschränkung. Sie ergibt sich aus der Rechtsfolge des § 25 II, daraus, dass der Mittäter für die Gesamttat – also sowohl für seinen eigenen Tatbeitrag wie auch für den des anderen – als Täter haftet. Die täterschaftliche Haftung für den eigenen Beitrag ist aber nur gerechtfertigt, wenn er selbst das Gewicht eines täterschaftlichen Begehens hat. Dieses kann nur ein Verhalten haben, mit dem der Beteiligte unmittelbar zur Tatbestandsverwirklichung ansetzt. Denn wie sich oben gezeigt hat, setzt ein tatbestandsmäßiges Begehen ja eine solche **Versuchshandlung** voraus. **180**

Die Tatbeiträge zum „gemeinschaftlichen Begehen" können danach nur vom Beginn des Versuchs bis zur Vollendung der Tatbestandsverwirklichung erbracht werden. Beiträge in der Vorbereitungs- und in der Beendigungsphase scheiden dafür aus. Zur Veranschaulichung **181**

Fall 23: A und B wollen ein Gemälde aus dem Museum M stehlen. A arbeitet den Plan aus und B führt ihn aus. Er bricht nachts in das Museum ein und schafft das Bild in seinen Pkw nahe dem Museum. Als er wegfahren will, springt der Motor jedoch nicht an. B ruft A an und bittet ihn, ihn abzuholen. A tut das. Sie laden das Bild in As Wagen und fahren damit davon.

182   A und B haben den Diebstahl nicht gemäß § 25 II gemeinschaftlich begangen. Denn A hat seine Beiträge nicht zwischen Versuch und Vollendung des Diebstahls erbracht, sondern nur in der Vorbereitungs- und in der Beendigungsphase der Tat. Als er den Tatplan ausgearbeitet hat, war der Diebstahl noch nicht versucht, als er B mit dem Bild abholte, war der Diebstahl bereits vollendet. Spätestens als B das Bild in seinen Wagen gelegt hat, hat er die Wegnahme vollendet, nämlich den fremden Gewahrsam gebrochen und neuen begründet.

(b) „Gemeinschaft" durch Verabredung der Tatbestandsverwirklichung

183   Die nach allgemeinem Sprachgebrauch für die „Gemeinschaftlichkeit" nötige geistige Verbindung zwischen den Beteiligten könnte in dem von der hM (siehe etwa *Fischer* § 25 Rn. 12b) geforderten „gemeinsamen Tatentschluss" liegen.

184   Das könnte sich auch aus der Gesetzessystematik ergeben, nämlich aus dem systematischen Zusammenhang mit **§ 30 II Var. 3**, wo die ausdrückliche oder konkludente Verabredung, ein Verbrechen zu begehen, mit Strafe bedroht ist. Damit hat der Gesetzgeber die Verabredung der Tatbestandsverwirklichung als Vorstufe des mittäterschaftlichen Begehens erfasst (MüKo/*Joecks/Scheinfeld* § 30 Rn. 53 f.). Diese Vorstufe der Verabredung der Tatbestandsverwirklichung muss Teil des „gemeinschaftlichen Begehens" einer Straftat sein, auch dann, wenn dies nur ein Vergehen ist, dessen Verabredung nach § 30 II 3. Var. nicht strafbedroht ist. Das ergibt sich aus dem Grund, aus dem der Gesetzgeber die Verbrechensverabredung strafrechtlich missbilligt hat. Er ging davon aus, dass die Verabredung typischerweise die Gefahr schaffe, dass die verabredeten Tatbeiträge erbracht würden, weil die Beteiligten sich durch die Verabredung binden und ihnen dadurch erschwert werde, von der Tatbegehung Abstand zu nehmen. Das ist aber eben der Umstand, der erklärt, warum der Mittäter gemäß § 25 II auch für den Beitrag des anderen als Täter haftet – so, wie wenn er den Beitrag des anderen selbst erbracht hätte. Denn wenn die Beteiligten die Tatbegehung verabreden, erfüllen sie damit die Voraussetzung dafür, dass ihnen der abgesprochene Beitrag des jeweils anderen nach den Merkmalen der objektiven Zurechnung anzulasten ist: Sie schaffen durch die Verabredung die – nach der dem § 30 II Var. 3 zugrunde liegenden Wertung des Gesetzgebers – strafrechtlich missbilligte Gefahr, dass der andere den versprochenen Beitrag erbringt.

185   Diese *gesetzliche* Voraussetzung der „Gemeinschaftlichkeit" deckt sich allerdings nicht mit dem von der hM geforderten „gemeinsamen

Tatentschluss". Dabei handelt es sich ja um den um das gegenseitige Einvernehmen ergänzten *subjektiven* Tatbestand des Delikts. Die „**Verabredung**" ist ein *objektives* Tatbestandsmerkmal. Sie meint die ausdrückliche oder konkludente Absprache, den Tatbestand zusammen zu verwirklichen. Im subjektiven Tatbestand ergeben sich danach keine Besonderheiten: Er umfasst wie beim Selbstbegehen und beim Begehen durch einen anderen den Vorsatz und etwaige besondere subjektive Tatbestandsmerkmale – wie etwa beim Diebstahl gemäß § 242 die Absicht, die Sache sich oder einem Dritten rechtswidrig zuzueignen. Anders ist in § 25 II lediglich der Gegenstand des Vorsatzes. Er bezieht sich hier auf die objektiven Umstände, die zum gemeinschaftlichen Begehen der Tatbestandsverwirklichung gehören: auf die Verabredung, die Verwirklichung der verabredeten Tatbeiträge und der übrigen objektiven Tatbestandsmerkmale.

c) Die Prüfung der Täterschaftsvoraussetzungen im Deliktsaufbau

Für die Prüfung der Täterschaftsvoraussetzungen gelten keine Besonderheiten. Da sie Tatbestandsmerkmale sind, können sie zusammen mit den anderen Tatbestandsvoraussetzungen im Tatbestand geprüft und dort auf den objektiven und den subjektiven Tatbestand verteilt werden. Die objektiven Täterschaftsmerkmale werden danach im objektiven Tatbestand, die subjektiven im subjektiven Tatbestand geprüft. Spezieller, vom üblichen Tatbestandsaufbau abweichender Schemata – wie sie sich mancherorts für die mittelbare Täterschaft und die Mittäterschaft finden – bedarf es nicht. Deren Voraussetzungen können vielmehr wie folgt geprüft werden: **186**

Die Voraussetzungen der mittelbaren Täterschaft gemäß § 25 I Alt. 2: **187**

I. Objektiver Tatbestand
　1. Begehen der Straftat: Verwirklichung der objektiven Tatbestandsmerkmale der BT-Norm (zB des § 212)
　2. durch einen anderen
　　Problem: Wer ist ein anderer i.S.d. § 25 I Alt. 2? (→ Rn. 139)
II. Subjektiver Tatbestand
　1. Vorsatz hinsichtlich aller objektiven Tatbestandsmerkmale
　　Einschließlich der Merkmale des „anderen"
　2. Sonstige subjektive Tatbestandsmerkmale der BT-Norm, beispielsweise „Habgier" in § 211
　3. Täterwille erforderlich? (→ Rn. 149)

Die Voraussetzungen der Mittäterschaft gemäß § 25 II: **188**

I. Objektiver Tatbestand
　1. Begehen der Straftat: Verwirklichung der objektiven Tatbestandsmerkmale der BT-Norm

2. Gemeinschaftlichkeit des Begehens
   a) Verabredung der Tatbestandsverwirklichung notwendig?
   (→ Rn. 183)
   b) Gleichrangige Tatbeiträge notwendig? (→ Rn. 181)
   c) Tatbeiträge im Versuchsstadium notwendig? (→ Rn. 181)
II. Subjektiver Tatbestand (der sog. gemeinsame Tatentschluss)
   1. Vorsatz hinsichtlich aller objektiven Tatbestandsmerkmale
      Einschließlich der Gemeinschaftlichkeit des Begehens
   2. Sonstige subjektive Tatbestandsmerkmale der BT-Norm
      (zB „Habgier" in § 211)
   3. Gegenseitiges Einvernehmen erforderlich? (→ Rn. 183)
   4. Täterwille erforderlich? (→ Rn. 149)

189   Ordnet man die Täterschaftsvoraussetzungen so in den Tatbestand
ein, ergeben sich auch bei Kombinationen der Täterschaftsformen keine
Aufbauprobleme. Eine solche Kombination ist etwa gegeben im

> **Fall 24:** Die Eltern des 10-jährigen K veranlassen ihn dazu, für sie
> Zigaretten aus einem Supermarkt zu stehlen.

Die Eltern begehen in diesem Fall mittäterschaftlich einen mittelbar-täter-
schaftlichen Diebstahl durch K als „anderen".

190   In solchen Fällen sind die Merkmale der kombinierten Täterschaftsformen verteilt auf den objektiven und den subjektiven Tatbestand zu
prüfen. Im Fall 24 sind also die objektiven Voraussetzungen der Mittäterschaft und der mittelbaren Täterschaft im objektiven Tatbestand und
die subjektiven Voraussetzungen von Mittäterschaft und mittelbarer Täterschaft im subjektiven Tatbestand zu prüfen. Der Aufbau im Überblick:

191   Die Voraussetzungen der mittäterschaftlichen mittelbaren Täterschaft
gemäß § 25 I Alt. 2, II:

I. Objektiver Tatbestand
   1. Begehen der Straftat: Verwirklichung der objektiven Tatbe-
      standsmerkmale der BT-Norm
   2. Gemeinschaftlichkeit des Begehens
      a) Verabredung der Tatbestandsverwirklichung notwendig?
      (→ Rn. 183)
      b) Gleichrangige Tatbeiträge notwendig? (→ Rn. 181)
      c) Tatbeiträge im Versuchsstadium notwendig? (→ Rn. 181)
   3. Durch einen anderen (→ Rn. 139)

II. Subjektiver Tatbestand (der sog. gemeinsame Tatentschluss)
  1. Vorsatz hinsichtlich aller objektiven Tatbestandsmerkmale
     Einschließlich der Gemeinschaftlichkeit des Begehens und der
     Merkmale des „anderen"
  2. Sonstige subjektive Tatbestandsmerkmale der BT-Norm (zB
     „Habgier" in § 211)
  3. Gegenseitiges Einvernehmen erforderlich? (→ Rn. 183)
  4. Täterwille erforderlich? (→ Rn. 149)

II. Der subjektive Tatbestand

In den subjektiven Tatbestand gehören nach dem oben Gesagten nur **192** die rein subjektiven Merkmale, diejenigen, die *ausschließlich* Umstände in der Psyche des Handelnden beschreiben.

a) Der kongruente (zur Verwirklichung des objektiven Tatbestandes passende) Vorsatz

Zu den rein subjektiven Umständen zählt der nach § 15 notwendige **193** Vorsatz.

aa) Die Formen des Vorsatzes

Das Gesetz kennt verschiedene Formen des Vorsatzes: die Grund- **194** form des Vorsatzes, den sog. bedingten Vorsatz (**dolus eventualis**), und zwei qualifizierte Vorsatzformen, die **Absicht**, den direkten Vorsatz (**dolus** directus) 1. Grades sowie die **Wissentlichkeit**, den direkten Vorsatz 2. Grades. Diese qualifizierten Vorsatzformen werden nur dort vorausgesetzt, wo das Gesetz sie nennt, beispielsweise in § 258 I. Sonst genügt der Eventualvorsatz.

bb) Die Kenntnisvoraussetzungen des Vorsatzes

Der Inhalt des Vorsatzes ist im Gesetz nicht abschließend definiert. **195** § 16 I 1 sagt aber immerhin, wann der Vorsatz (jedenfalls) fehlt: wenn der Handelnde bei Begehung der Tat einen Umstand nicht kennt, der zum gesetzlichen Tatbestand gehört. Und daraus folgt im Umkehrschluss eine Mindestvoraussetzung für alle Vorsatzformen: die, dass der Handelnde bei Begehung der Tat alle Umstände kennen muss, die zum gesetzlichen Tatbestand gehören. Ob der Vorsatz darüber hinaus noch mehr voraussetzt, nämlich ein Wollen, wie der allgemeine Sprachgebrauch es nahelegt und wie die traditionelle Lehre es fordert, lässt § 16 I 1 offen. Denn er bestimmt nicht, dass *nur* das Fehlen der Kenntnis den Vorsatz ausschließt.

196   Für die beiden qualifizierten Vorsatzformen der Absicht und der Wissentlichkeit ergeben sich allerdings zusätzliche Voraussetzungen aus den Gesetzesmaterialien. Mit der „Absicht" meinte der Gesetzgeber ein Streben (auch nach dem Erreichen eines Zwischenziels) und mit der „Wissentlichkeit" ein sicheres Wissen.

aaa) Der gesetzliche Tatbestand i.S.d. § 16 I 1

197   Gegenstand der „Kenntnis" sind gemäß § 16 I 1 die Umstände, die zum gesetzlichen Tatbestand gehören. Mit diesem den Kenntnisgegenstand beschreibenden „gesetzlichen Tatbestand" sind dabei nach hM nur die *objektiven* Tatbestandsmerkmale gemeint. Also zum einen nicht die oben erwähnten subjektiven Komponenten objektiver Merkmale – wie beim Gewaltmerkmal des § 240 I die Absicht, einen geleisteten Widerstand zu überwinden oder einen erwarteten zu verhindern –, zum anderen nicht die rein subjektiven Merkmale – wie in § 211 II die Merkmale „aus Mordlust, zur Befriedigung des Geschlechtstriebs, aus Habgier, oder sonst aus niedrigen Beweggründen", „um eine andere Straftat zu ermöglichen oder zu verdecken". Von solchen subjektiven Tatbestandsmerkmalen beschriebene Umstände braucht die Kenntnis danach nicht zu umfassen. Der „gesetzliche Tatbestand", von dem § 16 I 1 spricht, ist nach hM also enger als der Straftatbestand i.S.d. zwei- oder dreistufigen Deliktsaufbaus.

198   Diese engere Fassung ist auch notwendig; schon deswegen, weil auch der Vorsatz ein Merkmal des Straftatbestandes ist. Würde man den gesetzlichen Tatbestand i.S.d. § 16 I 1 mit dem Straftatbestand gleichsetzen, würde sich die Kenntnis auch auf den Vorsatz und damit auf sich selbst beziehen – was offensichtlich unsinnig wäre. Auf andere subjektive Umstände könnte man die Kenntnis zwar beziehen, etwa auf die niedrigen Beweggründe des § 211 II. Sinn könnte das aber nur ergeben, wenn damit in der Sache etwas Zusätzliches verlangt würde. So ist es aber nicht, wenn man jene subjektiven Merkmale so auslegt, dass sie nur Umstände erfassen, deren sich der Täter bewusst ist. Dann setzen die subjektiven Tatbestandsmerkmale schon *selbst* die entsprechende Kenntnis voraus. Und diese Auslegung ist auch aus prozessualen Gründen geboten. Soweit ein subjektives Tatbestandsmerkmal Umstände beschreiben würde, die dem Täter unbewusst sind – etwa ihm unbewusste niedrige Beweggründe –, liefe es praktisch leer. Denn innere Befindlichkeiten des Täters, die ihm selbst nicht bewusst sind, sind ihm im Strafprozess auch nicht nachweisbar.

bbb) Die zum gesetzlichen Tatbestand gehörenden Umstände

199   Zu diesem (objektiven) gesetzlichen Tatbestand i.S.d. § 16 I 1 gehören diejenigen Umstände, die ihn verwirklichen, die ihm zu subsumieren sind. Die hM unterteilt sie in tatsächliche und normative Umstände (so etwa *Wessels/Beulke/Satzger* Rn. 321 ff.).

Tatsächliche seien solche, die sinnlich wahrnehmbar seien, normative **200** solche, die nur durch Wertung erkennbar seien. Die Tatbestandsmerkmale, die diese Umstände beschreiben, unterteilt man dementsprechend in deskriptive – solche, die sinnlich wahrnehmbare Umstände beschreiben – und normative – solche, die nur durch Wertung erfassbare Umstände beschreiben. Beispiele sind das Merkmal „Mensch" in § 212 I, das deskriptiv sein soll, und das Merkmal „fremd" in § 303 I, das normativ sein soll.

Diese Unterscheidung ist nach hM von Bedeutung für die Anforde- **201** rungen, die an die Kenntnis zu stellen sind; sie sollen bei tatsächlichen und normativen Umständen verschieden sein.

ccc) Die Kenntnis

(1) Die Voraussetzungen der Kenntnis bei deskriptiven Umständen

(a) Die Kenntnis als Bewusstsein und Mitbewusstsein am Rande

Kenntnis ist allgemeinsprachlich ein Synonym für **Wissen**. Und dies **202** wiederum ist das **Bewusstsein** von etwas. Ein solches Bewusstsein wird für die Kenntnis i.S.d. § 16 I 1 auch allgemein vorausgesetzt. Es kann in verschiedener Intensität vorhanden sein. Es kann ein Vor-Augen-Haben sein oder auch nur ein sogenanntes **Mitbewusstsein** am Rande. Darunter versteht man ein Wissen, das aktiviert ist, ohne dass man es geistig vor Augen hat, und das damit ebenso eine Entscheidungsgrundlage ist wie das klar bewusste Wissen. Um das an einem Beispiel zu veranschaulichen:

> **Fall 25:** Stadtinspektor I fühlt sich überlastet. Um Abhilfe zu schaffen, zerreißt er die neu eingegangenen Anträge und wirft die Schnipsel in den Papierkorb. Dabei gehört seine ganze Aufmerksamkeit dem Fußballspiel, das gerade im Radio übertragen wird.

I kennt beim Zerreißen der Anträge die Umstände, die i.S.d. § 16 I 1 zum ge- **203** setzlichen Tatbestand des § 133 III gehören, obwohl ihm seine Amtsträgereigenschaft und die dienstliche Verwahrung der Schriftstücke bei der Tatbegehung – dem Zerreißen der Anträge – nicht vor Augen stehen. Denn dieses Wissen ist trotzdem aktiviert und damit Grundlage der Entscheidung, die Anträge zu zerreißen. Man erkennt dies daran, dass das Wissen sogar ursächlich ist für die Tatbegehung. Da Motiv für das Zerreißen der Anträge das Gefühl ist, überlastet zu sein, muss I bei der Tatbegehung davon ausgehen, dass die Schriftstücke für ihn Arbeit bedeuten. Dieses Wissen kann er aber nur haben, wenn auch sein Wissen um seine berufliche Stellung und die dienstliche Verwahrung der Schriftstücke bei der Tatbegehung in dem Sinne aktiviert gewesen ist, dass es die Grundlage seiner Entscheidung bildet, die Schriftstücke zu zerreißen.

(b) Kenntnis als Für-möglich-Halten

204   Im allgemeinen Sprachgebrauch ist Kenntnis darüber hinaus ein Wissen um das Gegebensein von Umständen, das **sichere Wissen**. Wer beispielsweise einen Stein nach einer fremden Katze wirft, um sie von seinem Grundstück zu verscheuchen, und dabei nur für möglich hält, sie zu treffen, kennt allgemeinsprachlich nur die Gefahr für die Katze, aber nicht ihre Verletzung. Die Kenntnis i.S.d. § 16 I 1 könnte jedoch in einem weiteren Sinne zu verstehen sein; für sie könnte auch ein bloßes **Für-möglich-Halten** ausreichen. Das könnte sich aus dem systematischen Zusammenhang mit dem qualifizierten Vorsatzmerkmal der Wissentlichkeit ergeben. Damit wollte der Gesetzgeber ein sicheres Wissen, also das Bewusstsein vom Gegebensein der Umstände verlangen. Da das aber gerade die qualifizierte Voraussetzung ist, die die Wissentlichkeit von der Grundform des Vorsatzes, dem bedingten Vorsatz unterscheidet, muss für ihn insofern weniger genügen. Die hM begnügt sich deshalb bei ihm mit einem Für-möglich-Halten, mit der Vorstellung, die zum gesetzlichen Tatbestand gehörenden Umstände seien möglicherweise gegeben (zB *Rengier* AT § 14 Rn. 10).

(c) Kenntnis als der Wirklichkeit entsprechende Vorstellung

205   Schließlich ist Kenntnis nach allgemeinem Sprachverständnis nur eine Vorstellung, die mit der Wirklichkeit übereinstimmt. Eine irrige Vorstellung ist danach keine Kenntnis. So würde man von demjenigen, der abdrückt, um einen anderen zu erschießen, nur dann sagen, dass er die von § 212 I vorausgesetzte strafrechtlich missbilligte (unmittelbare) Gefahr, einen anderen Menschen zu töten, gekannt habe, wenn diese Gefahr tatsächlich bestand. Bestand sie nicht (etwa weil die Waffe ungeladen war), würde man sagen, dass er sich diese Gefahr vorgestellt habe. Denn vorstellen kann man sich nach allgemeinem Sprachgebrauch auch Irreales.

206   Manche (so zB *Puppe* GA 1981, 1) wollen das Kenntnismerkmal allerdings auch insofern abweichend vom allgemeinen Sprachgebrauch verstehen und lassen für die Kenntnis auch die Vorstellung von einer *nicht realen* Tat genügen, die der realen Tatbestandsverwirklichung *gleichwertig* ist, das heißt der *denselben* gesetzlichen Tatbestand verwirklichen würde (sog. Gleichwertigkeitstheorie). Danach wäre die Kenntnis auch in dem Fall zu bejahen, dass der Mafioso M auf offener Straße einen „Verräter" erschießen will, von ihm unvorhergesehen aber der Passant P in die Schusslinie gerät und getötet wird (Fall des Fehlgehens der Tat, der sog. aberratio ictus; → Rn. 222). Obwohl M nicht die reale Verwirklichung des gesetzlichen Tatbestandes des § 212 I – die Tötung des P – für möglich gehalten hat, sondern nur eine irreal gebliebene Verwirklichung desselben Tatbestandes – die Tötung des „Verräters" –, würde die sogenannte Gleichwertigkeitstheorie sagen, M habe Kenntnis gehabt von der Verwirklichung des gesetzlichen Tatbestandes.

Diese Deutung widerspricht aber nicht nur dem allgemeinen Sprachgebrauch, **207** sondern auch den gesetzlichen Vorgaben. Das zeigt der Vergleich des § 16 I 1 mit den §§ 16 II, 22. In § 16 II, wo der Gesetzgeber den Fall einer *irrigen Vorstellung* regelt, bezeichnet er diese nicht als „nicht kennen", sondern als „irrig annehmen". Und in § 22 spricht er statt von „Kenntnis" von „Vorstellung". Das passt genau dazu, dass sich die Vorstellung beim Versuch *nicht* mit der Wirklichkeit decken muss, dass auch bei irriger Vorstellung ein Versuch gegeben sein kann. Dies folgt aus § 23 III, wo sogar vom grob unverständigen, also einem auf grob irriger Vorstellung beruhenden Versuch die Rede ist. Wenn § 16 I 1 im Gegensatz dazu für den Vorsatz des Vollendungsdelikts *Kenntnis* fordert, kann das demnach nur bedeuten, dass damit eine *mit der Wirklichkeit übereinstimmende Vorstellung von der Tatbestandsverwirklichung* gemeint ist. Das *vorsätzliche Vollendungsdelikt* setzt also anders als der Versuch einen in diesem Sinne *kongruenten Vorsatz* voraus (hM).

(d) Das für die Kenntnis nötige Maß an Übereinstimmung von Vorstellung und Wirklichkeit

Offen lässt § 16 I 1 jedoch, in welchem Maße sich die Vorstellung **208** mit den zum gesetzlichen Tatbestand gehörenden Umständen decken muss, ob sie beispielsweise im Falle einer Körperverletzung gemäß § 223 I Alt. 1 nur den von den gesetzlichen Merkmalen abstrakt beschriebenen Umstand der körperlichen Misshandlung einer anderen Person oder aber die konkrete Art der körperlichen Misshandlung und die Identität der verletzten Person erfassen muss – und wenn ja, wie konkret diese Umstände erfasst sein müssen.

Der Wortlaut der objektiven Tatbestandsmerkmale legt es nahe, sich **209** mit der Kenntnis der von ihnen abstrakt beschriebenen Umstände zu begnügen. Die gesetzliche Systematik zwingt allerdings zu einer **Konkretisierung der Kenntnis** (so i.Erg. auch die hM). Das ergibt sich aus dem systematischen Zusammenhang mit den Vorschriften über die Bemessung der Strafe (§§ 46 ff.). Sie verlangen vom Richter, dass er aus dem gesetzlich angedrohten Strafrahmen – etwa aus dem des § 223 I: Freiheitsstrafe bis zu fünf Jahren oder Geldstrafe – für die *konkrete* Tat eine *konkrete* Strafe zumisst. Bei dieser Strafzumessung muss der Richter gemäß § 46 II aber mehr berücksichtigen als nur die von den abstrakten Deliktsmerkmalen beschriebenen Umstände; er muss alle Umstände abwägen, „die für und gegen den Täter sprechen", also alle, die für die Bemessung der Strafe *wesentlich* sind. Dazu gehören aber auch Umstände, die von den abstrakten Deliktsvoraussetzungen nicht beschrieben sind, zum Beispiel bei einer Körperverletzung gemäß § 223 I das Ausmaß und die Schwere der „Gesundheitsschädigung". Spätestens für die Strafzumessung muss das tatbestandliche Unrecht also konkreter beschrieben werden als es die abstrakten Tatbestandsmerkmale tun.

210   Allerdings könnte diese Konkretisierung auch erst bei der Strafzumessung vorzunehmen sein. Bei den meisten Delikten wäre das durchaus möglich; aber nicht bei allen. Eine Konkretisierung erst auf der Strafzumessungsebene ist unmöglich, wenn das Gesetz dem Richter keinen Strafrahmen eröffnet, sondern eine absolute Strafe androht, wie in § 211 I, wo es heißt: „wird mit lebenslanger Freiheitsstrafe bestraft". Dort *muss* der Richter das tatbestandliche Unrecht schon auf der Tatbestandsebene mit Blick auf die gesetzlich angedrohte Strafe so weit konkretisieren, bis feststeht, ob es so schwer wiegt, dass es mit lebenslanger Freiheitsstrafe bestraft werden darf. Auf der Strafzumessungsebene hätte der Richter für diese Konkretisierung keinen Raum mehr, weil mit der Erfüllung der Deliktsvoraussetzungen die Würfel gefallen sind. Dann muss man bei diesen Delikten auch den gesetzlichen Tatbestand konkretisieren, der den Kenntnisgegenstand festlegt.

211   Wenn der gesetzliche Tatbestand aber bei diesen Delikten zu konkretisieren ist, dann ist es systematisch konsequent, dies auch bei den anderen, einen Strafrahmen eröffnenden Delikten zu tun. Denn sonst würde das Merkmal des gesetzlichen Tatbestandes mal konkret und mal abstrakt verstanden. Man sollte den gesetzlichen Tatbestand deshalb bei allen Delikten so weit konkretisieren, bis er das tatbestandliche Unrecht so genau beschreibt, wie das für die Strafzumessung notwendig ist. Dazu muss er insbesondere alle Umstände erfassen, aus denen sich Ausmaß und Schwere des tatbestandlichen Unrechts ergeben; denn von diesen hängt eindeutig auch die Schwere der Strafe ab.

212   Insofern verlangt die hM (*Jescheck/Weigend* § 29 V 6b) zu Recht, dass sich die Kenntnis nicht nur auf die abstrakt von den Merkmalen des gesetzlichen Tatbestandes beschriebenen Umstände, sondern auf alle *wesentlichen* Umstände beziehen muss. Sie versäumt allerdings den genauen Maßstab anzugeben, nach dem sich die „Wesentlichkeit" bestimmen soll. Zwar sagt sie, dass eine Abweichung des wirklichen vom vorgestellten Verlauf unwesentlich sei, wenn sich die Abweichung im Rahmen der allgemeinen Lebenserfahrung halte und keine andere rechtliche Bewertung der Tat rechtfertige.

213   Die erste Voraussetzung für die Unwesentlichkeit – dass sich die Abweichung im Rahmen der allgemeinen Lebenserfahrung halte, trägt zur Konkretisierung der Kenntnis aber nichts bei. Denn wenn sich der Verlauf nicht im Rahmen der allgemeinen Lebenserfahrung hält, ist schon der objektive Tatbestand nicht erfüllt; es fehlt dann wegen der Unwahrscheinlichkeit des Verlaufs an der objektiven Zurechnung (s.o.). In dem Fall stellt sich die Vorsatzfrage mithin gar nicht.

214   Die zweite Voraussetzung – dass die Abweichung keine andere rechtliche Bewertung rechtfertigt – lässt offen, wonach sich die rechtliche Bewertung bemessen soll. Insofern kann man aber präzisierend die obige systematische Auslegung heranziehen: Für die rechtliche Bewertung der Tat sind wesentlich die Umstände, die das bei der Strafzumessung zu berücksichtigende Unrecht bestimmen.

(e) Kenntnis bei abweichenden Tatverläufen?

Ob der Handelnde die zum gesetzlichen Tatbestand gehörenden Um- **215** stände im oben beschriebenen Sinne kennt, kann problematisch sein, wenn die objektiv begangene Tat von der abweicht, die der Handelnde zu begehen sich bei der Tathandlung vorgestellt hat. Diese Tatabweichungen pflegt man in verschiedene Fallgruppen aufzuteilen. Im Wesentlichen sind es drei: die des Irrtums über Eigenschaften des Opfers oder des Tatobjekts (**error in persona vel in obiecto**), die des abweichenden Kausalverlaufs, bei dem das Tatobjekt verfehlt wird (**aberratio ictus**) und die des abweichenden Kausalverlaufs, der das Tatobjekt aber noch erreicht (Kausalabweichung mit Zielerreichung).

In den Fällen der aberratio ictus und des abweichenden Kausalverlaufs mit **216** Zielerreichung kann die Abweichung allerdings auch so erheblich sein, dass es schon an der objektiven Zurechnung des Verlaufs und damit schon am objektiven Tatbestand fehlt. Die Frage nach einem vorsatzausschließenden **Tatbestandsirrtum** gemäß § 16 I 1 stellt sich dann gar nicht. So ist es beispielsweise bei der aberratio ictus im

> **Fall 26:** M bringt in der Nacht am Wagen des E Sprengstoff so an, dass er beim Starten des Wagens explodiert. Dabei geht M davon aus, dass E dadurch am nächsten Morgen getötet werden wird, wenn er mit dem Wagen zur Arbeit fahren will. Tatsächlich kommt es aber anders. Es zieht ein schweres Gewitter auf und ein Blitz trifft den Wagen des E. Dadurch explodiert der Sprengstoff und tötet den Zeitungsboten Z, der gerade an dem Wagen vorbeiging.

Hier hat sich nicht die von M geschaffene strafrechtlich missbilligte Gefahr **217** realisiert, dass E durch den Sprengstoff getötet wird, sondern eine strafrechtlich nicht missbilligte Gefahr. Denn dass es durch einen Blitzeinschlag zur Explosion des Sprengstoffs und zur Tötung des Z kommen würde, war bei der Tathandlung so unwahrscheinlich, dass eine strafrechtliche Missbilligung dieser Gefahrschaffung unverhältnismäßig wäre (→ Rn. 114).

(aa) Der error in persona vel obiecto

Der error in persona vel obiecto schließt den Vorsatz gemäß § 16 I 1 **218** eindeutig aus, wenn die vom Handelnden bei Begehung der Tat verkannte Eigenschaft des Opfers oder des Tatobjekts zum gesetzlichen Tatbestand gehört.

> **Fall 27:** In dem Glauben, Winfried Kretschmann vor sich zu haben, **219** tritt P während einer Gedenkveranstaltung von hinten an den Bundespräsidenten Frank Walter Steinmeier (B) heran und beschimpft ihn laut als widerliches Schwein.

Hier ist die Eigenschaft des B, Bundespräsident zu sein, ein Umstand, der zum gesetzlichen Tatbestand des § 90 I gehört. Da T diesen Umstand – aufgrund der Personenverwechselung – bei Begehung der Tat nicht gekannt hat, fehlte ihm gemäß § 16 I 1 der für § 90 I nötige Vorsatz.

220   Nicht ausgeschlossen wird der Vorsatz gemäß § 16 I 1 hingegen, wenn die vom Handelnden bei Begehung der Tat verkannte Eigenschaft nicht zum gesetzlichen Tatbestand gehört.

Fall 28: Der gehörnte Ehemann E erschießt den Begleiter B seiner Frau F in dem Glauben, ihren Liebhaber L vor sich zu haben. Tatsächlich ist es nur ein Arbeitskollege.

---

221   E hat bei Begehung der Tat die Eigenschaft des B verkannt, nicht der Liebhaber seiner Frau zu sein. Dies ist aber kein Umstand, der zum gesetzlichen Tatbestand des § 212 I gehört. Er beschreibt das Opfer nur abstrakt als „Mensch". Wie sich oben gezeigt hat, erfasst der gesetzliche Tatbestand darüber hinaus allerdings alle unbenannten, für die Bestimmung des bei der Strafzumessung zu berücksichtigenden Maßes des Unrechts aber „wesentlichen" Umstände. Die Eigenschaft des B, nicht der Liebhaber der F zu sein, ist aber auch kein solcher „wesentlicher" Umstand. Er beeinflusst nicht das für die Strafzumessung relevante Maß des Unrechts. Das Leben eines bloßen Arbeitskollegen der F zählt rechtlich nicht weniger und nicht mehr als das eines Liebhabers der F.

(bb) Der abweichende, das Tatobjekt verfehlende Kausalverlauf (aberratio ictus)

222   Ist bei einer aberratio ictus der objektive Tatbestand verwirklicht, fragt sich, ob gemäß § 16 I 1 der Vorsatz ausgeschlossen ist.

Fall 29: Attentäter A zielt auf den Präsidenten P, tötet aber den Leibwächter L, der sich dazwischenwirft. Mit dieser Möglichkeit hatte A a) gerechnet, b) nicht gerechnet.

---

223   Den objektiven Tatbestand des § 212 I hat A verwirklicht. Der Tod des L ist dem A objektiv zurechenbar, weil die Gefahr, dass L sich in die Schusslinie wirft, bei der Tatbegehung groß ist, und Ls Entschluss, dies zu tun, auch nicht freiverantwortlich ist. L entschließt sich ja unter dem Druck, dass andernfalls der von ihm zu schützende P getroffen wird.

224   In der Variante a) ist auch der für den vollendeten Totschlag erforderliche Vorsatz gegeben. Da A das Geschehen bei Begehung der Tat – der Abgabe des Schusses – für möglich gehalten hat, ist der Vorsatz nicht gemäß § 16 I 1 ausgeschlossen. A hat dann alle Umstände gekannt, die den (objektiven) gesetzlichen Tatbestand des § 212 verwirklichen; für die Kenntnis reicht ja ein Für-möglich-Halten. Ausgeschlossen ist nur die qualifizierte Vorsatzform der Absicht, weil diese das Erstreben der Tatbestandsverwirklichung voraussetzt (s.o.). Denn daran fehlt es hier; die Tötung des L hat A nicht erstrebt, er hat nur mit ihr gerechnet. Für den Eventualvorsatz, der für § 212 ausreicht, genügt das aber auch dann, wenn man für ihn ein Wollen der Tatbestandsverwirklichung fordert. Denn das soll schon gegeben sein, wenn man die Tatbestandsverwirklichung in Kauf nimmt (s.u. Rn. 225).

Die Absicht, P zu töten, begründet allerdings zusammen mit der Abgabe des **225** Schusses den Versuch, P zu töten. Denn dadurch hat A gemäß § 22 nach seiner Vorstellung auch zur Tötung des P unmittelbar angesetzt. Er hat beabsichtigt und damit auch für möglich gehalten, durch den Schuss den P zu töten. Dass A sich nur die Tötung eines Menschen – des P oder des L – und nicht die zweier Menschen vorgestellt hat (sog. alternativer Vorsatz), steht dem nicht entgegen (vgl. BGH NStZ 2021, 419 Rn. 4 ff.). Denn i.S.d. § 22 hat die „Vorstellung" von der Tatbestandsverwirklichung schon, wer die Tatbestandsverwirklichung für möglich hält; insoweit deckt sich die „Vorstellung" i.S.d. § 22 mit der „Kenntnis" i.S.d § 16 I 1. Für möglich gehalten hat A bei Abgabe des Schusses sowohl die Tötung des P wie die des L. Der Vorsatz, P zu töten, wird nicht dadurch „verbraucht", dass A im Rahmen des § 212 der Vorsatz, L zu töten, angelastet wird (für einen solchen „Verbrauch" des Vorsatzes aber u.a. NK/*Zaczyk* § 22 Rn. 20). Denn der Vorsatz, L zu töten, umfasst nicht den Vorsatz, P zu töten. Die Vorsätze beziehen sich auf verschiedene höchstpersönliche Rechtsgüter, das Leben des P und das Leben des L, und unterscheiden sich zudem im Vorsatzgrad: Hinsichtlich L ist nur dolus eventualis, hinsichtlich P hingegen Absicht gegeben. Deshalb scheidet der Versuch, P zu töten, auch nicht wegen Gesetzeskonkurrenz als Strafgrundlage aus (differenzierend und mwN *Wessels/Beulke/Satzger* Rn. 350 ff.). Denn Gesetzeskonkurrenz ist nur dort gegeben, wo das Unrecht des einen Delikts das Unrecht des anderen nach der Wertung des Gesetzgebers mitumfasst, so wie etwa das Unrecht eines vollendeten Totschlags das Unrecht einer vollendeten vorsätzlichen Körperverletzung mitumfasst (zur Gesetzeskonkurrenz im Einzelnen unten Rn. 890 ff.). Die vorsätzliche Tötung des L umfasst aber nicht die versuchte Tötung des P. Vielmehr stehen der vollendete Totschlag begangen an L und der versuchte Totschlag begangen gegenüber P gemäß § 52 I in Tateinheit. Allerdings ist der Umstand, dass der Erfolg sowohl objektiv wie auch nach der Vorstellung des A nur alternativ bei P oder bei L eintreten konnte, gemäß § 46 I 1, II entlastend bei der Strafbemessung zu berücksichtigen (für eine Lösung auf der Strafzumessungsebene auch Schönke/Schröder-*Sternberg-Lieben/Schuster* § 15 Rn. 91). Dass der Erfolg objektiv nur bei P oder L eintreten konnte, betrifft die „Art der Ausführung" (§ 46 II), dass er nach der Vorstellung des A nur bei P oder L eintreten konnte, betrifft das „Maß der Pflichtwidrigkeit" (§ 46 II).

In der Variante b) ist A hingegen nach dem oben Gesagten einem **226** Tatbestandsirrtum gemäß § 16 I 1 erlegen: Er hat bei Begehung der Tat – der Abgabe des Schusses – einen Umstand verkannt, der zum gesetzlichen Tatbestand des § 212 I gehört. Nach dem oben Gesagten muss sich die Kenntnis ja auf alle Umstände beziehen, die den (objektiven) gesetzlichen Tatbestand *tatsächlich* verwirklichen. Zu ihnen gehört die

die objektive Zurechnung begründende strafrechtlich missbilligte Gefahr, die sich im tatbestandsmäßigen Erfolg realisiert hat – die Gefahr, dass L tödlich getroffen wird. Und diese Gefahr hat A in der Variante b) verkannt; er hat dort nicht einmal für möglich gehalten, dass L tödlich getroffen wird.

227   In Rechtsprechung und Schrifttum hat man mit dieser Konstellation der aberratio ictus allerdings Probleme. Das liegt daran, dass man den Kenntnisgegenstand – die zum gesetzlichen Tatbestand gehörenden Umstände – nicht richtig bestimmt.

228   Die hM bejaht in solchen Fällen zwar einen Tatbestandsirrtum gemäß § 16 I 1 – käme im Fall 29b) also ebenfalls zum richtigen Ergebnis des Vorsatzausschlusses (so etwa *Wessels/Beulke/Satzger* Rn. 375). Doch weiß sie nicht den zum gesetzlichen Tatbestand gehörenden Umstand zu benennen, den der Handelnde verkannt haben soll. Sie schließt den Vorsatz aus, weil das verletzte Tatobjekt nicht das vom Täter „individualisierte" sei. Was die zum gesetzlichen Tatbestand gehörende „individualisierende" Eigenschaft des Tatobjekts sein soll, bleibt dabei im Dunkeln.

229   Im Schrifttum stößt die hM deshalb auch auf Widerspruch. Die Vertreter der sog. **Gleichwertigkeitstheorie** meinen, dass der Handelnde in Fällen der aberratio ictus gar keinen Umstand verkenne, der zum gesetzlichen Tatbestand gehöre, dass der Vorsatz also entgegen der hM nicht gemäß § 16 I 1 ausgeschlossen sei (so *Puppe* GA 1981, 1). Sie setzen für die Kenntnis ja wie gesagt keine der tatsächlichen Verwirklichung des gesetzlichen Tatbestands entsprechende Vorstellung voraus, sondern nur die Vorstellung irgendeines Sachverhalts, der den gesetzlichen Tatbestand verwirklichen würde. Und eine solche Vorstellung hat A bei Begehung der Tat gehabt; er hat sich vorgestellt, P zu töten. Die für den Vorsatz nötige Kenntnis wäre danach gegeben.

230   Diese Auffassung verkennt aber eben, dass die von § 16 I 1 für den Vorsatz des vollendeten Delikts vorausgesetzte Kenntnis nicht gleichbedeutend ist mit der bloßen Vorstellung, wie sie § 22 für den Versuchsvorsatz ausreichen lässt. Wie sich oben gezeigt hat, ist Kenntnis nur die *Vorstellung der Umstände, die den gesetzlichen Tatbestand tatsächlich verwirklichen.*

231   A ist daher nicht wegen vollendeten Totschlags gemäß § 212 I strafbar. Zu prüfen bliebe aber ein versuchter Totschlag gemäß §§ 212 I, 22, 23 I (gegenüber P) und eine fahrlässige Tötung des L gemäß § 222.

(cc) Der abweichende Kausalverlauf mit Zielerreichung

232   Bei den Kausalabweichungen mit Zielerreichung ist für die Frage des Vorsatzausschlusses danach zu unterscheiden, ob die Tat schon vor Beginn des Versuchs oder erst nach seinem Beginn von der Vorstellung des Handelnden abweicht.

(aaa) Kausalabweichung vor Beginn des Versuchs

Weicht der Kausalverlauf schon im Vorbereitungsstadium ab, ist der **233** Vorsatz nach allgemeiner Meinung gemäß § 16 I 1 ausgeschlossen, beispielsweise im

> **Fall 30:** M will sich seiner Frau F entledigen. Er beschließt, sie zu Hause zu fesseln und zu knebeln, sie dann im Kofferraum seines Wagens in ein einsames Waldstück zu bringen und dort zu töten. Es kommt aber anders: Als M mit der von ihm gefesselten und geknebelten F den Wald erreicht, ist sie schon tot. Sie ist im Kofferraum erstickt. Damit hat M nicht gerechnet. (BGH NStZ 2002, 309 f.)

Man ist sich einig, dass sich die Kenntnis auch darauf beziehen muss, **234** gemäß § 22 unmittelbar zur Tatbestandsverwirklichung anzusetzen. Das erklärt sich daraus, dass jedes vollendete Vorsatzdelikt das **Versuchsstadium** durchlaufen muss. Und das heißt, dass die Versuchsvoraussetzungen des § 22 erfüllt sein müssen, dass sich die Kenntnis also auch auf die unmittelbare Gefahr der Tatbestandsverwirklichung beziehen muss (→ Rn. 123).

Die Kenntnis, unmittelbar zur Verwirklichung des § 212 I anzusetzen, hatte M **235** nicht, als er F knebelte und in den Kofferraum legte. Sie fehlte M sowohl dann, wenn man die Kenntnis mit der hM auf die Umstände bezieht, die den gesetzlichen Tatbestand des § 212 I tatsächlich verwirklichen, als auch dann, wenn man für sie mit der Gleichwertigkeitstheorie nur die Vorstellung irgendeines Sachverhalts fordert, der den gesetzlichen Tatbestand verwirklichen würde. Denn M hatte sich beim Knebeln der F überhaupt nicht vorgestellt, unmittelbar zur Verwirklichung des Totschlagstatbestandes anzusetzen. Für ein unmittelbares Ansetzen ist nämlich die räumliche und zeitliche Nähe zur Tatbestandsverwirklichung erforderlich. M hatte sich aber vorgestellt, F erst zu einem späteren Zeitpunkt im Wald zu töten.

(bbb) Kausalabweichungen nach Beginn des Versuchs

> **Fall 31** (BGH MDR 1975, 22): A will den B zusammenschlagen. **236** Dazu kommt es aber nicht, weil B sich gerade noch rechtzeitig in seinen Wagen flüchtet. Aus Angst vor seinem Verfolger bekommt er aber heftige Magenschmerzen. Damit hatte A nicht gerechnet.

In Fällen wie diesem kommt es für die Frage des Vorsatzausschlusses gemäß **237** § 16 I 1 darauf an, ob die Kenntnis sich auch auf die vom gesetzlichen Tatbestand nicht explizit beschriebenen „wesentlichen" Umstände der Tat beziehen muss, sprich: auf die, die das strafzumessungsrelevante Unrecht begründen (s.o.). Sieht man das so, muss man hier konsequenterweise die Kenntnis und damit gemäß § 16 I 1 den Vorsatz verneinen. Denn die von A nicht für möglich gehaltene Verursachung der Magenschmerzen ist ein Umstand, der mitbestimmend ist für das

Maß des verwirklichten Unrechts und damit für das Maß der Strafe. Dieses hängt ja auch ab von Art und Ausmaß der körperlichen Misshandlung und der Gesundheitsschädigung.

238   Deutet man die Kenntnis hingegen i.s. der Gleichwertigkeitstheorie, ist sie gegeben. A hat sich bei Begehung der Tat – der Verfolgung – ja einen Sachverhalt vorgestellt, der den gesetzlichen Tatbestand des § 223 I verwirklichen würde: das Zusammenschlagen des B.

239   Die gleiche Vorsatzfrage stellt sich auch in den Fällen, in denen der Handelnde glaubt, den tatbestandsmäßigen Erfolg nach Versuchsbeginn herbeigeführt zu haben, ihn dann tatsächlich aber erst durch eine weitere Handlung verursacht (Fälle des verspäteten Erfolgseintritts, auch dolus generalis-Fälle genannt). Ein Beispiel dafür ist

> **Fall 32:** (Abwandlung des Fall 30): M glaubt, F schon durch das Knebeln erstickt zu haben, und fährt dann in den Wald, um dort die Leiche zu vergraben. Tatsächlich verliert F durch das Knebeln nur das Bewusstsein. Sie stirbt erst, als M sie im Wald vergräbt.

240   Da der Tatbestand in solchen Fällen durch zwei verschiedene Handlungen verwirklicht worden sein könnte, ergibt sich hier allerdings für die Prüfung die Besonderheit, dass für die Handlungen getrennt zu untersuchen ist, ob sie eine Strafbarkeit besteht. Dabei sollte mit der letzten für den Erfolg ursächlichen Handlung begonnen werden.

241   Im Fall 32 wäre daher zunächst zu prüfen, ob M sich durch das Vergraben der F gemäß § 212 I schuldig gemacht hat. Dabei hat er jedoch eindeutig gemäß § 16 I 1 ohne Vorsatz gehandelt. E hat den zum gesetzlichen Tatbestand des § 212 I gehörenden Umstand nicht gekannt, dass F ein (lebender) Mensch ist. M glaubte ja beim Vergraben, F sei bereits tot. Durch das Vergraben der F hat M sich mithin keines Totschlags gemäß § 212 I schuldig gemacht.

242   Ob M sich durch das Knebeln der F gemäß § 212 I strafbar gemacht hat, hängt bei Bejahung der objektiven Zurechnung davon ab, worauf man die Kenntnis bezieht, mit der herrschenden **Konkretisierungstheorie** auf die „wesentlichen" Umstände, die tatsächlich den gesetzlichen Tatbestand verwirklichen, oder mit der **Gleichwertigkeitstheorie** nur auf irgendeinen Sachverhalt, der den gesetzlichen Tatbestand verwirklichen würde. Nach der Konkretisierungstheorie ist der Vorsatz hier gemäß § 16 I 1 ausgeschlossen. Denn die konkrete Art der Todesverursachung ist ein solcher „wesentlicher" Umstand. Sie ist relevant für die Schwere des Unrechts. Das zeigt deutlich der Vergleich mit § 211, der auch besondere Arten der Todesverursachung – wie etwa die grausame Tötung – als so schwer bewertet, dass sie die lebenslange Freiheitsstrafe rechtfertigen. Die Gleichwertigkeitstheorie würde die Kenntnis hingegen bejahen, weil M sich eine Verwirklichung des gesetzlichen Tatbestandes vorgestellt hat – die Tötung der F durch die Knebelung (aA zum strukturell ähnlichen Jauchegrubenfall BGHSt 14, 193: unwesentliche Abweichung).

Zum gesetzlichen Tatbestand i.S.d. § 16 Abs. 1 StGB gehören dem- **243**
nach

(1) alle Umstände, die von den abstrakten Merkmalen des gesetzlichen Tatbestandes beschrieben werden,

(2) alle Umstände, die „wesentlich" sind, d.h. das bei der Strafzumessung zu berücksichtigende Unrecht ausmachen.

Die Prüfungsschritte im Überblick

  1. Verwirklichung des objektiven Tatbestandes? In Fällen des
    abweichenden Kausalverlaufs mit Zielerreichung und der ab-
    erratio ictus insbesondere: objektive Zurechnung? Liegt der
    Kausalverlauf im Rahmen der allgemeinen Lebenserfahrung?

  2. Vorsatzausschluss gemäß § 16 I 1?

    a) Hat der Handelnde bei Begehung der Tat (§ 8) einen Tat-
      umstand verkannt, d.h. ihn nicht einmal am Rande für mög-
      lich gehalten? (bei der Wissentlichkeit: nicht für sicher ge-
      halten?)

    b) Wenn ja, ist dies ein Umstand, der zum gesetzlichen Tatbe-
      stand gehört?

      aa) Ist es ein Umstand, der von den abstrakten objektiven
          Tatbestandsmerkmalen beschrieben wird?

      bb) Ist es ein Umstand, der von den konkretisierten objek-
          tiven Tatbestandsmerkmalen beschrieben wird?
          Maßstab für die Konkretisierung: Relevanz für die
          rechtliche Bewertung des Tatunrechts

(2) Die Kenntnis normativer Umstände

Die Kenntnis normativer zum gesetzlichen Tatbestand gehörender **244**
Umstände setzt nach hL zweierlei voraus: erstens wie bei der Kenntnis
tatsächlicher Umstände das aktivierte Wissen von diesen Umständen,
zweitens (und das ist das Besondere), eine „**Parallelwertung in der Laiensphäre**" (siehe zB *Frister* AT 11/33 ff.). Der Handelnde müsse zwar
nicht wissen, dass seine Tat den gesetzlichen Merkmalen zu subsumieren sei, also beispielsweise nicht, dass die Verletzung eines fremden Tie-
res ein Beschädigen einer fremden Sache i.S.d. § 303 I sei. Glaube er
irrig, ein Tier sei keine Sache i.S.d. § 303 I, sei das nur ein unbeachtli-
cher Subsumtionsirrtum. Notwendig sei aber, dass der Täter den „recht-
lich-sozialen Bedeutungsgehalt des Tatumstandes nach Laienart richtig
erfasst" habe. Dazu

Fall 33: A wirft die ihm und seiner Frau gehörenden Sektgläser an
die Wand, wähnend, sie seien für ihn nicht fremd.

245   A hat fremde, nämlich im Miteigentum seiner Frau stehende Gläser zerstört und damit den objektiven Tatbestand des § 303 I verwirklicht. Weil er wähnte, sie seien für ihn nicht fremd, könnte ihm gemäß § 16 I 1 die Kenntnis im Hinblick auf die zum gesetzlichen Tatbestand des § 303 I gehörende Fremdheit gefehlt haben. Um die Fremdheit zu kennen, muss A laut überkommener Lehre nach „Laienart" die Wertung vollzogen haben, dass die Gläser auch seiner Frau „gehören". Das ist ihm indes schon klar, wenn er die tatsächlichen Umstände kennt, die das Merkmal „fremd" beschreibt. Es beschreibt das Im-Eigentum-eines-Anderen-Stehen. Und Eigentum hat ein anderer dann, wenn er die rechtliche Befugnis hat, mit der Sache nach Belieben zu verfahren und andere von jeder Einwirkung auszuschließen, soweit nicht das Gesetz oder Rechte Dritter entgegenstehen (§ 903 BGB). Die vom Merkmal „fremd" beschriebenen Umstände kennt mithin, wer weiß, dass ein anderer diese von § 903 BGB beschriebene rechtliche Position hat. Er hat dann aber allemal auch „nach Laienart" die Wertung vollzogen, dass die Sache einem anderen „gehört". Das Erfordernis einer „Parallelwertung in der Laiensphäre" ist damit eigentlich überflüssig – vorausgesetzt, dass die von ihnen beschriebenen Umstände – wie vorstehend die vom Merkmal „fremd" beschriebenen – genau bezeichnet werden.

246   Im Fall 33 kommt es mithin darauf an, ob A gewusst hat, dass auch seine Frau eine rechtliche Position an den Sektgläsern hat, wie sie § 903 BGB verleiht. Davon wird man ausgehen müssen. Dann hat er aber auch alle tatsächlichen Umstände gekannt, die das Merkmal „fremd" beschreibt. Dass A die Gläser dennoch nicht für fremd gehalten hat, weil sie auch ihm selbst gehören, steht der Kenntnis nicht entgegen. Denn das ist kein Irrtum über die Umstände, die das Merkmal „fremd" beschreibt, sondern eine Fehldeutung des Fremdheitsmerkmals, ein sog. Subsumtionsirrtum. Genauer ist es, vom Definitionsirrtum zu sprechen; denn A gibt dem Merkmal einen Sinn, den es nicht hat. Maßgeblich für die Subsumtion ist aber nicht der Sinn, den der Täter einem Merkmal beilegt, sondern der, den die juristische Auslegung ergibt. A hat die für ihn fremden Gläser also auch vorsätzlich zerstört (zum Ganzen näher *Herzberg/Hardtung* JuS 1999, 1073 ff.).

ddd) Die zeitliche Kongruenz von Vorsatz und Tat (die Kenntnis „bei Begehung der Tat", § 16 I 1)

247   Außer der sachlichen Kongruenz von Vorsatz und Tat fordert § 16 I 1 auch eine zeitliche: Die Kenntnis muss „bei Begehung der Tat" gegeben sein. Wann die Tat begangen ist, sagt § 8: „zu der Zeit…, zu welcher der Täter oder der Teilnehmer gehandelt hat oder im Falle des Unterlassens hätte handeln müssen" (§ 8 S. 1). Nicht zur „Begehung der Tat" gehört das jenseits des tatbestandsmäßigen Verhaltens liegende Geschehen einschließlich des tatbestandsmäßigen Erfolgs (§ 8 Satz 2).

248   **Fall 34:** E mischt ihrem tyrannischen Ehemann M am Mittag ein tödliches Gift in die Suppe, die er sich am Abend aufwärmen soll. Danach besucht E ihre Freundin F.

a) E hat um die tödliche Wirkung gewusst. Als E Skrupel bekommt, redet F ihr ein, dass es nur ein harmloses Brechmittel sei.

b) E hat das Gift für ein harmloses Brechmittel gehalten. Als F sie aufklärt, ist ihr Ms Tod auch recht.

Am Abend isst M von der Suppe und stirbt.

E hat ihren Ehemann M i.S.d. § 212 I durch das Vergiften der Suppe getötet. **249** In der Variante a) geschah das auch vorsätzlich. Der Vorsatz ist nicht gemäß § 16 I 1 ausgeschlossen. Denn bei Begehung der Tat, die gemäß § 8 S. 1 im Vergiften der Suppe liegt, hat E um die tatbestandsmäßige Tötungsgefahr gewusst, die später zum Tod des M geführt hat. Dass E diese Kenntnis noch vor Eintritt des Todeserfolges verliert, ist gemäß §§ 16 I 1, 8 S. 1, 2 unerheblich. Denn § 8 S. 1 stellt für die „Begehung der Tat" beim Aktivdelikt ausdrücklich nur auf das Handeln ab.

In der Variante b) hat E die Suppe hingegen ohne den entsprechenden Vorsatz **250** vergiftet. Weil sie das Gift nur für ein harmloses Brechmittel gehalten hat, ist der kongruente Vorsatz gemäß § 16 I 1 ausgeschlossen. E kannte bei der Vergiftung nicht die zum gesetzlichen Tatbestand des § 212 I gehörende strafrechtlich missbilligte (unmittelbare) Tötungsgefahr, die sich später in Ms Tod verwirklicht hat.

E könnte allerdings eine vorsätzliche Tötung durch Unterlassen gemäß **251** §§ 212 I, 13 begangen haben, nachdem sie von F aufgeklärt worden ist; denn ab da hat sie es in Kenntnis der Todesgefahr unterlassen, den Vergiftungstod des M abzuwenden.

cc) Das Wollen der Tatbestandsverwirklichung als Vorsatzelement?

Der allgemeinsprachliche Wortsinn des Vorsatzmerkmals legt es **252** nahe, für den Vorsatz auch ein Wollen zu verlangen. Denn im allgemeinen Sprachgebrauch wird Vorsatz typischerweise im Sinne von Absicht verwandt, mit der man ja ein Wollen verbindet. Die hM setzt dementsprechend auch für den **Eventualvorsatz** ein Wollen voraus, allerdings nur ein abgeschwächtes (etwa *Rengier* AT § 14 Rn. 10). Umschrieben wird es als „Sich-Abfinden", „Ernstnehmen", **„Billigend-in-Kauf-nehmen".** Ein solches „Wollen" soll selbst dann gegeben sein können, wenn dem Handelnden die Tatbestandsverwirklichung unerwünscht ist. Das zeigt sich beispielhaft in der Entscheidung des *BGH* zum sog. Lederriemen-Fall:

Fall 35: K und J hatten beschlossen, ihren gemeinsamen Bekannten M zu berauben. Zu diesem Zweck wollten sie M mit einem ledernen Hosenriemen würgen. Ihnen war klar, dass M dadurch ums Leben kommen könnte. Dennoch führten sie den Plan aus. Durch die Drosselung erstickte M (BGHSt 7, 363).

Hier hat der *BGH* für das voluntative Vorsatzelement ein „Billigen im Rechts- **253** sinne" genügen lassen. Dafür reiche es aus, dass der Handelnde „um des erstrebten

Zieles willen, notfalls, d.h. sofern er anders sein Ziel nicht erreichen kann, sich [...] damit abfindet, daß seine Handlung den an sich unerwünschten Erfolg herbeiführt, und ihn damit für den Fall seines Eintritts will". Das „Billigen im Rechtssinne" setze weder ein inneres Gutheißen noch auch nur Gleichgültigkeit gegenüber der Tatbestandsverwirklichung voraus.

254   Allein mit dem allgemeinen Sprachgebrauch lässt sich ein solches voluntatives Vorsatzelement indes nicht rechtfertigen. Denn auch bloß bewusstes Handeln (ohne ein irgendwie geartetes Wollen) kann man allgemeinsprachlich schon als vorsätzliches bezeichnen.

255   Zwingend könnte sich ein voluntatives Vorsatzelement allerdings aus der gesetzlichen Systematik ergeben. Es könnte erforderlich sein, um die unterschiedlich schweren Rechtsfolgen zu rechtfertigen, die an die Vorsatztat und die Fahrlässigkeitstat sowie an den Verletzungs- und den Gefährdungsvorsatz geknüpft sind. Sofern die Fahrlässigkeitstat überhaupt mit Strafe bedroht ist, ist die Strafdrohung regelmäßig weniger schwer als die für das Vorsatzdelikt (vgl. etwa die §§ 212, 222). Entsprechendes gilt für die mit **Verletzungsvorsatz** begangene Tat im Verhältnis zu der mit bloßem **Gefährdungsvorsatz** begangenen. So ist der Tötungsversuch gemäß §§ 212, 22, 23 I, II mit schwererer Strafe bedroht als der Versuch einer Körperverletzung mittels einer lebensgefährdenden Behandlung gemäß §§ 224 I Nr. 5, II, 22, 23 I, II. Diese unterschiedlich schweren Rechtsfolgen sind nur gerechtfertigt, wenn auch das durch die Taten verwirklichte Unrecht unterschiedlich schwer wiegt. Das danach nötige zusätzliche Gewicht, das die Vorsatztat gegenüber der Fahrlässigkeitstat und der Verletzungsvorsatz gegenüber dem Gefährdungsvorsatz haben müssen, könnte nur durch ein voluntatives Vorsatzelement zu erlangen sein.

256   Die **hM** sieht das auch so. Sie meint, dass sich nur mit einem voluntativen Vorsatzelement die unterschiedlich schweren Rechtsfolgen erklären ließen. Das Kenntniselement des Vorsatzes könne die Abstufung nicht rechtfertigen. Zum einen könne es auch schon bei einer bloßen Fahrlässigkeitstat erfüllt sein. Neben der unbewussten Fahrlässigkeit, bei der dem Handelnden verborgen bleibe, dass er eine tatbestandsmäßige Gefahr schaffe, gebe es auch die bewusste Fahrlässigkeit, bei der der Handelnde wisse, dass er eine tatbestandsmäßige Gefahr schaffe, und damit die von § 16 I 1 geforderte Kenntnis habe. Ebenso wenig könne das kognitive Vorsatzelement dem Verletzungsvorsatz größeres Gewicht verleihen als dem bloßen Gefährdungsvorsatz. Denn das kognitive Element des Verletzungsvorsatzes sei auch beim bloßen Gefährdungsvorsatz erfüllt. Wer sich etwa eine lebensgefährdende Behandlung i.S.d. § 224 I Nr. 5 vorstelle, stelle sich auch die Möglichkeit der Tötung vor; eben diese bestehe ja bei einer Lebensgefährdung.

Ein Wollenselement ist für den Verletzungsvorsatz gleichwohl nicht zu for- **257** dern. Die traditionelle Lehre verkennt zum einen, dass der *objektive* Tatbestand des Vorsatzdelikts *enger* ist als der des entsprechenden Fahrlässigkeitsdelikts, dass also die sog. Abgrenzung von Vorsatz- und Fahrlässigkeitsdelikt schon im *objektiven* Tatbestand des Vorsatzdelikts zu leisten ist und nicht erst im subjektiven Tatbestand beim Vorsatzmerkmal. Da man allgemein davon ausgeht, dass jedes vollendete Vorsatzdelikt das Stadium des Versuchs durchläuft, muss es zwangsläufig auch alle Versuchsvoraussetzungen erfüllen, also auch das von § 22 geforderte unmittelbare Ansetzen zur Tatbestandsverwirklichung. Und zwar hier – beim vollendeten Vorsatzdelikt – nicht nur wie beim Versuch nach der Vorstellung des Täters, sondern auch *objektiv*; nur dann kann das unmittelbare Ansetzen ja zur Vollendung führen. Im Tatbestand des entsprechenden Fahrlässigkeitsdelikts ist ein unmittelbares Ansetzen zur Tatbestandsverwirklichung aber eindeutig nicht vorausgesetzt. Das Fahrlässigkeitsdelikt durchläuft keinen Versuch i.S.d. § 22; denn diese Vorschrift setzt Vorsatz voraus und meint damit nur den Versuch des Vorsatzdelikts. Wer nur fahrlässig handelt, erfüllt also schon nicht den *objektiven* Tatbestand des entsprechenden Vorsatzdelikts. Das zusätzliche, die schwerere Strafdrohung rechtfertigende Gewicht erhält das Vorsatzdelikt mithin bereits durch das unmittelbare Ansetzen zur Tatbestandsverwirklichung. Die Abstufung zum Fahrlässigkeitsdelikt macht ein voluntatives Vorsatzelement also nicht notwendig.

Auch der Verletzungsvorsatz erhält sein im Verhältnis zum Gefährdungsvor- **258** satz größeres Gewicht schon dadurch, dass der objektive Tatbestand des vollendeten Vorsatzdelikts ein unmittelbares Ansetzen zur Tatbestandsverwirklichung voraussetzt und dass dieses sich beim Verletzungsdelikt auf etwas anderes bezieht als beim bloßen Gefährdungsdelikt: Beim Verletzungsdelikt – etwa bei § 212 – muss der Handelnde unmittelbar zur tatbestandsmäßigen *Verletzung* ansetzen (im Falle des § 212 also zur *Tötung* eines Menschen), beim bloßen Gefährdungsdelikt (etwa bei § 224 I Nr. 5) hingegen nur zur entsprechenden *Gefährdung* – im Falle des § 224 I Nr. 5 also nur zur *Gefährdung* eines Menschenlebens. Zur Gefährdung setzt man aber früher unmittelbar an als zur Verletzung. Denn für das unmittelbare Ansetzen soll es jedenfalls auch auf die zeitliche Nähe ankommen. Die Gefährdung ist aber zeitlich enger mit der Ansetzungshandlung verknüpft als der aus ihr erwachsende Erfolg – weil die Gefährdung dem Erfolg ja vorausgeht. Damit setzt dann das vorsätzliche Verletzungsdelikt auch eine andere Kenntnis voraus als ein entsprechendes Gefährdungsdelikt: Beim vorsätzlichen Verletzungsdelikt muss sich die Kenntnis auf das unmittelbare Ansetzen zur Verwirklichung der tatbestandsmäßigen Verletzung – also beispielsweise bei § 212 auf die Tötung – beziehen, beim vorsätzlichen Gefährdungsdelikt hingegen auf das unmittelbare Ansetzen zur tatbestandsmäßigen Gefährdung – beispielsweise bei § 224 I Nr. 5 auf die Gefährdung eines Menschenlebens.

Eine mittlerweile weit verbreitete Auffassung verzichtet deshalb für **259** den Eventualvorsatz auch auf ein voluntatives Element (siehe zB *Frister* AT 11/24, *Herzberg* BGH-Festgabe, 2000, S. 51 ff.; *Kindhäuser* AT § 14 Rn.14 ff.). Sie definiert den kongruenten Vorsatz nur durch die von § 16 I 1 geforderte Kenntnis. Es ist ihr allerdings bislang nicht gelungen,

Einigkeit darüber zu erzielen, wie dann die sog. Abgrenzung zum Fahrlässigkeitsdelikt vorzunehmen ist: Ob für die Kenntnis ein Für-möglich-Halten der Tatbestandsverwirklichung genügt – so die sog. Möglichkeitstheorie – oder ob für sie mehr erforderlich ist, nämlich ein Für-wahrscheinlich-Halten der Tatbestandsverwirklichung – so die sog. Wahrscheinlichkeitstheorie – oder die Kenntnis einer qualifizierten Gefahr.

260 Dass die Meinungen so weit auseinander gehen, liegt daran, dass man sich nicht strikt an die gesetzlichen Vorgaben hält; keines der genannten Kriterien ist stringent aus dem Gesetz abgeleitet. Beachtet man dessen Regelungen und die zwischen ihnen bestehenden systematischen Zusammenhänge, führt die Auslegung zu dem oben gefundenen eindeutigen Ergebnis: Aus dem systematischen Zusammenhang mit § 13 I, den Fahrlässigkeitstatbeständen und dem verfassungsrechtlichen Verhältnismäßigkeitsgrundsatz folgt, dass der objektive Tatbestand des vollendeten Vorsatzdelikts eine *in den tatbestandsmäßigen Erfolg mündende strafrechtlich missbilligte Gefahr der Tatbestandsverwirklichung* voraussetzt; aus dem systematischen Zusammenhang mit § 22, dass diese Gefahr eine **unmittelbare** sein muss; und aus § 16 I 1, dass sich die Kenntnis auf eben *diese Gefahr* bezieht. Gesetzesgelöste begriffliche Neuschöpfungen sind demnach weder nötig noch legitim. Denn soweit das Gesetz selbst den Inhalt des Vorsatzes festlegt, ist der Rechtsanwender daran gebunden.

b) Andere Voraussetzungen des subjektiven Tatbestandes

261 Manche Strafvorschriften enthalten neben dem Vorsatzmerkmal noch andere rein subjektive Tatbestandsmerkmale. So etwa § 211 II – wo die Mordmerkmale der ersten und dritten Gruppe rein subjektive Merkmale sind, zB die Habgier. Auch solche Merkmale werden im subjektiven Tatbestand geprüft, üblicherweise nach dem Vorsatzmerkmal.

B. Die Rechtswidrigkeit

262 Eine rechtswidrige Tat i.S.d. StGB ist gemäß § 11 I Nr. 5 nur eine solche, die den Tatbestand eines Strafgesetzes verwirklicht, d.h. nur eine strafrechtswidrige Tat. Tat in diesem Sinne ist die gesamte Tat, das tatbestandsmäßige Verhalten und dessen tatbestandsmäßige Folgen. Zu ihnen gehört insbesondere der tatbestandsmäßige Erfolg, etwa bei § 212 der Tod eines anderen Menschen, aber auch eine tatbestandsmäßige Gefahr, etwa bei § 221 I die tatbestandsmäßige Gefahr des Todes oder einer schweren Gesundheitsschädigung. Demnach müssen sowohl das tatbestandsmäßige Verhalten wie auch die tatbestandsmäßigen Folgen als strafrechtswidrig zu bewerten sein. Dementsprechend unterteilt man das strafrechtliche Unrecht in **zwei Komponenten**: in das Verhaltensunrecht und das Erfolgsunrecht.

Das **Verhaltensunrecht** des Vorsatzdelikts setzt sich aus zwei Kom- **263** ponenten zusammen, einer objektiven und einer subjektiven. Objektiv setzt es ein strafrechtlich missbilligtes Verhalten voraus und subjektiv den darauf bezogenen Vorsatz. Da der Vorsatz gemäß §§ 16 I 1; 8 beim tatbestandsmäßigen Verhalten gegeben sein muss, bestimmt er das Maß des Verhaltensunrechts mit.

Mit dem **Erfolgsunrecht** ist nicht nur der strafrechtlich missbilligte **264** tatbestandsmäßige Erfolg gemeint, wie der Tod eines anderen Menschen im Fall des § 212. Auch andere tatbestandsmäßige Verhaltensfolgen gehören dazu, beispielsweise das Gefährdungsunrecht im Falle des § 221 I. Genauer wäre es deshalb, statt vom Erfolgsunrecht vom Folgenunrecht zu sprechen.

Welche Voraussetzungen für die Strafrechtswidrigkeit – sprich: für **265** das Verhaltens- und das Folgenunrecht – neben der Verwirklichung des Tatbestandes erfüllt sein müssen, sagt § 11 I Nr. 5 nicht. Das erschließt sich jedoch aus dem systematischen Zusammenhang.

I. Die objektiven Voraussetzungen der Rechtswidrigkeit

1. Die Abwesenheit von Rechtfertigungsgründen

Eine Voraussetzung ist danach, dass die Tat nicht durch eine Rechts- **266** norm erlaubt ist. Erlaubt wird eine Tat insbesondere durch Rechtfertigungsgründe, beispielsweise durch die §§ 32, 34. Die Rechtswidrigkeit muss daher voraussetzen, dass kein Rechtfertigungsgrund gegeben ist. In diesem Sinne sagt man, dass die Rechtswidrigkeit die Abwesenheit von Rechtfertigungsgründen voraussetze.

a) Die Struktur der Rechtfertigungsgründe

Bei den Rechtfertigungsgründen lassen sich ebenso wie beim Tatbe- **267** stand **objektive und subjektive Merkmale** unterscheiden. Objektive Merkmale sind beispielsweise bei der Notwehr gemäß § 32 I, II ein gegenwärtiger rechtswidriger Angriff, eine erforderliche Verteidigung und die Gebotenheit der Notwehr.

Die subjektiven Voraussetzungen werden gemeinhin als „subjektives **268** Rechtfertigungselement" bezeichnet. Dieses wird in den Rechtfertigungsgründen jedoch allenfalls angedeutet, so in § 32 II mit dem Finalsatz „um einen gegenwärtigen rechtswidrigen Angriff ... abzuwenden". Manche meinen deshalb, bei den Rechtfertigungsgründen ganz oder jedenfalls bei denjenigen auf subjektive Merkmale verzichten zu können,

die solche nicht einmal andeuten (vgl. zum Meinungsstand:
Schönke/Schröder-*Sternberg-Lieben* Vor §§ 32 ff. Rn. 13). Ein Beispiel
ist § 904 S. 1 BGB, der nur objektive Voraussetzungen nennt: dass „die
Einwirkung zur Abwendung einer gegenwärtigen Gefahr notwendig und
der drohende Schaden gegenüber dem aus der Einwirkung dem Eigentümer entstehenden Schaden unverhältnismäßig groß ist".

269   Die systematische Auslegung im Kontext mit der Rechtsfolge der
Rechtfertigungsgründe – dem Ausschluss der Rechtswidrigkeit – ergibt
indes, dass ein subjektives Rechtfertigungselement für alle Rechtfertigungsgründe nötig ist. Denn nur dann können sie die Rechtswidrigkeit
gänzlich ausschließen. Würde man sich mit den objektiven Rechtfertigungsvoraussetzungen begnügen, wäre nicht gewährleistet, dass auch
das **Verhaltensunrecht** ausgeschlossen wäre.

270   **Fall 36:** A und F möchten, dass ihr Nachbar N seine hohe Hecke
kürzt, damit die Pflanzen auf ihrem Grundstück mehr Licht bekommen. N hat sich jedoch bislang geweigert. Dann besinnt er sich um.
Er will A und F erlauben, die Hecke um 30 Zentimeter zu kürzen.
Als er ihnen das mitteilen will, trifft er aber niemanden an. Weil er
an dem Tag in Urlaub fährt, wirft er einen Zettel in den Briefkasten
von A und F, auf dem er seine Einwilligung erklärt. Der Zettel gerät
jedoch so zwischen Werbeprospekte, dass A ihn nicht sieht. Er wirft
die Werbung zusammen mit dem Zettel des N in den Müll. Während
Ns Urlaub beschließt er, die Hecke ohne Einwilligung des N zu kürzen, und setzt das in die Tat um.

271   Die Einwilligung des N schließt das Sachbeschädigungsunrecht nicht gänzlich
aus. Wegen der Einwilligung des N fehlt es zwar am Folgenunrecht der Sachbeschädigung – A verletzt kein Sacherhaltungsinteresse des N. Das Handlungsunrecht der vorsätzlichen Sachbeschädigung ist aber gegeben, weil A sich vorstellte,
ohne Einwilligung des N zu handeln und damit einen strafrechtlich missbilligten
Sachbeschädigungserfolg herbeizuführen.

272   Die hM verlangt dementsprechend für alle Rechtfertigungsgründe ein
subjektives Rechtfertigungselement. Die Frage ist allerdings, was dieses im Einzelnen voraussetzt. Auch das erschließt sich systematisch daraus, dass das subjektive Rechtfertigungselement das Verhaltensunrecht
des Vorsatzdelikts ausschließen muss, genauer: den dazu gehörenden
Vorsatz hinsichtlich einer strafrechtlich missbilligten Tatbestandsverwirklichung. Was dafür nötig ist, hängt davon ab, ob man für den Vorsatz nur ein kognitives Element – die Kenntnis oder die Vorstellung –
oder auch ein voluntatives Element voraussetzt – ein Wollen zumindest
in der Form des Inkaufnehmens. Verlangt man für den Vorsatz nur ein
kognitives Element, ist der Vorsatz hinsichtlich eines strafrechtlich

missbilligten Verhaltens schon ausgeschlossen, wenn sich der Handelnde Umstände vorstellt, die alle objektiven Merkmale eines Rechtfertigungsgrundes verwirklichen. Dann ist seine Vorstellung nicht auf eine strafrechtlich missbilligte, sondern auf eine erlaubte Tatbestandsverwirklichung gerichtet – es fehlt am Verhaltensunrecht des Vorsatzdelikts. In diesem Sinne wird für das subjektive Rechtfertigungselement verbreitet nur die Kenntnis der Umstände verlangt, die die objektiven Rechtfertigungsvoraussetzungen erfüllen (siehe etwa bei *Hardtung/Putzke* Rn. 526).

Hingegen kommt noch ein voluntatives Rechtfertigungselement hinzu, wenn **273** man für den Vorsatz auch ein Wollen verlangt (so die wohl hM, s. *Wessels/Beulke/Satzger* Rn. 313). Denn dann muss durch das subjektive Rechtfertigungselement auch das Wollen einer strafrechtlich missbilligten Tatbestandsverwirklichung ausgeschlossen werden. Dafür wird beispielsweise bei § 32 ein Verteidigungswille vorausgesetzt.

b) Vollständiger und partieller Unrechtsausschluss durch Rechtfertigungsgründe

Sind alle Merkmale eines Rechtfertigungsgrundes erfüllt, ist das Un- **274** recht vollständig ausgeschlossen, das **Folgenunrecht** ebenso wie das **Verhaltensunrecht**.

Das Unrecht kann durch einen Rechtfertigungsgrund aber auch nur **275** partiell ausgeschlossen sein, dann, wenn nur die objektiven Voraussetzungen eines Rechtfertigungsgrundes verwirklicht sind, wenn es am subjektiven Rechtfertigungselement fehlt.

So ist es im **Fall 36:** Die Einwilligung des N schließt zwar das Folgenunrecht **276** der Sachbeschädigung aus, nicht aber das Verhaltensunrecht, weil A nichts von der Einwilligung weiß.

Manche lassen einen solchen partiellen Unrechtsausschluss aber **277** nicht genügen für den Ausschluss der Rechtswidrigkeit des vollendeten Delikts. Sie meinen, dass die Rechtswidrigkeit nur ausgeschlossen sei, wenn alle Voraussetzungen eines Rechtfertigungsgrundes erfüllt sind (etwa *Rengier* AT § 17 Rn. 9). Dafür scheint zu sprechen, dass die Rechtfertigungsgründe den Ausschluss der Rechtswidrigkeit an die Verwirklichung aller Rechtfertigungsvoraussetzungen knüpfen. So ist eine Tat nach § 32 I nur dann „nicht rechtswidrig", wenn sie „durch Notwehr geboten" ist, d.h. wenn alle Notwehrvoraussetzungen gegeben sind. Mit der Rechtsfolge „nicht rechtswidrig" ist aber der vollständige Ausschluss der Rechtswidrigkeit – der Ausschluss des Verhaltens- und des Folgenunrechts – gemeint. Nur dafür müssen alle Rechtfertigungsvoraussetzungen erfüllt sein. Dann muss für den partiellen Unrechtsausschluss aber ausreichen, dass der ihn betreffende Teil der Rechtfertigungsvoraussetzungen erfüllt ist. Denn **sonst** käme es zu einem **Wertungswiderspruch**: Obwohl ein Teil des Unrechts ausgeschlossen ist, würde die Tat insgesamt als rechtswidrig bewertet. Daraus folgt für den Ausschluss des Folgenunrechts, dass nur die ihn betreffenden objektiven Voraussetzungen des Rechtfertigungsgrundes erfüllt sein müssen. Denn das subjektive Rechtfertigungselement schließt allein das vorsätzliche Verhaltensunrecht aus.

278   Die hM lässt deshalb auch einen solchen **partiellen Unrechtsausschluss** zu (*Kühl* AT § 6 Rn. 14 ff. mwN; vertiefend *Herzberg* FS Stree/Wessels, S. 203, 221 f.). Sind die objektiven Voraussetzungen eines Rechtfertigungsgrundes erfüllt, nicht aber die subjektiven, schließt die hM das Folgenunrecht aus. Die Konsequenz ist, dass der Handelnde nicht wegen vollendeten Delikts bestraft werden darf. Denn dieses setzt das komplette Unrecht voraus, Verhaltens- und Folgenunrecht. Gegeben ist aber nur ein Verhaltensunrecht.

279   Im **Fall 36** ist deshalb eine Strafbarkeit des A wegen vollendeter Sachbeschädigung gemäß § 303 I ausgeschlossen.

280   Allerdings kann das Verhaltensunrecht für sich genommen strafbar sein, als **Versuch** gemäß §§ 22, 23 I. Innerhalb der hM streitet man allerdings darüber, ob die Versuchsvorschriften direkt oder nur analog anwendbar sind (*Kühl* AT § 6 Rn. 16 mwN). Gegen eine direkte Anwendung wird vorgebracht, dass der Tatbestand vollendet und deswegen kein Raum mehr für einen Versuch sei. Aber das ist nicht schlüssig. Vollendung und Versuch schließen einander selbst dann nicht aus, wenn das vorsätzliche Vollendungsdelikt komplett verwirklicht ist. Vielmehr ist nach allgemeiner Meinung in jedem vorsätzlichen Vollendungsdelikt der Versuch enthalten. Sofern er nach § 23 I strafbar ist, tritt er nur im Wege der Gesetzeskonkurrenz hinter das strafbare vorsätzliche Vollendungsdelikt zurück. Erst recht kann dann ein Versuch gegeben sein, wenn nur der tatbestandliche Erfolg, nicht aber das Folgenunrecht gegeben ist und damit eine Strafbarkeit wegen vollendeten Vorsatzdelikts sogar ausscheidet.

281   Im Fall 36 ist damit nach Ablehnung einer Strafbarkeit wegen vollendeter vorsätzlicher Sachbeschädigung eine Strafbarkeit wegen versuchter Sachbeschädigung gemäß §§ 23 I; 303 II; 22 zu prüfen. Sie ist gegeben. Der Versuch der Sachbeschädigung ist gemäß § 303 II strafbar. A hat sich gemäß § 22 vorgestellt, den Tatbestand des § 303 I zu verwirklichen, nämlich eine fremde Sache zu beschädigen, und dazu nach seiner Vorstellung unmittelbar angesetzt. Der Versuch ist auch rechtswidrig. Die Rechtswidrigkeit des Versuchs setzt nur das Verhaltensunrecht voraus – weil der Versuch keine tatbestandlichen Folgen voraussetzt, setzt er kein Folgenunrecht voraus. Das Verhaltensunrecht ist gegeben. Das Kürzen der Hecke in der Vorstellung, dies ohne Einwilligung des Eigentümers zu tun, ist durch keine Erlaubnis gedeckt. Da A zudem schuldhaft gehandelt hat, ist er gemäß §§ 303 II, 22, 23 I wegen versuchter Sachbeschädigung strafbar.

2. Die Abwesenheit anderer Erlaubnisgründe

Erlaubt sein kann ein Verhalten aber nicht nur durch Rechtfertigungs- **282** gründe, sondern auch durch geschriebene oder ungeschriebene **Sorgfaltsnormen**. Das hat sich schon im Tatbestand bei der objektiven Zurechnung gezeigt: Ist das Verhalten pflichtgemäß, fehlt es an der ersten Voraussetzung der objektiven Zurechnung, an der rechtlich missbilligten Gefahrschaffung. Wie sich im Tatbestand aber auch gezeigt hat, dürfen bei der Prüfung dieser Tatbestandsvoraussetzung nicht alle Umstände berücksichtigt werden, die für die Entscheidung relevant sind, ob das Verhalten rechtlich missbilligt ist oder nicht. In der tatbestandlichen Prüfung müssen diejenigen Umstände ausgespart werden, die rechtfertigende Umstände betreffen. Denn sonst würden die Rechtfertigungsgründe bereits den Tatbestand ausschließen, die tatbestandliche Voraussetzung der rechtlich missbilligten Gefahrschaffung. Und das entspräche nicht dem dreistufigen Aufbau, wonach die für Rechtfertigungsgründe relevanten Umstände erst auf der Deliktsstufe der Rechtswidrigkeit geprüft werden dürfen. Dann müssen diese bei der Prüfung der objektiven Zurechnung im Tatbestand ausgesparten Umstände aber bei der Prüfung der Rechtswidrigkeit berücksichtigt werden. Sonst kommt es zu Wertungswidersprüchen:

Fall 37: Die geschiedene F möchte bei ihrem 4-jährigen Sohn K aus **283** ästhetischen Gründen eine Fehlstellung seiner Ohren beseitigen lassen. Sie hat allerdings nicht mehr das Personensorgerecht. Es war ihr zunächst zuerkannt, dann aber dem Vater, ihrem geschiedenen Mann M, übertragen worden. Er ist nicht mit dem Eingriff einverstanden. F täuscht den Arzt A jedoch, indem sie ihm die überholte gerichtliche Entscheidung vorlegt, nach der ihr allein das Sorgerecht zugesprochen hat. A vertraut darauf. Er klärt F über den Eingriff und seine Risiken auf. F stimmt zu. A beseitigt daraufhin die Fehlstellung von Ks Ohren.

A hat durch den Eingriff den Tatbestand des § 223 I verwirklicht. Das Problem, **284** ob der medizinisch indizierte ärztliche Heileingriff tatbestandsmäßig ist, stellt sich hier nicht, weil es sich um eine medizinisch nicht indizierte Schönheitsoperation handelt. Sieht man in der Einwilligung mit der hM einen Rechtfertigungsgrund, muss bei der Prüfung der objektiven Zurechnung im Tatbestand außer Betracht bleiben, dass A nach den Umständen von einer wirksamen Einwilligung der F ausgehen durfte. Denn die Annahme des A betrifft dann Umstände, die für den

Rechtfertigungsgrund der Einwilligung relevant sind. Bei Aussparung dieser Umstände ist der Eingriff des A mithin rechtlich missbilligt.

285   Beim Rechtswidrigkeitsmerkmal ist zunächst die Abwesenheit von Rechtfertigungsgründen zu prüfen. Sie ist gegeben. Eine wirksame Einwilligung – die allein als Rechtfertigungsgrund in Betracht kommt – liegt nicht vor. Weil F nicht personensorgeberechtigt ist, ist sie nach § 1626 BGB auch nicht einwilligungsberechtigt. Würde man deshalb die Rechtswidrigkeit bejahen, käme es zu einem Wertungswiderspruch: As Verhalten wäre rechtswidrig und erlaubt zugleich. Denn A hat sich sorgfaltsgemäß verhalten. Das ergibt – wie bei der objektiven Zurechnung im Tatbestand – die Abwägung nach dem Prinzip des überwiegenden Interesses: Das Urteil wies F als personensorgeberechtigt und damit als nach § 1626 BGB einwilligungsberechtigt aus und A hatte auch keinen Anlass anzunehmen, dass F ihn täuschte. Sorgfaltsgemäßes Verhalten ist aber erlaubt. Man muss die Rechtswidrigkeit also schon wegen der **sorgfaltsgemäßen Annahme** einer wirksamen Einwilligung ausschließen (so i. Erg. zum Hells-Angel-Fall auch BGH JR 2012, 204 m. Anm. *Erb*). Beim Fahrlässigkeitsdelikt wird das auch allgemein so gesehen. Dort wird bei sorgfaltsgemäßer Annahme eines rechtfertigenden Sachverhalts die „Fahrlässigkeit" und damit die Strafrechtswidrigkeit verneint. Das geschieht zwar schon im Tatbestand. Doch das ist inkonsequent: weil im Tatbestand Umstände, die Rechtfertigungsgründe betreffen, ausgespart bleiben müssen, wenn man am dreistufigen Deliktsaufbau festhalten will. Bei der Prüfung des Fahrlässigkeitsdelikts würde der Widerspruch damit auch offenkundig: Bei § 223 I würde das Verhalten als rechtswidrig, bei § 229 hingegen als nicht pflichtwidrig und damit als rechtmäßig bewertet.

286   In der Sache bedeutet das, dass die erste Voraussetzung der objektiven Zurechnung – die strafrechtlich missbilligte Gefahrschaffung – im dreistufigen Deliktsaufbau nicht nur Merkmal des Tatbestandes, sondern auch Merkmal der Rechtswidrigkeit sein muss. Der Unterschied zwischen der Prüfung im Tatbestand und der in der Rechtswidrigkeit ergibt sich aus dem dreistufigen Deliktsaufbau. Danach müssen im Tatbestand bei der Prüfung der strafrechtlichen Missbilligung alle Umstände ausgespart werden, die Rechtfertigungsgründe betreffen. In der Rechtswidrigkeit müssen dann auch diese Umstände bei der Prüfung der strafrechtlichen Missbilligung berücksichtigt werden.

3. Der Rechtswidrigkeitszusammenhang, insbesondere bei hypothetischer Einwilligung

287   Auch die zweite Voraussetzung der objektiven Zurechnung – der Pflichtwidrigkeits- und Schutzzweckzusammenhang – muss bei der Rechtswidrigkeit nochmals geprüft werden. Denn hier bezieht er sich nicht wie im Tatbestand nur auf die tatbestandlichen Folgen, etwa auf den Tötungserfolg i.S.d. § 212 I, sondern auf die strafrechtlich missbilligten tatbestandlichen Folgen – das Folgenunrecht – etwa bei § 212 I auf den strafrechtlich missbilligten Tötungserfolg. Das heißt, das tatbestandsmäßige

Verhalten müsste gerade wegen der Gefahr strafrechtswidrig sein, die sich in der strafrechtlich missbilligten Folge verwirklicht hat.

> **Abwandlung zu Fall 37:** A führt den Eingriff durch, ohne F über dessen Risiken aufgeklärt zu haben.

288

Anders als im Ausgangsfall hat A hier rechtswidrig gehandelt, also das **Verhaltensunrecht** verwirklicht. Zwar durfte er wie im Ausgangsfall annehmen, dass F allein einwilligungsberechtigt ist. Aber hier durfte er trotzdem nicht von einer wirksamen Einwilligung der F ausgehen. Denn F befand sich auch aus Sicht des A in einem rechtsgutsbezogenen Irrtum. Da A sie nicht über die Risiken des Eingriffs aufgeklärt hatte, wusste sie nicht, in welchem Umfang die körperliche Integrität ihres Sohnes gefährdet wird. Das schließt auch aus der Sicht des A eine wirksame Einwilligung aus.

289

Das **Folgenunrecht** des § 223 I ist ebenfalls verwirklicht: Die Verletzung der körperlichen Integrität des K ist strafrechtlich missbilligt. Der Grund ist, dass es an einer wirksamen Einwilligung des allein personensorgeberechtigten M fehlt und auch kein sonstiger Rechtfertigungsgrund den Körperverletzungserfolg deckt. Darüber hinaus müsste aber der **Pflichtwidrigkeits- und Schutzzweckzusammenhang** zwischen dem strafrechtswidrigen Eingriff und dem strafrechtlich missbilligten Körperverletzungserfolg gegeben sein. Daran fehlt es. Der Eingriff ist nicht gerade wegen der Gefahr strafrechtlich missbilligt, dass es zu einem Körperverletzungserfolg ohne wirksame Einwilligung des M kommt. Das ergibt sich aus dem verfassungsrechtlichen Verhältnismäßigkeitsgebot. Danach muss eine belastende staatliche Maßnahme geeignet sein, den angestrebten Zweck zu erreichen. Da die strafrechtliche Missbilligung eine solche Maßnahme ist, müsste sie geeignet sein, den Eintritt des Folgenunrechts zu verhindern. Das ist sie hier aber nicht. Hätte A die F aufgeklärt, hätte er eine wirksame Einwilligung der F annehmen und den Eingriff durchführen dürfen, also das Folgenunrecht, den Körperverletzungserfolg ohne wirksame Einwilligung des allein einwilligungsberechtigten M herbeiführen dürfen.

290

Die Frage nach dem Rechtswidrigkeitszusammenhang stellt sich auch in den Fällen der **hypothetischen Einwilligung**. Dort ist es so, dass es wegen eines rechtsgutsbezogenen Irrtums an einer wirksamen Einwilligung fehlt, der Betroffene aber auch eingewilligt hätte, wenn er den wahren Sachverhalt gekannt hätte.

291

> **Fall 38:** P will sich wegen eines Bandscheibenvorfalls in der Klinik K operieren lassen. Bei der Vorbereitung der Operation übersieht der Chirurg C, dass nicht nur eine, sondern zwei Bandscheiben vorgefallen sind. Als nach der Operation bei P Lähmungen auftreten, erkennt C seinen Fehler. Er klärt P aber nicht auf, sondern täuscht ihr vor, dass ein neuer Bandscheibenvorfall an anderer Stelle die Ursache sei. P glaubt das und willigt in eine Operation dieses Vorfalls ein. Sie

292

> hätte in die Operation aber auch eingewilligt, wenn sie den wahren
> Sachverhalt gekannt hätte. (Vgl. BGH NStZ-RR 2004, 16 f.)

293   Beim zweiten Eingriff ist sowohl das Verhaltens- wie das Folgenunrecht gegeben: das Verhaltensunrecht, weil C mangels Aufklärung der P nicht von einer
wirksamen Einwilligung ausgehen durfte, das Folgenunrecht, weil es objektiv an
einer wirksamen Einwilligung fehlt; P erlag einem rechtsgutsbezogenen Irrtum,
weil sie nicht um den wahren Befund wusste. Auch eine mutmaßliche Einwilligung scheidet aus. C hätte die Einwilligung der P einholen können.

294   Es könnte aber am Rechtswidrigkeitszusammenhang zwischen Verhaltens-
und Folgenunrecht fehlen. Der zweite Eingriff könnte nicht gerade wegen der Gefahr strafrechtlich missbilligt sein, die sich im Folgenunrecht der Körperverletzung verwirklicht hat. Auch das könnte sich aus dem verfassungsrechtlichen Verhältnismäßigkeitsgebot ergeben, daraus, dass die strafrechtliche Missbilligung geeignet sein muss, das Folgenunrecht zu verhindern. Daran könnte es fehlen, weil
es auch bei pflichtgemäßer Aufklärung des P zu dem Eingriff gekommen wäre; P
hätte ihm dann ja zugestimmt.

295   So scheint es im Ergebnis der BGH zu sehen. Er verneint in dem Fall die
Rechtswidrigkeit, allerdings ohne dies näher zu begründen. Auch in der Literatur
wird in den Fällen der hypothetischen Einwilligung – mit Unterschieden im Einzelnen – verbreitet für einen Ausschluss der Rechtswidrigkeit plädiert (vgl. *Rengier* BT II § 13 Rn. 31 ff. mwN).

296   Ungeeignet zur Verhinderung des Folgenunrechts der Körperverletzung wäre
die strafrechtliche Missbilligung aber nur dann, wenn für das Folgenunrecht nur
der tatbestandliche Körperverletzungserfolg notwendig wäre. Dieser könnte durch
die strafrechtliche Missbilligung des zweiten Eingriffs nicht verhindert werden,
weil seine Herbeiführung bei pflichtgemäßem Verhalten – dem Eingriff nach Aufklärung der P und damit mit deren wirksamer Einwilligung – erlaubt wäre. Das
Folgenunrecht setzt aber mehr voraus: den strafrechtlich missbilligten tatbestandsmäßigen Erfolg. Ihn zu verhindern ist die strafrechtliche Missbilligung des zweiten Eingriffs aber geeignet. Der strafrechtlich missbilligte Körperverletzungserfolg ist der Körperverletzungserfolg ohne wirksame Einwilligung der P; eben wegen Fehlens dieser Einwilligung ist der Körperverletzungserfolg strafrechtlich
missbilligt. Bei pflichtgemäßem Verhalten des C wäre es zu diesem Folgenunrecht
aber nicht gekommen. Weil P dann wirksam eingewilligt hätte, wäre der Körperverletzungserfolg dann nicht strafrechtlich missbilligt (MüKo/*Schlehofer* Vor
§§ 32 ff. Rn. 210 ff.; im Ergebnis gegen einen Rechtswidrigkeitsausschluss durch
hypothetische Einwilligung auch AG Moers BeckRS 2015, 18722).

II. Die subjektive Voraussetzung der Rechtswidrigkeit: der Vorsatz bezüglich der objektiven Rechtswidrigkeitsvoraussetzungen

297   Der Vorsatz setzt gemäß § 16 I 1 jedenfalls voraus, dass der Handelnde bei Begehung der Tat alle Umstände kennt, die zum gesetzlichen

Tatbestand gehören. Das ergibt der Umkehrschluss aus der Norm: Wenn die Unkenntnis eines dieser Umstände bei Begehung der Tat den Vorsatz ausschließt, kann der Vorsatz nur gegeben sein, wenn der Handelnde bei Begehung der Tat alle Umstände kennt, die zum gesetzlichen Tatbestand gehören. Zu diesen Umständen könnten auch die objektiven Voraussetzungen der Rechtswidrigkeit, insbesondere die der Abwesenheit von rechtfertigenden Umständen gehören. Das hätte zur Konsequenz, dass der Vorsatz gemäß § 16 I 1 auch ausgeschlossen wäre, wenn der Handelnde sich einen Sachverhalt vorgestellt hat, bei dem er durch einen Rechtfertigungsgrund gerechtfertigt wäre. Man spricht in dem Fall von einem **Erlaubnistatbestandsirrtum**, einem Irrtum über die tatsächlichen Voraussetzungen einer Erlaubnisnorm.

Abwandlung Fall 36: A und F möchten, dass ihr Nachbar N seine hohe Hecke kürzt, damit die Pflanzen auf ihrem Grundstück mehr Licht bekommen. N hat sich jedoch bislang geweigert. Als er im Urlaub ist, beschließt F, kurzen Prozess zu machen. Sie spiegelt A vor, N habe ihr gegenüber kurz vor seiner Abreise darin eingewilligt, dass sie – A und F – die Hecke um 30 Zentimeter kürzen können. A hält das zunächst für unwahrscheinlich, weil N ihm gegenüber noch vor wenigen Tagen nachdrücklich seine Einwilligung verweigert hat und er F zutraut, dass sie ihn täuscht. Als F ihm aber versichert, dass N eingewilligt habe, glaubt er ihr und schneidet die Hecke 30 Zentimeter herunter.

298

A hat die deliktstypisierenden objektiven Tatbestandsmerkmale des § 303 I **299** vorsätzlich verwirklicht: Er hat vorsätzlich eine fremde Sache beschädigt. Das hat er auch objektiv rechtswidrig getan. Das Folgenunrecht ist gegeben, weil es an einer Einwilligung des N fehlt, und die objektive Komponente des Verhaltensunrechts – ein strafrechtlich missbilligtes Verhalten – ist gegeben, weil A das Kürzen der Hecke nach den Umständen nicht erlaubt war. Wegen seiner berechtigten Zweifel durfte er nicht auf die Worte der F vertrauen.

A könnte jedoch einem Erlaubnistatbestandsirrtum erlegen sein und dieser **300** könnte den Vorsatz gemäß § 16 I 1 ausschließen. Voraussetzung dafür ist, dass die Abwesenheit von Rechtfertigungsgründen ein Merkmal des „gesetzlichen Tatbestandes" i.S.d. § 16 I 1 ist.

Die **Lehre von den negativen Tatbestandsmerkmalen** deutet den **301** „gesetzlichen Tatbestand" so. Danach ist auch die Rechtswidrigkeit ein Tatbestandsmerkmal. Die formale Konsequenz ist ein nur zweistufiger Deliktsaufbau. Die deliktstypisierenden Tatbestandsmerkmale und die Rechtswidrigkeit verschmelzen zu einem Gesamtunrechtstatbestand. Da die Rechtswidrigkeit als eigenständige Deliktsstufe wegfällt, ist die zweite Deliktsstufe die Schuld (*Herzberg/Scheinfeld* JuS 2002, 649).

302   Die Begründung dafür: Zwischen den deliktstypisierenden Tatbestandsmerkmalen und den objektiven Rechtswidrigkeitsvoraussetzungen bestehe für die Unrechtsbegründung kein Unterschied. Eine strafrechtswidrige Tat sei gemäß § 11 I 1 Nr. 5 nur gegeben, wenn alle Unrechtsvoraussetzungen erfüllt seien. Damit seien die deliktstypisierenden Tatbestandsmerkmale und die Rechtswidrigkeitsvoraussetzung der Abwesenheit von Rechtfertigungsgründen gleichwertig. Dann müsse der Erlaubnistatbestandsirrtum aber ebenso behandelt werden wie der Irrtum über deliktstypisierende Tatbestandsmerkmale, also nach § 16 I 1.

303   Danach hätte A gemäß § 16 I S. 1 ohne Vorsatz gehandelt. Er hätte bei Begehung der Tat einen Umstand nicht gekannt, der zum gesetzlichen Tatbestand des § 303 I gehört, die Abwesenheit von Rechtfertigungsgründen. Denn er hat sich einen Sachverhalt vorgestellt, bei dem er gerechtfertigt wäre, eine wirksame Einwilligung des N.

304   Die **hM** entnimmt dem Sprachgebrauch des StGB hingegen, dass das Gesetz zwischen dem deliktstypisierenden Tatbestand und der Rechtswidrigkeit trennt. Das zeigt sich deutlich in § 218 I, II: In seinem Absatz 1 schließt § 218 explizit den Tatbestand, in seinem Absatz 2 hingegen erst die Rechtswidrigkeit aus. Nur den Ausschluss der Rechtswidrigkeit verfügen auch Rechtfertigungsgründe wie die §§ 32, 34. Danach gehört die Rechtswidrigkeitsvoraussetzung der Abwesenheit von Rechtfertigungsgründen nicht zum gesetzlichen Tatbestand i.S.d. § 16 I 1.

So gesehen ist der Vorsatz des A nicht gemäß § 16 I 1 ausgeschlossen.

305   Allerdings ist die gesetzliche **Trennung** von Tatbestand und Rechtswidrigkeit **nur eine formale**. Für die Unrechtsbegründung sind die Tatbestandsmerkmale und die Rechtswidrigkeitsvoraussetzungen gleichwertig. Der Tatbestand ist nicht eine eigene, der Rechtswidrigkeit vorgelagerte Wertungsstufe. Manche sehen das zwar so. Sie meinen, durch die Tatbestandserfüllung werde eine Tat als typischerweise rechtswidrig bewertet (*Wessels/Beulke/Satzger* Rn. 188). Das ist aber offensichtlich nicht so. Der Frisör beispielsweise, der dem Kunden die Haare schneidet und dadurch den Tatbestand des § 223 I verwirklicht, handelt nicht typischerweise rechtswidrig, sondern im Gegenteil typischerweise rechtmäßig. Oder man denke an den Strafrichter, der den Angeklagten rechtmäßig zu einer Freiheitsstrafe verurteilt, die vollstreckt wird. Obwohl er dadurch den Tatbestand des § 239 I verwirklicht, handelt er doch nicht typischerweise rechtswidrig.

306   Das könnte bedeuten, dass **§ 16 I 1** auf den Erlaubnistatbestandsirrtum **analog** anwendbar ist. Die Analogievoraussetzungen sind auch erfüllt. Es besteht eine Regelungslücke, weil die Rechtsfolgen des Erlaubnistatbestandsirrtums nicht geregelt sind. Diese ist auch planwidrig – genauer gesagt: systemwidrig. Denn der Erlaubnistatbestandsirrtum müsste wegen der nur formalen Trennung von Tatbestand und Rechtswidrigkeit auch die gleiche Rechtsfolge auslösen wie der Tatbestandsirrtum. Und zulässig ist die Analogie nach Art. 103 II GG, 1 StGB auch. Denn danach müssen nur die strafbegründenden, nicht auch die strafausschließenden Voraussetzungen gesetzlich bestimmt sein. Durch die analoge Anwendung des § 16 I 1 wird aber die Strafbarkeit aus dem Vorsatzdelikt ausgeschlossen.

Die hM – die **eingeschränkte Schuldtheorie** (vgl. BGH NStZ 2012, **307** 273) – befürwortet deshalb auch eine analoge Anwendung des § 16 I 1 auf den Erlaubnistatbestandsirrtum.

A hat danach analog § 16 I 1 unvorsätzlich gehandelt.

Anders sehen das die Vertreter der **rechtfolgenverweisenden** **308** **Schuldtheorie** –auch rechtsfolgeneinschränkende Schuldtheorie genannt – (*Wessels/Beulke/Satzger* Rn. 756) und der strengen Schuldtheorie (vgl. *Welzel* NJW 1952, 546). Die rechtsfolgenverweisende Schuldtheorie meint, dass der Erlaubnistatbestandsirrtum nur teilweise mit dem Tatbestandsirrtum vergleichbar sei. Deshalb sei auch nur eine Teilanalogie zu § 16 I 1 gerechtfertigt. Es werde analog § 16 I 1 nicht der Vorsatz, sondern lediglich die „Vorsatzschuld" ausgeschlossen. Begründet wird die bloße Teilanalogie mit den kriminalpolitischen Konsequenzen, die ein Ausschluss des Vorsatzes für die Teilnahme gemäß §§ 26, 27 hätte. Erliegt der Haupttäter einem Erlaubnistatbestandsirrtum und schließt man deswegen den Vorsatz aus, fehlt es für die Teilnahme an einer vorsätzlichen rechtswidrigen Tat eines anderen, der sog. Haupttat. Allerdings ist dann nicht jede Beteiligung an der Haupttat ausgeschlossen. Die Beteiligung kann eine mittelbare Täterschaft begründen.

Die verbleibende Strafbarkeitslücke beim Erlaubnistatbestandsirrtum **309** des Haupttäters spricht indes nicht gegen, sondern gerade für eine Gleichbehandlung von Erlaubnistatbestands- und Tatbestandsirrtum. Denn eine entsprechende Strafbarkeitslücke lässt das Gesetz auch beim Tatbestandsirrtum des Haupttäters; liegt er vor, ist der Vorsatz eindeutig gemäß § 16 I 1 ausgeschlossen. Und da der Tatbestands- und der Erlaubnistatbestandsirrtum rechtlich gleichwertig sind, ist es systematisch geboten, die Strafbarkeitslücke auch beim Erlaubnistatbestandsirrtum zu belassen.

Die rechtsfolgeneinschränkende Schuldtheorie führt zudem in einen **310** logischen Widerspruch. Sie schließt im Fall des unvermeidbaren Erlaubnistatbestandsirrtums lediglich analog § 16 I 1 die „Vorsatzschuld" aus und bejaht damit die Rechtswidrigkeit der Tat. Kommt dann ein Fahrlässigkeitsdelikt in Betracht, wird wegen der Unvermeidbarkeit des Irrtums die „Fahrlässigkeit" und das heißt, eine objektive Sorgfaltspflichtverletzung verneint. Damit wird dasselbe Verhalten beim Vorsatzdelikt als rechtswidrig, beim Fahrlässigkeitsdelikt hingegen als sorgfaltsgemäß und damit als rechtmäßig bewertet.

311   Die **strenge Schuldtheorie** verneint gänzlich die für eine analoge Anwendung des § 16 I 1 nötige Vergleichbarkeit von Erlaubnistatbestandsirrtum und Tatbestandsirrtum. Zugrunde liegt dem die Annahme, dass der Tatbestand eine eigenständige, von der Rechtswidrigkeit verschiedene Wertungsstufe sei. Danach ist der Erlaubnistatbestandsirrtum nur ein Verbotsirrtum gemäß § 17, der bei Unvermeidbarkeit lediglich zum Schuldausschluss und bei Vermeidbarkeit nur zu einer fakultativen Strafmilderung führt. Wie sich schon oben gezeigt hat, ist der Tatbestand aber keine eigenständige Wertungsstufe. Außerdem verstrickt sich die strenge Schuldtheorie in denselben logischen Widerspruch wie die rechtsfolgeneinschränkende Schuldtheorie. Beim unvermeidbaren Erlaubnistatbestandsirrtum schließt sie nur die Schuld gemäß § 17 S. 1 aus und bejaht damit die Rechtswidrigkeit. Beim Fahrlässigkeitsdelikt hingegen verneint auch sie schon die Pflichtwidrigkeit und damit die Rechtswidrigkeit.

III. Die Rechtfertigungsgründe

1. Prinzipien der Rechtfertigung

312   Die meisten Rechtfertigungsgründe lassen sich auf das **Prinzip des überwiegenden Interesses** zurückführen. Deutlich zum Ausdruck kommt dieses Prinzip in § 34, der Regelung zum rechtfertigenden Notstand. Die Norm verlangt für die Rechtfertigung, dass „bei Abwägung der widerstreitenden Interessen, ..., das geschützte Interesse das beeinträchtigte wesentlich überwiegt". So liegt es etwa, wenn ein Bergwanderer in einen lebensbedrohlichen Schneesturm gerät und Schutz nur erreichen kann, indem er das Fenster einer Berghütte aufbricht und hineinsteigt. Die Sachbeschädigung und der Hausfriedensbruch sind gerechtfertigt, weil der Gesetzgeber die Interessen des Wanderers als vorrangig bewertet gegenüber denjenigen des Hütteneigentümers. – In anderen Erlaubnisnormen, wie beispielsweise der Notwehr (§ 32) oder dem Festnahmerecht (§ 127 I 1 StPO), hat der Gesetzgeber für bestimmte Fallgruppen die Interessenabwägung anhand abstrakter Merkmale weitgehend vorgegeben. Indem § 32 dem rechtswidrig mit Gewalt Angegriffenen erlaubt, einen Räuber – bei Erforderlichkeit und Gebotenheit – mit einer tödlichen Verteidigung zurückzuschlagen, bewertet er die Interessen des Angegriffenen (und mitschwingende der Allgemeinheit) als überwiegend und gibt ihnen den Vorrang gegenüber dem Überlebensinteresse des Angreifers. Es mag zwar der Umstand hinzutreten, dass der Angreifer sich gewissermaßen selbst tötet, indem er den Angegriffenen zur Abwehr nötigt (*Merkel* JZ 2007, 373, 375 ff.), doch ist auch dies nur ein Faktor in der mit § 32 vom Gesetzgeber vorweggenommenen Abwägung, und zwar einer, der im Verhältnis zu § 34 das Abrücken vom Erfordernis eines *wesentlichen* Überwiegens der geschützten Interessen rechtspolitisch erklärt. Letztlich erlauben diese Rechtfertigungsgründe eine Tat, weil mit ihr ein vom Gesetzgeber als *überwiegend* anerkanntes Interesse verfolgt wird (MüKo/*Schlehofer* Vor § 32 Rn. 58 f.).

Für den Rechtfertigungsgrund der Einwilligung erachten viele ein anderes **Prinzip** für einschlägig, das **des mangelnden Interesses** (*Wessels/Beulke/Satzger* Rn. 591). Ganz ohne eine Interessenabwägung kommt man aber auch bei der Einwilligung nicht aus. Schon für die Frage, ob überhaupt eine Interessenspreisgabe vorliegt (und deshalb das Erfolgsunrecht entfällt), müssen Zurechnungsaspekte abwägend einbezogen werden. Dies gilt beispielsweise, wenn jemand scherzeshalber seine Zustimmung zur Rechtsgutsverletzung erklärt, um den Täter zu foppen. Ob sich der Betroffene an seiner Äußerung festhalten lassen muss, ist zu beurteilen in Abwägung aller dafür und dagegen sprechenden Umstände des Einzelfalls (MüKo/*Schlehofer* Vor § 32 Rn. 58 f.). 313

Ein zusätzliches Prinzip der Rechtfertigung bietet – für Unterlassungsdelikte – der Rechtfertigungsgrund der sogenannten Pflichtenkollision. Ist es etwa dem obhutspflichtigen Kindersitter bei einem Waldspaziergang allein möglich, einen der betreuten vierjährigen Zwillinge vor einem heranstürmenden Keiler zu retten, ist ihm hinsichtlich der Verletzung des nicht geretteten Zwillings kein Unrecht vorzuwerfen. Ursprung der Rechtfertigung in solchen Fällen ist das Übermaßverbot: Unmögliches zu fordern, ist zum Rechtsgüterschutz stets ungeeignet, und wäre daher unverhältnismäßig **(impossibilium nulla obligatio est)**. Deshalb sollte man in den einschlägigen Fällen schon nicht von einer „Pflichtenkollision" sprechen; vielmehr besteht von vornherein nur eine einzige Pflicht, die unter Gewährung einer Auswahlfreiheit des Pflichtigen darauf zielt, eines der bedrohten und gleichwertigen Rechtsgüter zu retten – im Beispiel Leben und Gesundheit eines der Kinder (vgl. noch → Rn. 665). 314

Neben den Unrechtsausschluss aufgrund einer Rechtfertigung tritt der schon oben genannte des bloßen Strafunrechtsausschlusses, d.h. der Ausschluss der spezifisch strafrechtlichen Missbilligung (→ Rn. 114). Auf der Ebene der Rechtswidrigkeit betrifft das insbesondere die Verwerflichkeitsklauseln der §§ 240 II, 253 II; als „verwerflich" und als Strafunrecht darf nur dasjenige Verhalten bewertet werden, das – unter Achtung des Übermaßverbots – die schärfste Form der rechtlichen Missbilligung („strafrechtswidrig") tatsächlich verdient. 315

2. Wirkungen des Unrechtsausschlusses

316   Einige Rechtfertigungsgründe geben – bei Vorliegen all ihrer Voraussetzungen – ein echtes **Eingriffsrecht**, sie erlauben dem Akteur also das Verletzen eines Rechtsguts. Dies gilt insbesondere für: die Notwehr (§ 32), die rechtfertigenden Notstände (§§ 228, 904 BGB, § 34), das Festnahmerecht (§ 127 I StPO) und die Einwilligung. Als Kehrseite des jeweiligen Eingriffsrechts muss der betroffene Rechtsgutinhaber den Eingriff in sein Rechtsgut dulden, ihn trifft eine **Duldungspflicht**.

317   Anders ist das für diejenigen Rechtfertigungsgründe, die nur das Handlungsunrecht beseitigen (etwa die mutmaßliche Einwilligung). Sie geben kein Eingriffsrecht, führen aber als gesetzlich geregelte Fälle des erlaubten Risikos dazu, dass ein **Verhaltensunwert fehlt** (→ Rn. 285). Auch in diesen Konstellationen fehlenden Handlungsunrechts ist das Verhalten nicht „rechtswidrig" i.S.d. § 32 II. Folgerichtig muss jedwede sorgfaltsgemäße Annahme einer Rechtfertigungssituation einem Rechtsgutsangriff den Charakter der Rechtswidrigkeit i.S.d. § 32 II nehmen (→ Rn. 332).

3. Notwehr

318   Die Notwehr gibt dem Angegriffenen ein schneidiges Verteidigungsrecht, sie rechtfertigt und erlaubt das Abwenden des gegenwärtigen rechtswidrigen Angriffs auf Kosten der Rechtsgüter des Angreifers, wenn auch nur im Rahmen des Erforderlichen und Gebotenen.

319   **Fall 39:** V sitzt rauchend auf der Veranda seines Bruchsteinhauses, als A mit seinem Rottweiler vorbeikommt und den bissigen Hund mit dem Ausruf „Fass!" auf den ihm verhassten V hetzt. V zieht seinen Revolver und schießt den herannahenden Hund tot. Um den V dafür zu erstechen, zückt A sein Messer und rennt auf V zu. Der schießt ihm mit tödlicher Wirkung in die Brust. Sowohl vor dem Hund wie vor dem heranstürmenden A hätte V sich gefahrlos in Sicherheit bringen können durch Zurückkehren ins Haus und Verschließen der Tür. Vor dem Haus verweilend hingegen war das Schießen jeweils die einzige Möglichkeit für V, um sicher unverletzt zu bleiben.

320   Bewertet man das Erschießen des Hundes zunächst nur nach §§ 90a, 228 BGB, ist die Sachzerstörung nicht gerechtfertigt, weil V der – auch vom Hund ausgehenden – Gefahr durch ein Ins-Haus-Treten hätte ausweichen können. Das Erschießen des Hundes war zur Abwendung der Gefahr nicht erforderlich i.S.d. § 228 BGB. Anders bei § 32: Er erlaubt das erforderliche Abwenden des menschlichen Angriffs, wobei das Abwenden nicht das (dem V mögliche) Ausweichen umfasst, sondern allein das Zurückschlagen des Angriffs, weshalb V nach § 32 I gerechtfertigt ist. Diese enge Deutung des Abwendens des Angriffs gilt sogar für eine Tötung des Angreifers (→ Rn. 345), sodass V auch hinsichtlich des Erschießens des A in Notwehr handelt und somit gerechtfertigt ist. Bedeutsam ist weiter, dass anders als § 228 BGB der § 32 grundsätzlich keine Verhältnismäßigkeitsprüfung vorschreibt. Wie erklärt sich diese Weite des Notwehrrechts (§ 32) im Verhältnis zum engeren Defensivnotstandsrecht (§ 228 BGB)?

Man ist sich darüber einig, dass der Notwehr ein **Schutzprinzip** zugrunde liegt. Das Notwehrrecht besteht zumindest auch deshalb, weil der Angegriffene ohne rechtliche Nachteile seine Rechtsgüter schützen können muss. Dieses Recht ist verfassungsrechtlich im jeweiligen Grundrecht verankert: Das Recht auf Leben etwa (Art. 2 II 1 GG) umfasst die Berechtigung, offensichtlich rechtswidrige Eingriffe in dieses Recht erforderlichenfalls abzuwehren. **321**

Damit ist allerdings nicht begründet, dass ein Abwenden des Angriffs auch bei gegebener Ausweichmöglichkeit besteht und dass also der menschliche Angreifer weniger zu schonen ist als der tierische (denn das Schutzprinzip liegt ja auch dem Defensivnotstand des § 228 BGB zugrunde). Die hM stellt deshalb dem Schutzprinzip das **Prinzip der Rechtsbewährung** zur Seite: Wer einen rechtswidrigen Angriff zurückschlage, verteidige nicht nur seine Rechtsgüter, sondern zugleich die Rechtsordnung, er sorge dafür, dass dem Rechtsbruch der angestrebte Erfolg versagt bleibe; eine solch dualistisches Notwehrkonzept stelle demnach zusätzlich ab auf einen generalpräventiven Zweck (*Roxin*/*Greco* AT I, § 15 Rn. 1). Dies stütze zugleich die Wertung: „Das Recht braucht dem Unrecht nicht zu weichen" (geht zurück auf *Berner* Archiv für Criminalrecht 1848, S. 547, 557). Das dualistische Konzept soll dann auch zwanglos die im Grundsatz anerkannten sozialethischen Einschränkungen des Notwehrrechts erklären, beispielsweise das Verneinen der Gebotenheit von Trutzwehr, wenn dem Angriff eines Schuldlosen (zB eines Kindes) gefahrlos ausgewichen werden kann (→ Rn. 352); denn Angriffe Schuldloser stellen die Rechtsordnung nicht gleichermaßen in Frage wie Angriffe Schuldfähiger. **322**

Dagegen wollen rein individualrechtliche Notwehrkonzepte ohne das Rechtsbewährungsprinzip auskommen (MüKo/*Erb* § 32 Rn. 11 ff., 18). Allein das Interesse des Angegriffenen an der Abwehr rechtswidriger Angriffe sei relevant. Zu diesem Interesse gehöre aber nicht nur der Erhalt des Rechtsguts, sondern auch das Bedürfnis des Einzelnen, sich „nicht der rechtsverletzenden Willkür des Angreifers [zu] unterwerfen". Nur in diesem individuumsbezogenen Sinn sei ein Konflikt zwischen Recht und Unrecht gegeben, bei dem das Recht des *Einzelnen* **323** grundsätzlich nicht vor dem Unrecht zu weichen brauche; die mit erfolgreicher Notwehr einhergehende Rechtsbewährung sei daher nur eine Reflexwirkung. Sozialethische Einschränkungen des Notwehrrechts folgen danach nicht aus dem – das Notwehrrecht begründenden – Prinzip, sondern aus überindividuellen Überlegungen, die als begrenzende Funktion Belange des Angreifers einschließen, weil das Rechtsbehauptungsinteresse des Angegriffenen nicht für jede Ausnahmesituation eine Güterabwägung auszuschließen vermag (zB nicht beim Angriff eines Kindes oder bei Verteidigung geringster Sachwerte).

a) Notwehrlage

324   Das Verteidigungsrecht des § 32 greift bei einem „gegenwärtigen rechtswidrigen Angriff".

aa) Angriff

325   Unter Angriff versteht man jedes menschliche Verhalten, das ein notwehrfähiges Rechtsgut gefährdet. Im Fall 39 ist das Heranstürmen des bissigen Rottweilers deshalb für sich genommen kein Angriff i.S.d. § 32 II. Ein Angriff liegt aber in dem menschlichen Verhalten des Hundehalters A, seinem Hetzen des Hundes, womit A die Gefahr für die Gesundheit des V pflichtwidrig geschaffen hat.

326   Ob ein menschliches Verhalten i.S.d. Angriffsdefinition für ein Rechtsgut gefährlich ist, beurteilt sich nach hM aus der objektiven **Expost-Perspektive**.

327 | **Fall 40:** Räuber R hält dem Spaziergänger S eine ungeladene Pistole vors Gesicht und fordert die Hergabe des mitgeführten Geldes.

328   Ist ex post geklärt, dass die Pistole ungeladen war, lag bezogen auf das Leben des S kein Angriff, sondern nur ein **Scheinangriff** vor. Zu beachten ist freilich, dass bei Prüfung des Angriffs alle betroffenen Rechtsgüter ins Auge zu fassen sind. Deshalb ist auch nach dem ex post-Maßstab ein Angriff des R gegeben, und zwar auf Eigentum und Willensentschließungsfreiheit des S.

329   Ein anderer Beurteilungsmaßstab ist anzulegen bei der Frage der Erforderlichkeit: Welche Verteidigung bei einem objektiv gegebenen Angriff nötig ist, beurteilt sich nach einer objektiven Betrachtung ex ante, also nach der Einschätzung einer verständigen Person in der Lage des Angegriffenen (MüKo/*Erb* § 32 Rn. 130). Wenn S im Fall 40 nach diesem Maßstab sorgfaltsgemäß vom Geladensein der Waffe ausgeht, richtet sich das, was zur Bewahrung seines Eigentums und seiner Willensentschließungsfreiheit in der Angriffssituation erforderlich ist, folglich nach dieser Vorstellungsbasis. Dem S ist deshalb diejenige Verteidigung von § 32 erlaubt, die gegen einen Räuber mit scharf-geladener Pistole erforderlich wäre. Hinter den unterschiedlichen Maßstäben steht folgender Sinn: Das schneidige Notwehrrecht soll nicht denjenigen (voll) treffen, der objektiv ungefährlich ist, deshalb wird der Angriff verneint, auch wenn die Ungefährlichkeit niemand erkennen konnte. Dagegen trägt derjenige, der objektiv tatsächlich angreift, das Risiko einer unvermeidbaren Fehleinschätzung des Angegriffenen darüber, was zur Verteidigung nötig ist; denn der Angreifer hat den Konflikt rechtswidrig ausgelöst. – Ein irrtümliches, aber sorgfaltsgemäßes Annehmen eines Angriffs kann freilich zum Ausschluss des Handlungsunrecht führen und belastet dann den vermeintlichen Angreifer indirekt (→ Rn. 285).

Als **notwehrfähige Rechtsgüter** gelten **alle Individualrechtsgüter** **330** (vgl. in § 32 II: „um ... von sich oder einem anderen abzuwenden"). Hingegen sind Allgemeinrechtsgüter nicht notwehrfähig, § 32 begründet keine „polizeiliche Generalklausel für jedermann" (MüKo/*Erb* § 32 Rn. 100). Die Sicherheit des Straßenverkehrs beispielsweise ist daher für sich genommen kein notwehrfähiges Rechtsgut; Notwehr gegen eine Trunkenheitsfahrt (§ 316) ist nur bei einer hinzutretenden Gefährdung von Individualrechtsgütern möglich. Von den Allgemeinrechtsgütern zu unterscheiden sind die – sehr wohl notwehrfähigen – Individualrechtsgüter der juristischen Person Staat (insb. das Eigentum); deshalb löst das Nothilferecht des § 32 aus, wer ein parkendes Polizeifahrzeug mit einem Molotowcocktail angreift.

Da jedwedes Individualrechtsgut erfasst ist, gehört die Ehre zu den **331** notwehrfähigen Rechtsgütern. Im Rahmen des Erforderlichen kann daher etwa eine nicht endende Kaskade von Beschimpfungen unterbrochen und ihre Fortsetzung i.S.d. des § 32 II (gewaltsam) abgewendet werden. Dies aber, wie stets bei der Notwehr, nur abwehrend, also bezogen auf drohende weitere Ehrverletzungen, nicht hingegen repressiv, bezogen auf die beendeten. – Mit Blick auf zivilrechtliche Ansprüche, die unterzugehen drohen (das Opfer ist verletzt worden und der Täter droht unerkannt zu entkommen), ergibt indes der systematische Zusammenhang die Nichtanwendbarkeit des § 32: Das Sichern solcher Ansprüche ist mit dem zivilrechtlichen Selbsthilferecht abschließend geregelt (§§ 229, 230 BGB). Dies gilt im Ergebnis für alle relativen Rechte. Folgerichtig gilt dies auch für das Verhindern einer Unfallflucht (§ 142 StGB); denn die Verweilpflicht des Unfallbeteiligten dient allein der Beweissicherung für einen eventuell gegen ihn gerichteten Schadensersatzanspruch (*Roxin/Greco* AT I § 15 Rn. 35). – Notwehrfähig ist auch die Willensentschließungsfreiheit. Ein Angriff liegt deshalb vor bei Schweigegelderpressungen und vergleichbaren Nötigungsversuchen.

Beispiel: T droht dem Beamten B an, dessen Steuerhinterziehungstat (sofort) anzuzeigen, wenn B nicht unmittelbar (oder in einer Fallvariante binnen einer Woche) 20.000 € in bar an T zahlt (§§ 253, 22; vgl. § 154c StPO). In solchen Fällen kann allerdings die Erforderlichkeit (→ Rn. 345) von Verteidigungshandlungen fraglich und nach hM die Gebotenheit (→ Rn. 350) einzuschränken sein (Klausurfall bei *Koch/Loy* ZJS 2008, 170).

bb) Rechtswidrigkeit des Angriffs

332   Rechtswidrig ist der Angriff, wenn er gegen die Rechtsordnung verstößt. Ein Verstoß gegen Strafnormen ist dafür nicht nötig, es genügt daher beispielsweise die verbotene Eigenmacht an einem motorlosen Segelboot (kein Verstoß gegen § 248b, aber gegen § 858 I BGB). Nötig ist zudem zweierlei: Erstens darf der Angreifer **keine Befugnis** zur Gefährdung des Rechtsguts haben, insbesondere nicht seinerseits gerechtfertigt sein. Und zweitens muss der Angreifer mit Blick auf die Rechtsgutsgefährdung **sorgfaltspflichtwidrig** handeln. Ein Autofahrer etwa, der sorgfaltsgemäß innerstädtisch 40 km/h schnell fährt, greift ein Kleinkind, das unbeaufsichtigt hinter einem parkenden Auto steht und – für ihn unerkennbar – auf die Straße zu laufen droht, nicht rechtswidrig an (*Roxin/Greco* AT I § 15 Rn. 14). Nur bei Vorliegen einer Pflichtwidrigkeit ist das schneidige Notwehrrecht am Platze, nur dann besteht der Konflikt von Recht und Unrecht.

333   Daraus folgt, dass derjenige, der sorgfaltsgemäß vom Vorliegen einer Rechtfertigungslage ausgeht und der Erlaubnisnorm gemäß agiert, nicht rechtswidrig angreift (so der A im Fall 37, aA MüKo/*Erb* § 32 Rn. 44 ff.). Denn dies ist anerkannt für die Situation der mutmaßlichen Einwilligung, und dieser Rechtfertigungsgrund entspricht – als Fall des erlaubten Risikos auf Rechtfertigungsebene – genau der Struktur des unvermeidbaren Erlaubnistatumstandsirrtums (→ Rn. 285).

cc) Gegenwärtigkeit des Angriffs

334   Nach üblicher Definition ist ein Angriff gegenwärtig, wenn er **unmittelbar bevorsteht, gerade stattfindet oder noch andauert** (*Rengier* AT § 18 Rn. 19). Rein sprachlich betrachtet dauert, was gerade stattfindet, noch an. Warum also dieses pleonastische Definieren? Das Gemeinte lässt sich am Beispiel eines Diebstahls aufzeigen: Tritt der Dieb an sein Opfer heran, um diesem heimlich das Portemonnaie aus der Jacke zu ziehen, steht der Angriff unmittelbar bevor; greift der Dieb zu, findet der Angriff statt; rennt der Dieb mit der Beute davon, dauert der Angriff noch fort. Das Fortdauern soll ausdrücken, dass sich die Notwehrlage erstreckt auf die Phase bis zur endgültigen Sicherung der Beute, sodass sogar Fälle der Nacheile erfasst sind (das Opfer stellt den Taschendieb nach zehnminütigem Verfolgungslauf).

335   Umstritten ist, ob für die Gegenwärtigkeit des Angriffs der objektive Ex-post-Maßstab (wie beim Angriff) oder der objektive Ex-ante-Maßstab (wie bei der Erforderlichkeit) zu gelten hat (für ersteres BGH NStZ-RR 2017, 38, für letzteres MüKo/*Erb* § 32 Rn. 104 – mit der Überlegung, dass Unklarheiten über die zeitlichen Dimensionen einer real gegebenen Aggression zulasten des Angreifers gehen müssen, weil der den Konflikt ausgelöst hat). Fasst der Angreifer nach zwei lebensgefährlichen Schüssen auf das Opfer den äußerlich nicht erkennbaren Entschluss zum Aufgeben der weiteren Tatausführung, ist der Angriff gemäß dem Ex-ante-Maßstab noch gegenwärtig.

Für das **unmittelbare Bevorstehen** i.S.d. der Gegenwärtigkeitsdefi- **336** nition wollen manche auf den Versuchsbeginn abheben, nur mit diesem soll auch die Gegenwärtigkeit vorliegen (*Jakobs* AT 12/23). Diese Sicht lässt sich indes nicht durchhalten, weil ein Angriff gar keine strafbare Handlung voraussetzt, sodass nicht stets eine straftattbestandliche Beschreibung existiert, nach der ein unmittelbares Ansetzen zur Verwirklichung des Tatbestandes beurteilt werden könnte (so nicht bei manchem Besitzentzug). Ferner passt der Ansatz nicht zum grundrechtsbasierten Notwehrrecht: Den Versuchsbeginn hat der Gesetzgeber, um die Versuchsstrafbarkeit möglichst spät einsetzen zu lassen, ganz nahe an die Tatbestandsverwirklichung gerückt (so sollte nicht schon das bewaffnete Zuschreiten auf das Opfer, sondern erst das Anlegen einer Schusswaffe den Beginn des Mordversuchs markieren, E 1962, S. 144). Hingegen gibt dem Angegriffenen dessen je betroffenes Recht die Befugnis, sich schon vor Eintreten der Unmittelbarkeit i.S.d. § 22, schon bei akuter Bedrohung, gegen den rechtswidrigen Übergriff effektiv zu verteidigen; denn er muss es in der Lage akuter Bedrohung nicht hinnehmen, dass sich seine Abwehrchancen durch Zuwartenmüssen verschlechtern. Ein Angriff sollte daher als gegenwärtig gelten, wenn die **Bedrohungslage binnen von Sekunden** in eine Rechtsgutsverletzung **umschlagen** kann (BGH NStZ 2018, 84).

So wird die Gegenwärtigkeit des Angriffs zutreffend bejaht, wenn der Angrei- **337** fer mit der Absicht zu schießen seine Flinte erst noch mit Patronen lädt (BGH NStZ 2018, 84 – allerdings missverständlich von einem „unmittelbar" drohenden Umschlagen sprechend, was an § 22 StGB denken lässt).

Dagegen begründet eine **Dauergefahr keine Notwehrlage**. Eine sol- **338** che Dauergefahr liegt vor, wenn das Rechtsgut permanent bedroht ist und die Gefährdung jederzeit in einen Schaden umschlagen kann (zB Anwesenheit eines gefährlichen Geisteskranken, MüKo/*Erb* § 34 Rn. 95). Derlei Dauergefahren können eine Notstandslage i.S.d. des § 34 begründen (→ Rn. 338). Die Gegenwärtigkeit des Angriffs (§ 32) ist also enger zu verstehen als die Gegenwärtigkeit der Gefahr (§ 34), was wiederum auf die Schneidigkeit des Notwehrrechts zurückgeht.

Bei antizipierten Verteidigungsmaßnahmen, die vor Eintritt der Gegenwärtig- **339** keit ergriffen worden sind, aber sich erst im Zeitpunkt eines gegenwärtigen Angriffs beim Angreifer auswirken (zB Installation einer Selbstschussanlage), handelt es sich um eine Problematik der Erforderlichkeit (→ Rn. 345). An der Gegenwärtigkeit scheitert die Rechtfertigung nach § 32 nur dann, wenn sich die antizipierte Verteidigungshandlung vor der zeitlichen Zuspitzung der Rechtsgutsgefährdung oder nach Beendigung der Notwehrlage auswirkt (die Selbstschussanlage trifft schon den Einbrecher, der bloß auf dem Weg vor dem geschützten Grundstück steht).

b) Notwehrhandlung

aa) Die beeinträchtigten Rechtsgüter

340   Die Verteidigungshandlung des Angegriffenen ist nur insoweit nach § 32 gerechtfertigt, wie sie **Rechtsgüter des Angreifers** (in erforderlicher und gebotener Weise) verletzt. Nicht von der Erlaubnis gedeckt ist das Beeinträchtigen von Rechtsgütern Dritter oder der Allgemeinheit. Im Verhältnis zwischen Angegriffenem und Unbeteiligtem besteht nicht der **Konflikt von Recht gegen Unrecht**. Deshalb können Gefährdungen oder Verletzungen der Rechtsgüter von Unbeteiligten nur im Rahmen einer Solidarpflicht gerechtfertigt sein (§ 34). Beispielsweise nicht von § 32 gedeckt ist das Verletzen eines Passanten durch einen Querschläger beim Schießen auf den Angreifer oder das zwangsläufige Mit-Töten des ungeborenen Kindes im Leibe der angreifenden und rechtmäßig getöteten Mutter.

341   Eine Ausnahme von diesem Grundsatz macht die Rspr. für Verteidigungshandlungen, die **Allgemeinrechtsgüter zwangsläufig mitverletzen**.

Fall 41 (nach BGH NJW 2013, 2133): Der rechtsradikal gesinnte N wollte gerade mit seinem PKW von einem Pendlerparkplatz fahren, als er fünf vermummte Mitglieder der Antifa wahrnahm, die in der Absicht, ihm erhebliche körperliche Gewalt anzutun, auf ihn rannten. N hätte über das Nutzen einer anderen Parkplatzausfahrt ein Zusammentreffen mit der Gruppe gefahrlos vermeiden können, fuhr aber mit 30 km/h auf die Gruppe zu, fuhr durch sie hindurch und nutzte die dortige Ausfahrt. Dabei nahm er in Kauf, dass einer oder mehrere Angreifer verletzt werden. Vier der Vermummten konnten rechtzeitig zur Seite springen, der fünfte (O) landete hingegen auf der Motorhaube und erlitt eine Hirnblutung mit Folgeschäden.

---

342   N begeht tatbestandlich zunächst eine vollendete und vier versuchte gefährliche Körperverletzungen. Der BGH bejaht einen gegenwärtigen rechtswidrigen Angriff der fünf Vermummten und erblickt im Auf-die-Gruppe-Zufahren eine erforderliche Verteidigungshandlung des N. Das Nutzen der anderen Ausfahrt wäre kein Abwenden des Angriffs gewesen, sondern ein – dem N nicht gebotenes – Ausweichen (Flucht). Die Notwehr sei daher bezogen auf die Gruppe der Angreifer, insbesondere hinsichtlich der Körperverletzung gegenüber O, zu bejahen. N verwirklicht zudem den Tatbestand des § 315b I Nr. 3 (Gefährlicher Eingriff in den Straßenverkehr), der als Schutzgüter das Individualgut der Gesundheit der Gefährdeten und das Allgemeinrechtsgut der Sicherheit des Straßenverkehrsverkehrs vereint. In solchem Fall sei die Verletzung des Allgemeinguts untrennbar mit der Verteidigungshandlung verbunden, sodass ausnahmsweise die Beeinträchtigung eines Allgemeinguts gerechtfertigt sei (NJW 2013, 2133, 2136). – Zum selben Ergebnis kommen Teile der Lehre, die § 32 allein auf den Individualrechtsteil (Gefährdungsteils) des § 315b I Nr. 3 anwenden, sodass das Unrecht des gefährlichen Eingriffs in den Straßenverkehr wegen partiellen Unrechtsausschlusses entfällt (*Mitsch* JuS 1994, 593, 596).

bb) Verteidigen durch Tun und durch Unterlassen

Es ist anerkannt, dass ein Unterlassen durch Notwehr gerechtfertigt **343** sein kann. § 32 I rechtfertigt denjenigen, der in der Notwehrsituation „eine Tat begeht", und das Begehen ist Oberbegriff für Tun (Handeln) und Unterlassen (§ 13 mit § 8). Rein sprachliche Gründe bevorzugter Kürze hat die Rechtsfolgebeschreibung „handelt nicht rechtswidrig" (§ 32 II). Wie das Merkmal „Handeln" in § 15 ein Unterlassen mit meint, so erfasst „handelt" in § 32 II das gebotene Unterlassen.

Wer gegenwärtig und rechtswidrig körperlich angegriffen wird, muss den ei- **344** genen Foxterrier, der ohne Kommando den Angreifer mit verletzenden Bissen attackiert und ihn vom Herrchen fernhält, solange nicht zurückpfeifen, wie der Angriff nicht abgewendet ist, sondern noch andauert (MüKo/*Erb* § 32 Rn. 121).

cc) Erforderlichkeit

Eine Verteidigung ist nach hM dann erforderlich, wenn sie im Mo- **345** ment des Angriffs – in Ermangelung zumindest gleichwirksamer staatlicher Hilfe – aus der verständigen Sicht des Angegriffenen zur Abwehr oder zumindest Abschwächung des Angriffs **geeignet** ist und wenn der Angegriffene **kein gleich geeignetes und milderes Abwehrmittel** wählen kann (vgl. bei *Fischer* § 32 Rn. 28, 34a). Bei der Auswahl des Verteidigungsmittels (Messerstich oder Faustschlag) und bei der Dosierung der Intensität (Ziel des Messerstichs oder Wucht des Faustschlags) muss der Angegriffene allerdings nicht das Risiko eines Fehlschlags eingehen; er darf tun, was zur sicheren Abwehr des Angriffs nötig ist: „Auf einen Kampf mit ungewissem Ausgang braucht er sich nicht einzulassen" (BGH NStZ 2066, 152, 153). Ein weniger einschneidendes Verteidigungsmittel muss er folglich nur wählen, wenn dessen mögliches Scheitern ihm noch die Möglichkeit zur härteren und sicheren Abwehr belässt (*Erb* JR 2016, 598, 601, dort auch zum Folgenden).

Es ist wichtig, die anerkannte Definition der Erforderlichkeit stets im **346** Blick zu behalten, auch dort, wo die Rspr. für bestimmte Fallgruppen – wie die Verteidigung mit Waffen – regelhafte Konkretisierungen getroffen hat. So heißt es, einem Schusswaffengebrauch müsse in der Regel das Androhen des Gebrauchs sowie das Abgeben eines Warnschusses vorausgehen (BGH NStZ 1984, 84, 85). Dies wird von Tatgerichten teilweise offenbar dahin missverstanden, es sei stets ein derart gestuftes Vorgehen nötig (für den Messereinsatz *Erb* GA 2012, 72; BGH JR 2016, 59). Indes gilt der allgemeine Grundsatz, dass eine mildere Abwehr dann nicht ergriffen werden muss, wenn sie mit einer nicht unerheblichen Verschlechterung der Abwehrchancen einhergeht, weshalb derjenige, der selbst im Würgegriff steckt und Luftnot erleidet, den Einsatz eines Messers nicht erst androhen muss, sich auch nicht zunächst auf unsicheres Stechen auf die Beine des Angreifers beschränken muss, sondern sofort in Hals- und Oberkörperregion stechen darf. Insbesondere die Preisgabe des Überraschungsmoments durch Drohen mit der Waffe schafft das Risiko, dass der Täter dem Angegriffenen die Waffe entwindet und gegen diesen richtet.

347   Zu beachten ist weiterhin, dass ein **Ausweichen kein Abwehrmittel** darstellt (→ Rn. 342) und dass ein Vorverhalten keine Bedeutung hat und sich die Erforderlichkeit **allein aus der Notwehrlage** beurteilt – weder fehlt die Erforderlichkeit, wenn der Angegriffene im Vorfeld des Angriffs staatliche Hilfe hätte herbeirufen können, noch dann, wenn er sich in Erwartung des Konflikts „aufrüstet" (mit Waffen etwa), noch wenn er mildere Abwehrmittel bewusst nicht mit in den erwarteten Konflikt nimmt (MüKo/*Erb* § 32 Rn. 137–139).

348   Aus all dem folgt, dass sich in erforderlicher Weise verteidigt, wer: anstatt ins sichere Haus zu gehen, einem heranstürmenden Messerstecher in die Brust schießt (Fall 39); von drei Angreifern an Leib und Leben akut bedroht wird, nach einem Warnschuss direkt tödliche Schüsse abgibt, ohne es zuvor mit unsicheren Schüssen auf die Beine probiert zu haben (BGHSt 25, 229); mit seinem Auto von einem Parkplatz fährt, indem er es durch die Gruppe der Angreifer steuert anstatt eine andere Ausfahrt zu nehmen (Fall 41).

349   Eine Sonderkonstellation bieten die Fälle **antizipierter Notwehr**, also das Einrichten von selbsttätigen Sicherungen. Für sie vorrangig zu prüfen ist der Aspekt einer eigenverantwortlichen Selbstschädigung- oder Selbstgefährdung: „Setzt der Einbrecher die letzte Ursache für die tödlichen Bisse des Wachhundes in eigener Verantwortung, indem er in voller Kenntnis von dessen Gefährlichkeit in das Anwesen eindringt, dann kann der Erfolg dem Hundehalter ebenso wenig zugerechnet werden wie dem Zoodirektor der Tod desjenigen, der als Mutprobe ins Löwengehege steigt" – für technische Schutzmaßnahmen muss dasselbe gelten (MüKo/*Erb* § 32 Rn. 174). Für die verbleibenden Fälle des überraschenden Auslösens der Schutzvorrichtung gelten im Rahmen der

Notwehr die allgemeinen Erforderlichkeitskriterien. Abzustellen ist dabei auf den Zeitpunkt, zu dem sich die Schutzmaßnahme beim Angreifer auszuwirken beginnt (→ Rn. 339).

dd) Gebotenheit

Eine erforderliche Verteidigung ist geboten, wenn der Angegriffene **350** nicht *ausnahmsweise* **sozialethische Einschränkungen** zu beachten hat. Drei Fallgruppen sind anerkannt: (1) Bagatellangriffe, (2) zurechenbare Angriffsprovokationen, (3) Angriffe Schuldloser oder Irrender. Eine vierte ist umstritten: (4) Angriffe innerhalb von Beziehungen mit rechtlicher Einstandspflicht (Garantieverhältnissen).

Bei den Einschränkungen des Notwehrrechts geht es freilich nicht um rein ethi- **351** sche Erwägungen, sondern um rechtliche. Wer mit dem dualistischen Ansatz der hM die Notwehr auf das Schutzprinzip und das Rechtsbewährungsprinzip stützt, kann das Fehlen der Gebotenheit im Einzelfall daraus ableiten, dass eines der Prinzipien erheblich gemindert ist; so ist beim Angriff auf geringste Sachwerte das Schutzprinzip gemindert, und beim Angriff eines gemäß § 19 schuldunfähigen Kindes ist es das Rechtsbewährungsprinzip (→ Rn. 321). Wer dagegen dem Individualschutzansatz folgt, begründet die Schneidigkeit des Notwehrrechts damit, dass in der Notwehrlage das Recht des Einzelnen nicht vor dem Unrecht weichen muss, also mit einem gegenüber der Notstandslage gesteigerten Individualinteresse des Angegriffenen. Eine Minderung des Schutzprinzips wirkt sich auch nach diesem Ansatz entsprechend aus (zB bei Bagatellangriffen), und in anderen Fällen ist daran zu knüpfen, dass besagtes Einzelinteresse des Angegriffenen (nicht vor dem Unrecht weichen zu müssen) ebenfalls gemindert ist, wenn der Angreifer das Unrecht (als Kind) schuldlos begeht und er deshalb auch aus Sicht des Angegriffenen Nachsicht verdient (→ Rn. 323).

Die Rechtspraxis gelangt zu unterschiedlichen Rechtsfolgen solcher **352** **Notwehreinschränkungen.** Bei krassem Missverhältnis oder bei einer absichtlichen Provokation des Angegriffenen versagt sie das Abwehrrecht des § 32 vollständig (vgl. BGH NJW 1983, 2267). In sonstigen Fällen greift die **Dreistufenlehre** (BGH NStZ 2021, 33, 34): Bei Vorliegen von Einschränkungsgründen darf der Angegriffene eine rechtsgutsverletzende Trutzwehr (3. Stufe) nur dann üben, wenn er weder gefahrlos ausweichen (1. Stufe) noch sicher Schutzwehr üben kann (2. Stufe).

Beispiel: Ein wütender 6-Jähriger schlägt mit einem Holzschwert auf den **353** Nachbarn ein – der muss (je nach Möglichkeit) ins Haus flüchten oder dem Angreifer die „Waffe" sanft entwinden oder ihn mäßig (zurückstoßend) in die Grenzen weisen.

(1) Bagatellangriffe (krasses Missverhältnis). Wiewohl einschnei- **354** dende Verteidigungsmaßnahmen grundsätzlich auch dann geboten blei-

ben, wenn dem Angegriffenen eher geringfügige Rechtsgutsbeeinträchtigungen drohen, ist das Notwehrrecht zu versagen bei einer **„völligen Disproportionalität"** (MüKo/*Erb* § 32 Rn. 215). Sie ist nicht schon stets gegeben, wenn zur Verteidigung von reinen Sachwerten tödliche, schwer verletzende oder gravierend gefährdende Abwehrmaßnahmen ergriffen werden; daran ändert auch Art. 2 EMRK nichts, der zwar eine Tötung zur Rettung von Sachwerten verbietet, dessen Verbot aber nur im Verhältnis von Staat zum Bürger gilt, nicht hingegen im Verhältnis der Bürger untereinander (*Rengier* AT § 18 Rn. 60). Für eine völlige, die Gebotenheit ausschließende Disproportionalität ist vielmehr ein besonders krasses Missverhältnis nötig.

355   Ein solch **krasses Missverhältnis** liegt vor beim: Einsatz einer Schusswaffe zur Verteidigung von Biergläsern (RG 23, 116); Unter-Strom-Setzen eines Zaunes zur Abwehr von weiteren Pfirsichdiebstählen mit der Folge der Tötung einer 18-jährigen mutmaßlichen Diebin (OLG Braunschweig MDR 47, 205); Zufahren auf jemanden, der rechtswidrig eine Parklücke mit seinem Körper blockiert (BayObLG NJW 1995, 2646); Schießen auf eine Person, die hausrechtsverletzend ein Grundstück betreten will (vgl. LK-*Rönnau/Hohn* § 32 Rn. 233). – Um Rechtssicherheit zu erlangen, wollen manche bei Sachwerten eine bestimmte Wertgrenze annehmen, etwa durch das Abstellen auf den Wert der §§ 243 II, 248a von derzeit 50 Euro (MüKo/*Erb* § 32 Rn. 218). Für Notwehrübende wird dies zumeist keinen Gewinn an Rechtssicherheit bringen, weil ihnen die – zumal dynamische – Grenze nicht bekannt sein wird.

356   Zur **Fallgruppe des herabgesetzten Schutzinteresses** wird man auch Sachverhalte zählen dürfen, in denen der verteidigte Sachwert zwar vom Betrag her nicht geringwertig ist, wo aber der Eigentümer die Sache sicher preisgeben will.

357   So liegt es, wenn der Eigentümer eines Autos, das einen Restwert von 1.000 Euro hat, dieses schon zum Verschrotten am nächsten Tag angemeldet hat, er aber dennoch bei Krawallen von Berliner Autonomen am 1. Mai im Zerstören des Autos mit tödlichen Schüssen abwendet. In diesem Fall ist das Schutzinteresse des Eigentümers nahezu erloschen. Es bleibt nur das Interesse, den rechtswidrigen Übergriff nicht hinnehmen zu müssen. Aber dieses wiegt hier nicht schwerer als in den anerkannten Fällen des krassen Missverhältnisses. – Ein Gegenbeispiel bietet der Fall, dass der fest zum Suizid Entschlossene schon die Waffe an seine Schläfe hält, als ein anderer ihn unverlangt erschießen will; der Suizidwillige darf diesen Angriff abwehren, auch wenn er dabei plant, sich im Anschluss sofort selbst zu erschießen.

358   *(2) Zurechenbare Angriffsprovokationen.* Hat der Angegriffene den Angriff zwar unabsichtlich, aber im **zeitlich engen Zusammenhang** mit der Zuspitzung **zurechenbar provoziert**, so muss er sich mit seiner Verteidigung im Rahmen der Dreistufenlehre halten: Ausweichen, Schutzwehr, Trutzwehr. Dies folgt aus dem Umstand, dass es dann nicht mehr der Angreifer allein ist, der für den Konflikt Verantwortung trägt (*Roxin* JZ 2009, 961, 967); und die Einschränkung entspricht dem Schutzprinzip, weil der Angegriffene sich gegen einen von ihm selbst provozierten Angriff gut schützen kann, indem er im Vorfeld des Angriffs schlicht das Provozieren unterlässt. Einigkeit besteht über eine solche Notwehrrechtseinschränkung, soweit es sich um rechtswidrige Provokationen handelt, zB eine Beleidigung (BGH NStZ 2016, 84) oder einen Hausfriedensbruch (BGH StV 2006, 234). Umgekehrt bleibt das Notwehrrecht ungemindert, wenn der Angegriffene sich – ohne weiter zu provozieren – nur in eine gefährliche Situation begeben hat (*Fischer* § 32 Rn. 42; BGH NStZ 93, 332 fürs Öffnen der Haustür gegenüber einem bewaffneten Unbekannten).

Die Rspr. erstreckt allerdings die Einschränkung auf Provokationen, die zwar **359** nicht rechtswidrig, die aber sozialethisch zu missbilligen seien, beispielsweise das wiederholte Öffnen eines Fensters im Zugabteil, um einen anderen zum Verlassen zu bewegen (BGHSt 42, 97 ff.).

Zu beachten ist, dass nur solche Provokationen das Notwehrrecht ein- **360** zuschränken vermögen, die im situativ-zeitlichen Zusammenhang zum Angriff stehen. Nötig ist, dass der **Angriff** noch als **nachvollziehbare Reaktion** des Angreifers gelten kann, woran es wegen Zeitablaufs (verstreichen einer Abkühlphase), aber auch deshalb fehlen kann, weil der Angegriffene sich durch gebotene Zurückhaltung um die Beschwichtigung des Angreifers bemüht hat (MüKo/*Erb* § 32 Rn. 237).

Bei sogenannter **Absichtsprovokation**, wenn es dem Angegriffenen **361** mit seinem Vorverhalten auf das Provozieren des Angriffs ankam, versagt die Rspr. dem Angegriffen das Notwehrrecht gänzlich und rechtfertigt ihn allenfalls im Rahmen des Notstandes (BGH NJW 1983, 2267). Teilweise hat der BGH ebenso entschieden in Fällen der **Vorsatzprovokation**, in denen der Angegriffene das Provozieren des Angriffs nicht beabsichtigt, aber gebilligt hat (BGHSt 39, 374; NStZ-RR 2011, 305).

Teile der Literatur wollen in all diesen Fällen den Provokateur lediglich auf die **362** Dreistufentheorie verweisen, weil er sich trotz seiner Provokation noch einer rechtswidrigen Attacke ausgesetzt sieht (MüKo/*Erb* § 32 Rn. 227). Manche wollen dann für die Strafbarkeit an das provozierende Vorverhalten anknüpfen (*Hardtung/Putzke* Rn. 609, 751 ff.).

(3) Angriffe Schuldloser oder (unvermeidbar) Irrender. Bei Angrif- **363** fen von Kindern, Geisteskranken, Volltrunkenen und Irrenden ist anerkannt, dass der Angegriffene seine Verteidigung nach der Dreistufenlehre anzupassen hat. Die hM begründet dies damit, dass es gegenüber Schuldlosen oder Irrenden nicht in gleichem Maße einer **Rechtsbewährung** bedürfe. Die Gegenansicht kann darauf abheben, dass sich der

Konflikt Recht gegen Unrecht anders als beim vollverantwortlichen Vorsatztäter nicht in voller Schärfe stellt, sondern Nachsicht geboten ist (→ Rn. 323).

364   Bei Angreifern, deren Schuld nur vermindert ist, etwa bei einem Angetrunkenen oder im vermeidbaren Verbotsirrtum Angreifenden, sollte das ebenfalls gelten. Dies schon deshalb, weil der Angegriffene im Zweifel die juristischen Wertungen nicht treffen kann. Und Nachsicht verdient schon, wer in einem Zustand verminderter Schuld agiert und sich also nicht vollständig unter Kontrolle hat. Dies gilt vor allem im Verhältnis zum Irrenden, der unbewusst fahrlässig angreift, dessen Nichterkennen der Gefahr aber aus Gleichgültigkeit resultiert; ist bei ihm die Gebotenheit eingeschränkt, sollte dies auch bei verminderter Schuldfähigkeit gelten.

365   *(4) Angriffe innerhalb eines Garantieverhältnisses.* Wird jemand angegriffen, der dem Angreifer gegenüber **i.S.d. § 13 I einstandspflichtig** ist (die Ehefrau gegenüber dem prügelnden Ehemann, die Mutter gegenüber dem prügelnden erwachsenen Sohn), so beschränkt die hM das Notwehrrecht ebenfalls – ein Ausweichen oder das Hinnehmen leichter Verletzungen sollen zumutbar sein (*Rengier* AT § 18 Rn. 68). Diese Einschränkung lässt sich indes nicht aus dem (oder den) der Notwehr zugrunde liegenden Prinzip(ien) ableiten: Schutzprinzip und Unrechtsabwehrinteresse sind in diesen Situationen voll gegeben. Deshalb wird die Einschränkung anders begründet, und zwar zum einen unter Verweis darauf, dass ja auch die angegriffene Person noch ein Interesse am Fortbestand der Beziehung habe (MüKo/*Erb* § 32 Rn. 219). Zum andern wird aus der bestehenden Einstandspflicht (§ 13 I) eine gewisse **Solidarpflicht** abgeleitet (*Roxin/Greco* AT § 15 Rn. 94). Danach dürfte also der Angreifer noch darauf vertrauen, nicht sofort einschneidend-scharf zurückgeschlagen zu werden.

366   Doch tragen diese Begründungen nicht (*Hardtung/Putzke* AT Rn. 604; *Frister* AT 16/33): Es muss dem rechtswidrig Angegriffenen überlassen bleiben, welchem Interesse er den Vorzug gibt – Schonung der Beziehung und des Angreifers oder Schonung der eigenen Gesundheit. Mag man im Rahmen einer Einstandspflichtbeziehung eine gewisse Solidarpflicht zum Hinnehmen von Gesundheitsgefahren und -schäden begründen können, so endet dieser Begründungsstrang beim Vorliegen eines rechtswidrigen Angriffs, mit dem der Angreifer gerade seine Solidarität aufkündigt; aus diesem Grund ist ein etwaiges Vertrauen des Angreifers auf eine milde Abwehr nicht schutzwürdig.

367   *(5) Mischformen.* Die ganz hM sieht neben diesen vier Fallgruppen – aus Gründen der Rechtssicherheit – keinen Raum für weitere Fälle der Notwehreinschränkungen (BGHSt 48, 207).

368   In der Literatur werden indes Mischformen in Erwägung gezogen in Fällen, wo Umstände kumulieren, die je für sich knapp keine Notwehreinschränkung begründen, im Zusammenspiel aber ein entsprechendes Gewicht erlangen sollen (*Sowada* FS Herzberg, S. 459). Beispielhaft kann dies gegeben sein bei dem Angriff eines gerade noch nicht vermindert Schuldfähigen auf eine annähernd geringfügige Sache – ein Angetrunkener stiehlt 200 Euro. Diese Sicht ist auch richtig, weil die ihr entgegengehaltene Rechtsunsicherheit schon in den anerkannten Einschränkungsfällen bestehen kann und diese dann allgemein hingenommen wird. So wird ein Angegriffener den Angreifer, den er als erheblich angetrunken erkennt, nicht einordnen in die Kategorien schuldfähig, vermindert schuldfähig oder schuldunfähig (oder auch nur laienhaft in voll, eingeschränkt oder gar nicht mehr steuerungsfähig), sodass die rechtliche Grenze des § 20 nur eine scheinbare Rechtssicherheit bietet. Ebenso ist die Bagatellgrenze bei der Verteidigung von Sachwerten nur willkürlich zu bestimmen, denn auch beim Abstellen auf §§ 243 II, 248a bleibt es dabei, dass die dortige Festlegung dezisionistisch (und dynamisch) erfolgt, vom Angegriffenen also nicht gut gekannt werden kann. – Zur Notwehrbeschränkung in diesen Fällen passt es auch, dass die hM bei der Schweigegelderpressung (→ Rn. 331) ebenfalls über die vier Fallgruppen hinausgeht und eine Einschränkung dahin vornimmt, dass der in seiner Willensentschließungsfreiheit angegriffene Genötigte keine den Erpresser verletzenden Verteidigungsakte vornehmen darf (*Rengier* AT, § 18 Rn. 90).

c) Subjektives Notwehrelement

Soll beim Vorsatzdelikt auch das Vorstellungsunrecht ausgeschlos- **369** sen sein, muss der Notwehrübende **Kenntnis der objektiven Notwehrsituation** haben. Mehr ist nicht zu fordern (LK/*Rönnau*/*Hohn* § 32 Rn. 266; MüKo/*Schlehofer* § 32 Rn. 104–106). Anders sieht dies die hM, sie verlangt weiter einen Verteidigungswillen, bei dem darf zwar durchaus ein Motivbündel vorliegen, aber ein verteidigungsfremdes Motiv (zB Rache oder Hass) darf nicht ganz im Vordergrund stehen (BGH NJW 2013, 2133, 2134 f.).

Fall 42: Der aus dem Kongo stammende K sieht, wie R einer alten **370** Dame, die gerade vom Bankautomaten kommt, ein Messer vorhält und die abgehobenen 800 Euro herausverlangt. K erkennt, dass allein das Ausnutzen des Überraschungsmoments im Wege eines kräftigen Faustschlags den Angriff sicher abwenden kann. Weil er den R kennt und ihn wegen seiner rechtsradikalen Gesinnung verachtet, freut er sich über die Gelegenheit und schlägt den R zu Boden. Dabei ging es ihm nicht um die Verhinderung des Raubes, sondern nur darum, dem R bei Gelegenheit der Nothilfe Schaden zuzufügen.

371   In solchem Fall liegt beim Nothelfer nur ein Motivunwert vor, der für sich aber kein Strafunrecht zu begründen vermag. Sachwidrig wäre die Strafbarkeit des K auch mit Blick auf die Interessen der alten Dame: Sie müsste verzweifeln über eine Rechtsordnung, die dem K das Einschreiten allein dann erlaubt, wenn er dabei die richtige Gesinnung hat; denn ohne echten Verteidigungswillen, müsste K die objektive gebotene Nothilfe ja unterlassen, weil er dem Verhaltensbefehl des § 223 I ausgesetzt wäre.

372   Das Fehlen eines echten Verteidigungswillens kann aber ausnahmsweise die objektive Gebotenheit der Verteidigung beseitigen (→ Rn. 356).

d) Speziell: Notwehr gegen Unterlassen

373   Umstritten ist, ob bei bestehender Hilfsmöglichkeit auch ein **Untätigbleiben als Angriff** angesehen werden kann. Die hM bejaht das nur für das i.S.d. § 13 I einstandspflichtwidrige Unterlassen einer Erfolgsabwendung, nicht hingegen für das bloß solidarpflichtwidrige Unterlassen von Rettungshandlungen (s. §§ 138, 323c).

374 | **Fall 43:** An einem heißen Sommertag stiehlt Dieb D an einer Tankstelle das Auto des V, der sich zum Bezahlen im Kassenraum aufhält. Auf dem Rücksitz des Wagens schläft im Tragekorb Vs vier Wochen alte Tochter T. Als D dies eine ganze Zeit später bemerkt, ist er erschüttert und stellt das Auto auf einem großen Parkplatz ab. Mithilfe von Bildern einer Überwachungskamera identifiziert V den ihm bekannten D und fängt ihn vor dessen Wohnung ab. Trotz der dringenden Mahnung, das Kind werde in der Mittagshitze sehr schnell sterben, weigert sich D, den Aufenthaltsort von Auto und Kind zu nennen. Deshalb gibt V ihm einige Ohrfeigen, deren Schwere von Ohrfeige zu Ohrfeige zunimmt. Schließlich verrät D aus Angst vor weiterer Misshandlung den Aufenthaltsort. Das Kind schwebt im aufgeheizten Auto bereits in akuter Todesgefahr, wird aber gerettet.

375   Das Nicht-Offenbaren des Aufenthaltsortes der T ist ein das Leben der T gefährdendes menschliches Verhalten und unterfällt somit der Definition des Angriffs. Im Begriffskern mag „Angriff" zwar ein aktiv-dynamisches Verhalten erfordern (*Schumann* FS Dencker, 287, 289 ff.), der gesetzliche Sprachgebrauch legt es indes sehr nahe, auch ein Unterlassen als Angriff anzusehen: Ein Unterlassen kann ein „Begehen" sein (§§ 13, 8 f.), es kann ein nach § 32 I gerechtfertigtes „Handeln" sein („handelt nicht rechtswidrig"), und es kann ein „Verursachen" der Rechtsgutsverletzung sein (§ 221 III mit I Nr. 2). Dass ein Unterlassen dann ausgerechnet kein „Angriff" sein soll, leuchtet nicht ein. Ist das Unterlassen als Angriff einzustufen, bereitet es auch kein semantisches Problem, das Nötigen zur Pflichterfüllung als „Verteidigung" i.S.d. § 32 II anzusehen – denn es ist Abwehr der drohenden Rechtsgutsbeeinträchtigung.

Für das Erfassen des Unterlassens als Angriff streitet der Grundgedanke der **376** Notwehr – sieht man ihn nun allein im Schutzprinzip oder zusätzlich im Rechtsbewährungsprinzip: Dem Schutz des vom Untätigbleiben bedrohten Rechtsguts dient das Erzwingen der Rettungsaktivität; ebenso bewährt sich das Recht, wenn der rechtswidrigen Unterlassungstat der Erfolg verwehrt wird.

Dagegen wird eingewendet, dass die „grenzenlose" Notwehr ja zur Erlaubtheit **377** von Folter führen müsse und diese verstoße gegen die Menschenwürde (Schumann FS Dencker, S. 287, 298 ff.). Beides geht fehl. Erstens ist die Notwehr aufs Ganze gesehen nicht „grenzenlos", im Rahmen der Gebotenheit werden ja zahlreiche Einschränkungen vorgenommen (→ Rn. 350); solche Einschränkungen könnte man also durchaus bei einer Notwehr gegen Unterlassen vornehmen, wenn man es denn für geboten hält. Zu bedenken ist in Konstellationen wie Fall 43, dass der Täter im Begriff ist, einen Mord durch Unterlassen zu vollenden, und dass der Staat, wenn er Notwehrrechte verkürzt, obwohl Aussicht auf Rettung des Opfers besteht, dem Mörder bei der Vollendung seines Mordunrechts hilft, indem er mit seinem Normbefehl die Nothilfe unterdrückt (näher und zu weiteren Einwänden *Erb* Jura 2005, 24; *Merkel* FS Jakobs S. 375). Auch der Hinweis auf die Menschenwürde überzeugt nicht. Worin soll die Menschenwürdeverletzung liegen: In der Zufügung großer Schmerzen? In der Willensbeugung? Diese Umstände können alle auch bei einem aktiven Angriff vorliegen (wenn der Angreifer nur durch schwer verletzenden Waffengebrauch zum Aufgeben zu nötigen ist und er aus Angst vor weiteren Qualen den Angriff abbricht). Am Ende überzeugen die Einwände nicht. – Im Fall 43 sollte man den V daher nach § 32 gerechtfertigt sehen. Die Gegenmeinung würde für V § 34 bejahen; in anderen Fällen solcher Art indes ab einer gewissen Schwere der Einwirkung auf den Unterlassenden die Angemessenheit verneinen (§ 34 S. 2). – Problematischer ist eine Nothilfe gegen Unterlassen, die von Staatsbediensteten ausgeübt wird, dazu ebenfalls *Merkel* FS Jakobs S. 375, 382 f.).

Fall 44: Im Fall 43 kann V nur die Freundin F des D aufspüren. Sie **378** gibt ihm zu verstehen, dass sie zwar weiß, wo das Auto mit T steht, aber dass sie dem D keinen Ärger machen will und nichts verrät. V gibt daraufhin der F Ohrfeigen, bis sie den Aufenthaltsort preisgibt.

F ist anders als D nicht einstandspflichtig i.S.d. § 13 I, weil ihr schlichtes Wis- **379** sen dafür nicht hinreicht. Sie ist aber aus § 323c StGB zum Offenbaren des Aufenthaltsortes der T verpflichtet. Greift auch hier § 32?

Gegen die Nothilfe wird argumentiert, ein solch „echtes" Unterlassen verletze nur Pflichten minderen Ranges, bloße Solidaritätspflichten; ihre Verletzung bedeute keinen Friedensbruch, weshalb das schneidige Notwehrrecht nicht passe und ein Angriff der F zu verneinen sei (MüKo/*Erb* § 32 Rn. 70). Doch ist es ja nicht die unvermittelte Solidaritätspflicht, die den „echt" Unterlassenden zur Hinnahme der Verteidigungsfolgen verpflichtet. Vermittelt ist die Duldungspflicht der F ja von der vorsätzlich-rechtswidrigen Verletzung ihrer Handlungspflicht. Und diese Handlungspflicht ist sogar strafbewehrt; im Vergleich zu zivil- und öf-

fentlich-rechtlichen Pflichtverletzungen, die bekanntlich als Angriff gelten können (Besitzentziehung), wiegen die strafbewehrten Pflichtverletzungen der
§§ 323c, 138 StGB nach der Wertung des Gesetzes schwerer. Sie sind erst recht
in die Notwehrbefugnis einzubeziehen. Schließlich muss noch bedacht werden,
dass die Handlungspflicht des echt Unterlassenden (die Informationspflicht der F
unseres Beispiels) deswegen besteht, weil der Staat seine Schutzpflicht aus Art. 2
II 1 GG zu erfüllen hat. Ist die Pflichtigkeit des Unterlassenden aber Ausfluss des
Lebensgrundrechts des Bedrohten (im Fall 43: des Kindes), dann ist die Handlungspflicht allemal hinreichend gewichtig, um eine schneidige Verteidigung
auch gegen das rechtswidrige Unterlassen (der F) zu erlauben.

e) Speziell: Hoheitliches Handeln und Notwehr

380   Übt ein Amtsträger (insb. Polizist) zur Verteidigung notwehrfähiger
Rechtsgüter (des Bürgers oder seiner selbst) staatliche Gewalt aus, stellt
sich die Frage (in der Fallbearbeitung eingangs der Notwehrprüfung), ob
ihn allein polizeirechtliche Erlaubnisnormen rechtfertigen können oder
ob zugleich und weitergehend § 32 zu seinen Gunsten greifen kann. Dafür bedeutsam ist, dass die polizeirechtlichen Eingriffsbefugnisse nicht
deckungsgleich sind, beispielsweise erlaubt § 1 I Nr. 1 UZwG des Bundes einen Schusswaffengebrauch nur zum Verhindern eines Verbrechens oder solcher Vergehen, bei denen vom Täter Schusswaffen und
Sprengstoff mitgeführt oder eingesetzt werden. Zutreffend ist die Sicht,
wonach § 32 bei einer Nothilfe uneingeschränkt anwendbar bleibt und
der Amtsträger nicht nur strafrechtlich, sondern auch zivil- und polizei-
rechtlich gerechtfertigt ist; im Verhältnis zur Notwehr bieten die polizeirechtlichen Befugnisnormen für Regelfälle eine Konkretisierung der Erforderlichkeit und Gebotenheit, verbieten aber im besonderen Einzelfall
keine weitergehenden, aber erforderlichen und gebotenen Verteidigungsmaßnahmen (*Roxin/Greco* AT I § 15 Rn. 108 ff.).

381   Dies folgt zum einen aus den ausdrücklichen Vorbehalten in den Polizeigeset-
zen, zB bleibt gemäß § 1 III UZwG des Bundes „das Recht zum Schusswaffengebrauch" aufgrund anderer Erlaubnisnormen „unberührt". Zum andern ist es nur
bei dieser Sicht stimmig, die Erforderlichkeit privater Notwehr unter Hinweis auf
den Vorrang staatlicher Angriffsabwehr zu verneinen (→ Rn. 345): Wenn der angegriffene Private der Angriffsabwehr dem eingriffsfähigen Staatsdiener überlassen muss, dieser dann aber deutlich geringere Befugnisse hätte als der Private,
läge in der Pflicht zum Herbeirufen der Staatsmacht eine unzulässige Beschneidung des Notwehrrechts. Zum Vergleich: Wer unberechtigt eine Waffe mitführt,
darf bei Abwesenheit staatlicher Hilfe im Einzelfall schießen, wohingegen der
vom Angegriffenen herbeigerufene Polizist in gleicher Bedrohungslage und selbst
in Ermangelung milderer Mittel nicht schießen dürfte. Hielte das Polizeirecht in
einer solchen Notwehrsituation gegenüber dem eingriffswilligen Polizisten einen
Unterlassungsbefehl aufrecht, so ginge dieser Eingriff in den rettenden Kausalverlauf in unverhältnismäßiger Weise zulasten des rechtswidrig Angegriffenen.

4. Rechtfertigender Notstand

§ 34 erlaubt nach dem **Prinzip des überwiegenden Interesses** das **382** Schützen eines Rechtsguts (des Erhaltungsguts) auf Kosten der Gefährdung oder Verletzung eines anderen Rechtsguts (des Eingriffsguts), und dies in enger Begrenzung selbst dann, wenn das Tatopfer mit der abzuwendenden Gefahr nichts zu tun hat. Aus dem Erfordernis des wesentlichen Überwiegens des Erhaltungsinteresses ergibt sich auf Rechtsfolgenseite des § 34, dass der rechtfertigende Notstand nicht nur die Strafrechtswidrigkeit beseitigt, sondern die Tat insgesamt für rechtmäßig erklärt (MüKo/*Schlehofer* Vor § 32 Rn. 58).

Eine dem § 34 gegenüber speziellere Notstandsnorm bietet § 904 BGB, und **383** zwar für das beeinträchtigende Nutzen von ungefährlichen Sachen zur Gefahrabwendung durch aggressiven Notstand. In dieser Form des aggressiven Notstandes statuieren §§ 904 BGB, 34 eine **Solidarpflicht** zum Dulden der Rechtsgutverletzung – mit der Kehrseite eines Eingriffsrechts des Täters (MüKo/*Erb* § 34 Rn. 1, 10). Geht indes die Gefahr für ein Rechtsgut von einer Sache aus, bietet § 228 BGB mit dem Defensivnotstand eine Spezialnorm, die mit ihrer modifizierten Abwägungsklausel zulasten des gefährlichen Eingriffsgutes den Umstand berücksichtigt, dass die Gefahr der Sphäre des Eingriffsgutes entstammt. Der von einem Menschen herrührende Defensivnotstand bietet eine Konstellation des § 34, bei dem ebenfalls der Ursprung der Gefahr in die Interessenabwägung einzubeziehen ist (→ Rn. 373). Dann ist es nicht mehr der Gedanke der (reinen) Solidarität, der das Interessenübergewicht des Erhaltungsguts begründet, sondern die **Gerechtigkeitserwägung**, dass derjenige die Kosten der Konfliktbeseitigung kraft Zuständigkeit zu tragen hat, dessen Sphäre die Gefahr entstammt (*Merkel* JZ 2007, 374, 384). Auch der Defensivnotstand gibt dem Täter also ein Eingriffsrecht. – Die Prüfungen der §§ 904, 228 BGB führen zu Ergebnissen, die sich auch bei § 34 einstellen müssten. In der Klausur sind freilich die Normen auseinanderzuhalten und die spezielleren §§ 904, 228 BGB vorrangig zu prüfen.

Fall 45 (nach BGH NJW 1979, 2053): S hatte mehrfach das Anwe- **384** sen und das Haus der Eheleute M und F betreten. F war dreimal nachts wach geworden, weil S sie an der Schulter berührt hatte. Wenn M und F erwachten, ist S jeweils geflüchtet. Nach Installation einer Alarmanlage löste S eines Nachts den Alarm aus. M rannte mit einer Schreckschusspistole in den Garten und gab einen Schuss ab. S entkam. Bei den Eheleuten stellten sich Schlafstörungen und Angstzustände ein, auch verließen sie nur noch selten das Haus. Auf Anraten der Polizei besorgten sie sich eine scharfe Schusswaffe. Am Tattag sah M am Fuße seines Bettes den S stehen. Der entdeckte S stürmte sofort aus dem Haus. M ergriff die Pistole und rief (im Garten angekommen) mehrfach: „Halt oder ich schieße!" Weil S weiterlief, schoss M, um die unerträgliche Situation zu beenden, auf die Beine

des S. Er traf ihn in die linke Gesäßhälfte, sodass die Polizei den S
festnehmen konnte. § 224?

385   Im Fall 45 hat der BGH, weil S schon floh, den Angriff auf den Hausfrieden
und auf andere Schutzgüter für nicht (mehr) gegenwärtig befunden und so § 32
verneint. Deshalb stellte sich die Frage nach einer Anwendung des § 34.

a) Notstandslage

386   Der rechtfertigende Notstand setzt zunächst eine gegenwärtige Gefahr
voraus. Mit „**Gefahr**" ist das **Drohen eines Schadens für ein Rechtsgut**
gemeint. Da § 34 dem Notstandsübenden kein so schneidiges Recht wie
§ 32 dem Notwehrübenden an die Hand gibt, finden sich zwei wichtige Abweichungen: Notstandsfähig sind nicht nur Individualrechtsgüter, sondern **auch Rechtsgüter der Allgemeinheit**, wie etwa die Sicherheit des
Straßenverkehrs oder das Tierwohl – unangemessene Härten können im
Rahmen des Notstands bei der Interessenabwägung vermieden werden
(MüKo/*Erb* § 34 Rn. 72). Das Vorliegen einer Gefahr beurteilt sich aus
der **objektiven Ex-ante-Sicht**, wobei etwaiges Sonderwissen des Täters
zu berücksichtigen ist (differenzierend MüKo/*Erb* § 34 Rn. 80).

387   In weiterer Abweichung zu § 32 gelten dem § 34 als „gegenwärtig"
nicht nur die Situationen akut zugespitzter Gefährdung, sondern auch die
sogenannten **Dauergefahren**, also Situationen, in denen das Rechtsgut
permanent bedroht ist und die Gefährdung jederzeit in einen Schaden
umschlagen kann (zB die Anwesenheit eines Geisteskranken,
MüKo/*Erb* § 34 Rn. 95). Dazu zählen auch Sachverhalte, in denen die
Gefahr noch von einem Umstand abgeschirmt ist, diese Abschirmung
aber jederzeit wegfallen und die Lage dann in eine Rechtsgutsverletzung
umschlagen kann, so wenn der brutale Haustyrann schläft, aber jederzeit
erwachen und wieder gewalttätig werden kann (BGHSt 48, 255, 259).

388   Im Fall 45 bedroht der hartnäckige nächtliche Störer nicht nur den Hausfrieden
der Eheleute, sondern zugleich iS einer Dauergefahr deren Gesundheit – mittlerweile ist auch an die Beeinträchtigung der Freiheit der Lebensgestaltung i.S.d.
§ 238 zu denken. Eine Notstandslage lag also vor.

b) Notstandshandlung

389   Die Notstandsgefahr darf nicht milder als im Wege der vollzogenen
Notstandshandlung abwendbar sein. Dies ist der Fall, wenn der Täter
weder der Gefahr **ausweichen**, noch staatliche oder mildere private
Hilfe herbeiholen, noch ein **milderes Abwendungsmittel** verwenden
kann (*Rengier* AT § 19 Rn. 22 f.). Abgesehen von der Notwendigkeit
des Ausweichens entspricht dies der Erforderlichkeit bei der Notwehr.
Dem Wortlaut („abwendbar") lässt sich entnehmen, dass die Notstandshandlung geeignet sein muss im Sinn der Eröffnung einer zumindest nicht

unerheblichen Chance auf Erhalt des Rechtsguts; andernfalls kann jedenfalls im Aggressivnotstand vom Inhaber des Eingriffsguts in der Regel keine Solidarität verlangt werden (*Wessels/Beulke/Satzger* Rn. 451).

Erforderlichkeit hat die Rspr. bejaht: bei einer allein möglichen Trunkenheits- **390** fahrt eines Arztes zur unaufschiebbaren Versorgung eines Patienten (OLG Düsseldorf, VM 1967, 38); fürs Einsteigen in einen Tierzuchtbetrieb zur filmischen Dokumentation massenhafter Tierquälereien, weil die zuständige Behörde trotz Meldung der Missstände nicht eingegriffen hatte und ihr Eingreifen nicht zu erwarten stand (LG Magdeburg, StV 2018, 335; Anm *Hecker*, JuS 2018, 83). – Verneint hat der BGH die Erforderlichkeit der Tötung des brutalen Haustyrannen im Schlaf, weil staatliche Hilfe hätte hinzugezogen werden müssen; dies obwohl die Täterin zuvor einmal vergeblich ins Frauenhaus geflohen war und ihr glaubhaft angedroht worden war, im Falle des Auszugs werde sie getötet (BGH NStZ 2003, 482).

Im Fall 45 hatten die Eheleute schon einige Mittel erfolglos ausprobiert **391** (Alarmanlage, Warnschuss), staatliche Hilfe oder Hilfe Dritter konnte nicht herbeigerufen werden und mildere Mittel standen nicht zur Verfügung. Deshalb hat der BGH zutreffend die Erforderlichkeit bejaht.

c) Interessenabwägung und Angemessenheit der Tat

§ 34 unterscheidet widerstreitende Interessen, und zwar das von der **392** Tat beeinträchtigte Interesse (Eingriffsgut) und das mit der Tat geschützte Interesse (Erhaltungsgut). Für eine Rechtfertigung muss das Erhaltungsinteresse das Eingriffsinteresse „wesentlich überwiegen". Vom Rechtsanwender vorzunehmen ist demnach eine **umfassende Interessenabwägung**. Beim Aggressivnotstand rührt das Erfordernis eines „wesentlichen" Überwiegens daher, dass das Tatopfer nichts für die gegenwärtige Gefahr kann, weshalb ihr gegenüber die aus § 34 folgende Duldungspflicht und das abverlangte Sonderopfer erst legitim sind, wenn die Tat wesentlich mehr Gutes als Schlechtes zu schaffen verspricht (*Hardtung/Putzke* Rn. 548). Abzuwägen sind aber nicht die abstrakten Rechtsgüter allein, sie sind nur „namentlich" benannt, sondern alle interessenbasierten Umstände des Einzelfalls. Da nach dem Wortlaut ausdrücklich der Grad der (den widerstreitenden Interessen) drohenden Gefahren einzubeziehen ist, kann durchaus einmal bei gleichen oder gleichgewichtigen Rechtsgütern eine Rechtfertigung eintreten. Beispielsweise kann die Trunkenheitsfahrt (§ 316), die abstrakt Menschenleben gefährdet und zudem die Sicherheit des Straßenverkehrs beeinträchtigt, im Einzelfall erlaubt sein zur Rettung eines konkret-zugespitzt vom Tode bedrohten Unfallopfers.

Ein wesentliches Überwiegen des Erhaltungsguts wurde zB in folgenden **393** Konstellationen bejaht: zeitweises Einsperren eines gefährlichen psychisch Kranken (BGHSt 13, 197); Begehen eines Hausfriedensbruchs zur filmischen Dokumentation massenhafter Tierquälereien in einem Tierzuchtbetrieb (LG Magdeburg, StV 2018, 335); Wegnehmen des Autoschlüssels zur Verhinderung einer Trunkenheitsfahrt (OLG Frankfurt NStZ-RR 1996, 136).

394   Umstritten ist das Verhältnis der Abwägungsklausel (S. 1) zur **Angemessenheitsklausel** (S. 2). Da bereits in die Interessenabwägung alle im Einzelfall relevanten Interessen einfließen, hat die Angemessenheitsklausel keine eigenständige Bedeutung. Der Gesetzgeber hat in der Angemessenheitsklausel zwar eine „zweite Wertungsstufe" sehen wollen, auf der eine erneute Bewertung nach den Wertvorstellungen der Allgemeinheit erfolgen solle (E 1962, S. 159 f.); doch fließen diese Wertvorstellung schon bei der – ja umfassenden – Abwägung des S. 1 ein (LK/*Zieschang* § 34 Rn. 78 f.: lediglich „Funktion einer Kontrollklausel"). Das gilt auch für die Menschenwürde, die als Rechtsgut bei der Abwägung zu berücksichtigen ist. Es wäre daher fehlerhaft, wollte man eine menschenwürdewidrige Behandlung des Tatopfers in der Abwägung zunächst noch als wesentlich unterliegend bewerten – das ginge nur, wenn man die Menschenwürdewidrigkeit künstlich aus der Abwägung heraushielte. Der Angemessenheitsklausel ist daher lediglich eine Hinweis- und Klarstellungsfunktion zuzuschreiben: Sie soll den Rechtsanwender zum besonders sorgfältigen Abwägen anhalten und vermeiden helfen, dass existenzielle oder auch nur gewichtige Interessen des Tatopfers hinter Nützlichkeitserwägungen zurücktreten (ähnlich *Roxin/Greco* AT I § 16 Rn. 95, aber beschränkt auf die zu achtende Menschenwürde).

395   Für die Klausur ist ein verbindender Obersatz zweckmäßig: „Es müsste bei einer umfassenden Abwägung das mit der Tat geschützte Interesse das beeinträchtigte wesentlich überwiegen, sodass die Tat insgesamt als angemessenes Mittel erscheint."

396   **Fall 46:** Arzt A entnimmt dem Patienten O gegen dessen Willen und mit „sanfter Gewalt" Blut ab, um damit den Schwerverletzten S am Leben zu halten. Blutspender stehen nicht rechtzeitig zur Verfügung.

397   Der Gesetzgeber nannte solch einen Fall als Beispiel für die Unangemessenheit der Tat (E 1962, S. 160), wofür man u.a. auf die Demütigung der Willensbeugung abheben kann. Andere verweisen darauf, dass eine Willensbeugung zu wesentlich unwichtigeren Zwecken (zB der Überführung eines Trunkenheitsfahrers) erlaubt ist und dass die Rechtsordnung zum Teil ein höheres Maß an Solidarität einfordert (*Roxin/Greco* AT I § 16 Rn. 49 unter Verweis auf §§ 81a I 2, 81c StPO; 372a ZPO; § 323c). Eine vermittelnde Lösung sieht die Tat nur dann von § 34 gerechtfertigt, wenn ein sich weigernder Garant (§ 13 I) zur Bluthergabe gezwungen wird, ihn treffe eine Rettungspflicht (MüKo/*Erb* § 34 Rn. 272–275).

398   Hat man sich das Abwägungsprinzip des § 34 einmal vor Augen geführt, kann man im Grunde jeden Klausurfall bewältigen, man muss nur (möglichst) **alle Interessen**, die im Sachverhalt aufscheinen, abwägend berücksichtigen. Abwägungsposten sind insb.: Die Wertigkeit der Rechtsgüter, der Grad ihrer Gefährdung, der Ursprung der Gefahr, das Selbstbestimmungsrecht des unsolidarischen Tatopfers und die allgemeine Opfergrenze (*Jakobs*: „Niemand muss den kleinen Finger der linken Hand hergeben, um einem anderen das Leben zu retten"). Gleichwohl empfiehlt es sich, einige Fallkonstellationen zu betrachten, um die gängigen Abwägungsmuster zu kennen. Dies betrifft insb. die Grenzen bei der Lebensrettung, den Defensivnotstand, den Nötigungsnotstand und das Verhältnis des § 34 zu anderen (Normen und) Rechtfertigungsgründen.

Fall 47 (nach *Welzel*): Ein führerloser Zug rast auf einen entgegenkommenden Zug zu, und es droht der Tod von über zweihundert Fahrgästen. Weichensteller W könnte den Zug durch Umstellen einer Weiche auf ein Nebengleis leiten. Dort würde der Zug fünf Gleisarbeiter töten.

399

Strukturmerkmal im Fall 47 ist, dass die Rettungschancen auf beiden **400** Seiten bestehen **(symmetrische Rettungschancen)** und dass allein im Wege des aggressiven Notstands eingegriffen wird (den Gleisarbeitern ist die Gefahr nicht zuzurechnen). Für solche Fälle gilt der Lehrsatz, dass „Leben gegen Leben nicht abgewogen werden darf", womit nur gemeint ist, dass kein Lebensinteresse ein anderes überwiegt: „Niemand kann rechtlich *allein* deshalb verpflichtet sein, sein Leben zu opfern, weil nur so [durch aktive Tötung] das Leben anderer, denen er nichts tun will und für die er keine Bedrohung darstellt, zu retten ist" – und seien es noch so viele (*Merkel* JZ 2007, 373, 381).

Jedenfalls bei hier gegebenen symmetrischen Rettungschancen darf der Wei- **401** chensteller nicht „Schicksal spielen". In solchen Fällen setzt sich das antiutilitaristisch wirkende Grundrecht allemal durch – zumal das Lebensgrundrecht.

Umstritten ist, ob eine Rechtfertigung über den aggressiven Notstand **402** möglich ist in Fällen **asymmetrischer Rettungschancen**, wenn also eine Menschengruppe verloren ist und eine andere durch tödliches Eingreifen gerettet werden kann. Solche Konstellationen auf fürchterliche Weise zur Anschauung gebracht haben die terroristischen Anschläge auf das World Trade Center am 11. September 2001. Das BVerfG hat das Abschießen eines entführten und zum Werkzeug eines gegenwärtigen Angriffs umfunktionierten Flugzeugs für unvereinbar erklärt mit der Menschenwürde der an der Gefahrentstehung unschuldigen Fluggäste (BVerfGE 115, 118 ff.: Nichtigerklärung des § 14 III LuftSiG).

Auch wenn die Begründung des BVerfG angreifbar ist, wird man die Restle- **403** benszeit der unschuldigen Fluggäste nicht zu einer in der Abwägung vernachlässigungswürdigen Größe erklären können – das aktive Töten ist nicht gerechtfertigt

(*Merkel* JZ 2007, 373, 380 ff.); im Ergebnis und nach umfassender Interessenabwägung anders *Hörnle* FS Herzberg 2011, S. 555 ff.). Denn dies würde die Opfergrenze überschreiten, die der Gesetzgeber mit der Angemessenheitsklausel
recht eng fassen wollte (vgl. oben zu Fall 46: erzwungene Blutentnahme). – Für
die Praxis wäre u.a. noch die faktische Unsicherheit zu veranschlagen, ob nicht
eine Rettung „in letzter Sekunde" möglich ist.

404   Das tödliche Abschießen des entführten und gefährlichen Flugzeugs
ist mit Blick auf die Fluggäste auch nicht etwa gerechtfertigt wegen eines von einem Menschen verursachten Defensivnotstandes (§ 34). Zum
einen genügt dafür nicht, dass die Fluggäste untrennbar mit der Gefahrenquelle verbunden sind (vgl. das Ungeborene im Leib der angreifenden Mutter). Zum andern können die Fluggäste nicht zuständig gemacht
werden für die Auflösung des Konflikts – dafür genügt weder, dass ihr
Körper das Gewicht des einschlagenden Flugzeugs minimal erhöht
noch, dass sie das In-der-Luft-Sein des Flugzeugs mitverursacht haben
(*Merkel* JZ 2007, 373, 384 f.). Will man demjenigen, der gerade nicht
i.S.d. § 32 rechtswidrig angreift, eine Pflicht zum Dulden des eigenen
Todes auferlegen, muss der Betroffene zumindest entweder selbst die
Gefahr sein oder sie in relevanter Weise erhöhen oder sie in einem gewissen Sinn „zurechenbar" verursacht haben.

405   **Fall 48** (*Merkel* JZ 2007, 373, 382): Terroristen ziehen einem fünf-
jährigen Kind vor dem Betreten des Kindergartens unter dem Vor-
wand, es handle sich um ein Spiel zur Geburtstagsüberraschung, eine
Bombenweste an und instruieren es, in der Runde mit den anderen
Kindern kräftig an der Reißleine zu ziehen, die dann Luftballons freisetzen werde (während sie in Wahrheit die Explosion auslösen soll).
Ein anwesender Polizist beobachtet aus größerer Distanz, wie sich
das Kind anschickt, an der Leine zu ziehen, begreift mit einem ent-
setzten Blick auf die Weste schlagartig die Gefahr und sieht (zutreffend) keinen anderen Weg, sie zu beseitigen, als einen sofortigen
Schuss abzugeben, der das Kind tötet.

406   Im Fall 48 scheidet Notwehr aus, weil das Kind zwar angreift, dies aber mangels Handlungsunwerts nicht rechtswidrig tut, ein fünfjähriges Kind kann eine
derartige Instrumentalisierung und die Gefahr nicht erkennen. § 228 BGB analog
greift ebenfalls nicht, denn eine Analogie setzt eine Regelungslücke voraus, die
wegen § 34 nicht besteht. – Allerdings rechtfertigt § 34 den Schützen: Bei so ge-
lagertem Konflikt ist es ein Gebot der Gerechtigkeit, dass derjenige mit der Auflösung des Konflikts belastet wird, der mit seinem Körper **Ursprung der Gefahr**
ist oder der aus anderen Gründen **eher zuständig** ist, die Kosten der Konfliktlösung zu tragen: „Niemand braucht von außen auf ihn zukommende Bedrohungen,
selbst wenn sie nicht zurechenbar verursacht sind, wehrlos hinzunehmen; denn
der Gefährdende hat kein Eingriffsrecht. Es ist dieser Gedanke [die Gefahr stammt

aus der Sphäre des anderen], der bei Sachgefahren die in § 228 BGB getroffene Abwägung trägt, und dieser Gedanke ist als ein Abwägungsgesichtspunkt neben anderen … im Rahmen des § 34 zu berücksichtigen" (*Roxin/Greco* AT I § 16 Rn. 75; die Rechtfertigung einer erheblich schädigenden Gefahrenabwehr im Defensivnotstand wird von manchen auf notwehrähnliche Situationen begrenzt, so MüKo/*Erb* § 34 Rn. 224–237; zum Ganzen auch *Ladiges* ZIS 2008, 129).

Die Fallgruppe des Nötigungsnotstandes wirft die Frage auf, wieweit **407** derjenige gerechtfertigt sein kann, der zum Begehen der Tat rechtswidrig gezwungen wird. Was muss der Inhaber des Eingriffsgutes dulden? Die Bezeichnung „**Nötigungsnotstand**" impliziert dabei nicht schon die Rechtfertigung, sondern benennt nur das Phänomen des Genötigtseins.

Fall 49: H ist 13 Jahre alt und Sadist. Er packt sich den 6-jährigen **408** Bruder (B) des 18-jährigen T und verlangt unter Vorhalten eines Messers von T, er solle umgehend den Seitenspiegel vom Porsche des P abtreten, sonst werde er dem B sofort einen Finger abschneiden. Um B zu retten, kommt T dem nach.

Manche wollen im Fall des zur Tatbegehung genötigten Angreifers dessen **409** Rechtfertigung nach § 34 stets mit der Überlegung verneinen, der Angreifer agiere auf der Seite des Unrechts und die Rechtsordnung dürfe dies nicht mit dem Zubilligen einer Rechtfertigung goutieren (*Wessels/Beulke/Satzger* Rn. 695 f.). Andere erklären den Umstand des Genötigtseins für völlig irrelevant (*Frister* AT 17/20). Richtig ist es hingegen, für diese Fälle des Nötigungsnotstandes jede Besonderheit zu verneinen und den Umstand des Genötigtseins schlicht in die Interessenabwägung einzustellen (*Roxin/Greco* § 16 Rn. 67). Denn zum einen ist der Umstand, dass hinter dem Genötigten ein mittelbar angreifender Täter agiert für den Inhaber des Erhaltungsgutes (P) durchaus relevant, wie § 32 belegt, der das Interesse des Angegriffenen, dem Unrecht nicht weichen zu müssen, ja durchaus und sehr weitgehend Rechnung trägt. Zum andern hat der Angegriffene Grund dafür, sich mit dem genötigten Angreifer solidarisch zu zeigen, denn für den Genötigten macht es keinen Unterschied, ob eine Rechtsgutseinbuße von der Natur oder von einem ihn nötigenden Menschen droht (*Hardtung/Putzke* Rn. 559). Im Fall 49 dürfte deshalb § 34 die Tat des T rechtfertigen. – Je gravierender aber die abgenötigte Tat und die drohende Einbuße des Tatopfers ist, desto eher scheidet eine Rechtfertigung aus. Es kommt dann allenfalls eine Entschuldigung nach § 35 in Betracht.

Rechtfertigungsgründe und andere Normen können die Anwendbar- **410** keit von (anderen) Rechtfertigungsgründen begrenzen. So darf mit der Anwendung des „offenen" § 34 nicht die Wertung einer der Rechtfertigung entgegenstehenden Norm überspielt werden. An gesetzliche Wertungen ist der Rechtsanwender gebunden, soweit sie reichen, ist ihm eine eigene Wertung verwehrt (MüKo/*Schlehofer* Vor § 32 Rn. 280 f.).

Weil beispielsweise § 127 I StPO dem Jedermann das Festnehmen eines Straf- **411** täters nur unter der Voraussetzung gestattet, dass der „auf frischer Tat betroffen" wird, muss der Rechtsanwender dies berücksichtigen und darf nicht ohne Weiteres eine Festnahme, die drei Wochen nach der Tat erfolgt, über § 34 rechtfertigen.

412   **Fall 50:** O leidet an einer fortschreitenden Muskellähmung, zuletzt erstarren seine Atemmuskeln. Er hatte seine Frau F gebeten, ihm im Endstadium eine tödliche Dosis Morphium zu verabreichen, um zu vermeiden, dass er seinen Erstickungstod bei vollem Bewusstsein miterlebt. Als sich die beiden im entlegenen Ferienhaus befinden und sich die Lage für O zuspitzt, erfüllt F den Wunsch.

413   Im **Fall 50** hat F eine Tötung auf Verlangen begangen (§ 216 I). Aus der Wertung dieser Vorschrift folgt, dass eine Rechtfertigung allein wegen der Einwilligung des Getöteten nicht in Frage kommt, denn die Privilegierung des § 216 I setzt gerade eine qualifizierte Einwilligung voraus. Fraglich ist deshalb, ob § 34 Anwendung finden kann. Dem könnte schon entgegenstehen, dass § 216 I eine **Sperrwirkung** für § 34 entfaltet, denn im Gesetzesentwurf sind als Anwendungsfälle der Norm ausdrücklich „die Fälle der auf Verlangen geleisteten lebensverkürzenden Sterbehilfe (‚aktive Euthanasie‘)" genannt worden (E 1962, S. 237). Weil es keine abstrakte Konkurrenz- und Sperrregelung gibt, ist es aber methodisch grundsätzlich verfehlt, eine solche Sperrwirkung einer (Erlaubnis-)Norm gegenüber der Anwendung des § 34 in abstracto anzunehmen. Der richtige Platz zur Berücksichtigung solcher Aspekte ist vielmehr die Interessenabwägung des § 34 (MüKo/*Schlehofer* Vor § 32 Rn. 281).

414   Würde man in abstracto festlegen, dass eine Norm gegenüber § 34 Sperrwirkung entfaltet, ließen sich weder neu auftretende Fälle berücksichtigen, die der Gesetzgeber nicht mitbedacht hat, noch könnte im Einzelfall eine Unverhältnismäßigkeit vermieden werden. Ferner ist es das allgemeine Prinzip der Rechtsordnung, Verbote nicht als absolut hinzustellen. Selbst strikt formulierte Verbote lassen sen Ausnahmen zu: Obwohl Art. 104 I 2 GG postuliert, dass „festgehaltene Personen" nicht „körperlich misshandelt" werden dürfen, ist völlig klar, dass ein Festgenommener, wenn er denn gewaltsam angreift, mit erforderlicher Gewalt zurückgeschlagen, also sehr wohl „körperlich misshandelt" werden darf.

415   Gerade für § 216 I ist denn auch anerkannt, dass er nicht gegenüber jedweder verlangten Tötung die Rechtfertigung sperrt, die Fälle der unabsichtlichen Lebensverkürzung zur erforderlichen Leidvermeidung (indirekte Sterbehilfe) können allemal gerechtfertigt sein, denn „die Ermöglichung eines Todes in Würde und Schmerzfreiheit gemäß dem erklärten oder mutmaßlichen Patientenwillen ... ist ein höherwertiges Rechtsgut als die Aussicht, unter schwersten, insbesondere sog. Vernichtungsschmerzen noch kurze Zeit länger leben zu müssen" (BGHSt

42, 302, 305). Im **Fall 50** handelt es sich allerdings um eine aktiv-absichtliche Tötung, das Herbeiführen des Todes ist das erforderliche Mittel zur Leidvermeidung. Ihrer Rechtfertigung entgegenstehen könnte das überindividuelle Tabuinteresse der Gesellschaft, aktiv-absichtliche Tötungen so weit wie möglich zu unterbinden, um einer Erosion des Tötungsverbots vorzubeugen (MüKo/*Schneider* § 216 Rn. 3). Doch wird dieses Allgemeininteresse wesentlich überwogen vom Leidvermeidungsinteresse des O, denn sonst würde man ihm in unverhältnismäßiger Weise ein grausames Sterben aufnötigen; sein Leidvermeidungsinteresse ist das bei ihm verbleibende fundamentale Interesse, es darf nicht zur Wahrung eines Tabus utilitaristisch geopfert werden (zu einem ähnlichen Fall *Herzberg/Scheinfeld* JuS 2008, 880, 882 ff.; ferner *Merkel* FS Schroeder, S. 297, 321).

416 Der Fall 50 birgt aber noch ein dogmatisches Problem des § 34: Auf der Seite des Erhaltungsgutes steht ein Interesse des O (Leidvermeidung). Veranschlagt man für O in dessen Lage überhaupt noch ein Lebensinteresse, steht auch auf Seiten des Eingriffsguts ein Interesse des O, es liegt dann ein (auch) **„intrapersonaler Interessenkonflikt"** vor. Für solche Fälle wird die Anwendbarkeit des § 34 bestritten, weil der Grundgedanke von § 34, Verpflichtung zur Solidarität, nicht einschlägig sei (*Engländer* GA 2010, 15, 21 ff.). Der Einwand verkennt aber schon, dass mit dem Tabuinteresse der Gesellschaft, aktiv-absichtliche Fremdtötungen möglichst zu vermeiden, sehr wohl ein Allgemeininteresse im Raum steht, das in die andere Waagschale der Abwägung fällt und sogar Solidaritätserwägungen ermöglicht. Es ist dann nur die Gesellschaft, die sich solidarisch zeigen muss. Der Fall liegt insoweit nicht anders als der einer Trunkenheitsfahrt, mit der sich der betrunkene Fahrer selbst rettet (§ 34). – Im Übrigen geht es dem § 34 nicht allein um eine Solidaritätspflicht. Dies zeigen die Fälle des Defensivnotstands, in denen erhebliche Eingriffe gestattet sind; sie lassen sich nicht mehr als Erfüllung einer Solidarpflicht begreifen, sondern vielmehr als Zuständigkeit für die Konfliktlösung (Fall 48).

d) Subjektives Notstandselement

417 Auch beim Notstand ist das Versuchsunrecht nur kompensiert, wenn der Handelnde um die objektiven Umstände des Notstandes weiß.

5. Einwilligung

a) Einverständnis und Einwilligung

418 Jede Straftat muss ein schutzwürdiges Interesse verletzen. Das ergibt sich aus § 34: Würde eine Tatbestandsverwirklichung gar kein schutzwürdiges Interesse beeinträchtigen, müsste – wegen des dann zwingend „wesentlich überwiegenden" Handlungsinteresses des Täters – das Unrecht verneint werden. Die **Zustimmung** des Berechtigten kann dazu führen, dass kein strafrechtlich zu schützendes Interesse mehr gegeben ist; es kann also das Unrecht der Tat ausschließen. Die hM unterscheidet bei der unrechtsausschließenden Zustimmung des Berechtigten zwischen einem Einverständnis, das den Tatbestand ausschließt, und einer Einwilligung, die erst auf der Ebene der Rechtswidrigkeit beachtlich wird (BGHSt 17, 359, 360; *Rengier* AT § 23 Rn. 1).

419   **Fall 51:** Aktionskünstler C wohnt vorübergehend in dem alten, baufälligen Haus des H; für eine Performance schlägt C einige Fensterscheiben ein und besprüht andere mit Farbe; für tägliche Ausflüge und Besorgungen benutzt er Hs altes Hollandrad. H hatte ihm all dies ausdrücklich erlaubt.

420   Im Tatbestand des Hausfriedensbruchs (§ 123 I) liest man in das Merkmal „eindringt" hinein, dass nur ein Betreten ohne Einverständnis des Berechtigten erfasst ist (so etwa noch bei „wegnimmt" des § 242 I und „der Freiheit beraubt" des § 239 I); eine Gebrauchsanmaßung an einem Fahrrad i.S.d. § 248b I liegt tatbestandlich nur vor, wenn das Rad „gegen den Willen des Berechtigten" in Gebrauch genommen wird. Deshalb ist als eine Folge der Zustimmung anerkannt, dass C mit dem Betreten des Hauses nicht den § 123 I und dass er mit dem Nutzen des Fahrrades nicht § 248b verwirklicht. Bei der Sachbeschädigung (§ 303 I) hingegen sieht die hM es anders, hier verwirkliche das – mit dem Willen des H erfolgende – Einschlagen der Fensterscheiben sehr wohl den Tatbestand, es liege aber eine rechtfertigende Einwilligung vor. Bei § 303 II und für das Besprühen der Fensterscheiben steht im Streit, ob das Merkmal „unbefugt" zum Tatbestand zählt oder ob es, wie das Merkmal „rechtswidrig" in § 303 I, ein unnötiger Hinweis auf die allgemeine Rechtswidrigkeit ist und also ebenfalls nur die Abwesenheit von Rechtfertigungsgründen meint.

421   Für Einverständnis und Einwilligung sieht die hM auch unterschiedliche Wirksamkeitsvoraussetzungen und weist jeweils unterschiedliche Rechtsfolgen zu: Diejenigen des Einverständnisses folgert sie aus der Funktion des Tatbestandes, diejenigen der Einwilligung ergäben sich aus allgemeinen Grundsätzen:

Einverständnis	**Einwilligung**
1. Allein innerer Wille zählt.	1. Wille muss erkennbar sein
2. Nur natürlicher Wille zählt.	2. Einwilligungsfähigkeit nötig
3. Willensmängel sind – je nach Tatbestand – irrelevant.	3. Willensmängel sind relevant
4. Sittenwidrigkeit ist irrelevant.	4. Sittenwidrigkeit der Tat ist relevant
5. Unkenntnis des Täters vom Einverständnis: nur Versuch (allg. M.)	5. Unkenntnis des Täters von Einwilligung: Vollendung o. Versuch (str.)?
6. Irrige Annahme eines Einverständnisses: § 16 I 1 (+).	6. Irrige Annahme einer wirksamen Einwilligung: Regeln des ETI

In der Sache passt die unterschiedliche Einordnung von Einverständnis und **422** Einwilligung nicht ins Straftatsystem (MüKo/*Schlehofer* Vor § 32 Rn. 144–153). Insbesondere zeigt § 34, dass jede Tatbestandsverwirklichung nicht nur ein Rechtsgut, sondern ein „Interesse" beeinträchtigen muss; bei einer wirksamen Zustimmung des Rechtsgutsinhabers fehlt indes eine Interessenbeeinträchtigung. Besonders deutlich wird das beim Eigentum, dessen Inhalt nach § 903 BGB gerade darin besteht, „mit der Sache nach Belieben" zu „verfahren", weshalb das Beschädigenlassen der Sache durch einen Dritten nicht das Eigentumsrecht verletzt, sondern dieses gerade ausübt. Aus diesen Gründen müsste jede Zustimmung, die die Kraft zum Unrechtsausschluss hat, schon den Tatbestand ausschließen (*Roxin*/*Greco* AT I § 13 Rn. 12 ff.; MüKo/*Schlehofer* Vor § 32 Rn. 146–153). – Wir behandeln die Einwilligung hier nur aus Gründen der Üblichkeit als Rechtfertigungsgrund; in der Sache ist die Einordnung auch ohne Folge, wenn man denn nur beachtet, dass der Tatbestandsausschluss und der Rechtswidrigkeitsausschluss (im engen Sinn) gleichwertig sind (→ Rn. 305).

Ferner müssen entgegen der hM für Einverständnis und Einwilligung die glei- **423** chen Wirksamkeitsvoraussetzungen aufgestellt werden. Dies ergibt sich schon daraus, dass eine Zustimmung beides sein kann und es sonst zu widersprüchlichen Wertungen bei gleicher Interessenlage käme; auch müssen die Wirksamkeitsvoraussetzungen auf das Zivilrecht abgestimmt sein, denn wenn eine drohungsbedingte Zustimmung zivilrechtlich bis zur Anfechtung wirksam bleibt (§§ 123, 142 BGB), dann muss sie es auch strafrechtlich (näher MüKo/*Schlehofer* Vor § 32 Rn. 152 f.).

Während sich das tatbestandsausschließende Einverständnis immer- **424** hin in manchen Tatbeständen aufzeigen lässt (zB §§ 177 I, 248b I), ist die Einwilligung nicht gesetzlich geregelt; in § 228 ist sie zwar erwähnt, aber lediglich als wirksamer Unrechtsausschließungsgrund vorausgesetzt (*Hardtung*/*Putzke* AT Rn. 614). Die Voraussetzungen der Einwilligung lassen sich aber aus dem Gesetz oder aus dem Sachzusammenhang ableiten.

b) Wirksamkeitsvoraussetzungen von Einverständnis und Einwilligung

aa) Disponibilität des Rechtsguts

(1) Allgemeines. Der Zustimmende muss über das Rechtsgut dispo- **425** nieren dürfen, nur dann vermag seine Zustimmung ein strafrechtlich geschütztes Interesse entfallen zu lassen (MüKo/*Schlehofer* Vor § 32 Rn. 154). An einer solchen **Dispositionsbefugnis** kann es fehlen. Die Disponibilität fehlt jedem bei Rechtsgütern der Allgemeinheit, wie der Sicherheit des Straßenverkehrs, weshalb das Unrecht der Trunkenheitsfahrt nicht ausgeschlossen wird von der Zustimmung des (mitfahrenden) Autoeigentümers. Hingegen sind Individualrechtsgüter zumeist disponibel. Für das gewichtige Rechtsgut der körperlichen Unversehrtheit folgt

dies indirekt aus § 228, der dieses Rechtsgut bis zur Grenze der Sittenwidrigkeit der Tat als disponibel ausweist. Erst recht müssen dann die allermeisten anderen Individualrechtsgüter als disponibel gelten. Soll die Disponibilität fehlen, muss sich die Ausnahme aus dem Gesetz ableiten lassen. Dies ist etwa beim Rechtsgut Leben und der vorsätzlichen Fremdtötung der Fall: Weil eine Tötung auf Verlangen i.S.d. § 216 I mit dem ernsthaften Sterbeverlangen des Getöteten gerade eine qualifizierte Einwilligung zur Voraussetzung hat und die Tat dennoch strafbar ist, kann die Einwilligung allein eine Fremdtötung grundsätzlich nicht rechtfertigen.

426   Zu beachten ist noch zweierlei. Zum einen ist die Einwilligung hinsichtlich jeder Rechtsgutsbeeinträchtigung separat zu prüfen: Willigt der Autoeigentümer in die Trunkenheitsfahrt eines anderen ein, kann zwar nicht das Unrecht des § 316 ausgeschlossen sein, wohl aber das einer Sachbeschädigung i.S.d. § 303 bezogen auf das gefahrene Auto. Zum andern kann bei einer Kumulation von Allgemein- und Individualrechtsgut (zB § 315c) das Unrecht partiell ausgeschlossen sein, und zwar bezogen auf den Individualrechtsteil des Tatbestandes (MüKo/*Schlehofer* Vor § 32 Rn. 155).

427   *(2) Speziell: Sittenwidrigkeit.* Für die – klausurrelevante – Einwilligung in eine Körperverletzung bestimmt **§ 228** ausdrücklich, dass die Tat, soll sie gerechtfertigt sein, nicht trotz der Einwilligung gegen die guten Sitten verstoßen darf. Insoweit lassen sich zunächst zwei Eckpunkte bestimmen: Zum einen darf im weltanschaulich neutralen Staat des Grundgesetzes ein Verhalten nicht wegen bloßer Moralwidrigkeiten unter Strafe gestellt und so zugleich die Handlungsfreiheit des Rechtsgutsinhabers beschränkt werden. Im pluralistischen Staat sind Moralfragen ständig umstritten und lassen sich nicht für jeden Bürger verbindlich beantworten.

428   In systematischer Hinsicht ist § 216 I zu berücksichtigen: „Es erschiene unverständlich, eine Tötung auf Verlangen ..., wenn nur das Verlangen nach § 216 I ... ‚ernstlich‘ ist, mit 5 Jahren Freiheitsstrafe zu bedrohen, geringfügige Verletzungen mit gefährlichen Werkzeugen (§ 224 I Nr. 2) aus ‚ernstlichen‘, aber dem allgemeinen Anstandsgefühl widersprechenden Gründen dagegen mit Freiheitsstrafe von 10 Jahren" (*Fischer* § 228 Rn. 9a).

429   Zum andern ist zu beachten, dass bei Versagung der Rechtfertigung trotz Einwilligung gerade auch ein gegenüber dem Einwilligenden gegebenes Körperverletzungsunrecht begründet werden können muss. Das heißt: Die Tat darf trotz der Einwilligung nicht nach dem Prinzip des überwiegenden Interesses gerechtfertigt sein (MüKo/*Schlehofer* Vor § 32 Rn. 163). Dies lässt sich nur mit den **drohenden Gesundheitsfolgen** der Tat begründen, sonst kommt es unter der Hand zu einer Rechtsgutsvertauschung (MüKo/*Hardtung* § 228 Rn. 25; ähnlich BGHSt 58,

140, 141: Risiken und Folgen für die Gesundheit seien vorrangig zu berücksichtigen). Der Täter muss also – trotz Vorliegens der vollverantwortlichen Zustimmung des Betroffenen – eine **rechtsgutsbezogene Pflicht** verletzt haben, die gerade auch gegenüber dem Einwilligenden bestand.

Fall 52: Weil die Geschäfte des Kleinunternehmers K nicht gut laufen, lässt er sich auf belebter Straße von seiner Freundin F mit dem Auto anfahren, damit er von Fs Haftpflichtversicherer Krankentagegeld und Schmerzensgeld einfordern kann. F fährt dabei so langsam, dass recht klar ist, K wird nur Prellungen und Blutergüsse erleiden. **430**

Für das Verhalten der F würde eine Lehre die Sittenwidrigkeit der Tat trotz **431** Einwilligung bejahen, weil das mit der Tat erstrebte Ziel strafrechtlich missbilligt ist (SK/*Wolters* § 228 Rn. 9). Denn F erstrebt mit dem Anfahren des K das strafrechtlich missbilligte Begehen eines Betrugs gegenüber ihrem Versicherer (§ 263 I). Das missbilligte Erstreben eines Vermögensdelikts vermag aber nicht zu begründen, dass im Fall 52 (gegenüber dem ja einwilligenden K) das Unrecht der Körperverletzung vorliegt. Wollte man nur wegen der Betrugsabsicht das Körperverletzungsunrecht bejahen, käme es zu einer Rechtsgutsvertauschung.

Im **Fall 52** reichen auch die gesundheitlichen Risiken nicht hin, um **432** die Sittenwidrigkeit zu begründen. Von **Sittenwidrigkeit der Tat** ist wegen des weitreichenden Selbstbestimmungsrechts des Zustimmenden vielmehr nur auszugehen, wenn erstens die Tat mit der Gefahr des Todes oder eines schweren Gesundheitsschadens einhergeht (MüKo/*Hardtung*, § 228 Rn. 24) und wenn zweitens ein strafrechtliches Verbot unter Achtung des Rechts auf – auch unvernünftige – Ausübung der Selbstbestimmung des Einwilligenden verhältnismäßig ist. Eine Sterilisation durch Tubenligatur beispielsweise hat zwar die nötige Schwere, doch unterfällt es gleichwohl der Selbstbestimmung der Einzelnen, Schwangerschaften dauerhaft zu vermeiden (*Roxin/Greco* § 13 Rn. 47).

Eine hinreichende Schwere der drohenden Gesundheitsschäden und daraus fol- **433** gende Sittenwidrigkeit der Tat sind angenommen worden für unverständliches erhebliches Würgen der Sexualpartnerin zu deren sexueller Erregung (BGH NJW 2004, 2458, 2460). – In Erstreckung der Einwilligungssperre des § 228 auf die fahrlässige Tötung hat der BGH für die hochgefährliche Zuspitzung im Rahmen eines verabredeten Straßenrennens die konkrete Todesgefahr herangezogen (BGH NStZ 2009, 148, 149), wohl verkennend, dass es beim Geschädigten mangels Kenntnis der konkreten Gefahr schon an einer Zustimmung fehlte [*Roxin* JZ 2009, 399, 403]).

bb) Verfügungsberechtigung des Zustimmenden

Das Strafunrecht kann aufgrund der Zustimmung einer Person nur **434** dann auszuschließen sein, wenn gerade mit ihrer Zustimmung ein schutzwürdiges Interesse an der Unversehrtheit des Gutes entfällt (MüKo/*Schlehofer* Vor § 32 Rn. 166–169). Dafür nötig ist die **Zustimmung des Rechtsgutsinhabers oder seines Vertreters**, dessen Zustimmung dem Rechtsgutsinhaber zugerechnet wird (klassisch: elterliche Sorge nach § 1626 I BGB). Bei gegebener Einwilligungsfähigkeit eines Vertretenen (zB einem 16-Jährigen), kommt es für den Strafunrechtsausschluss allein auf dessen Zustimmung an, denn sein Selbstbestimmungsrecht gibt ihm die Befugnis zur eigenen Entscheidung, und schon mit ihr entfällt ein schutzwürdiges Interesse.

435   Zu beachten sind gesetzliche Grenzen der Vertretungsbefugnis, etwa der Wirksamkeitsausschluss bezogen auf eine Sterilisation des Kindes (§ 1631c BGB) oder das Verbot kindlicher Spende von regenerativem Knochenmark an Nichtfamilienangehörige (e.c. § 8a TPG). Probleme können sich ergeben bei Uneinigkeit von Vertreter und Vertretenem. Wenn der Vertretene gerade nicht eigenverantwortlich entscheiden kann, genügt seine Einwilligung allein nicht. Umgekehrt genügt aber auch – trotz Fehlens der Einwilligungsfähigkeit – nicht in allen Fällen die Zustimmung des Vertreters. In bestimmten Konstellationen, insbesondere bei medizinisch nur relativ indizierten Eingriffen, billigt die Rspr. dem zwar einwilligungsunfähigen, aber hinreichend verständigen Vertretenen ein Vetorecht zu (BGHZ NJW 2007, 217, 218). Ein solches Vetorecht kann insb. bei der medizinisch nicht indizierten Jungenbeschneidung im Rahmen des § 1631d I 2 BGB bedeutsam werden, weil ein solcher Eingriff gegen den Willen des Jungen dessen Wohl gefährdet (freilich ist die Beschneidungserlaubnis ohnehin verfassungswidrig, vgl. bei MüKo/*Schlehofer* Vor § 32 Rn. 170).

cc) Einwilligungsfähigkeit

436   Der Zustimmende muss ferner ein hinreichendes Verständnis für die Bedeutung und die Folgen des Eingriffs haben. Nach hM kommt es dafür allein auf die **konkrete Einsichts- und Urteilsfähigkeit** im Einzelfall an, keine Relevanz haben danach zivilrechtliche Wertungen wie die Zuschreibung der Geschäftsfähigkeit (BGH NStZ 2018, 537).

437   Die Gegenansicht will auch gesetzliche Wertungen einbeziehen und beispielsweise die §§ 104 BGB berücksichtigen: Es widerspräche der Wertung des § 107 BGB, eine danach unwirksame Übereignungserklärung des beschränkt geschäftsfähigen Minderjährigen bei den §§ 242, 246 als Rechtfertigungsgrund für die Zueignung wirken zu lassen und ihr damit entgegen § 107 BGB doch rechtliche Geltung zu geben (näher MüKo/*Schlehofer* Vor § 32 Rn. 179).

dd) Zustimmung und Zustimmungserklärung

438   Die ganz **hM** fordert bei der rechtfertigenden Einwilligung eine Einwilligungserklärung, die zumindest konkludent die innere Zustimmung ausdrückt, wenn auch nicht unbedingt gegenüber dem Täter (BGHSt 17, 359, 360). Fehlt die Erklärung gänzlich, soll das Unrecht des vollendeten

Delikts vorliegen; weiß der Täter nichts von der Erklärung, soll ein untauglicher Versuch gegeben sein (*Roxin/Greco* AT I § 13 Rn. 71 ff.).

Eine Zustimmungserklärung ist indes nur dort erforderlich, wo das **439** Gesetz sie verlangt (s. § 40 I Nr. 3b ArzneimittelG für die Einwilligung bei klinischer Prüfung von Medikamenten). Im Übrigen ist entgegen der hM keine Erklärung zu fordern. Denn ein schutzwürdiges Interesse an der Unversehrtheit des Rechtsguts fehlt (wie es beim Einverständnis anerkannt ist) auch bei der Einwilligung schon mit der **inneren Zustimmung** des Berechtigten (MüKo/*Schlehofer* Vor § 32 Rn. 177). Weiß der Handelnde nichts von der inneren Zustimmung, bleibt (wie beim tatbestandsausschließenden Einverständnis) ein untauglicher Versuch übrig (→ Rn. 274).

In der Klausur wird der Streit meist keine Rolle spielen, weil die Einwilli- **440** gungserklärung, sollen denn Einwilligungsprobleme abgefragt werden, im Sachverhalt geschildert sein wird.

Umgekehrt kann trotz Fehlens einer inneren Zustimmung manchmal **441** eine **bloße Zustimmungserklärung** das Strafunrecht ausschließen. Dies ist der Fall, wenn der Erklärende sich an einer solchen ausdrücklichen oder konkludenten Erklärung festhalten lassen muss; so beispielsweise, wenn er für niemanden erkennbar mit seiner – insgeheim scherzhaft gemeinten – Zustimmungserklärung den anderen nur foppen wollte.

Dieser Punkt steht in einem größeren systematischen Zusammenhang, weil die **442** Einwilligungsvoraussetzungen auf die zivilrechtlichen Regeln der Gültigkeit (und bloßen Anfechtbarkeit) von Willenserklärungen abgestimmt sein sollten. So bestimmt § 116 BGB, dass ein innerer Vorbehalt unbeachtlich ist. Für das obige Beispiel der nur vorgegebenen Zustimmung kommt es gemäß § 118 (bei Willenserklärungen) darauf an, ob der Erklärende erwartet, dass der Mangel der Ernstlichkeit erkannt oder verkannt wird.

Soll wegen der inneren Zustimmung ein schutzwürdiges Interesse **443** entfallen, muss der Zustimmende über die **tatbestandsmäßige Gefahr** im Bilde sein, also über diejenige Gefahr, die auf Tatbestandsebene als strafrechtlich missbilligt bewertet worden ist. Mit der Schaffung dieser strafrechtlich missbilligten Gefahr muss er einverstanden sein. Ein schlichtes Wahrnehmen und Geschehenlassen der Gefahrschaffung genügt nicht, weil es sein Interesse an der Unversehrtheit nicht beseitigt. In diesem Sinn ist einverstanden, wer entweder die Rechtsgutsbeeinträchtigung erstrebt oder wer der Gefahrschaffung den Vorzug vor der Nichtgefährdung gibt, oder wer der Rechtsgutsgefährdung gleichgültig gegenübersteht (zum Ganzen MüKo/*Schlehofer* Vor § 32 Rn. 190 f.).

Dass ein **Einverstandensein gerade mit der Schaffung der** straf- **444** rechtlich missbilligten (tatbestandsmäßigen) **Gefahr** vorliegen muss, erhellt zudem, dass rechtsgutsbezogene Irrtümer der Einwilligung die

Wirksamkeit nehmen; denn wenn der Einwilligende einem solchen Irrtum unterliegt, kennt er schon nicht die tatbestandsmäßige Gefahr – darauf, sie zu schaffen, kann sich sein Einverstandensein nicht erstrecken.

445   **Fall 53:** Der aus Russland nach Deutschland immigrierte 22-jährige Jude J will den Gepflogenheiten seiner neuen Gemeinde folgen und sich an der Penisvorhaut beschneiden lassen. Seine Gemeinde nennt ihm den M als einen erfahrenen Beschneider. Der Mohel M, den J irrig für einen Arzt hält, klärt ihn nicht darüber auf, dass die Beschneidung aufgrund des Verlustes an hocherogenem Gewebe mit einem Sensibilitätsverlust einhergeht. Nach dem chirurgisch kunstgerecht durchgeführten Eingriff ist J sehr unzufrieden mit dem neuen Zustand seines Penis.

446   Der Einwilligende muss nach einer Umschreibung des BGH „Wesen, Bedeutung und Tragweite der gegen ihn gerichteten Handlung" kennen (BGHSt 23, 1, 4). Präziser lässt sich formulieren: Der Einwilligende muss den einwilligungsrelevanten Grad, die Art und das Ausmaß der tatbestandsmäßigen Gefahr für sein Rechtsgut kennen (MüKo/*Schlehofer* Vor § 32 Rn. 180). Ein klassischer Irrtumsfall ist es, dass der Patient einem körperlichen Eingriff zustimmt, ohne hinreichend über Ausmaß und mögliche Folgen informiert zu sein. So liegt es im Fall 53: Die Gefahr, dass er infolge des Eingriffs einen Sensibilitätsverlust erleidet, hat J nicht gekannt. Relevant ist zudem die Unkenntnis des Umstandes, dass M kein Arzt ist, denn dies ist für den Grad der Gefährdung bedeutsam (die dahingehende Wertung ist auch dem – für die Knabenbeschneidung geltenden – § 1631d II BGB zu entnehmen). Es liegt deshalb keine Zustimmung des J vor.

447   Es gibt keinen Sachgrund, der Einwilligung bei anderen als rechtsgutsbezogenen Irrtümern die Wirksamkeit zu versagen. Nicht rechtsgutsbezogen sind Irrtümer über Umstände, die die tatbestandsmäßige Gefahr nicht mitbegründen (MüKo/*Schlehofer* Vor § 32 Rn. 180).

448   **Fall 54:** S unterzieht sich der schmerzhaften Prozedur einer Knochenmarkspende, aber nur, weil Arzt A ihm vorspiegelt, die Spende komme einem Krebskranken zugute. In Wahrheit will A mit der Spende nur seine Forschungen betreiben. Im Übrigen hatte A den S umfassend aufgeklärt.

449   Was in Fall 54 mit dem schmerzhaft gewonnenen Knochenmark nach dem Eingriff passiert, ist für die Beschreibung der tatbestandsmäßigen Gefahr des Eingriffs irrelevant. Die Kenntnis dieser Gefahr hatte S, weil A ihn umfassend aufgeklärt hat. Deshalb ist der Irrtum des S nicht rechtsgutsbezogen, es handelt sich um einen schlichten Motivirrtum. Eine unrechtsausschließende Zustimmung liegt vor. – Die Rspr. geht bei Irrtümern des Einwilligenden über die Prüfung der Rechtsgutbezogenheit hinaus und gibt dem Tatrichter auf, „unabhängig von den im bürgerlichen Recht maßgeblichen Gesichtspunkten in jedem Einzelfall unter entsprechender Würdigung der besonderen Umstände zu entscheiden, ob und inwieweit der Willensmangel beachtlich ist" (OLG Stuttgart NJW 1962, 63). Ob danach im Fall 54 ein erheblicher Irrtum vorliegt, ist unklar, aber wohl zu bejahen. Eine andere Ansicht verweist auf ein weit verstandenes körperbezogenes Selbstbestimmungsrecht, das die Entscheidung darüber beinhalte, zu welchem Zweck die betreffende Person in ihre körperliche Unversehrtheit eingreifen lasse („Tauschfreiheit", *Rönnau*, Willensmängel bei der Einwilligung im Strafrecht, 2001, S. 282 ff.). Dieser Ansatz käme, weil S um den wahren Zweck nicht wusste, zur Unwirksamkeit der Einwilligung.

450 Die hM versagt der Zustimmung bei der Einwilligung auch die Wirksamkeit, wenn diese unter (einem gewissen) Zwang zustande kam. Welcher Grad an **Zwang** zur Unwirksamkeit der Einwilligung führt, wird unterschiedlich gesehen: Gängig ist ein Abstellen auf die Drucksituation des § 35 (*Rudolphi* ZStW 1974, 68, 85) oder auf den Nötigungsdruck i.S.d. § 240 (*Roxin/Greco* § 13 Rn. 113).

451 **Fall 55:** Die 15-jährige O möchte sich ein kleines Tattoo stechen lassen, und zwar von ihrem Freund F und dem Tätowierer, bei dem ihr Freund arbeitet. Der Tätowierer fordert aber die Einwilligung ihrer Mutter. Doch verweigert sich die allein sorgeberechtigte Mutter M zunächst, diese Einwilligung stellvertretend zu erteilen. F bringt M aber dazu, schriftlich die Einwilligung zu erklären, indem er ihr androht, sonst ihren – geringfügigen – Sozialversicherungsbetrug anzuzeigen. Nach schriftlicher Einwilligung der M stechen F und der Tätowierer, der von der Nötigung nichts weiß, gemeinschaftlich das begehrte Motiv in Os Oberarm. §§ 223 I, 25 II?

452 M unterliegt nicht dem Nötigungsdruck des § 35, sehr wohl aber dem des § 240, denn das Drohen mit einer (erlaubten) Strafanzeige hat im Fall 55 Nötigungscharakter (vgl. § 154c I StPO). Wer auf diesen Zwangsgrad abstellt, müsste die Einwilligung also für unwirksam erklären. Im Fall 55 würden die Vertreter dieser Ansicht die Einwilligung aber nur für relativ unwirksam erklären, nur im Verhältnis zu F, gegenüber dem Tätowierer würde sie gelten gelassen. Der Grund dafür liegt in dem Umstand, dass nur F den Nötigungsdruck verschuldet hat, nicht aber der Tätowierer. Schon diese Spaltung der Wirksamkeit erweckt Zweifel. Es kommt hinzu: Diese Einschränkungen der Wirksamkeit einer Einwilligung vertragen sich nicht mit den §§ 119, 123 BGB, die auch die durch Inhalts- oder Erklärungsirrtum, durch „arglistige Täuschung" oder durch „widerrechtliche Drohung" bedingte Willenserklärung wirksam sein lassen. Um Wertungswidersprüche zu vermeiden, sollte die Einwilligung besser insgesamt (gegenüber allen Personen) als wirksam gelten; und für etwaige Strafbarkeiten ist dann am Vorverhalten anzuknüpfen, das nach anderer Sicht über die Relativität der Einwilligung entscheidet (MüKo/*Schlehofer* Vor § 32 Rn. 193–194; *Hardtung/Putzke* Rn. 636–639).

453   Zusammenfassend lassen sich die objektiven **Voraussetzungen der Einwilligung** so umschreiben:

> Der einsichtsfähige Träger eines disponiblen Rechtsguts (oder sein Vertreter) muss die Vorstellung von derjenigen strafrechtlich missbilligten Gefahr haben, die der Täter mit seinem Verhalten schafft (Freiheit von rechtsgutsbezogenen Irrtümern); mit der Schaffung dieser Gefahr muss der Einwilligende einverstanden sein, dem steht es gleich, wenn er (ohne einverstanden zu sein) eine wirksame Zustimmungserklärung abgibt.

454   Zwang oder nicht rechtsgutsbezogene Täuschungen machen die Einwilligung in den unmittelbar rechtsgutsverletzenden Akt nicht unwirksam. Zu prüfen bleibt dann aber, ob das Täuschen oder das Ausüben von Zwang als tatbestandsmäßiges Verhalten zu gelten hat (noch zum Unrecht des Vorverhaltens → Rn. 482).

c) Subjektives Einwilligungselement

455   Auch bei der Einwilligung ist das Versuchsunrecht nur kompensiert, wenn der Handelnde um die objektiven Umstände der Einwilligungsvoraussetzungen weiß.

6. Mutmaßliche Einwilligung

456   Auch die mutmaßliche Einwilligung ist nicht gesetzlich geregelt; erwähnt und als Rechtfertigungsgrund vorausgesetzt findet sie sich in § 630d BGB. Der Rechtfertigungsgrund der mutmaßlichen Einwilligung schließt unter **Zubilligung eines erlaubten Risikos** das jeweilige Strafunrecht aus. Weil ein solch sorgfaltsgemäßes Mutmaßen nur das Handlungsunrecht beseitigt, bleibt ein etwaiger Folgeunwert bestehen, sodass den Rechtsgutsinhaber keine Duldungspflicht trifft. (Dies alles gilt gleichermaßen für ein mutmaßliches Einverständnis.)

457   **Fall 56:** Während P operiert wird, entdeckt das Ärzteteam einen weiteren Krankheitsherd. Dessen operative Entfernung ist zwar medizinisch zwingend geboten, aber nicht von der erteilten Einwilligung gedeckt. Der Operateur entfernt lege artis das betroffene Gewebe. Dazu kommt es, weil das Ärzteteam nach Beratung zu dem Schluss findet, dass P dies so wollen würde: Denn es wäre zwar möglich, die Gewebeentfernung in einer späteren Operation vorzunehmen, doch würde eine neuerliche Narkose den geschwächten P einer erheblichen Gesundheitsgefährdung aussetzen.

Drei Voraussetzungen müssen für eine mutmaßliche Einwilligung er- **458** füllt sein (MüKo/*Schlehofer* Vor § 32 Rn. 207 f.). **Erstens** muss bei Begehung der Tat zu mutmaßen sein, dass der Rechtsgutinhaber oder sein Vertreter der Tatbegehung zustimmen würde. Beachte: Dabei geht es um dessen zu mutmaßenden tatsächlichen Willen (Selbstbestimmungsrecht), nicht um einen als vernünftig zuzuschreibenden Willen.

Die Zustimmung kann vor allem deshalb zu mutmaßen sein, weil die Tatbege- **459** hung im Interesse des Rechtsgutinhabers liegt (Eigennützigkeit), aber auch, weil anzunehmen ist, er würde im Interesse eines Dritten zustimmen (Fremdnützigkeit). Für diese Prognose muss der Handelnde, soll sie ihn rechtfertigen, sorgfaltsgemäß alle ihm bekannten Umstände abwägen. Da es um die Selbstbestimmung des Rechtsgutsträgers geht, ist es das Ziel der Abwägung, dessen Willen zu treffen. Entscheidend sind daher dessen frühere Äußerungen, bekannte Einstellungen oder Eigenarten. In Ermangelung solcher Anhaltspunkte wirkt die Sicht eines verständigen Beobachters indiziell für den Willen des Rechtsgutinhabers. – Im Fall 56 ist diese Voraussetzung erfüllt, denn der Eingriff ist medizinisch zwingend geboten (Eigennützigkeit), und Anhaltspunkte für einen entgegenstehenden Willen bestehen nicht.

Zweitens müsste bei einer gedachten tatsächlichen Zustimmung des **460** Rechtsgutinhabers (oder seines Vertreters) dessen Einwilligung wirksam sein.

Zu prüfen sind die bei der Einwilligung behandelten Wirksamkeitsvorausset- **461** zung. Beispielsweise fehlt eine dieser Wirksamkeitsvoraussetzung, wenn der unerreichbare Rechtsgutsträger wegen Geisteskrankheit einwilligungsunfähig ist, denn dann würde nicht einmal seine ausdrückliche Zustimmung rechtfertigend wirken (*Merkel* Früheuthanasie, S. 321 ff.). In solchen Fällen kann § 34 greifen. – Im Fall 56 lägen besagte Wirksamkeitsvoraussetzungen vor, würde P aufgeklärt zustimmen.

Und schließlich darf **drittens** eine tatsächliche Zustimmung nicht er- **462** reichbar sein (Subsidiarität der mutmaßlichen Einwilligung), es sei denn, das aufschiebende Befragen des Rechtsgutinhabers beeinträchtigt andere schutzwürdige Interessen, um deretwegen wiederum seine Zustimmung zu mutmaßen wäre.

Im **Fall 56** wäre zwar ein Einholen der Zustimmung des P möglich. Doch greift **463** die genannte Ausnahme: Bei Aufschieben des Eingriffs müsste P zum Erreichen der Heilung ein neues erhebliches Gesundheitsrisiko eingehen, sodass in der Gesamtschau mutmaßlich das sofortige Operieren seinem Willen entspricht. – In puncto Subsidiarität befürworten manche eine weitere Ausnahme, wenn zu mutmaßen sei, dass der Rechtsgutinhaber auf ein Befragtwerden keinen Wert lege (Schönke/Schröder-*Lenckner/Sternberg-Lieben* Vor § 32 Rn. 54).

464   Wo das Handeln dem mutmaßlichen Willen des Rechtsgutsträgers entspricht, kann zugleich eine **berechtigte Geschäftsführung ohne Auftrag** nach § 677 BGB vorliegen. Eigene Bedeutung hat die Geschäftsführung ohne Auftrag, wenn sie dem Willen des Geschäftsherrn widerstreitet (s. § 679 BGB), beispielsweise im Fall der Tierschützer, die das Pflichtversäumnis der Behörde ausgleichen und zur Dokumentation von Tierquälereien in einen Tiermastbetrieb einbrechen (LG Magdeburg StV 2018, 335; *Rengier* AT § 23 Rn. 63). Was zivilrechtlich erlaubt ist, darf von Verfassungs wegen strafrechtlich nicht missbilligt werden (MüKo/*Schlehofer* Vor § 32 Rn. 124).

7. Festnahmerecht

465   § 127 I StPO gibt dem Jedermann die Befugnis, einen auf frischer Tat Betroffenen oder Verfolgten zur Sicherung des Strafverfolgungsinteresses der Allgemeinheit festzunehmen, wenn er – alternativ – der Flucht verdächtig ist oder seine Identität nicht sofort festgestellt werden kann. **Vier Aspekte** sind bei diesem Festnahmerecht bedeutsam:

466   Erstens: Weil es um das Ermöglichen der Strafverfolgung geht, muss es sich bei der „Tat" i.S.d. § 127 I StPO um eine **Straftat** handeln, wofür ein strafbarer Versuch genügt. Die Tat muss zudem insgesamt strafrechtliche Sanktionen (Strafe oder Maßregeln) ermöglichen, sodass gerechtfertigte, entschuldigte oder aus anderen Gründen keiner strafrechtlichen Sanktion unterliegenden Taten kein Festnahmerecht begründen

467   Zweitens: Umstritten ist die Frage, ob die „Tat" tatsächlich begangen sein muss oder ob ein „dringender Tatverdacht" (verstanden als sorgfaltsgemäße Annahme einer Straftatbegehung) genügt. Zutreffend ist die Sicht, dass **tatsächlich eine Straftat** begangen worden sein muss. Dahin drängt zunächst der Wortlaut, denn der verlangt eine „Tat", die dann auch gegeben sein muss. Es hätte sonst nahegelegen, in § 127 I StPO nicht nur vom Fluchtverdacht, sondern vom Tatverdacht zu sprechen. Die wortlauttreue Lesart passt auch besser zur Rechtsfolge, weil die „Befugnis" zum Festsetzen eines Unschuldigen nicht angemessen erscheint (Meyer-Goßner/*Schmitt* § 127 Rn. 4; aA mit der Folge eines Eingriffsrechts des Festnehmenden bei sorgfältig gehegtem Straftatverdacht BGHZ NJW 1981, 745; *Roxin/Greco* AT I § 24: Ziehe der Staat den Bürger für öffentliche Aufgaben heran, dürfe er von ihm nicht mehr verlangen als sorgfaltsgemäßes Verhalten).

468   An einer Tat iS einer Straftat fehlt es deshalb auch, wenn für den Festnehmenden unerkennbar entweder eine subjektive Straftatbestandsvoraussetzung fehlt oder ein Rechtfertigungs- oder ein Entschuldigungsgrund greift (inkonsequent insoweit Meyer-Goßner/*Schmitt*, § 127 Rn. 4). – Freilich ist zu beachten, dass ein Festnehmender, der sorgfaltsgemäß eine Straftatbegehung annimmt, kein Handlungsunrecht aufweist. Dies lässt sowohl das Strafunrecht der Festnahme entfallen

(→ Rn. 285) wie es dem Angriff auf die Fortbewegungsfreiheit die Rechtswidrigkeit i.S.d. § 32 II nimmt (→ Rn. 333). Deshalb laufen die Ansichten in der Praxis zumeist auf dasselbe Ergebnis hinaus. Nach hiesiger Ansicht dürfte der Festgenommene sich zwar im Rahmen des § 34 wehren; zumeist aber wird ein Sichausweisen oder ein verbales Aufklären des Festnehmenden genügen, ein verletzendes Sichbefreien wird vielfach unangemessen sein.

Drittens: § 127 I StPO erlaubt über das Beeinträchtigen der Fortbe- **469** wegungsfreiheit hinaus **Eingriffe in andere Rechtsgüter,** soweit dies zur Festnahme nötig und insgesamt verhältnismäßig ist. Von der Norm gedeckt sind daher auch das Wegnehmen von Sachen (Autoschlüssel), das Anspringen und Niederringen des Betroffenen oder das Zufügen leichter Körperverletzungen.

Nicht mehr gedeckt sind ernsthafte Gefährdungen der Gesundheit oder des Le- **470** bens: minutenlanger Würgegriff (abstruse Sachverhalte bei BGH NJW 2000, 1348; NStZ-RR 2007, 303); Schießen auf den Täter (BGH NJW 1981, 745); Abfeuern einer Gaspistole aus nächster Nähe (KG VRS 2019, 114); Zufallbringen eines Motorradfahrers (BayObLG NStZ 1988, 518).

Viertens: Subjektiv wird beim Festnehmenden ein **Festnahmewille 471** verlangt, wofür – entgegen der hM – schon die Kenntnis der objektiven Rechtfertigungslage genügt.

8. Weitere Rechtfertigungsgründe

Neben die bislang behandelten Rechtfertigungsgründe treten in der **472** Rechtspraxis zahlreiche weitere. Für die Strafrechtsklausur von Bedeutung sind insbesondere noch die Selbsthilfe und das Erziehungsrecht.

Fall 57: O setzt sich auf eine Parkbank und will sich eine Zigarette **473** gönnen, als plötzlich der ihm unbekannte T an ihn herantritt, ihm mit einem Schlag ins Gesicht das Nasenbein zertrümmert, ihm die fast leere Zigarettenpackung entreißt und damit wegzurennen droht. O kann nur die Kapuze des T ergreifen und versucht, ihn daran zurückzuziehen, doch reißt sie ab. Um T haftbar zu machen, schießt er ihm mit seinem Revolver eine Kugel ins Bein.

Die §§ 229, 230 BGB erlauben dem Inhaber eines fälligen und durch- **474** setzbaren Anspruchs in gewissen Lagen, **Selbsthilfe** zu üben, wenn obrigkeitliche Hilfe nicht greifbar und die Realisierung des Anspruchs (wegen Fluchtgefahr) gefährdet ist.

Im Fall 57 liegt eine Selbsthilfelage vor: O hat einen fälligen und durchsetzba- **475** ren Schadensersatzanspruch aus §§ 823 I BGB; 823 II BGB mit § 223, staatliche

Hilfe ist nicht zu erlangen und wenn dem T die Flucht erst einmal gelingt, wäre der Anspruch so gut wie wertlos.

476   Die Selbsthilfehandlung darf sich gegen Sachen oder gegen Personen richten (§ 229 BGB). Für Selbsthilfe gegen eine Person orientiert sich die hM an § 127 StPO (→ Rn. 469). Danach sind Sachbeschädigungen und leichte körperliche Beeinträchtigungen des Schuldners als Annex-kompetenz zur Festnahme erlaubt, unzulässig ist aber das Riskieren schwerer Gesundheitsschäden oder gar des Todes.

477   Gedeckt war daher noch das Festhalten der Kapuze. Das von § 229 BGB Er-laubte überschritten hat O dagegen, indem er den T anschoss. – Wo es um das Durchsetzen von Ansprüchen geht, sieht die ganz hM in §§ 229, 230 BGB eine gegenüber § 32 vorgehende Spezialregelung mit der Folge, dass die Anspruchssi-cherung kein notwehrfähiges Recht ist. O ist daher auch wegen des Anspruchs nicht aus § 32 gerechtfertigt.

478   In subjektiver Hinsicht verlangt die hM eine Durchsetzungsabsicht (arg. *„zum Zwecke* der Selbsthilfe“).

> **Fall 58:** Vater V gibt seinem sechsjährigen Sohn S eine Ohrfeige, weil der erneut unversehens auf die Straße gelaufen ist und erneut beinahe überfahren worden wäre. Die vorherigen Male hatte V stets eindring-lich, aber ohne Erfolg auf den S eingeredet, um ihm die Gefahren bewusst zu machen; auch hatte er es mit Stubenarrest versucht.

479   Für Erziehungsmaßnahmen von Eltern kann sich ein Rechtferti-gungsgrund aus ihrem **Erziehungsrecht** ergeben (Art. 6 II 1 GG, §§ 1626, 1626a I, II, 1631 I BGB). Im Fall 58 ist die mit dem Stubenar-rest einhergehende tatbestandliche Freiheitsberaubung gerechtfertigt.

480   Vom Erziehungsrecht der Eltern umfasst gesehen hat man früher so gar die – maßvoll-erzieherische – körperliche Züchtigung des Kindes. Einfachgesetzlich steht dem nun § 1631 II BGB ausdrücklich entgegen. Nach seinem Satz 1 haben Kinder „ein Recht auf gewaltfreie Erzie-hung“; der Gesetzgeber erachtete jedwede „körperliche Bestrafungen“ als unzulässig (und grundsätzlich strafbar) und hat dies in § 1631 II 2 BGB ausdrücklich bestimmt; dieser Beschränkung des Elternrechts steht auch Art. 6 II GG nicht entgegen, da der Gesetzgeber das Elternrecht mit § 1631 II BGB verhältnismäßig eingegrenzt und das körperliche Züch-tigen, wenn es die Tatbestandsschwelle erreicht, zugleich als strafrecht-lich zu missbilligendes Verhalten bewertet hat (MüKo/*Schlehofer* Vor § 32 Rn. 127–129). Im Fall 58 verwirklicht V mit dem Ohrfeigen des S deshalb Körperverletzungsunrecht.

481   Nicht besonders klausurrelevant sind die behördliche Erlaubnis und die be-hördliche Genehmigung (zu ihnen MüKo/*Schlehofer* Vor § 32 Rn. 233–250). Zur

Geschäftsführung ohne Auftrag → Rn. 464. – Die Wahrnehmung berechtigter Interessen (§ 193 StGB) gehört in den Kontext der Ehrschutzdelikte (§§ 185 ff. StGB).

9. Unrecht des Vorverhaltens (actio illicita in causa)

Ein gerechtfertigtes Verhalten einer Person kann von ihr selbst zurechenbar und vorsätzlich verursacht worden sein. Für solches **Vorverhalten** ist umstritten, ob es als Verwirklichung des Tatbestandes gelten kann. Zu bejahen ist dies für reine Erfolgsdelikte (zB §§ 212 I, 303 I), weil diese Delikte nach ihrer Tatbestandsfassung jedwedes zurechenbare Verursachen des Erfolges genügen lassen. **482**

> **Fall 59:** T hebt den vierjährigen Sohn S seines Nachbarn zur Linken über den Gartenzaun seines Nachbarn zur Rechten. Er tut so, als wolle er dem S ermöglichen, das Trampolin des Nachbarn zu nutzen. Insgeheim hofft er darauf, dass der bissige Schäferhund des Nachbarn sich auf das Kind stürzen werde und er den „üblen Kläffer" unter dem Deckmantel des Notstandes töten kann. So kommt es. Kurz bevor der Hund zubeißen kann, erschießt T ihn. § 303 I? **483**

Beim Schießen ist T nach § 228 S. 1 BGB gerechtfertigt: Die Lebensgefahr für S geht von der Sache aus, und das Schießen ist erforderlich und verhältnismäßig. Letzteres gilt, obwohl T die Notstandslage verschuldet hat. Der Verschuldensaspekt ist zwar bei der Verhältnismäßigkeitsprüfung einzubeziehen, kann aber wegen der – sogar überwiegenden – Interessen des S nicht zum Versagen der Rechtfertigung führen. Auch dürfte ein Dritter die Gefahr für S abwenden, dann kann (im Interesse des S) für T nichts anderes gelten. Die Rechtfertigung des S passt zu § 228 S. 2 BGB, wonach bei Verschulden der Notstandslage die Tat gleichwohl gerechtfertigt sein kann und dann lediglich eine Schadensersatzpflicht besteht. Weil T schießen darf, ist er wegen seines pflichtwidrigen Vorverhaltens aus §§ 212 I, 13 I sogar zum Schießen verpflichtet (Ingerenzgarant → Rn. 655). **484**

Zurechenbar verursacht hat T den Sachzerstörungserfolg aber auch, indem er den S über den Zaun gehoben hat. Sein Vorverhalten schafft die strafrechtlich missbilligte und sich später unmittelbar zuspitzende Gefahr, dass T den Hund erschießt. Im Abstellen auf das Vorverhalten liegt keine unzulässige Vorverlagerung, weil zwischen dem Vorverhalten und dem tatbestandlichen Erfolg niemand (auch nicht T selbst) als rechtswidrig handelnder Täter dazwischentritt (→ Rn. 154). Und da es ihm bei dieser Handlung auf die Herbeiführung des Sachzerstörungserfolges ankam, handelte er vorsätzlich (Absicht). Das Über-den-Zaun-Heben erfüllt insgesamt den Tatbestand des § 303 I. – Man könnte noch den Einwand erwägen, dass die auf einen bestimmten Erfolg gerichtete Tat nur einmal „begangen" werden kann und die Vorverlagerung deshalb mit dem Kuriosum zweier Tatbegehungen (Schießen und Über-den-Zaun-Heben) eine Umgehung der Rechtfertigungsgründe bedeute (vgl. in § 32 den Passus „Wer eine Tat begeht..., **485**

handelt nicht rechtswidrig"). Doch ist es für die Konstellationen des Übernahme-
verschuldens weitgehend anerkannt, dass es zu dem Phänomen zweier Tatbegehungen kommen kann (→ Rn. 569). Auf der Ebene der Rechtswidrigkeit muss
man es genauso sehen. – Teilweise wird noch eingewendet, das Schießen könne
nicht einerseits rechtmäßig und zugleich als Teil des den S belastenden Kausalverlaufs rechtswidrig sein (so zur Notwehr *Roxin/Greco* § 15 Rn. 68). Der Einwand verkennt, dass es in einem belastenden Kausalverlauf sehr wohl (Hand-
lungs-)Elemente geben kann, die für sich genommen rechtmäßig sind; beispielsweise ist dies gerade ein Strukturelement der mittelbaren Täterschaft durch Einsatz eines gerechtfertigten Werkzeugs (→ Rn. 165).

C. Die Schuld

486   Schuld bedeutet im Strafrecht: strafrechtliche Verantwortlichkeit.
Das ergibt sich aus § 3 S. 1 JGG; denn dort ist mit der strafrechtlichen
Verantwortlichkeit des Jugendlichen (i.S.d. § 1 II JGG) seine strafrecht-
liche Schuld gemeint.

I. Die Voraussetzungen strafrechtlicher Schuld

487   Die Voraussetzungen der strafrechtlichen Schuld sind im StGB nicht
ausdrücklich genannt. Dort finden sich nur Vorschriften, die die Schuld
ausschließen, wie etwa § 20. Aus diesen Regelungen lassen sich aber im
Umkehrschluss die Voraussetzungen für das Gegebensein der Schuld
folgern. Deutlich ergeben sie sich aus § 20. Da er die Schuld ausschließt,
wenn der Täter bei Begehung der Tat wegen der in § 20 genannten seelischen Störungen *unfähig* ist, das Unrecht der Tat einzusehen oder nach
dieser Einsicht zu handeln, muss die Schuld voraussetzen, dass der Täter
bei Begehung der Tat *fähig* ist, das Unrecht der Tat einzusehen und nach
dieser Einsicht zu handeln. In § 3 S. 1 JGG sagt das Gesetz dies für die
Schuld des Jugendlichen sogar ausdrücklich. Denn die dort für die „Zeit
der Tat" vorausgesetzte Reife, das Unrecht der Tat einzusehen und nach
dieser Einsicht zu handeln, kann nur haben, wer eben dazu fähig ist (anders *Herzberg* Willensunfreiheit, S. 111 f.).

488   Positiv festgestellt werden muss diese Fähigkeit allerdings nur gemäß
§ 3 S. 1 JGG für Jugendliche i.S.d. § 1 II JGG. Im Übrigen vermutet das
Gesetz das Gegebensein dieser Fähigkeit, wenn keine der Vorschriften
eingreift, die die Schuld ausschließen – wie etwa § 20. Dann genügt in
der Fallbearbeitung die schlichte Feststellung, dass die Schuld gegeben
ist.

II. Die gesetzlichen Schuldregeln, insbesondere die Schuldausschließungs- und Entschuldigungsgründe

Die Vorschriften, die die Schuld ausschließen, werden gemeinhin unterteilt in „**Schuldausschließungsgründe**" und „**Entschuldigungsgründe**". Erstere schließen die Schuld wegen psychischer Defizite des Täters aus – so etwa § 20 –, letztere schließen die Schuld aus, weil sich der Täter bei der Tatbegehung in einer Situation ist, die einen Menschen typischerweise in innere Bedrängnis bringt, wie etwa im Falle des entschuldigenden Notstands gemäß § 35 I. Sachliche Bedeutung hat diese Unterscheidung jedoch nicht. Die Entschuldigungsgründe schließen die Schuld ebenso aus wie die Schuldausschließungsgründe. So heißt es in § 35 I ebenso „handelt ohne Schuld" wie in § 20. **489**

1. Schuldunfähigkeit gemäß § 19

Gemäß § 19 ist schuldunfähig, wer bei Begehung der Tat – d.h. gemäß § 8 S. 1 beim tatbestandsmäßigen Handeln oder Unterlassen – noch nicht vierzehn Jahre alt ist. Für ihn **vermutet das Gesetz unwiderleglich**, dass ihm bei der Tatbegehung die schuldbegründende Fähigkeit fehlt, das Unrecht der Tat einzusehen und nach dieser Einsicht zu handeln. Maßgeblich ist dafür das tatsächliche Alter. Die bloß irrige Annahme, noch nicht vierzehn zu sein, genügt nicht. Denn die gesetzliche Vermutung der Schuldunfähigkeit knüpft an den mit dem Alter verbundenen geistigen Entwicklungsstand an. Und dieser bleibt von dem Irrtum unbeeinflusst. Man gerät ja nicht dadurch auf den Entwicklungsstand eines 13-jährigen, dass man irrig annimmt, man sei erst 13. **490**

2. Die Schuld des Jugendlichen gemäß § 3 S. 1 JGG

Die Schuld des Jugendlichen i.S.d. § 1 II JGG – des 14- aber noch nicht 18-jährigen – setzt nach § 3 S. 1 JGG voraus, dass der Jugendliche „zur Zeit der Tat nach seiner **sittlichen und geistigen Entwicklung** reif genug ist, das Unrecht der Tat einzusehen und nach dieser Einsicht zu handeln". Mit der „Zeit der Tat" ist gemäß §§ 2 II JGG, 10, 8 die Zeit des tatbestandsmäßigen Verhaltens gemeint, mit der „sittlichen Entwicklung" die Entwicklung des Wertebewusstseins, mit der „geistigen Entwicklung" die Entwicklung des Verstandes und mit der „Reife" die aus dieser sittlich-geistigen Entwicklung hervorgegangene Fähigkeit. **491**

3. Schuldausschluss wegen seelischer Störungen gemäß § 20

a) Die geschriebenen Voraussetzungen

492   § 20 schließt die Schuld in Fällen „**seelischer Störungen**" aus. Erfasst werden „krankhafte seelische Störungen", d.h. Geisteskrankheiten wie Paralyse, Schizophrenie oder manisch-depressive Geisteszustände, „tiefgreifende Bewusstseinsstörungen", wie bei hochgradigen Affekten oder starker Alkoholisierung, „Intelligenzminderung" (früher: „Schwachsinn"), d. h. signifikant unterdurchschnittliche Intelligenz, und „schwere andere seelische Störungen", beispielsweise schwere Neurosen und Triebstörungen. Diese Störungen müssen zur **Folge** haben, dass der Täter „bei Begehung der Tat" i.S.d. § 8, also beim tatbestandsmäßigen Verhalten unfähig ist, das Unrecht der Tat einzusehen oder nach dieser Einsicht zu handeln.

493   Wird die schuldbegründende Fähigkeit des Täters, bei Begehung der Tat das Unrecht der Tat einzusehen und nach dieser Einsicht zu handeln, durch eine „seelische Störung" i.S.d. § 20 hingegen nicht ausgeschlossen, sondern nur erheblich vermindert, ist gemäß § 21 auch die Schuld nicht ausgeschlossen. Nach § 21 kann die erheblich verminderte Schuldfähigkeit nur zu einer Strafmilderung gemäß § 49 I führen. § 21 ist daher als bloße Strafzumessungsvorschrift nach der Schuld zu prüfen.

b) Ungeschriebene Einschränkungen des § 20 in Fällen der actio libera in causa?

494   Sind die Voraussetzungen des § 20 erfüllt, ist die Schuld nach dem Wortlaut der Vorschrift ausgeschlossen. Manche behaupten allerdings, dass § 20 durch Gewohnheitsrecht eingeschränkt werde (vgl. *Kühl* AT § 11 Rn. 8 ff.). Wenn den Täter im Hinblick auf die Tat ein Vorverschulden treffe, sei die Schuld trotz Erfüllung der geschriebenen Voraussetzungen des § 20 nicht ausgeschlossen. Man spricht dann von einer *actio libera in causa* (sog. Ausnahmemodell).

495   Voraussetzung für ein solches Vorverschulden sei:
— bei einer Vorsatztat, dass der Täter
  1. vorsätzlich seine Schuldunfähigkeit bei Begehung der Tat herbeigeführt hat,
  2. dabei auch Vorsatz hinsichtlich der im Zustand der Schuldunfähigkeit begangenen Tat hatte
  = **vorsätzliche actio libera in causa**
— bei einer Fahrlässigkeitstat, dass der Täter
  1. wenigstens fahrlässig seine Schuldunfähigkeit bei Begehung der Tat herbeigeführt hat,

2. fahrlässig hinsichtlich der im Zustand der Schuldunfähigkeit begangenen Tat gehandelt hat
= fahrlässige actio libera in causa

> **Fall 60:** Dem A ist gekündigt worden. Dafür will er sich an seinem **496**
> früheren Chef rächen. Er nimmt sich vor, nachts mit seinem Wagen
> zur Firma zu fahren und dort die dann menschenleere Lagerhalle in
> Brand zu setzen. Seine Skrupel will er zuvor im Alkohol ertränken.
> So geschieht es auch. A betrinkt sich so, dass er eine Blutalkoholkon-
> zentration von 3‰ erreicht und dadurch unfähig wird, nach seiner
> Unrechtseinsicht zu handeln. In diesem Zustand fährt er in seinem
> Pkw zur Lagerhalle – wohl wissend, dass er fahruntüchtig ist – und
> steckt sie in Brand.

Durch das Fahren hat A den Tatbestand des § 316 I verwirklicht – ab einer **497**
Blutalkoholkonzentration von 1,1‰ ist man absolut fahruntüchtig – und durch das
In-Brand-setzen der Lagerhalle den Tatbestand des § 306 I Nrn .1 u. 3. Bei Begehung dieser Taten war bei A jedoch infolge der Alkoholisierung eine so tiefgreifende Bewusstseinsstörung eingetreten, dass er unfähig war, nach der Unrechtseinsicht zu handeln. Nach dem Wortlaut des § 20 hätte er damit ohne Schuld
gehandelt. Schränkt man § 20 aber bei einem Vorverschulden nach Maßgabe der
Voraussetzungen einer actio libera in causa ein, ist die Schuld des A nicht gemäß
§ 20 ausgeschlossen. Denn A trifft nach den Voraussetzungen der actio libera in
causa ein für die Vorsatzdelikte der §§ 316 I, 306 I hinreichendes Vorverschulden:
Er hat sich vorsätzlich in den Zustand der tiefgreifenden Bewusstseinsstörung versetzt, der ihn unfähig machte, nach seiner Unrechtseinsicht zu handeln, und dabei
auch Vorsatz hinsichtlich der Taten nach den §§ 316 I, 306 I gehabt. A wäre danach strafbar gemäß den §§ 316 I, 306 I.

Eine rechtliche Legitimation für diese Einschränkung des § 20 gibt es **498**
jedoch nicht. Das Gewohnheitsrecht, auf das man sich beruft, existiert
nicht. Gewohnheitsrecht entsteht nur, wenn etwas zur allgemeinen Gewohnheit – üblich – geworden ist und diese Gewohnheit der allgemeinen
Rechtsüberzeugung entspricht. Die Einschränkung des § 20 durch die
Voraussetzungen der actio libera in causa ist aber keine der allgemeinen
Rechtsüberzeugung entsprechende Gewohnheit. Denn die Einschränkung ist stets strittig, also niemals allgemein anerkannt gewesen. Zudem
kann Gewohnheitsrecht nur entstehen, soweit es nicht gegen höherran-
giges Recht verstößt. Die Einschränkung des § 20 durch die Voraussetzungen der actio libera in causa verstieße aber gegen **Art. 103 II GG**.
Denn danach muss „die Strafbarkeit" – wozu auch die Voraussetzungen
strafrechtlicher Schuld gehören – vor Begehung der Tat **„gesetzlich bestimmt"** sein. „Gesetzlich" ist eine Bestimmung aber nur, wenn sie in

einem förmlichen Gesetz, d.h. in einem vom Gesetzgeber verabschiede-
ten Gesetz enthalten ist. Das ergibt sich aus Art. 104 I GG, wonach die
„Freiheit der Person ... nur auf Grund eines förmlichen Gesetzes ... beschränkt werden" kann. Danach kann Grundlage für eine Freiheitsstrafe
nur ein förmliches Gesetz sein. Die Einschränkung des § 20 durch die
Voraussetzungen der actio libera in causa ist aber nicht durch ein förmliches Gesetz bestimmt. § 20 darf demnach nicht durch die ungeschriebenen Voraussetzungen der actio libera in causa eingeschränkt werden.
Ausgeschlossen ist danach allerdings nur eine Strafbarkeit wegen der
Tathandlungen, die der Täter im Zustand der Schuldunfähigkeit begangen hat, also beispielsweise im Fall 60 eine Strafbarkeit des A wegen
des Fahrens in fahruntüchtigem Zustand und wegen des Anzündens der
Lagerhalle.

499   Offen ist hingegen noch, ob eine Strafbarkeit wegen des Vorverhaltens in schuldfähigem Zustand gegeben ist. Das setzt allerdings voraus,
dass der Tatbestand schon durch dieses **Vorverhalten** verwirklicht wird.
Es müsste also das tatbestandliche Handlungsmerkmal erfüllen und es
müssten auch die übrigen Tatbestandsvoraussetzungen erfüllt sein. Ist
das der Fall – und sind auch die übrigen Deliktsvoraussetzungen gegeben –, ist der Täter wegen des Vorverhaltens strafbar (sog. Tatbestands-
modell, siehe BGHSt, 17, 333, 335, *Fischer* § 20 Rn. 52; ablehnend *Het-
tinger*, Die „actio libera in causa": Strafbarkeit wegen Begehungstat
trotz Schuldunfähigkeit?). Diese sog. Vorverlagerung der Strafbarkeit
ist aber nichts Besonderes. Sie ergibt sich schlicht daraus, dass das Vorverhalten die gesetzlichen Tatbestandsmerkmale verwirklicht.

500   Im Fall 60 könnte A daher noch wegen seines Vorverhaltens – des Sich-Betrinkens – nach den §§ 316 I, 306 I Nrn. 1, 3 strafbar sein. Für eine Strafbarkeit
nach § 316 I müsste das Sich-Betrinken das Handlungsmerkmal des Führens eines
Fahrzeugs erfüllen. Das ist aber nicht der Fall. Ein Fahrzeug wird nach allgemeiner Meinung erst „geführt", wenn es in Bewegung gesetzt wird. Das geschieht
durch das Sich-Betrinken nicht. Eine Strafbarkeit gemäß § 316 I scheidet damit
auch für das Vorverhalten aus.

501   § 306 I Nrn. 1, 3 begnügt sich für die Handlung des In-Brand-Setzens hingegen
mit jedem strafrechtlichen Verhalten. In-Brand-Setzen kann nicht nur das den
Brand unmittelbar verursachende Verhalten – im Fall 60 das Anzünden – sein,
sondern auch ein Vorverhalten. Danach reicht als Handlung des In-Brand-Setzens
auch das Sich-Betrinken hin. Hinzukommen muss aber, dass die übrigen objektiven und subjektiven Voraussetzungen des § 306 I Nrn. 1, 3 erfüllt sind. Der Inbrandsetzungserfolg müsste also auch durch das Sich-Betrinken verursacht sein
und er müsste A objektiv zurechenbar sein. Beides ist der Fall. Kausal für den
Erfolg der Inbrandsetzung ist das Sich-Betrinken, weil A dadurch seine Hemmungen ausgeschaltet und so erst fähig geworden ist, seinen Plan in die Tat umzuset-
zen. Objektiv zurechenbar ist ihm der Erfolg, weil das Sich-Betrinken durch die

Beseitigung der Hemmungen die strafrechtlich missbilligte Gefahr geschaffen hat, dass der Inbrandsetzungserfolg eintritt, und sich eben diese Gefahr realisiert hat. Gemäß § 15 müsste A zudem vorsätzlich gehandelt haben. Da die Tathandlung das Sich-Betrinken ist, müsste A dabei Vorsatz gehabt haben. Auch das ist der Fall: A hatte die Brandstiftung beim Sich-Betrinken sogar beabsichtigt. Und schließlich hat A beim Sich-Betrinken rechtswidrig und schuldhaft gehandelt – zu diesem Zeitpunkt ist § 20 ja noch nicht erfüllt. Er hat sich damit durch die Handlung des Sich-Betrinkens nach § 306 I Nrn. 1, 3 strafbar gemacht.

Auch bei Delikten wie § 306, die für ein tatbestandsmäßiges Verhal- **502** ten nur ein vermeidbares Handeln oder Unterlassen voraussetzen, scheidet eine Strafbarkeit des Vorverhaltens aber aus, wenn eine der **übrigen Deliktsvoraussetzungen** nicht erfüllt ist. So fehlt es beispielsweise an der objektiven Zurechnung, wenn das Vorverhalten, etwa das Sich-Betrinken, das Risiko des Erfolgseintritts nicht erhöht, sondern verringert, so wenn der Täter, der dem Opfer auflauert, um es zu erschießen, sich nicht mit dem Trinken einer Flasche Schnaps enthemmt, sondern sich lediglich die Wartezeit damit vertreibt, er dadurch beim Schießen unsicherer ist und die Gefahr eines tödlichen Schusses sich so verringert. Oder der Tatbestand kann gemäß § 16 I 1 mangels Vorsatzes nicht erfüllt sein, weil dieser nicht „bei Begehung der Tat" i.S.d. §§ 16 I 1; 8, sprich: beim tatbestandsmäßigen Vorverhalten gegeben ist.

4. Schuldausschluss wegen unvermeidbaren Verbotsirrtums gemäß § 17 S. 1

Gemäß § 17 S. 1 ist die Schuld ausgeschlossen, wenn dem Täter bei **503** Begehung der Tat i.S.d. § 8 die Einsicht fehlt, Unrecht zu tun, und er diesen Irrtum nicht vermeiden konnte. Konnte er den Irrtum hingegen vermeiden, bleibt die Schuld unberührt. Es kann dann nur gemäß § 17 S. 2 die Strafe gemäß § 49 I gemildert werden. § 17 S. 2 ist daher ebenso wie § 21 eine bloße Strafzumessungsvorschrift und damit nach der Schuld zu prüfen.

Der Schuldausschluss wegen unvermeidbaren Verbotsirrtums erklärt **504** sich daraus, dass dem Täter bei einem solchen Irrtum die für die Schuld notwendige Fähigkeit fehlt, das Unrecht der Tat einzusehen. Dementsprechend sind die Voraussetzungen des § 17 S. 1 auszulegen.

a) Fehlen der Unrechtseinsicht

Danach fehlt dem Täter die „Einsicht" nur, wenn er nicht einmal für **505** möglich hält, Unrecht zu tun. Denn für die Einsicht, Unrecht zu tun, muss die Vorstellung genügen, *möglicherweise* Unrecht zu tun (sog. **potentielles Unrechtsbewusstsein**). Das ergibt sich aus dem Zusammenhang mit der für die Schuld ebenfalls vorausgesetzten Fähigkeit, nach der Unrechtseinsicht zu handeln. Denn diese Fähigkeit hat der Täter schon, wenn er sich vorstellt, möglicherweise Unrecht zu tun – vorausgesetzt, diese Fähigkeit ist nicht aus anderen Gründen ausgeschlossen. Wer sich vorstellt, möglicherweise Unrecht zu tun, ist dann ja fähig, die rechtmäßige Verhaltensalternative zu wählen, sich also nach seiner „Einsicht" zu verhalten. Eines zusätzlichen voluntativen Elements – ein (billigendes) Inkaufnehmen wie es eine verbreitete Meinung ähnlich wie beim Eventualvorsatz fordert – bedarf es dazu nicht (*Lackner/Kühl* § 17 Rn. 4 mwN).

506   „Das Unrecht der Tat", hinsichtlich dessen die Einsicht fehlen muss, ist die *Rechtswidrigkeit* der *tatbestandsmäßigen Tat*. Verwirklicht eine Tat mehrere Straftatbestände, kommt es darauf an, ob dem Täter bei Verwirklichung des jeweiligen Tatbestandes gerade die Einsicht gefehlt hat, das Unrecht *dieser „Tat"*, sprich: *Tatbestandsverwirklichung* einzusehen. Daraus ergibt sich, dass die Unrechtseinsicht hinsichtlich einer Tatbestandsverwirklichung gegeben sein kann, hinsichtlich einer anderen nicht (sog. Teilbarkeit des Unrechtsbewusstseins).

507   **Fall 61:** Der Ausländer A kommt aus einem Kulturkreis, in dem der Mann das Recht hat, den Aufenthaltsort seiner Frau zu bestimmen. Als As Frau E ihn verlässt und bei ihrer Freundin F Zuflucht sucht, dringt A in deren Wohnung ein und zwingt E gewaltsam, mit ihm zurückzugehen. Dabei glaubt er, zwar nicht in die Wohnung eindringen zu dürfen, wohl aber E gewaltsam nach Hause zurückholen zu dürfen.

508   Die Einsicht, Unrecht zu tun, hat A nur im Hinblick auf den Hausfriedensbruch, nicht im Hinblick auf die Nötigung der E. Insoweit erliegt er gemäß § 17 einem Verbotsirrtum.

509   *Fehlen* kann dem Täter die Einsicht, Unrecht zu tun, zum einen deshalb, weil er verkennt, dass seine Tat einen Straftatbestand erfüllt – dann spricht man von einem direkten Verbotsirrtum – oder deshalb, weil er sich gerechtfertigt glaubt – dann spricht man von einem indirekten Verbotsirrtum. Für die Subsumtion unter § 17 ist diese terminologische Unterscheidung indes ohne Belang.

b) Die Unvermeidbarkeit des Irrtums

510   Die Merkmale *„nicht vermeiden konnte"* setzen nach allgemeinem Sprachgebrauch nur die faktische Unvermeidbarkeit voraus, also nur, dass der Täter nach seinen tatsächlichen Möglichkeiten nicht in der Lage war, zur Unrechtseinsicht zu gelangen. Diese Auslegung wäre allerdings für § 17 zu weit. Das ergibt sich aus dem systematischen Zusammenhang mit § 35 I S. 2, der den Schuldausschluss nur in den Grenzen der

Zumutbarkeit versagt. Denn damit bemisst er die schuldbegründende Fähigkeit, das Unrecht der Tat einzusehen und nach dieser Einsicht zu handeln, nach dem, was dem Täter zumutbar ist. Ist ihm die Hinnahme der Gefahr gemäß § 35 I S. 2 zumutbar, ist die Schuld und damit die schuldbegründende Fähigkeit gegeben. Das muss auch für § 17 S. 1 gelten – weil er ja die gleiche schuldbegründende Fähigkeit betrifft. Das heißt, die Schuld ist nach § 17 S. 1 schon ausgeschlossen, wenn der Täter den Irrtum nicht auf **zumutbarem** Wege vermeiden konnte. Dann fehlt ihm nach der Wertung des Gesetzes die Fähigkeit, das Unrecht der Tat einzusehen. In diesem eingeschränkten Sinne wird das „Nicht-vermeiden-Können" in § 17 S. 1 meist auch verstanden. So hält die Rechtsprechung den Irrtum für nicht vermeidbar, „wenn der Täter trotz der ihm nach den Umständen des Falles, seiner Persönlichkeit sowie seinem Lebens- und Berufskreis zuzumutenden Anspannung des Gewissens die Einsicht in das Unrechtmäßige seines Handelns nicht zu gewinnen vermochte" (BGHSt 21, 18, 20).

Auseinander gehen allerdings die Ansichten darüber, was das dem **511** Täter Zumutbare ist. Die hL (etwa LK/*Vogel* §17 Rn. 37 mwN) setzt die Zumutbarkeit gleich mit der Pflichtgemäßheit. Danach ist der Irrtum nicht vermeidbar, wenn der Täter ihn auf pflichtgemäßem Wege – etwa bei Beratung durch einen zuverlässigen Rechtsanwalt – nicht vermeiden konnte. Die Rechtsprechung zieht die Grenzen des Zumutbaren hingegen weiter. An den Täter seien „höhere Anforderungen zu stellen als hinsichtlich der Beobachtung der im Verkehr erforderlichen Sorgfalt" (BGHSt 21, 18, 20). Das widerspricht aber den gesetzlichen Vorgaben. So zeigt § 35 I S. 2 Alt. 2, dass die **Zumutbarkeit durch Pflichten begrenzt** wird. Denjenigen, die in einem „besonderen Rechtsverhältnis" stehen – wie beispielsweise Soldaten, Polizeibeamte oder Feuerwehrleute –, wird nur insoweit „zugemutet", „die Gefahr hinzunehmen", wie sie aufgrund dieses Rechtsverhältnisses eine besondere Gefahrtragungspflicht trifft. Ein anderer Fall, wo die „Zumutbarkeit" durch Pflichten begrenzt wird, ist der der unterlassenen Hilfeleistung gemäß § 323c. Danach ist die Hilfeleistung nicht zumutbar, wenn andere „wichtige Pflichten" entgegenstehen.

Nicht vermeidbar ist der Verbotsirrtum mithin, wenn der Täter auf **512** pflichtgemäßem Wege nicht zur Unrechtseinsicht gelangen konnte.

In diesem Sinne ist im Fall 61 der Irrtum des A, seine Frau gewaltsam nach **513** Hause zurückholen zu dürfen, nicht unvermeidbar. Denn von A als Ausländer war zu verlangen, dass er sich zuverlässig über die Rechtslage in Deutschland informiert. Hätte er das getan, wäre er dem Irrtum nicht erlegen. Seine Schuld ist daher nicht gemäß § 17 S. 1 ausgeschlossen. Gemäß § 17 S. 2 kann die Strafe aber nach § 49 I gemildert werden.

5. Schuldausschluss wegen Überschreitung der Notwehr gemäß § 33

a) Die Bedeutung der Rechtsfolge „wird er nicht bestraft"

514 Mit dieser Formulierung schließt § 33 zwar anders als die §§ 17, 20, 35 nicht explizit die Schuld, sondern nur allgemein die Strafbarkeit aus. Doch ist diese Rechtsfolge i.S. eines Schuldausschlusses zu deuten. Das ergibt sich aus dem systematischen Zusammenhang mit den Voraussetzungen des § 33; denn wenn der Täter aus „Verwirrung, Furcht und Schrecken" handelt, ist seine schuldbegründende Fähigkeit beeinträchtigt, das Unrecht der Tat einzusehen und nach dieser Einsicht zu handeln. Und dazu passt allein der Ausschluss der Strafbarkeit mangels Schuld.

b) Die Voraussetzungen des § 33

aa) Die Überschreitung der „Grenzen der Notwehr"

515 Voraussetzung für den Schuldausschluss gemäß § 33 ist zum einen, dass der Täter die Grenzen der Notwehr überschreitet. Dem Wortlaut nach wären das die Grenzen, die § 32 der Notwehr durch seine Merkmale zieht. Danach würde von § 33 nicht nur die Überschreitung der Erforderlichkeit oder Gebotenheit **(intensiver Notwehrexzess)**, sondern auch die Überschreitung der zeitlichen Grenzen der Notwehr, die durch das Gegenwärtigkeitsmerkmal gezogen werden **(extensiver Notwehrexzess)** erfasst. Zwei Beispiele:

516 **Fall 62a:** Als die ängstliche F an einem Sommerabend durch einen Park nach Hause geht, springt plötzlich der Jugendliche J hinter einem Baum hervor, stellt sich drohend vor sie und fordert ihr Geld. Obwohl F sich in einem Selbstverteidigungskurs auf solche Situationen vorbereitet hatte und J durch einen gezielten Schlag hätte niederstrecken können, gerät sie in Panik. Sie greift in ihre Tasche, zieht ein Fleischmesser heraus, das sie zuvor in der Stadt gekauft hat, und stößt es J in den Bauch.

Fall 62b: F (Fall 62a) schlägt J nieder und tritt dann vor lauter Panik noch auf ihn ein, obwohl sie erkennt, dass er nur noch fliehen will.

517 Im Fall 62a hat F mit dem Hieb die Grenze überschritten, die das Erforderlichkeitsmerkmal zieht – es erlaubt nur den Einsatz des relativ mildesten Mittel –, im Fall 62b hat F mit den Tritten die Grenze überschritten, die das Gegenwärtigkeitsmerkmal zieht – der Angriff war bereits beendet. In beiden Fällen könnte man § 33 nach seinem Wortlaut gegeben sehen. Teile der Literatur deuten die Vorschrift auch so, dass sie sowohl den intensiven wie auch den extensiven Notwehrexzess meint (etwa Schönke/Schröder-*Perron* § 33 Rn. 7; MüKo/*Erb* § 33 Rn. 14).

Die **hM** (zB *Fischer* § 33 Rn. 5) sieht von den „Grenzen der Notwehr" **518** hingegen nur die Grenzen der Erforderlichkeit und der Gebotenheit erfasst.

Mit Recht: Der Gesetzgeber hat „die Grenzen der Notwehr" in eben **519** diesem Sinne verstanden. Er wollte nur die Fälle erfassen, in denen der Täter „über das Maß des ,Erforderlichen' hinausgeht. Dabei hat er die „Erforderlichkeit" nicht nur in dem engen Sinne des § 32 II als geeignetes und relativ mildestes Mittel verstanden. Er wollte mit dem Erforderlichkeitsmerkmal vielmehr auch die sog. sozialethischen Schranken des Notwehrrechts erfassen, die heute beim Gebotenheitsmerkmal des § 32 I verortet werden – dieses Merkmal hatte der Gesetzgeber damals noch nicht vorgesehen (E 1962, S. 156, 16). Danach meinen die „Grenzen der Notwehr" also die Überschreitung der Erforderlichkeits- und der Gebotenheitsgrenze des § 32.

Nur diese Auslegung des Merkmals ist auch systematisch stimmig. **520** Denn allein mit dieser Bedeutung lässt sich erklären, warum die Überschreitung der Notwehrgrenzen eine Voraussetzung für den Schuldausschluss ist. Sie begründet dann nämlich eine **zweite Schuldminderung** – die andere wird ja dadurch begründet, dass der Täter „aus Verwirrung, Furcht oder Schrecken" handelt. Die Schuldminderung, die durch die Merkmale „Überschreitet der Täter die Grenzen der Notwehr" erfasst wird, folgt aus einer Unrechtsminderung, daraus, dass das Unrecht nach § 32 trotz Überschreitung der Erforderlichkeits- oder Gebotenheitsgrenze gemindert ist, wenn die übrigen Voraussetzungen des § 32 gegeben sind: wenn ein gegenwärtiger rechtswidriger Angriff vorliegt, eine „Verteidigung" – sprich: eine Abwehr, die sich gegen den Angreifer richtet – und der Täter auch in Kenntnis der Notwehrlage handelt. Dann durfte der Angegriffene sich ja grundsätzlich verteidigen; die Verteidigung ist nur *insoweit* rechtswidrig, wie sie über das Maß des Erforderlichen und Gebotenen hinausgeht. Aus dieser Minderung des Unrechts folgt eine entsprechende Minderung der Schuld. Denn deren Maß ist abhängig vom Maß des Unrechts. So lädt ein Mörder größere Schuld auf sich als ein Dieb. Hingegen ist eine solche zweite Schuldminderung, die sich aus einer Unrechtsminderung gemäß § 32 ableitet, nicht gegeben, wenn der Täter die Grenze des „gegenwärtigen" Angriffs überschreitet. Ist der Angriff noch nicht oder nicht mehr gegenwärtig, gibt § 32 dem Täter ja gar kein Recht, sich gegen ihn zu verteidigen. Insofern hätte die Voraussetzung der Notwehrüberschreitung für den Schuldausschluss keine Funktion.

bb) „Aus Verwirrung, Furcht oder Schrecken"

Die danach maßgeblichen Grenzen der Erforderlichkeit oder der Ge- **521** botenheit muss der Täter „aus Verwirrung, Furcht oder Schrecken" überschritten haben. Erfasst werden nur diese sog. **asthenischen Affekte**;

sthenische wie Zorn, Wut oder Hass fallen nicht unter § 33. „Aus" den asthenischen Affekten sind die Grenzen der Notwehr überschritten, wenn die Affekte zumindest ein Grund für die Notwehrüberschreitung sind; sie müssen nicht der einzige Grund sein.

522   Die Affekte müssen auch nicht dazu führen, dass dem Täter die Notwehrüberschreitung verborgen bleibt – wie das manche annehmen (Schönke/Schröder-*Perron/Eisele* § 33 Rn. 6). Denn weder lässt sich dem Wortlaut eine solche Einschränkung entnehmen noch ist sie systematisch und historisch gerechtfertigt. Die Schuldminderung, die durch die Merkmale „aus Verwirrung, Furcht oder Schrecken" erfasst wird – die Beeinträchtigung der schuldbegründenden Fähigkeit, das Unrecht der Tat einzusehen und nach dieser Einsicht zu handeln – ist **bei vorsätzlicher (bewusster) Überschreitung** der Erforderlichkeits- oder Gebotenheitsgrenze genauso gegeben wie bei unvorsätzlicher Überschreitung. Die Kenntnis der Grenzüberschreitung mindert ja nicht die Stärke des Affekts, der zur Notwehrüberschreitung führt. So hat das auch der historische Gesetzgeber gesehen, der von § 33 ausdrücklich auch die „vorsätzliche Notwehrüberschreitung" erfasst wissen wollte (E 1962, S.158).

6. Schuldausschluss analog § 33 bei irriger Annahme einer Notwehrlage?

523   Besteht tatsächlich keine Notwehrlage, nimmt der Täter eine solche aber irrig an, könnte die Schuld immerhin analog § 33 ausgeschlossen sein, wenn der Täter „aus Verwirrung, Furcht oder Schrecken" handelt. So beispielsweise im

> **Fall 63:** Im Fall 62a will J die F nur erschrecken. F glaubt aber, J meine die Drohung ernst und sticht ihm das Messer in den Bauch.

524   § 33 entschuldigt die Tat nicht: Es fehlt an einem gegenwärtigen und rechtswidrigen Angriff. Da F sich einen solchen aber vorstellt und aus Furcht die Grenze der Erforderlichkeit überschreitet, könnte die Schuld analog § 33 ausgeschlossen sein.

525   Voraussetzung für eine solche Analogie sind eine plan- und systemwidrige Regelungslücke, die rechtliche Vergleichbarkeit der Sachverhalte und die Vereinbarkeit mit dem Bestimmtheitsgrundsatz des Art. 103 II GG.

526   Eine Regelungslücke ist vorhanden. § 33 berücksichtigt den Irrtumsfall nicht und trifft insofern keine abschließende Regelung. Den Vorstellungen des Gesetzgebers und den gesetzlichen Vorgaben widerspricht diese Regelungslücke jedoch nur, wenn der Irrtumsfall danach rechtlich genauso behandelt werden müsste wie die in § 33 geregelten Fälle. Dazu müssten im Irrtumsfall die gleichen Schuldminderungen gegeben sein wie in den Fällen des § 33. Die Schuldminderung, die sich aus „Verwirrung, Furcht oder Schrecken" ergibt, ist auch im Irrtumsfall gegeben. Die sich **aus** einer **Unrechtsminderung ableitende Schuldminderung** ist jedoch nur vorhanden, wenn der Täter von einem gegenwärtigen rechtswidrigen Angriff ausgehen durfte. Dann ist das Handlungsunrecht und damit die Schuld genauso gemindert wie in den Fällen des § 33 (ähnlich MüKo/*Erb* § 33 Rn. 18). Bei einem solchen auf **pflichtgemäßer Annahme** beruhenden Irrtum sind auch die übrigen Analogievoraussetzungen erfüllt: Die Sachverhalte sind wegen der korrespondierenden Schuldminderungen vergleichbar und der Bestimmtheitsgrundsatz lässt die Analogie auch zu, weil sie nicht „die Strafbarkeit" – die Straf*begründung*, sondern die Straf*aufhebung* betrifft

Danach ist die Schuld im Fall 63 analog § 33 ausgeschlossen. Denn so wie sich **527** J verhielt, durfte F von einem gegenwärtigen rechtswidrigen Angriff ausgehen; dass J sie nur erschrecken wollte, konnte sie nicht erkennen.

War die Annahme einer Notwehrlage hingegen pflichtwidrig, fehlt es **528** an einer Unrechtsminderung und einer entsprechenden Schuldminderung. In dem Fall scheidet eine analoge Anwendung des § 33 mithin aus.

7. Entschuldigender Notstand gemäß § 35

a) Der Schuldausschluss gemäß § 35 I

§ 35 I macht den Schuldausschluss von einer positiven und einer ne- **529** gativen Bedingung abhängig. Positiv verlangt er für den Schuldausschluss, dass die Voraussetzungen des S. 1 *erfüllt* sind, negativ, dass die Voraussetzungen des S. 2 *nicht erfüllt* sind. Denn S. 2 schränkt die Rechtsfolge des S. 1 – „handelt ohne Schuld" – ein. Sie „gilt nicht", wenn die Voraussetzungen des S. 2 verwirklicht sind. Diese dürfen also *nicht erfüllt* sein, wenn die Rechtsfolge des S. 1 greifen soll.

aa) Die objektiven Voraussetzungen

(1) Die Voraussetzungen des S. 1: § 35 I setzt eine **Gefahr** für die **530** Rechtsgüter „Leib, Leben oder Freiheit" voraus – wobei „Freiheit" nur die Fortbewegungsfreiheit meint. Denn der Gesetzgeber hat unter „Freiheit" ein Rechtsgut „mit ähnlich hohem Rang" wie „Leib und Leben" verstanden (E 1962, S. 161). Das ist von den Freiheitsgütern aber nur die Fortbewegungsfreiheit. Das zeigt sich deutlich in Art. 2 II GG, der gleichrangig neben dem „Recht auf Leben und körperliche Unversehrtheit" (II 1) nur die „Freiheit der Person" garantiert (II 2) und damit – wie

der systematische Zusammenhang mit Art. 104 GG zeigt – allein die Fortbewegungsfreiheit meint.

531   Drohen muss die Gefahr für Leben, Leib oder Freiheit dem Täter **selbst** („von sich"), einem „Angehörigen oder einer „anderen ihm **nahestehenden Person**". „Angehöriger" ist, wer zu den in der Legaldefinition des § 11 I Nr. 1 genannten Personen gehört, „andere nahestehende Person", wer in einer vergleichbar engen Beziehung zum Täter steht wie – typischerweise – die in § 11 I Nr. 1 genannten Personen. Das kann etwa der Fall sein bei engen Freunden.

532   Weitere objektive Voraussetzungen sind nach § 35 I 1, dass die Gefahr „gegenwärtig" und „nicht anders abwendbar" ist. „Gegenwärtig" ist sie, wenn dem Täter nicht zugemutet werden kann, noch länger mit der Gefahrabwendung zu warten. Das erschließt sich aus dem systematischen Zusammenhang mit S. 2, wonach die Schuld nur dann ausgeschlossen ist, wenn dem Täter *nicht zugemutet* werden konnte, die Gefahr hinzunehmen.

533   Das Merkmal „**nicht anders abwendbar**" wollte der Gesetzgeber hier nicht anders verstanden wissen als in § 34 (E 1962, S. 161). Danach muss die Handlung erstens geeignet sein, die Gefahr abzuwenden, und zweitens muss sie das relativ mildeste Mittel dazu sein. Manche – darunter auch die Rechtsprechung – deuten die Nicht-anders-Abwendbarkeit allerdings enger. Sie schränken sie durch Zumutbarkeitserwägungen ein; nicht anders abwendbar sei die Gefahr nur, wenn dem Täter nicht zuzumuten sei, sich mit einem milderen, aber weniger geeigneten Mittel zur Gefahrabwendung zu begnügen (so auch *Wessels/Beulke/Satzger* Rn. 689 mwN). Für eine solche Verengung des Merkmals besteht indes nach der Systematik des § 35 I kein Anlass. Denn danach verhindert schon sein S. 2 den Schuldausschluss, wenn dem Täter zuzumuten ist, ein weniger geeignetes Mittel einzusetzen und damit hinter dem zur Gefahrabwendung Erforderlichen zurückzubleiben. Dann ist dem Täter nach S. 2 die Hinnahme der Gefahr – und das heißt eben: das Unterlassen der erforderlichen Abwendungshandlung – zuzumuten.

534   *(2) Die Nichterfüllung des S. 2:* Zu den positiven Voraussetzungen des S. 1 muss für den Schuldausschluss hinzukommen, dass S. 2, der die Rechtsfolge des S. 1 außer Kraft setzen würde, *nicht* erfüllt ist. Nach S. 2 ist die Schuld nicht nach S. 1 ausgeschlossen, wenn dem Täter „nach den Umständen … zugemutet werden konnte, die Gefahr hinzunehmen". Nach welchem Maßstab die Zumutbarkeit zu bestimmen ist, sagt § 35 nicht.

535   Das ergibt sich aber aus dem systematischen Zusammenhang mit § 323c. Auch dort wird die **Zumutbarkeit** vorausgesetzt: für die Hilfe, die der Täter nicht geleistet hat. Und in diesem Zusammenhang wird die

Zumutbarkeit konkretisiert. Es wird für sie u.a. vorausgesetzt, dass nicht *andere wichtige Pflichten* – also zumindest *ebenso wichtige* Pflichten wie die Hilfeleistungspflicht – verletzt werden. Maßstab für die Zumutbarkeit ist danach die **Gewichtung der widerstreitenden Interessen**: Gibt es ein zumindest gleichwertiges Interesse des Täters – wie im Fall des § 323c das Interesse des Täters, eine zumindest gleichwertige andere Pflicht zu erfüllen –, ist die Zumutbarkeit ausgeschlossen. Dementsprechend ist die Zumutbarkeit in § 35 I 2 zu bestimmen: Sie ist gegeben, wenn das Interesse des Täters an der Gefahrabwendung rechtlich weniger schwer wiegt als das Interesse des Opfers an der Erhaltung seines Rechtsguts; hat sein Interesse zumindest das gleiche Gewicht wie das des Opfers, ist die Zumutbarkeit ausgeschlossen.

Zwei Gründe für die Zumutbarkeit nennt S. 2 ausdrücklich: „weil er" **536** – der Täter – „die Gefahr **selbst verursacht** hat oder weil er in einem **besonderen Rechtsverhältnis** stand". Dafür reicht allerdings nicht jede Gefahrverursachung und jedes besondere Rechtsverhältnis aus. Die Zumutbarkeit können nach dem oben Gesagten vielmehr nur eine Gefahrverursachung und ein Rechtsverhältnis begründen, die das Interesse des Täters an der Gefahrabwendung weniger schwer wiegen lassen als das Interesse des Opfers an der Erhaltung seines Rechtsguts.

Wann eine solche die Zumutbarkeit begründende Gefahrverursa- **537** chung gegeben ist, wird unterschiedlich beurteilt: Manche begnügen sich entsprechend den Voraussetzungen der objektiven Zurechnung mit einer Verursachung, die gerade wegen der Gefahrschaffung pflichtwidrig ist (zB *Rengier* AT § 26 Rn. 19), andere verlangen darüber hinaus, dass die Gefahr auch schuldhaft verursacht worden ist (etwa Schönke/Schröder-*Perron* § 35 Rn. 20 mwN). Systematisch gesehen muss die (gerade wegen der Gefahrschaffung) pflichtwidrige Gefahrverursachung genügen. Denn das entspricht der Wertung des § 32. Dort wird das Interesse des Angreifers an der Erhaltung seines Rechtsguts auch schon dadurch gemindert, dass er sich rechtswidrig verhält. Denn § 32 erlaubt die erforderliche und gebotene Verteidigung schon gegenüber einem gegenwärtigen *rechtswidrigen* Angriff; schuldhaft braucht er nicht zu sein. Schon die Rechtswidrigkeit des Angriffs führt danach dazu, dass das Interesse des Angreifers an der Unversehrtheit seines Rechtsguts gemindert wird.

Fraglich ist allerdings, ob eine solche pflichtwidrige Gefahrschaffung **538** auch dann die Zumutbarkeit begründet, wenn die Gefahr nicht dem Täter selbst, sondern einem Angehörigen oder einer ihm sonst nahestehenden Person droht.

539 | **Fall 64:** M unternimmt mit seiner Frau F im Hochsommer eine Wanderung durch einen mehrere Kilometer langen Canyon, in dem es – wie beide wissen – kein Wasser gibt. M hat F versprochen, für beide genügend Wasser mitzunehmen. Tatsächlich hat er jedoch nur einen halben Liter Wasser eingepackt, um das Gewicht seines Rucksacks gering zu halten. Als sie in der Mitte des Canyons sind und das Wasser längst aufgebraucht ist, bricht F bedingt durch die Hitze und den Wassermangel zusammen. Um F zu retten, bleibt M nur, einem anderen Wanderer – W – dessen Wasser gewaltsam wegzunehmen. W verdurstet im Canyon.

540   Da M die gegenwärtige Lebensgefahr für seine Frau – als „Ehegatte" eine Angehörige i.S.d. § 11 I Nr. 1a – nur durch die Tat abwenden konnte, sind die Voraussetzungen des § 35 I 1 verwirklicht. M könnte es jedoch gemäß § 35 I 2 zuzumuten gewesen sein, die Gefahr für F hinzunehmen, weil er die Gefahr selbst pflichtwidrig verursacht hat. Diese Pflichtwidrigkeit kann die Zumutbarkeit aber nur begründen, wenn sie das Interesse des M, das Leben seiner Frau zu retten, weniger schwer wiegen lässt als das Interesse des W an der Erhaltung seines Lebens. Das ist jedoch gerade nicht der Fall. Im Gegenteil: Sein Vorverhalten macht M vielmehr in besonderem Maße hilfspflichtig; es macht ihn zum Garanten aus Ingerenz.

541   Nach dem Wortlaut des § 35 I 2 muss die Gefahr darüber hinaus durch den Täter „selbst" verursacht worden sein. Danach reicht es für die Zumutbarkeit nicht hin, dass eine andere Person, der die Gefahr droht – ein Angehöriger oder eine dem Täter sonst nahestehende Person –, die Gefahr (pflichtwidrig) verursacht hat.

542 | **Fall 65:** Der 17-jährige S hat einen Segelschein erworben und macht mit seinem Vater V und seinem Freund F einen Segeltörn. Vor dem Ablegen hat V sich noch von S versichern lassen, dass die Schwimmwesten an Bord sind. Tatsächlich hat aber nur F eine Weste dabei. Für sich und V hatte S keine mitgenommen, weil er überzeugt war, dass sie keine brauchen. V hatte auch keinen Anlass, an den Worten des S zu zweifeln. Als überraschend ein Sturm aufkommt, geraten sie in Seenot. S und F gehen über Bord und drohen zu ertrinken. Als V sieht, dass S keine Schwimmweste hat, springt er in die Fluten, schwimmt zu F, entreißt ihm die Weste und legt sie S an. S und V überleben, F ertrinkt.

543   Ob die Tötung des F gemäß § 212 nach § 35 I entschuldigt ist, hängt ab von der Deutung des § 35 I 2. Die Voraussetzungen des § 35 I sind erfüllt: V hat die rechtswidrige Tat in einer gegenwärtigen, nicht anders abwendbaren Gefahr für das Leben eines Angehörigen i.S.d. § 11 I Nr. 1a begangen – S ist gemäß § 1589 I BGB ein Verwandter gerader Linie. Hält man sich an den Wortlaut des § 35 I 2, ist auch kein Grund gegeben, V die Hinnahme der Gefahr zuzumuten. Denn die Zumutbarkeit könnte sich hier nur aus einer (pflichtwidrigen) Verursachung der Gefahr ergeben. V hat aber nicht – wie vom Wortlaut des § 35 I 2 vorausgesetzt – „selbst" die Gefahr (pflichtwidrig) verursacht. Pflichtwidrig hat die Gefahr nur S verursacht, indem er den Segeltörn ohne Schwimmweste unternommen hat. Im Schrifttum wird aber teilweise dafür plädiert, auch Gefahrverursachungen durch den gefährdeten Angehörigen oder dem Täter sonst Nahestehenden durch § 35 I 2 zu erfassen (siehe etwa SK/*Rogall* § 35 Rn. 36). Das ist aber weder nach dem Wortlaut noch systematisch gerechtfertigt. Denn die (pflichtwidrige) Gefahrverursachung durch den anderen ist kein Grund, dem *Täter* die Hinnahme der Gefahr zuzumuten. Sein Interesse an der Gefahrabwendung verliert durch die pflichtwidrige Gefahrschaffung des anderen nicht an Gewicht. Das zeigt sich deutlich, wenn der Täter wie hier Beschützergarant ist. Die pflichtwidrige Gefahrschaffung durch den Schützling lässt die Garantenpflicht unberührt. Und das heißt, dass der Beschützergarant auch in diesem Fall das Recht und damit das gleiche berechtigte Interesse hat. Denn die Pflicht, etwas zu tun, gibt das Recht, etwas zu tun, und das Recht beruht darauf, dass ein berechtigtes Interesse anerkannt wird.

Ein „**besonderes Rechtsverhältnis**" ist etwa das des Soldaten, des **544** Polizisten oder das von Feuerwehrleuten. Diese Rechtsverhältnisse werden in den Gesetzesmaterialien ausdrücklich als Beispiele für das „besondere Rechtsverhältnis" genannt (so etwa im E 1962, S. 161). Daraus leitet die hM ab, dass ein „besonderes Rechtsverhältnis" wie bei diesen Personengruppen eine *berufliche* Pflichtenstellung *gegenüber der Allgemeinheit* voraussetze (siehe *Kindhäuser* AT § 24 Rn. 14). Dieser Schluss ist jedoch schon nach den Gesetzesmaterialien verfehlt. Denn sie nennen als Beispiel für ein „besonderes Rechtsverhältnis" auch das des Bergführers (so etwa im E 1962, S. 161). Er muss aber weder beruflich tätig werden noch obliegt ihm eine Pflichtenstellung gegenüber der Allgemeinheit; verpflichtet ist er nur seinem Kunden. Zudem passen diese einschränkenden Voraussetzungen systematisch nicht zum Maßstab der Zumutbarkeit. Danach kommt es nur darauf an, ob das Interesse des Täters an der Gefahrabwendung weniger wiegt als das des Opfers an der Erhaltung seines Rechtsguts. Und das ist schon dann der Fall, wenn den Täter überhaupt eine besondere Gefahrtragungspflicht gegenüber dem Opfer trifft – weil diese eben dazu führt, dass das Interesse des Täters hinter dem des Opfers zurücktritt.

Die Zumutbarkeit begründen solche „besonderen Rechtsverhält- **545** nisse" allerdings nur insoweit, wie sie **besondere Gefahrtragungspflichten** auferlegen. Denn nur insoweit verliert das Interesse des Täters an der Gefahrabwendung an Gewicht; es muss ja nur hinter den Gefahrtragungspflichten zurückstehen.

Fall 66: Der im Deutschen Alpenverein ehrenamtlich als Bergführer **546** tätige B unternimmt im Rahmen eines Kletterkurses eine Klettertour

> mit K. Auf dieser stürzt K und reißt B mit aus der Wand. B sieht, wie der Sicherungshaken, der beide noch hält, sich aus der Wand zu lösen beginnt. Um wenigstens sein eigenes Leben zu retten, schneidet B das Seil durch. K stürzt in den Tod. Hätte B das Seil nicht durchtrennt, wären beide umgekommen.

547   B hat in einer gegenwärtigen, nicht anders abwendbaren Gefahr für sein Leben eine rechtswidrige Tat – einen Totschlag gemäß § 212 – begangen und damit die objektiven Voraussetzungen des § 35 I 1 erfüllt. Er könnte gemäß § 35 I 2 aber trotzdem nicht ohne Schuld gehandelt haben. Ihm könnte zuzumuten gewesen sein, die Gefahr hinzunehmen, weil er K in seine Obhut genommen hatte. Dadurch könnte ein „besonderes Rechtsverhältnis" zu K begründet worden sein. Er ist jedenfalls mit der Vereinbarung und Durchführung der Klettertour zum Beschützergaranten für K geworden und damit insofern in eine besondere Rechtsbeziehung zu K eingerückt. Einer *beruflichen* Pflichtenstellung *gegenüber der Allgemeinheit* bedarf es nach dem oben Gesagten nicht. Allerdings wird die Zumutbarkeit durch das „besondere Rechtsverhältnis" auch nur insoweit begründet, wie die besondere Gefahrtragungspflicht reicht. Diese Einschränkung hat zur Folge, dass B die Hinnahme der Gefahr nicht zuzumuten war. Er stand zwar zu K wegen der übernommenen Gefahrtragungspflicht in einem „besonderen Rechtsverhältnis", doch ergibt sich aus diesem nicht, dass B zugemutet werden konnte, die Gefahr des eigenen tödlichen Absturzes hinzunehmen. Denn insoweit war seine Gefahrtragungspflicht begrenzt; B muss nicht sein eigenes Leben opfern.

548   Die Gefahrverursachung und das besondere Rechtsverhältnis sind allerdings – wie sich aus dem Zusatz **„namentlich"** ergibt – nur gesetzliche Beispiele für zumutbarkeitsbegründende Umstände.

549   Ein weiterer, in § 35 I 2 nicht genannter Grund, dem Täter die Hinnahme der Gefahr zuzumuten, kann insbesondere ein **Missverhältnis** zwischen dem durch die Tat bedrohten und dem durch die Tat geschützten Rechtsgut sein. In der Literatur heißt es dazu, es müsse „eine gewisse Proportionalität gewahrt sein", „der dem Notstandsopfer zugefügte Schaden" dürfe nicht „außer jedem Verhältnis zum drohenden Schaden stehen" (*Rengier* AT § 26 Rn. 30). Das lässt sich nach dem oben genannten Zumutbarkeitsmaßstab präzisieren: Dem Täter ist die Hinnahme der Gefahr zumutbar, wenn sein Interesse an der Gefahrabwendung weniger wiegt als das des Opfers an der Unversehrtheit seines Rechtsguts. Angenommen wird ein solches die Zumutbarkeit begründendes Missverhältnis etwa, wenn jemand, um die Gefahr eines Armbruchs abzuwenden, einen anderen tötet (*Roxin/Greco* AT § 22 Rn. 55).

bb) Die subjektiven Voraussetzungen

550   § 35 I 1 setzt für den Schuldausschluss außerdem voraus, dass der Täter handelt „um die Gefahr … abzuwenden". Nach allgemeinsprachlichem Wortsinn ist diese Wendung gleichbedeutend mit der Absicht, die

Gefahr abzuwenden. So wird das Merkmal auch überwiegend verstanden (zB von *Kindhäuser* AT § 24 Rn. 11). Einige wollen sich aber mit der bloßen Kenntnis der objektiven Voraussetzungen des § 35 I begnügen (etwa *Jakobs* AT 20/11). Der systematische Zusammenhang mit der Rechtsfolge des § 35 I – dem Ausschluss der Schuld – zwingt aber dazu, dem Wortlaut entsprechend neben dieser Kenntnis auch die **Absicht** zu verlangen, **die Gefahr abzuwenden**. Denn mit dem Ausschluss der Schuld vermutet § 35 I ja das Fehlen der schuldbegründenden Fähigkeit, das Unrecht der Tat einzusehen und nach dieser Einsicht zu handeln. Diese Vermutung ist aber nur begründet, wenn der Täter die Gefahrabwendung auch beabsichtigt. Nur dann wird er durch die Gefahrensituation zur Tat gedrängt worden und damit in seiner Fähigkeit, nach der Unrechtseinsicht zu handeln, beeinträchtigt scin. Handelt er hingegen nur in Kenntnis der Gefahr, besteht diese Vermutung nicht. In dem Fall braucht er ja nicht durch die Gefahrensituation zur Tat motiviert worden sein; er kann sie aus anderen Gründen begehen, etwa um das Opfer zu schädigen.

b) Der Schuldausschluss gemäß § 35 II 1

Ausgeschlossen ist die Schuld nach § 35 II 1 auch, wenn „der Täter **551** bei Begehung der Tat irrig Umstände" annimmt, „welche ihn nach Absatz 1 entschuldigen würden", und er diesen Irrtum nicht vermeiden konnte. Der Täter muss sich also erstens bei Begehung der Tat einen Sachverhalt vorstellen, der die Voraussetzungen des § 35 I 1 erfüllt und bei dem die Voraussetzungen der Zumutbarkeitsklausel des § 35 I 2 nicht erfüllt sind. Und zweitens muss dieser Irrtum unvermeidbar gewesen sein, und zwar im gleichen Sinne wie beim unvermeidbaren Verbotsirrtum gemäß § 17 I: Er muss bei pflichtgemäßem Verhalten unvermeidbar sein.

c) Exkurs: Strafmilderungen bei Zumutbarkeit gemäß § 35 I 2 und bei vermeidbarem Irrtum gemäß § 35 II 2

Scheitert der Schuldausschluss gemäß § 35 I 2 daran, dass dem Täter **552** die Hinnahme der Gefahr zuzumuten ist, oder gemäß § 35 II daran, dass der Irrtum vermeidbar war, sieht § 35 Strafmilderungen vor, die auf Ebene der Strafzumessung relevant werden. Nach § 35 I 2 2. Halbs. *kann* die Strafe nach § 49 I gemildert werden, „wenn der Täter nicht mit Rücksicht auf ein besonderes Rechtsverhältnis die Gefahr hinzunehmen hatte", nach § 35 II 2 *ist* die Strafe nach § 49 I zu mildern.

8. Schuldausschluss analog § 35 – sog. übergesetzlicher entschuldigender Notstand?

553   Eine Analogie zu § 35 kommt in Betracht, wenn ein Schuldausschluss nach § 35 deswegen ausscheidet, weil die Gefahr jemandem droht, der nicht von der Vorschrift erfasst ist, der also weder der Täter noch ein Angehöriger noch eine andere nahestehende Person ist. So ist es beispielsweise im

> **Fall 67:** Terroristen haben ein Flugzeug mit 150 Passagieren an Bord in ihre Gewalt gebracht und wollen es mit einem Hochhaus kollidieren lassen, wodurch voraussichtlich tausende Menschen getötet würden. Der Politiker P lässt das Flugzeug deshalb abschießen. Dadurch kommen alle Insassen ums Leben. Angehörige oder dem P nahestehende Personen waren nicht gefährdet.

554   Nach § 35 ist P nicht entschuldigt: die Gefahr drohte weder ihm noch einem seiner Angehörigen noch einer anderen ihm nahestehenden Person.

555   Eine **analoge Anwendung des § 35** setzt dreierlei voraus: 1. eine plan- und systemwidrige Regelungslücke, 2. dass der ungeregelte Sachverhalt dem geregelten in den für die rechtliche Bewertung maßgeblichen Umständen gleichsteht und 3. dass das Bestimmtheitsgebot des Art. 103 II GG die Analogie nicht verbietet.

556   Die **hM** (zB *Wessels/Beulke/Satzger* Rn. 714 ff.) sieht diese Voraussetzungen jedenfalls als erfüllt an, wenn die geopferten Menschen wie die geretteten bereits in Todesgefahr waren (sog. Gefahrengemeinschaft) – so wie im Fall 67 die Insassen des Flugzeugs, die bei der Kollision mit dem Hochhaus ebenfalls zu Tode gekommen wären. Überwiegend wird die Analogie aber auch auf Fälle ausgedehnt, in denen Unbeteiligte geopfert werden (etwa von *Stratenwerth/Kuhlen* § 10 Rn. 129). Ein Beispiel ist der Fall des Weichenstellers, der einen führerlosen Güterwagen auf einen vollbesetzten Personenzug zurasen sieht, ihn deswegen auf ein Nebengleis leitet und dadurch den Tod von zwei Bahnarbeitern auf dem Nebengleis verursacht (Beispiel von *Welzel* ZStW 63 [1951], 47, 51).

557   Begründet wird die Analogie damit, dass die Regelung des § 35 nicht abschließend sei, weil der Gesetzgeber für „Ausnahmefälle" eine Regelungslücke gelassen habe, und dass die Schuld des Täters in solchen Fällen in gleichem Maße gemindert sei wie beim Schuldausschluss nach § 35. Bei § 35 ergebe sich der Schuldausschluss aus einer zweifachen Schuldminderung: zum einen aus einer Schuldminderung als Folge der Notlage, die den Täter zum Handeln dränge und dadurch seine Fähigkeit, nach der Unrechtseinsicht zu handeln, einschränke; zum anderen aus einer Schuldminderung, die sich aus einer Unrechtsminderung ableite, daraus, dass der Täter mit der Tat eine Gefahr abwende und dadurch das Unrecht der Tat mindere. Denn geringeres Unrecht bedeute auch geringere Schuld. Genauso sei die Schuld in Fällen wie den obigen gemindert: einerseits, weil der Täter mit der Tat auch Leben rette und damit das Unrecht wie auch die Schuld mindere, andererseits, weil die Lebensgefahr für die größere Zahl von Menschen den Täter zur Tat dränge und damit seine Fähigkeit einschränke, nach der Unrechtseinsicht zu handeln.

In dieser Subsumtion steckt jedoch ein Fehler. Die hM übersieht bei der Prü- **558** fung, ob eine Regelungslücke gegeben ist, dass Art. 4 GG für die Fälle der Gewissensnot – und um solche geht es der hM – eine Regelung trifft: Er garantiert die Freiheit des Gewissens und damit auch die Freiheit, nach seinem Gewissen zu handeln. Allerdings gewährt er diese Freiheit nicht unbegrenzt. Art. 4 GG findet seine Grenzen in anderen Grundrechten. Kollidiert die Gewissensentscheidung wie in den obigen Fällen mit dem Lebensrecht anderer aus Art. 2 II GG, muss Art. 4 GG zurücktreten. Denn das Lebensrecht wiegt schwerer als die Gewissensfreiheit. Damit treffen die Art. 4, 2 II 1 GG eine Regelung für die obigen Fälle: Sie verwehren die Tötung aufgrund einer Gewissensentscheidung. Es fehlt mithin für eine analoge Anwendung des § 35 an einer Regelungslücke. Ein Schuldausschluss kraft sog. übergesetzlichen entschuldigenden Notstands scheidet aus.

Kapitel 4. Fahrlässigkeitsdelikt

559 Die fahrlässige Tat ist nach § 15 nur strafbar, wenn das Gesetz sie ausdrücklich mit Strafe bedroht, wie etwa in den §§ 222, 229, 315c III Nr. 2, 316 II.

A. Der Tatbestand des Fahrlässigkeitsdelikts

560 In den Tatbeständen der Fahrlässigkeitsdelikte finden sich neben den vom Vorsatzdelikt bekannten Voraussetzungen der Handlung, der Unterlassung, des Erfolges und der Kausalität zwei scheinbar besondere Tatbestandsmerkmale: die „Fahrlässigkeit" und bei den fahrlässigen Erfolgsdelikten wie § 222 und den fahrlässigen Gefährdungsdelikten wie § 315c III Nr. 2 der Zusammenhang zwischen Fahrlässigkeit und tatbestandlichem Erfolg oder tatbestandlicher Gefährdung. In § 222 beispielsweise heißt es ausdrücklich, dass der Tod „durch" Fahrlässigkeit verursacht sein muss.

I. Die Fahrlässigkeit

561 Was unter „Fahrlässigkeit" zu verstehen ist, hat der Gesetzgeber im StGB nicht gesagt. Er hat sie aber im BGB definiert, in **§ 276 II BGB**. Danach handelt fahrlässig, „wer die im Verkehr erforderliche Sorgfalt außer Acht lässt". Diese Definition steht zwar in einem anderen Regelungszusammenhang – im zivilrechtlichen und nicht im strafrechtlichen – und könnte deshalb auch nur für das Zivilrecht gelten. Indes wollte der Gesetzgeber diese Voraussetzung einer objektiven Sorgfaltspflichtverletzung auch für das strafrechtliche Fahrlässigkeitsmerkmal beibehalten. Es sollte nur um eine weitere Voraussetzung ergänzt werden, um die der subjektiven Sorgfaltspflichtverletzung. Die hM setzt auch beides für die strafrechtliche Fahrlässigkeit voraus (*Wessels/Beulke/ Satzger* Rn. 1111). In der subjektiven Sorgfaltspflichtverletzung sieht sie allerdings entgegen einer Minderheitsmeinung nicht ein Merkmal des Tatbestandes, sondern eines der Schuld (etwa *Frister* AT 12/7 f. mwN).

1. Die objektive Fahrlässigkeit

a) Die objektive Sorgfaltspflichtverletzung und ihre Bestimmung

aa) Die Bestimmung der Pflichtwidrigkeit

Die Voraussetzung der objektiven Sorgfaltspflichtverletzung ist in **562** der Sache gleichbedeutend mit der ersten Voraussetzung der objektiven Zurechnung, mit der strafrechtlich missbilligten Gefahrschaffung. Denn beide Merkmale setzen eine strafrechtliche Pflichtwidrigkeit voraus. Darüber ist man sich in der Sache einig.

Unterschiede macht man aber in der **Terminologie**. So spricht man **563** eben bei der objektiven Zurechnung von rechtlich missbilligter Gefahrschaffung und bei der Fahrlässigkeit von objektiver Sorgfaltspflichtverletzung. Außerdem setzt man bei der Bestimmung der objektiven Sorgfaltspflichtverletzung anders an. Man fragt hier, wie sich ein besonnener und gewissenhafter Mensch in der Situation und der sozialen Rolle des Täters verhalten würde. Aber das führt in der Sache zu eben den Maßstäben, nach denen bei der objektiven Zurechnung zu beurteilen ist, ob der Täter sich rechtlich missbilligt verhalten hat: zu den geschriebenen Verhaltensnormen und – wenn es keine geschriebene Norm gibt, die bestimmt, ob das Verhalten des Täters rechtlich missbilligt ist oder nicht – zu dem für die Grenzziehung zwischen Recht und Unrecht maßgeblichen Prinzip des überwiegenden Interesses (→ Rn. 109). Denn ein „besonnener und gewissenhafter" Mensch würde sich ja rechtstreu verhalten wollen, sich also nach den Rechtsnormen und dem Rechtsprinzip richten, nach dem die Rechtsordnung die Grenze zwischen Recht und Unrecht zieht. Beispielhaft:

Fall 68a: A fährt mit 50 km/h durch eine Tempo-30-Zone und kann **564** deshalb nicht mehr rechtzeitig bremsen, als ein Kind über die Straße läuft. Er fährt das Kind an und verletzt es.

Fall 68b: T hat Anhaltspunkte dafür, dass seine Katze eine auch für Menschen ansteckende Krankheit hat. Trotzdem lässt er sie hinaus; er ist überzeugt, dass nichts passieren werde. Wie schon oft streichelt das Nachbarkind K die Katze. Es steckt sich an und erkrankt schwer.

Fall 68c: C ist Chefarzt einer Augenklinik. Er hat eine neue Operationsmethode entwickelt, die deutlich weniger risikoreich ist als die, die bislang dem medizinischen Standard entspricht. Obwohl Cs neue Methode nicht aufwändiger und nicht kostenintensiver ist als die bislang anerkannte, wendet C sie nur bei Privatpatienten an; Kassenpatienten operiert er nach der bislang anerkannten Methode. Bei der Kassenpatientin K führt diese trotz kunstgerechter Durchführung zur

> Erblindung. Mit Cs neuer Methode wäre das Risiko einer Erblindung
> erheblich niedriger gewesen.

565   Bestimmt man die objektiven Sorgfaltspflichtverletzung danach, wie ein besonnener und gewissenhafter Mensch in der Situation und der sozialen Rolle des Täters sich verhalten hätte, gelangt man im Fall 68a zu § 41 I StVO i.V.m. Zeichen 274.1 der Anlage 2 zur StVO, wonach jeder Verkehrsteilnehmer in einer Tempo-30-Zone nicht schneller als 30 km/h fahren darf. Denn ein gewissenhafter und besonnener Autofahrer würde sich nach den Verkehrsvorschriften richten.

566   In Fall 68b und Fall 68c gibt es keine geschriebene Norm, an der ein besonnener und gewissenhafter Mensch ablesen könnte, ob er sich so verhalten darf. Er würde sich dann nach dem Maßstab richten, nach dem die Rechtsordnung die Grenze zwischen Recht und Unrecht zieht, also nach dem Prinzip des überwiegenden Interesses. Danach ist durch Abwägung zu ermitteln, ob das Verhalten pflichtwidrig ist oder nicht. Bei dieser Abwägung ist im Fall 68b auch zu berücksichtigen, dass das Wissen des T um die Ansteckungsgefahr ein **Sonderwissen** ist – eines, das nur er hat – und im Fall 68a auch, dass die Fähigkeit des C, die neue Operationsmethode anzuwenden, eine **Sonderfähigkeit** ist – eine, die nur er hat. Insofern stellt sich die Frage, ob und ggf. welches Gewicht das Sonderwissen und die Sonderfähigkeit hat. Beim Sonderwissen besteht weithin Einigkeit: Es ist zu Lasten des Täters zu veranschlagen (anders aber LK/*Schroeder* 11. Aufl. § 16 Rn.148). Bei der Sonderfähigkeit gehen die Meinungen weiter auseinander: Manche wollen sie genauso zu Lasten des Täters berücksichtigen wie das Sonderwissen (zB Schönke/Schröder-*Sternberg-Lieben* § 15 Rn. 138), andere wollen sie nicht zu Lasten des Täters veranschlagen; er brauche nur nach dem allgemeinen Standard zu handeln (LK/*Schroeder* 11. Aufl. § 16 Rn. 147 ff. mwN). Die Lösung kann sich nach dem Prinzip des überwiegenden Interesses jedoch nur aus einer umfassenden Abwägung ergeben, die alle für die Grenzziehung zwischen Recht und Unrecht relevanten Umstände einbezieht.

567   Im Fall 68b sind zu Gunsten des T zu berücksichtigen sein Interesse an Handlungsfreiheit und zu Lasten des T sein Wissen um die Ansteckungsgefahr, das Interesse des K an seiner körperlichen Unversehrtheit, die Voraussehbarkeit einer Infektion und Erkrankung und die Schwere einer solchen. Danach spricht mehr dafür, T zu verbieten, die Katze heraus zu lassen, sein Verhalten also für pflichtwidrig zu erklären.

568   Im Fall 68c fällt zu Gunsten des C ins Gewicht seine Handlungsfreiheit und dass die bei K praktizierte Methode der anerkannte Standard ist; zu Lasten des C, dass er fähig war, die risikoärmere neue Methode anzuwenden und dass es keinen sachlichen Grund gab, dies nicht zu tun – die neue Methode war ja nicht aufwändiger und auch nicht kostenintensiver –, außerdem das Interesse der K, das Risiko einer Erblindung möglichst gering zu halten, sowie die Schwere der möglichen Folge. Ein überwiegendes Interesse des C, K nach dem herkömmlichen Standard zu operieren, besteht danach nicht. Die Gründe, ihm das zu verbieten, überwiegen. Auch C hat sich damit pflichtwidrig verhalten.

Eine objektive Sorgfaltspflichtverletzung kann nicht nur in dem un- **569** mittelbar erfolgsursächlichen Verhalten, sondern auch in einem Vorverhalten liegen. Man spricht dann von „**Übernahmefahrlässigkeit**". Darauf kommt es an, wenn der Täter wegen des unmittelbar erfolgsursächlichen Verhaltens nicht strafbar ist. Ein Beispiel:

> **Fall 69:** Der Stationsarzt S übernimmt nach einem Nachtdienst völlig übermüdet eine Operation. Bedingt durch die Übermüdung begeht er dabei einen Kunstfehler, durch den der Patient stirbt.

Hier könnte S sich zunächst dadurch gemäß § 222 strafbar gemacht haben, dass **570** er den Tod des Patienten durch den Kunstfehler verursachte. Er hat dadurch zwar objektiv sorgfaltswidrig gehandelt; weil er durch die Übermüdung aber unfähig war, kunstgerecht zu operieren, ist bei der Begehung des Kunstfehlers jedenfalls die Schuld ausgeschlossen (→ Rn. 573, 601).

S könnte aber deswegen nach § 222 strafbar sein, weil er die Operation in dem Wissen übernommen hat, übermüdet zu sein. Auch dieses Verhalten ist objektiv sorgfaltswidrig. Und die Übermüdung hat S auch nicht unfähig gemacht, sich sorgfaltsgemäß zu verhalten, nämlich die Operation abzulehnen.

bb) Die Bestimmung der spezifisch strafrechtlichen Missbilligung

Für die strafrechtliche Fahrlässigkeit muss die Pflichtverletzung zu- **571** dem ebenso wie für die strafrechtlich missbilligte Gefahrschaffung bei der objektiven Zurechnung so schwer wiegen, dass sie nach dem verfassungsrechtlichen Übermaßverbot mit Strafe bedroht werden darf. Das wird etwa verneint bei Pflichtwidrigkeiten, die nur eine verschwindend geringe Gefahr schaffen (→ Rn. 115).

b) Subjektive Komponenten der objektiven Fahrlässigkeit: bewusste und unbewusste Fahrlässigkeit

Die Umstände, die die objektive Sorgfaltspflichtverletzung begrün- **572** den, können dem Täter bewusst sein – wie etwa im Fall 68a, wenn A weiß, dass er in einer Tempo-30-Zone ist und schneller als 30 km/h fährt. Dann spricht man von **bewusster** Fahrlässigkeit. Kennt der Täter die Umstände der Sorgfaltspflichtverletzung hingegen nicht – so, wenn A im Fall 68a nicht wusste, dass er in einer Tempo-30-Zone ist –, spricht man von **unbewusster Fahrlässigkeit**. Für das Fahrlässigkeitsmerkmal ist das jedoch ohne Bedeutung. Es erfasst sowohl die bewusste wie die unbewusste Fahrlässigkeit. Im Gutachten braucht daher auf diese Unterscheidung bei der Prüfung des Fahrlässigkeitsmerkmals nicht eingegangen zu werden.

2. Die subjektive Fahrlässigkeit als Merkmal des Tatbestandes?

573   In der Literatur wird für den Tatbestand von manchen zudem neben der strafrechtlich missbilligten Gefahrschaffung eine subjektive Sorgfaltspflichtverletzung verlangt (etwa von *Heinrich* AT II Rn. 1023): Der Täter müsse **nach seinen Kenntnissen und Fähigkeiten** in der Lage gewesen sein, die objektiven Sorgfaltsanforderungen zu erfüllen. Daran würde es etwa fehlen im

> **Fall 70:** Der 80-jährige R ist altersbedingt nicht mehr in der Lage, verkehrssicher mit seinem Auto zu fahren. Dadurch verursacht er einen Unfall, bei dem ein anderer Autofahrer verletzt wird.

574   R war nach seinen Fähigkeiten nicht mehr in der Lage, die objektiven Sorgfaltsanforderungen zu erfüllen, die sich aus § 1 II StVO ergeben, nämlich sich im Straßenverkehr so zu verhalten, „daß kein Anderer geschädigt, gefährdet oder mehr, als nach den Umständen unvermeidbar, behindert oder belästigt wird".

575   Solche individuellen Defizite schon im Tatbestand zu berücksichtigen ist jedoch systemwidrig. Das **individuelle Unvermögen** berücksichtigt das Gesetz erst bei der Schuld. Das zeigen die §§ 20 StGB, 3 JGG. Hat die Unfähigkeit des R ihren Grund beispielsweise in einer altersbedingten Hirnarteriosklerose, so ist sie nach § 20 als krankhafte seelische Störung nur ein Grund für den Ausschluss der Schuld. Die subjektive Sorgfaltspflichtverletzung ist daher nach hM kein Tatbestandsmerkmal.

II. Der Zusammenhang zwischen der Fahrlässigkeit und den tatbestandlichen Folgen

576   Zwischen der Fahrlässigkeit und den tatbestandlichen Folgen – des tatbestandlichen Erfolgs oder der tatbestandlichen Gefährdung – muss nach heute allgemeiner Meinung ein Zusammenhang bestehen: Die **Fahrlässigkeit** muss **gerade hinsichtlich der tatbestandlichen Folgen** gegeben sein. Das heißt, das Verhalten muss gerade wegen der Gefahr strafrechtlich missbilligt sein, dass es zu den später eingetretenen Folgen kommt. Der Zusammenhang zwischen der Fahrlässigkeit und den tatbestandlichen Folgen entspricht damit in der Sache dem Zusammenhang, der für die objektive Zurechnung gefordert wird. Sie setzt ja voraus, dass sich in den tatbestandlichen Folgen gerade die strafrechtlich missbilligte Gefahr verwirklicht. Und das bedeutet eben, dass das Verhalten gerade wegen der Gefahr, die sich in den tatbestandlichen Folgen realisiert hat, strafrechtlich missbilligt ist (→ Rn. 116).

1. Die Herleitung dieser Voraussetzung

In den §§ 222, 229 deutet sich diese Voraussetzung bereits im Wort-   **577**
laut an. Sie verlangen eine Verursachung „*durch* Fahrlässigkeit". Allgemein, d.h. für alle Fahrlässigkeitsdelikte mit tatbestandlichen Folgen
ergibt sich aus dem gesetzlichen Systemzusammenhang, insbesondere
aus § 18, dass die Fahrlässigkeit gerade hinsichtlich der tatbestandlichen
Folgen gegeben sein muss. § 18 setzt das für die erfolgsqualifizierten
Delikte – wie beispielsweise § 227 – ausdrücklich voraus. Danach muss
dem Täter Fahrlässigkeit gerade „hinsichtlich" der besonderen Folge der
Tat zur Last fallen – etwa bei § 227 hinsichtlich des Todes eines Menschen als besonderer Folge der Körperverletzung. Mit dieser Voraussetzung wollte der Gesetzgeber nicht eine spezielle Einschränkung nur für
die erfolgsqualifizierten Delikte normieren, sondern eine allgemeine
Einschränkung zum Ausdruck bringen. Er wollte für alle Fahrlässigkeitsdelikte vorausgesetzt wissen, dass tatbestandliche Folgen dem Täter
nur angelastet werden, wenn er gerade hinsichtlich dieser fahrlässig gehandelt hat. Denn mit § 18 wollte er die letzten Reste einer **Erfolgshaf-
tung beseitigen**, bei der dem Täter alle Folgen eines pflichtwidrigen
Verhaltens zugerechnet wurden.

2. Die Bestimmung des Zusammenhangs zwischen der Fahrlässigkeit und den tatbestandlichen Folgen

Zu bestimmen ist der Zusammenhang zwischen Fahrlässigkeit und   **578**
tatbestandlicher Folge genauso wie bei der objektiven Zurechnung der
Zusammenhang zwischen strafrechtlich missbilligter Gefahrschaffung
und tatbestandlicher Folge:

> 1. danach, ob eine geschriebene Norm das Verhalten gerade wegen
> der Gefahr missbilligt, die sich in den tatbestandlichen Folgen reali-
> siert hat;
>
> 2. wenn es keine geschriebene Norm gibt, ob eine Abwägung nach
> dem Prinzip des überwiegenden Interesses ergibt, dass das Verhalten
> gerade wegen der Gefahr missbilligt ist, die sich in den tatbestandli-
> chen Folgen realisiert hat;
>
> 3. sofern dazu Anlass besteht, ob die Gefahr, die sich in den tatbe-
> standlichen Folgen realisiert hat, nach dem Verhältnismäßigkeits-
> grundsatz auch strafrechtlich missbilligt werden darf.

Die hM unterscheidet bei dieser Prüfung zwei Fallgruppen, die des   **579**
Pflichtwidrigkeitszusammenhangs und die des Schutzzweckzusammen-

hangs (*Wessels/Beulke/Satzger* Rn. 1126 ff.). Der Pflichtwidrigkeitszusammenhang ist problematisch in Fällen, in denen der tatbestandliche Erfolg mit einer gewissen Wahrscheinlichkeit auch bei pflichtgemäßem Verhalten eingetreten wäre. In den Fällen des Schutzzweckzusammenhangs geht es darum, ob es der Schutzzweck der verletzten Sorgfaltsnorm ist, gerade den tatbestandlichen Erfolg zu verhindern, der später eingetreten ist. Die Entscheidung ist aber in beiden Fallgruppen nach den oben unter 1–3. genannten Maßstäben zu treffen.

580   Neben dem Pflichtwidrigkeits- und Schutzzweckzusammenhang werden z.t. als weitere Voraussetzungen des Zusammenhangs zwischen der Fahrlässigkeit und den tatbestandlichen Folgen genannt die Voraussehbarkeit und die Vermeidbarkeit des tatbestandlichen Erfolgs. Das sind indes keine eigenständigen Voraussetzungen. Voraussehbarkeit und Vermeidbarkeit des tatbestandlichen Erfolges sind nur Gesichtspunkte bei der Abwägung nach dem Prinzip des überwiegenden Interesses.

a) Die Fallgruppe des Pflichtwidrigkeitszusammenhangs

581   In der Fallgruppe des Pflichtwidrigkeitszusammenhangs sind zwei Konstellationen zu unterscheiden: die, dass der Erfolg bei pflichtgemäßem Verhalten *mit an Sicherheit grenzender Wahrscheinlichkeit* eingetreten wäre, und die, dass der Erfolg bei pflichtgemäßem Verhalten nur *möglicherweise* eingetreten wäre. Dazu

> **Fall 71:** Während seines ersten Nachtdienstes auf der Intensivstation injiziert Assistenzarzt A dem Patienten P bei einem plötzlichen Blutdruckabfall versehentlich ein blutdrucksenkendes Medikament. Dadurch stirbt P. Wie sich später herausstellt, hätte auch bei Verwendung des zur Tatzeit medizinisch indizierten Präparats ein gewisses Todesrisiko bestanden. P hatte den Ärzten eine Allergie verschwiegen und hätte auf das andere Präparat mit einem Allergieschock reagiert, der
>
> a) mit an Sicherheit grenzender Wahrscheinlichkeit,
> b) möglicherweise, aber mit einer deutlich geringeren Wahrscheinlichkeit
>
> ebenfalls zum Tod geführt hätte.

582   Fahrlässig hat A bei der Verabreichung des kontraindizierten blutdrucksenkenden Medikaments gehandelt. Fraglich ist aber in beiden Varianten, ob sein Verhalten gerade wegen der Todesgefahr rechtlich missbilligt ist, die sich realisiert hat. In der Variante a) ist das deswegen zweifelhaft, weil eine rechtliche Missbilligung dieser Gefahrschaffung nicht geeignet wäre, den Tod des P zu verhindern; A war es ja aus Ex-ante-Sicht erlaubt, dem P das andere, mit an Sicherheit grenzender Wahrscheinlichkeit ebenfalls tödliche Präparat zu geben. In der Variante

b) rührt der Zweifel am Bestehen des Pflichtwidrigkeitszusammenhangs daher, dass eine rechtliche Missbilligung des Verhaltens wegen der Todesgefahr möglicherweise nicht geeignet wäre, den Tod des P zu verhindern. Es könnte deshalb *in dubio pro reo* zugunsten des A zu unterstellen sein, dass es an der Eignung fehlt.

In den Fällen, in denen es wie in der Variante a) annähernd sicher ist, **583** dass der Erfolg bei pflichtgemäßem Verhalten ebenfalls eingetreten wäre, ist man sich heute einig, dass es am Pflichtwidrigkeitszusammenhang fehlt, dass das Verhalten nicht gerade wegen der Gefahr strafrechtlich missbilligt ist, die sich im tatbestandlichen Erfolg realisiert hat. Der Grund dafür liegt im **verfassungsrechtlichen Verhältnismäßigkeitsgrundsatz.** Danach ist eine strafrechtliche Missbilligung des Verhaltens nur verhältnismäßig, wenn sie auch geeignet ist, den tatbestandlichen Erfolg zu verhindern. Das ist sie aber nicht, wenn die Rechtsordnung dem Täter erlaubt, den Erfolg auf anderem Wege herbeizuführen.

In der Variante a) fehlt es damit am Pflichtwidrigkeitszusammenhang.

Auseinander gehen die Meinungen, wenn der tatbestandliche Erfolg **584** wie in der Variante b) bei pflichtgemäßem Verhalten nur möglicherweise eingetreten wäre. Die Rechtsprechung schließt auch in diesen Fällen den Pflichtwidrigkeitszusammenhang aus **(Vermeidbarkeitstheorie)**. Sie wendet den Grundsatz „in dubio pro reo" – im Zweifel für den Angeklagten – zugunsten des Täters an (so BGHSt, 11, 1; 24, 31). Da sich nicht aufklären lasse, ob der Erfolg auch bei pflichtgemäßem Verhalten eingetreten wäre oder nicht, sei *in dubio pro reo* von der dem Täter günstigsten Sachverhaltsvariante auszugehen, also *in dubio pro reo* zugrunde zu legen, dass der Erfolg auch bei pflichtgemäßem Verhalten eingetreten wäre. Bei Zugrundelegung dieser Sachverhaltsvariante sei dann der Pflichtwidrigkeitszusammenhang ausgeschlossen.

Danach ist der Pflichtwidrigkeitszusammenhang auch in der Variante b) nicht gegeben.

Anders sieht es die **Risikoerhöhungslehre.** Sie lässt für den Pflicht- **585** widrigkeitszusammenhang ausreichen, dass die Pflichtwidrigkeit das Risiko des Erfolgseintritts messbar erhöht hat (so etwa *Roxin/Greco* AT I § 11 Rn. 88 ff.).

Die Risikoerhöhungslehre nähme daher in der Variante b), wo die pflichtwidrige Gabe des blutdrucksenkenden Medikaments das Todesrisiko deutlich erhöht hat, den Pflichtwidrigkeitszusammenhang an.

Das ist auch berechtigt. Denn die Heranziehung des In-dubio-pro-reo- **587** Grundsatzes ist verfehlt. Es ist kein Zweifelsfall gegeben, der seine Anwendung rechtfertigt. Nach dem In-dubio-pro-reo-Grundsatz ist nur zu entscheiden, wenn der für die rechtliche Bewertung maßgebliche Sachverhalt sich nicht aufklären lässt. So ist es aber nicht, wenn feststeht, dass der tatbestandliche Erfolg bei pflichtgemäßem Verhalten zwar möglicherweise, aber mit geringerer Wahrscheinlichkeit eingetreten wäre. Denn schon dieser **feststehende Sachverhalt** – dass die Pflichtwidrigkeit das Risiko des Erfolgseintritts erhöht hat– reicht für die rechtliche Bewertung des Verhaltens. Schon bei dieser Risikoerhöhung ist nämlich der Grund für die Annahme des Pflichtwidrigkeitszusammenhangs – die Eignung der rechtlichen Missbilligung zur Erfolgsabwendung – gegeben. Denn die rechtliche Missbilligung des Verhaltens wegen dieser Risikoerhöhung könnte das Risiko des Erfolgseintritts verringern. Die Rechtsordnung würde nur die Schaffung eines messbar geringeren Erfolgsrisiko erlauben. Diese Verringerung des Erfolgsrisikos muss ausreichen für die Eignung der rechtlichen Missbilligung, den Erfolgseintritt zu vermeiden. Denn mehr als eine Risikoverringerung kann ein rechtliches Verbot gar nicht erreichen. Es kann das Risiko nur bis zur Grenze des allgemein anerkannten „erlaubten Risikos" verringern. Es ist auch nicht so, dass die Erfolgsdelikte damit zu bloßen Gefährdungsdelikten umgedeutet werden – wie dies z.T. behauptet wird (etwa von Baumann/Weber/Mitsch/*Eisele* § 10 Rn. 90). Denn es wird ja eine zurechenbare Verursachung des Erfolges verlangt.

588 In der Variante b) ist der Risikozusammenhang damit gegeben.

b) Die Fallgruppe des Schutzzweckzusammenhangs

589 Der Schutzzweckzusammenhang ist beispielsweise problematisch in:

> **Fall 72a:** Der Unternehmer U vertreibt ein Kältemittel für den gewerblichen Gebrauch ohne den rechtlich gebotenen Hinweis, dass auch bei bestimmungsgemäßer Verwendung Lösungsmittel in die Atemluft entweichen und beim Einatmen höherer Konzentrationen Gesundheitsschäden verursachen können. Der Kältemechaniker M, der mit den Gefahren des Mittels vertraut ist, nutzt das Mittel zu einem bestimmungswidrigen Zweck: Er atmet die Dämpfe bewusst ein, um sich zu berauschen. Dadurch zieht er sich schwere Gesundheitsschäden zu.

> **Fall 72b:** A ist mit seinem Wagen auf dem Weg in den Urlaub. Unterwegs fährt er auf der Autobahn schneller als erlaubt. Als er in seinem Urlaubsort ankommt und dort mit der vorgeschriebenen Geschwindigkeit fährt, läuft ihm unvermittelt ein Kind vor den Wagen. A kann nicht mehr rechtzeitig bremsen, erfasst das Kind und verletzt es. Hätte A sich auf der Autobahn an die Geschwindigkeitsbegrenzung gehalten, wäre es nicht zu dem Unfall gekommen, weil er später

> angekommen wäre und das Kind zu diesem Zeitpunkt die Straße
> schon überquert gehabt hätte.

Im Fall 72a hat U durch den Vertrieb des Kältemittels jedenfalls deshalb **590**
pflichtwidrig und damit fahrlässig gehandelt, weil er nicht vor den Gefahren eines
bestimmungsgemäßen Gebrauchs gewarnt hat. Ob die Fahrlässigkeit aber auch
hinsichtlich des bei M eingetretenen Gesundheitsschadens gegeben ist, den er eigenverantwortlich in Kenntnis der Gefahr verursacht hat, ist fraglich. Man lässt
hier bei der Abwägung die Eigenverantwortlichkeit des M den Ausschlag geben.
Schutzzweck der verletzten Sorgfaltsnorm – der Norm, vor Gefahren des Gebrauchs zu warnen – sei es nicht, andere davor zu schützen, ihre Gesundheit eigenverantwortlich selbst zu gefährden. Danach fehlt es hier am Schutzzweckzusammenhang.

Im Fall 72b liegt die Fahrlässigkeit darin, dass A auf der Autobahn die zuläs- **591**
sige Höchstgeschwindigkeit überschreitet und dadurch § 41 I StVO i.V.m. Zeichen 274 der Anlage 2 zur StVO verletzt. Darin läge aber nur dann auch eine
Fahrlässigkeit hinsichtlich der Verletzung des K, wenn die Geschwindigkeitsüber-
schreitung auch rechtlich missbilligt wäre, damit A sein Ziel nicht eher erreicht
als es mit der zulässigen Geschwindigkeit möglich wäre. Das ist aber nicht der
Fall. Der Grund ist wiederum, dass die Sorgfaltsnorm – § 41 I StVO – gar nicht
geeignet wäre, diesen Erfolg zu verhindern. Es ist dem A ja erlaubt, sein Ziel auch
mit der zulässigen Höchstgeschwindigkeit zum selben Zeitpunkt zu erreichen; er
könnte ja entsprechend früher losfahren.

III. Die objektive Zurechnung als Tatbestandsvoraussetzung?

Die Voraussetzungen der objektiven Zurechnung sind – wie sich oben **592**
gezeigt hat – in der Sache gleichbedeutend mit den Merkmalen „durch
Fahrlässigkeit". Neben diesen im Gesetz ausdrücklich genannten Merkmalen bedarf es daher keiner ungeschriebenen Voraussetzung der objektiven Zurechnung. Da in der Literatur allerdings auch beim Fahrlässigkeitsdelikt explizit die objektive Zurechnung gefordert wird, sollte man
das in der Fallbearbeitung ansprechen und darauf hinweisen, dass damit
in der Sache nichts anderes verlangt wird als das, was die gesetzlichen
Merkmale „durch Fahrlässigkeit" voraussetzen.

IV. Die Täterschaftsmerkmale des § 25 als
Tatbestandsvoraussetzungen?

Ein Teil der Literatur verengt auch den Tatbestand des Fahrlässig- **593**
keitsdelikts durch die allgemeinen Täterschaftsmerkmale des § 25 (zB
SK/*Hoyer* Vor § 25 Rn. 4). Danach unterfallen Handlungen, die beim
Vorsatzdelikt kein täterschaftliches Begehen, sondern nur Anstiftung

(§ 26) oder Beihilfe (§ 27) wären, nicht dem Tatbestand des Fahrlässigkeitsdelikts. Sie wären auch nicht als Teilnahme von den §§ 26, 27 erfasst, weil diese vorsätzliches Handeln fordern („wer vorsätzlich") – d.h. sie wären straflos.

594	Die hM deutet § 25 hingegen so, dass er sich nur auf die Vorsatzdelikte bezieht. Für die Fahrlässigkeitsdelikte sollen seine Merkmale nicht gelten. Sie erfassen nach hM auch Anstiftungs- und Beihilfehandlungen. Weil auch diese als täterschaftliche Fahrlässigkeit gelten, spricht man deshalb beim Fahrlässigkeitsdelikt vom **Einheitstäter** (so etwa *Stratenwerth/Kuhlen* § 15 Rn. 76 mwN).

595	Der Wortlaut des § 25 zwingt zwar nicht zu dieser Auslegung. Denn das „Begehen" der „Straftat", das er voraussetzt, könnte auch das Begehen einer Fahrlässigkeitsstraftat sein. Dass § 25 aber nur die Vorsatzdelikte meint, ergibt sich aus dem systematischen Zusammenhang, insbesondere aus dem mit § 26. Indem § 26 für die Anstiftung die gleiche Strafe androht wie für das täterschaftliche Begehen i.S.d. § 25 („wird gleich einem Täter bestraft") stellt er die Anstiftung der Täterschaft gleich. Dieser Wertung widerspräche es, die Fahrlässigkeitsdelikte durch § 25 einzuschränken. Denn dann stünde die Anstiftung bei ihnen nicht dem täterschaftlichen Begehen gleich; sie wäre dann ja straflos. Dem Fahrlässigkeitsdelikt müssen damit zur Vermeidung von Wertungswidersprüchen auch Handlungen unterfallen, die beim Vorsatzdelikt allenfalls eine Teilnahme begründen könnten.

B. Die Rechtswidrigkeit

596	Die Rechtswidrigkeit des Fahrlässigkeitsdelikts wird genauso durch Rechtfertigungsgründe ausgeschlossen wie die des vollendeten Vorsatzdelikts. Dabei genügt es für den Ausschluss der Rechtswidrigkeit wie beim vollendeten Vorsatzdelikt schon, dass ein Rechtfertigungsgrund *objektiv* erfüllt ist; das subjektive Rechtfertigungselement braucht nicht gegeben zu sein. Denn wenn ein Rechtfertigungsgrund objektiv verwirklicht ist, fehlt von den beiden für die Rechtswidrigkeit nötigen Unrechtskomponenten – das Handlungs- und das Erfolgsunrecht –, das Erfolgsunrecht; die tatbestandlichen Folgen des Verhaltens sind dann nicht rechtlich missbilligt. So ist es im

> **Fall 73:** Bei einem Einkaufsbummel mit seiner Frau dreht M sich plötzlich mit gestrecktem Arm um, um ihr ein neues Geschäft zu zeigen. Dabei trifft er den Taschendieb T, der sich gerade angeschickt hat, ihm das Portemonnaie aus der Gesäßtasche zu ziehen.

597	M hat durch den Schlag den Tatbestand der fahrlässigen Körperverletzung gemäß § 229 verwirklicht. Die Tat ist aber nicht rechtswidrig, weil M die objektiven Voraussetzungen des § 32 verwirklicht – er verteidigt sich im erforderlichen und gebotenen Maße gegen einen gegenwärtigen rechtswidrigen Angriff. Es ist deshalb kein Erfolgsunrecht gegeben; der Körperverletzungserfolg ist nicht rechtlich missbilligt, weil der Unwert der Körperverletzung nach § 32 aufgewogen wird durch den Wert der Verteidigung. Vorhanden ist nur das Handlungsunrecht; dieses allein genügt aber nicht für das Erfolgsdelikt des § 229. Anders als beim Vorsatzdelikt wird das bloße Handlungsunrecht auch nicht durch die Versuchsvorschriften erfasst. Der Versuch des Fahrlässigkeitsdelikts ist nicht strafbedroht.

C. Die Schuld

Die Schuld des Fahrlässigkeitsdelikts bestimmt sich zunächst nach **598** den allgemeinen Schuldregeln, nach § 3 S. 1 JGG und den Schuldausschließungs- und Entschuldigungsgründen. Daneben gibt es beim Fahrlässigkeit nach hM aber zwei besondere Schuldregeln.

I. Schuldausschluss wegen Unzumutbarkeit normgemäßen Verhaltens?

Neben dem Schuldausschluss nach den allgemeinen Schuldausschlie- **599** ßungs- und Entschuldigungsgründen soll beim Fahrlässigkeitsdelikt ein Schuldausschluss wegen Unzumutbarkeit normgemäßen Verhaltens möglich sein (siehe zB *Rengier* AT § 52 Rn. 87). Begründet wird das mit einer Analogie zu § 35 I 2, wo die Zumutbarkeit ausdrücklich als Schuldvoraussetzung genannt ist. Die Analogievoraussetzungen sind indes nicht gegeben. Es fehlt schon an einer systemwidrigen Regelungslücke. Nach der Systematik der gesetzlichen Schuldregeln ist ein Schuldausschluss wegen Unzumutbarkeit normgemäßen Verhaltens auch bei Fahrlässigkeit nicht geboten; er wäre dort vielmehr systemwidrig. Das zeigt sich etwa im

Fall 74: Die Haushälterin H erfährt beim Bügeln, dass ihr Mann verunglückt ist. Sie schaltet das Bügeleisen zwar aus, stellt es aber in ihrer Aufregung mit der noch heißen Seite auf das Bügelbrett, eilt davon und setzt dadurch das Haus ihres Arbeitgebers in Brand (Abwandlung eines Beispiels von *Nowakowski* JBL. 1953, 506, 509).

Hat H hinsichtlich der Beschädigung des fremden Bügelbretts Eventualvorsatz **600** gehabt und reicht ihre Aufregung nicht für einen Schuldausschluss nach § 20, ist ihr das normgemäße Verhalten – das ungefährliche Abstellen des Bügeleisens – im Rahmen des § 303 zumutbar gewesen. Unzumutbar wäre es ihr nach hM wegen der Aufregung aber im Rahmen des § 306d, wenn sie hinsichtlich des In-Brand-Setzens nur bewusst fahrlässig gehandelt hat. Das wäre ein Wertungswiderspruch: Wenn H das ungefährliche Abstellen des Bügeleisens trotz der Aufregung schon wegen der Gefahr zumutbar ist, dass das Bügelbrett Schaden nimmt, dann ist es ihr erst recht wegen der viel schwerwiegenderen Gefahr zumutbar, dass das Haus in Brand gerät. Ein Schuldausschluss wegen Unzumutbarkeit normgemäßen Verhaltens außerhalb der gesetzlichen Schuldregeln ist daher auch beim Fahrlässigkeitsdelikt nicht anzuerkennen. In der Fallbearbeitung kann – pragmatisch – die Unzumutbarkeit im konkreten Fall verneint werden. Argumentativ kann man dafür einen vorsätzlichen Vergleichsfall bilden (vgl. zu dieser Methode bei Fall 5).

II. Die subjektive Sorgfaltspflichtverletzung als Schuldvoraussetzung?

601   Eine weitere besondere Schuldvoraussetzung liest die hM aus dem Fahrlässigkeitsmerkmal heraus. Dieses verlange auch eine subjektive Sorgfaltspflichtverletzung (siehe *Heinrich* AT II Rn. 982). Der Täter müsse **nach seinen Kenntnissen und Fähigkeiten** in der Lage gewesen sein, die objektiven Sorgfaltsanforderungen zu erfüllen. In diesem Sinne ist das Fahrlässigkeitsmerkmal auch vom historischen Gesetzgeber verstanden worden (E 1962, S. 132) . Indes entscheiden schon die gesetzlichen Schuldregeln, ob eine individuelle Unfähigkeit des Täters zum Schuldausschluss führt, etwa im Fall des 80-jährigen A, der altersbedingt nicht mehr in der Lage ist, sein Auto verkehrssicher zu führen und dadurch einen Unfall verursacht, durch den ein anderer Autofahrer verletzt wird. Hat die Unfähigkeit des A, die objektive Sorgfaltspflicht zu erfüllen, ihren Grund in einer Hirnarteriosklerose und damit in einer krankhaften seelischen Störung, wird sie schon von § 20 erfasst. Eigenständige Bedeutung kann die „subjektiven Sorgfaltspflichtverletzung" als Schuldmerkmal nur bei Unfähigkeiten erlangen, die gesetzlich nicht geregelt sind, nach den Wertungen der gesetzlichen Schuldregeln aber ebenfalls zum Schuldausschluss führen müssten. Nur dann ist ja ein über die gesetzlichen Schuldregeln hinausgehender Schuldausschluss systematisch gerechtfertigt. Angenommen wird das etwa bei Ermüdungs-, Erschöpfungs- und Schockzuständen, die den Täter unfähig machen, die objektive Sorgfaltspflicht zu erfüllen (vgl. BGH VRS 2010, 213). Indes sind auch diese Unfähigkeiten schon durch § 20 erfasst; denn sie beruhen auf tiefgreifenden Bewusstseinsstörungen.

Kapitel 5. Die Vorsatz-Fahrlässigkeits-Kombinationen der Teilvorsatzdelikte

Neben den Vorsatz- und den Fahrlässigkeitsdelikten gibt es auch **602** Kombinationen beider Deliktstypen: Delikte, die nur hinsichtlich eines Teils der vom objektiven Tatbestand beschriebenen Umstände Vorsatz voraussetzen (deshalb Teilvorsatzdelikte) und im Übrigen Fahrlässigkeit oder Leichtfertigkeit – eine Art „grober" Fahrlässigkeit – genügen lassen.

A. Die „eigentlichen" Vorsatz-Fahrlässigkeitskombinationen

Zu den Teilvorsatzdelikten gehören zum einen die „eigentlichen" **603** Vorsatz-Fahrlässigkeits-Kombinationen. Das sind Grundtatbestände wie die §§ 308 V, 315 V, 315c III Nr. 1, die nach ihrer Deliktsbeschreibung eine teils vorsätzliche, teils nur fahrlässige Verwirklichung des Tatbestandes voraussetzen. So setzt beispielsweise § 308 V hinsichtlich des Herbeiführens einer Explosion anders als durch Freisetzen von Kernenergie Vorsatz und hinsichtlich der dadurch verursachten Gefährdung von Leib oder Leben eines anderen Menschen oder fremder Sachen von bedeutendem Wert nur Fahrlässigkeit voraus.

B. Die erfolgsqualifizierten Delikte

Eine andere Gruppe von Vorsatz-Fahrlässigkeits-Kombinationen **604** sind die erfolgsqualifizierten Delikte. Bei ihnen ist der Grundtatbestand eines Vorsatzdelikts kombiniert mit der fahrlässigen oder leichtfertigen Verursachung einer **besonderen Folge" i.S.d. § 18**. Beispiele sind die §§ 226 I, 227, 251, 308 III. Einige der erfolgsqualifizierten Delikte – wie die §§ 251, 308 III – setzen explizit voraus, dass die „besondere Folge" – bei den §§ 251, 308 I der „Tod eines anderen Menschen" – „wenigstens leichtfertig" durch die Tat verursacht wird. Für die anderen erfolgsqualifizierten Delikte – wie die §§ 226 I, 227 – ergibt sich aus § 18, dass dem Täter hinsichtlich der besonderen Folge „wenigstens Fahrlässigkeit" zur Last fallen muss. Da die erfolgsqualifizierten Delikte nur „wenigstens Fahrlässigkeit" oder „wenigstens Leichtfertigkeit" verlangen, können sie vollständig als Vorsatzdelikte begangen werden, also mit Vorsatz auch hinsichtlich der erfolgsqualifizierenden Merkmale. Allerdings muss die Fahrlässigkeit oder die Leichtfertigkeit hinsichtlich der schweren Folge auch in dem Fall gegeben sein; sie sind ja „wenigstens" erforderlich. Der Vorsatz kommt nur hinzu. Er bezieht sich dann auch auf die Verursachung der schweren Folge durch Fahrlässigkeit oder Leichtfertigkeit.

I. Der objektive Tatbestand

605   Zum objektiven Tatbestand des erfolgsqualifizierten Delikts gehören zunächst die objektiven Merkmale des Grundtatbestandes, zum objektiven Tatbestand des § 227 beispielsweise die „Körperverletzung", d.h. die objektiven Merkmale des § 223. Hinzu kommen die erfolgsqualifizierenden Merkmale. Das sind bei den §§ 227, 18 nach dem Gesetzestext der „Tod der verletzten Person" als „besondere Folge", die Verursachung „durch die Körperverletzung" und die Fahrlässigkeit hinsichtlich der besonderen Folge.

606   Die hM verlangt darüber hinaus einen **spezifischen Gefahrzusammenhang** (in der Rechtsprechung auch als Unmittelbarkeitszusammenhang bezeichnet) zwischen Grunddelikt und besonderer Folge: In der besonderen Folge müsse sich gerade die **spezifische Gefahr des Grunddelikts** realisieren (so etwa *Rengier* AT § 55 Rn. 4). Das ist in der Sache aber nichts anderes als die in § 18 vorausgesetzte Fahrlässigkeit hinsichtlich der besonderen Folge. Denn sie bedeutet ja, dass die grunddeliktische Handlung – im Fall des § 227 die Körperverletzungshandlung – auch wegen der Gefahr strafrechtlich missbilligt sein muss, dass die besondere Folge eintritt. Ist das der Fall, ist bei Eintritt der schweren Folge auch der „spezifische Gefahrzusammenhang" gegeben. Ihn neben der Fahrlässigkeit hinsichtlich der besonderen Folge vorauszusetzen ist also überflüssig (MüKo/*Hardtung* § 18 Rn. 25). Da der spezifische Gefahrzusammenhang aber weithin als Merkmal gefordert wird, muss er in der Fallbearbeitung angesprochen werden.

II. Der subjektive Tatbestand

607   Zum subjektiven Tatbestand gehört der Vorsatz. Anders als bei den vollständigen Vorsatzdelikten muss er sich nicht auf alle Umstände beziehen, die zum gesetzlichen Tatbestand gehören. Hinsichtlich der erfolgsqualifizierenden Merkmale genügt ja gemäß § 18 Fahrlässigkeit. Die hM deutet sie zutreffend als *objektive* Sorgfaltspflichtverletzung (MüKo/*Hardtung* § 18 Rn. 18 f.; § 222 Rn. 10). Falls vorhanden, sind

im subjektiven Tatbestand noch sonstige rein subjektive Tatbestandsmerkmale zu prüfen.

Daraus ergibt sich für das erfolgsqualifizierte Delikt der folgende **608**
Aufbau

I. Objektiver Tatbestand
  1. Die Merkmale des Grundtatbestandes
  2. Die erfolgsqualifizierenden Merkmale
    a) Der Eintritt der besonderen Folge
    b) Die tatbestandlich vorausgesetzte Verursachung der beson-
       deren Folge
    c) Fahrlässigkeit (oder Leichtfertigkeit) hinsichtlich der be-
       sonderen Folge (§ 18)
    d) Spezifischer Gefahrzusammenhang als Voraussetzung nö-
       tig?
II. Der subjektive Tatbestand
  1. Vorsatz hinsichtlich der Merkmale des Grundtatbestandes
  2. Etwaige sonstige subjektiven Tatbestandsmerkmale

Kapitel 6. Unterlassungsdelikt

Literatur: Fallbearbeitung bei *Scheinfeld*, in: Putzke, Formalien, S. 102 ff.

609   Aktives Tun (das Handeln) ist nur eine Form menschlichen Verhaltens – das Nichtstun die andere. Die (pflichtwidrige) Nichtvornahme einer Handlung wird im Straf- und Ordnungswidrigkeitenrecht als „Unterlassen" bezeichnet.

A. Unechte und echte Unterlassungsdelikte

610   **Fall 75:** Der Salafist A hasst seine 15-jährige Tochter T, weil sie eine Liebesbeziehung mit K führt, einem Nichtmuslim, weshalb er beiden den Tod wünscht. Als K und T beim Schwimmen im See einen Krampf bekommen, lässt A beide ertrinken, obwohl er dies mit dem Wurf eines vorhandenen Rettungsrings hätte verhindern können.

611   Es gibt zwei Arten von Unterlassungsdelikten: die echten und die unechten. Als **echt** werden Delikte bezeichnet, in denen die Nichtvornahme einer vorgeschriebenen Handlung beschrieben wird (zB § 138 I: „und es unterlässt", § 323c: „nicht Hilfe leistet"). Hier ergibt sich die Pflicht zum Handeln aus dem jeweiligen BT-Tatbestand, was der Gesetzgeber manchmal ausdrücklich sagt (§ 221 I Nr. 2: „in einer hilflosen Lage im Stich läßt, obwohl er […] *beizustehen verpflichtet ist*"; § 225 I: wer durch […] *Vernachlässigung seiner Pflicht, für sie zu sorgen*").

612   Alle anderen (Erfolgs- oder Tätigkeits-)Delikte werden als **unechte** bezeichnet. Für sie (allein) gilt § 13. Liest man die Voraussetzungen des § 13 I mit denen etwa des § 212 I (und § 15) zusammen, ergibt sich folgender Tatbestand: „Wer es vorsätzlich (rechtswidrig und schuldhaft) unterlässt, den Tod eines Menschen abzuwenden, obwohl er rechtlich dafür einzustehen hat, dass der Erfolg nicht eintritt, wird, wenn das Unterlassen der Verwirklichung des gesetzlichen Tatbestandes durch ein Tun entspricht, mit ... bestraft."

613   Manchmal besteht Streit darüber, um welche Art es sich handelt, zB bei § 266 (BGH NJW 2011, 3528, 3529: unechtes Unterlassungsdelikt; hL: echtes Unterlassungsdelikt) oder bei § 221 I Nr. 2. Relevant ist das u.a. für die Frage, ob die Strafmilderungsmöglichkeit nach § 13 II (analog) gilt, was jeweils umstritten ist.

Im Fall 75 hat A eine **Solidaritätspflicht** zur Hilfe verletzt, die jeden **614** trifft, der im Rahmen des Zumutbaren zur Abhilfe in der Lage ist. Deshalb hat er gegenüber K und T schuldhaft § 323c erfüllt. Seine Schuld gegenüber T ist aber noch viel größer, wenn A nicht nur eine allgemeine, sondern sogar eine besondere Hilfspflicht getroffen hat. Das ist der Fall, wenn er nach § 13 I rechtlich dafür einzustehen hat **(Garantenpflicht)**, dass T nicht ertrinkt. Als Vater trifft ihn eine solche Pflicht gegenüber seiner Tochter. A hat sich deshalb sogar strafbar gemacht wegen eines Totschlags durch Unterlassen nach §§ 212 I, 13 I (§ 323c tritt bei T wegen Gesetzeseinheit [materielle Subsidiarität] dahinter zurück).

B. Strafbarkeitsprüfung für unechte Unterlassungsdelikte

Die Merkmale einer Strafbarkeitsprüfung lassen sich der jeweiligen **615** Strafnorm und § 13 I entnehmen. Aus dem Gesetzeswortlaut der jeweils zusammengezogenen Normen des BT (zB § 212 I) und des § 13 I ergibt sich der Prüfungsaufbau.

I. Prüfschema

In einem strafrechtlichen Gutachten ist bei den unechten Unterlassungsdelik- **616** ten § 13 I in der Überschrift oder im Einleitungssatz stets zu nennen (zB „Strafbarkeit nach §§ 303 I, 13 I durch das Nichtfüttern des Hundes").

I.   Tatbestand   **617**
   1. Ggf. (besondere) Merkmale des Tatsubjekts und -objekts
   2. Eintritt des tatbestandlichen Erfolgs
   3. Unterlassen der Erfolgsabwendung
     a) Ggf. Abgrenzung Tun/Unterlassen
     b) Erfolgsabwendungsfähigkeit
     c) Ursächlichkeit
   4. Einstandspflicht (Garantenpflicht)
     a) Garantenstellung
     b) Pflichtwidrigkeitszusammenhang
   [5. Objektive Zurechnung, s. Rn. 587]
   6. Entsprechungsklausel
   7. Vorsatz und ggf. besondere subjektive Tatbestandsmerkmale
II. Rechtswidrigkeit (Besonderheit: rechtfertigende Pflichtenkollision)
III. Schuld (Besonderheit: Unzumutbarkeit normgemäßen Verhaltens als Entschuldigungsgrund)

II. Keine Abweichungen zum Handlungsdelikt

618   Die Voraussetzungen für die Strafbarkeit wegen eines Unterlassungsdelikts weichen nur an einigen Punkten vom vollendeten (vorsätzlichen
oder fahrlässigen) Handlungsdelikt ab. Keine Besonderheiten gibt es
etwa beim Eintritt des Erfolgs, der objektiven Zurechnung und beim
Vorsatz. Was es dazu zu sagen gibt, darauf weisen wir (ohne Rücksicht
auf die richtige Stelle im Prüfungsaufbau) schon jetzt hin:

1. Erfolgseintritt, Kausalität und objektive Zurechnung

619   a) Beim Vollendungsdelikt ist zunächst der Erfolgseintritt festzustellen (§ 13 I: „wer es unterläßt, einen Erfolg abzuwenden…"). Bei Tätigkeitsdelikten (zB § 153) ergibt sich bei Licht besehen keine Abweichung
(→ Rn. 73).

620   b) Bei der objektiven Zurechnung ist zu prüfen, ob das Unterlassen
erstens pflichtwidrig war (was der Einstandspflicht entspricht), und
zweitens, ob das pflichtwidrige Unterlassen mit dem Tatbestandserfolg
in Zusammenhang steht.

621   **Achtung:** In der Sache sind die Voraussetzungen der objektiven Zurechnung
deckungsgleich sowohl mit den Merkmalen, die zu prüfen sind bei der Einstandspflichtverletzung (bei unechten Unterlassungsdelikten) wie bei „durch Fahrlässigkeit" (bei Fahrlässigkeitsdelikten). Das gilt auch dann, wenn die Merkmale der
Deliktsarten in einem Tatbestand kumulieren, wie etwa in dem des fahrlässigen
Unterlassungsdelikts. Danach ist in der Sache von den drei Merkmalen dasselbe
vorausgesetzt: eine strafrechtliche Pflichtwidrigkeit hinsichtlich des vom Tatbestand der §§ 222, 13 I vorausgesetzten Todeserfolges. Ausführlich braucht man
die Pflichtwidrigkeit natürlich nur einmal zu behandeln, nämlich beim ersten dieser Merkmale, das man prüft. Bei den anderen kann man sich auf die Klarstellung
beschränken, dass es in der Sache um dasselbe geht, und im Übrigen auf die vorangegangenen Darlegungen verweisen. Übersieht man die sachliche Übereinstimmung, drohen Fehler (näher schon → Rn. 97). Argumentativ kann man dafür einen vorsätzlichen Vergleichsfall bilden (→ Rn. 68). Es empfiehlt sich zur Bünde-
lung und zur Vermeidung von Redundanzen folgender Obersatz: „T hat das Abwenden des Erfolges einstandspflichtwidrig und damit zurechenbar unterlassen, wenn
er erstens eine Garantenstellung innehatte und wenn zweitens sein Untätigbleiben
strafrechtlich missbilligt ist gerade mit Blick auf den eingetretenen Erfolg."

2. Vorsatz

622   Der Vorsatz muss sich auf alle objektiven Tatumstände beziehen, also
etwa auf Erfolg, Unterlassen (Erfolgsabwendungsfähigkeit), Kausalität
sowie auf die **Umstände**, woraus sich eine Einstandspflicht ergibt.

Beispiel: Das Kind K von Vater V droht zu ertrinken. V ist Nichtschwimmer **623** und meint irrig, ein Boot, das am Steg steht, sei dort unlösbar festgekettet. In Wahrheit ist das Boot erkennbar fahrbereit, sodass V den K hätte retten können. V tut nichts, K ertrinkt. – V hat den objektiven Tatbestand eines Totschlags durch Unterlassen (§§ 212 I, 13 I) verwirklicht. Er kannte aber einen objektiven Tatumstand nicht, nämlich den, dass er zur Erfolgsabwendung fähig war. Deshalb handelte er gemäß § 16 I 1 ohne Vorsatz. Er ist aber strafbar wegen fahrlässiger Tötung durch Unterlassen (§§ 222, 13 I).

Beim Vorsatz ist lediglich zu beachten, dass der **Irrtum über die** **624** **Garantenstellung** (V denkt irrig, es handele sich nicht um seine Tochter, die er gerade ertrinken sieht) ein Irrtum ist über einen konkreten tatsächlichen Umstand, der als Tatumstandsirrtum gemäß § 16 I 1 zu behandeln ist. Ein **Irrtum über die Garantenpflicht** ist hingegen ein Irrtum über das gesetzliche Merkmal des „rechtlich Einstehenmüssens", den als Gebotsirrtum § 17 erfasst.

Beispiel: V sieht seine minderjährige Tochter T ertrinken. Er glaubt, T nicht **625** retten zu müssen, weil sie sich öfter bei ihrem Freund aufhält als zuhause. T ertrinkt. – Bezüglich T kannte V alle seine Einstandspflicht begründenden Tatumstände, hatte also Vorsatz. V glaubte aber, er habe nicht die Pflicht, die T zu retten. Damit fehlte ihm die Einsicht, Unrecht zu tun. Er befand sich in einem Gebotsirrtum nach § 17. Bei Anspannung seiner Erkenntniskräfte hätte V begreifen können, dass er zur Rettung des Lebens seiner Tochter verpflichtet war (= vermeidbarer Gebotsirrtum). Insoweit stimmt der Merksatz: Der Irrtum über Umstände der Garanten*stellung* ist ein Tatumstandsirrtum (§ 16 I 1), das irrige Verkennen der Garanten*pflicht* ist ein Verbots-/Gebotsirrtum (§17)!

C. Strafbarkeitsvoraussetzungen bei unechten Unterlassungsdelikten

Vom Handlungsdelikt unterscheidet sich das unechte Unterlassungs- **626** delikt dadurch, dass jemand, der eine **Einstandspflicht** hat, es „**unterlässt**" den Erfolg abzuwenden („Nichtnutzen der **Erfolgsabwendungsfähigkeit**") und das Unterlassen „der Verwirklichung des gesetzlichen Tatbestandes durch ein Tun entspricht" („**Entsprechungsklausel**").

I. Unterlassen der Erfolgsabwendung

1. Abgrenzung „Tun/Unterlassen"

Gelangen Sie in Ihren gutachterlichen Vorüberlegungen zum Ergeb- **627** nis, dass es sich bei einem Verhalten um ein Tun handelt, müssen Sie allemal das Aktivdelikt prüfen und dort die Frage (Tun oder Unterlassen) beim Handlungsmerkmal erörtern (zB „töten": Fraglich ist, ob A den B durch aktives Tun getötet hat). Für den Fall hingegen, dass Ihre Vorüberlegungen ein Unterlassen ergeben, wird oftmals empfohlen, unter dem Prüfungspunkt des Unterlassungsdelikts in einer Vorprüfung zu begründen, dass es sich um ein Unterlassen handelt. Davon raten wir ab. Das Aufwerfen der Frage, ob eventuell ein aktives Tun vorliegt, passt nicht zur Normhypothese des Unterlassungsdelikts. Kommt das Aktivdelikt ernsthaft in Betracht, muss es geprüft und die Handlungsqualität verneint werden. – Zu den inhaltlichen Kriterien der Unterscheidung von aktivem Tun und Unterlassen: → Rn. 67.

2. Erfolgsabwendungsfähigkeit

628   Im strafrechtlichen Sinne „unterlässt" nur derjenige, der die Möglichkeit nicht nutzt, eine geeignete Handlung vorzunehmen, die den Erfolg abwendet (**„Erfolgsabwendungsfähigkeit"** oder [gängiger, aber auch umständlicher]: Nichtvornahme der erforderlichen Rettungshandlung trotz physisch-realer Handlungsmöglichkeit).

629   **Beispiel:** Wer gefesselt ist, kann seinem Kind nicht helfen, das von jemandem geschlagen wird; wer nicht schwimmen kann, ist ohne Boot oder Rettungsring nicht in der Lage, sein ertrinkendes Kind zu retten.

3. Ursächlichkeit (hypothetische Kausalität)

630   Beim Unterlassungsdelikt ist oft die Rede von **„Quasi-Kausalität"**. Das ist aber nach dem Sprachgebrauch des StGB unnötig, wie sich ablesen lässt an § 221 I Nr. 2 mit III: Das Im-Stich-Lassen der Nr. 2 meint ein Unterlassen, und dieses „verursacht" gemäß Absatz 3 im Einzelfall den Todeserfolg (vgl. *Hardtung/Putzke* Rn. 994 ff.). Wir empfehlen folgende Formulierung:

631   Das Unterlassen einer Handlung ist kausal für den Erfolg, wenn die unterlassene Handlung den Erfolg abgewendet hätte (*Jescheck/Weigend* S. 618 f.).

632   Von der gängigeren, aber deutlich komplizierteren Formulierung (angelehnt an die Conditio-sine-qua-non-Formel) raten wir ab. Sie lautet: *Kausal ist ein Unterlassen, wenn die gebotene Handlung nicht hinzugedacht werden kann, ohne dass der tatbestandliche Erfolg mit an Sicherheit grenzender Wahrscheinlichkeit entfiele.* Der Zusatz „mit an Sicherheit grenzender Wahrscheinlichkeit" ist nur eine Beweisregel, genau genommen ist er entbehrlich (vgl. *Rengier* AT § 49 Rn. 13).

II. Einstandspflicht (Garantenpflicht)

Wer rechtlich dafür einzustehen hat, dass ein Erfolg nicht eintritt (Ga- **633** ranten- oder Handlungspflicht), ist ein **Garant**.

1. Allgemein

Wann jemand rechtlich dafür einzustehen hat, dass ein Erfolg nicht **634** eintritt (welche Umstände also eine Garantenstellung begründen, woraus sich eine Garantenpflicht ergibt), folgt keineswegs immer aus einer gesetzlichen Vorschrift. **Einstandspflichten** müssen aber jedenfalls rechtlich fundiert sein, nicht nur moralisch oder sittlich. Es reicht für die Annahme einer Garantenpflicht nach § 13 I auch nicht, nur zivil- oder öffentlich-rechtlich verpflichtet zu sein, etwa kraft eines Vertrages – vielmehr muss jemand „in gesteigertem Maße verantwortlich" sein (*Stratenwerth/Kuhlen* § 13 Rn. 21 f.), so wie der Handelnde für seine Handlung in gesteigertem Maße verantwortlich ist. Diese für § 13 I notwendige **gesteigerte Verantwortlichkeit** ergibt sich auch nicht aus der allgemeinen Solidaritätspflicht (deren Verletzung über § 323c sanktioniert ist).

Um die Anforderungen einer Klausur zu bewältigen, genügt es in der Regel, **635** die gängigen Fallgruppen zu kennen und darauf zurückzugreifen. Passt eine Konstellation nicht, ist abzuwägen, ob eine bestehende Schutzpflicht verletzt wurde und es sich dabei um eine strafrechtlich missbilligte Gefahrschaffung handelt, was bejahendenfalls gleichbedeutend ist mit der Annahme einer Einstandspflicht nach § 13 I. – Terminologisch unterscheidet man noch: Die **Garantenstellung**, das sind die tatsächlichen Umstände, aus denen sich grundsätzlich eine gesteigerte Verantwortlichkeit gegenüber dem Rechtsgut ergibt (zB Elternschaft, Bergführereigenschaft); und die **Garantenpflicht**, mit der man die im Einzelfall gegebene Handlungspflicht meint (die eben auch aus der Garantenstellung erwächst). – Umstritten ist, ob die Einstandspflicht ein besonderes persönliches Merkmal i.S.d. § 28 ist (→ Rn. 720).

2. Arten von Einstandspflichten

Gängig ist heute die Einteilung in Beschützergaranten und Bewacher- **636** garanten. Aus Gesetz, tatsächlicher oder vertraglicher Übernahme oder gefährdendem Vorverhalten (Ingerenz) können sich sowohl Beschützer- als auch Bewachergarantenstellungen ergeben, was davon abhängt, ob jemand für den Schutz von Rechtsgütern oder für Gefahrenquellen verantwortlich ist.

a) Beschützergaranten

Wer Beschützergarant ist, muss bestimmte Personen (oder Sachen) **637** vor Gefahren und Rechtsgutsverletzungen schützen. Es handelt sich um eine besondere Solidaritätspflicht, die über die jedermann treffende Mindestsolidarität hinausgeht (deren Verletzung § 323c sanktioniert). Zum Teil erwächst sie aus einer gesellschaftlichen Erwartung (Eltern-Kind-Beziehung), zum andern aus begründetem Vertrauen des Rechtsgutsinhabers (beim Babysitter, Bergführer).

638   aa) **Enge natürliche (rechtlich fundierte) Verbundenheit**: Personen, die eng miteinander verbunden sind (zB familiär), müssen in der Regel aufeinander besonders aufpassen.

639   Das folgt oft sogar aus dem Gesetz, zB in einer ehelichen Lebensgemeinschaft tragen die Eheleute „füreinander Verantwortung" (§ 1353 I 2 BGB), bei einer (bis zum 30.9.2017 möglichen) Lebenspartnerschaft nach § 2 S. 1 LPartG, bei Verwandten in gerader Linie aus §§ 1601, 1589 S. 1 BGB, bei Personensorgeberechtigten gegenüber Kindern aus §§ 1626 I, 1626a BGB, bei der Vormundschaft aus §§ 1793 I 1, 1800 BGB, beim Betreuer aus § 1896 BGB.

640   Es gibt aber keinen Automatismus, der von einer rechtlichen Verbundenheit zu einer natürlichen führt: Voraussetzung für eine aus gesetzlichen Vorschriften folgenden Garantenpflicht ist entweder ein Zusammenleben in einer häuslichen Gemeinschaft oder – nach Beendigung der Hausgemeinschaft – eine fortbestehende intakte (vertrauensvolle) Beziehung. Es kommt (wie häufig) auf die Umstände des Einzelfalles an. Freundschaften, ein flüchtiges Liebesverhältnis oder eine Wohngemeinschaft genügen für sich genommen nicht für die Annahme einer Garantenstellung.

641   Bei einem Zerwürfnis wird man selbst bei Geschwistern oder Ehegatten (BGHSt 48, 301; BGH NStZ 2017, 219 Rn. 15) eine Beendigung der Garantenstellung annehmen können (Rechtsgedanke aus § 1353 II BGB).

642   bb) **Gefahrengemeinschaft:** Gefahrengemeinschaften liegen in der Regel besondere Vertrauensverhältnisse zugrunde, woraus sich Einstandspflichten ergeben.

643   **Beispiele:** Bergsteigergemeinschaft, Teilnehmer an Expeditionen oder Abenteuerreisen, Weltumsegler.

644   cc) **Tatsächliche Übernahme von Schutzpflichten:** Wer (zB als Babysitter) gegenüber Dritten (zB den Eltern) ein Schutzversprechen abgibt, muss den versprochenen Schutz auch gewähren. Denn der Empfänger eines Schutzversprechens darf darauf vertrauen und wird in der Regel eigene Schutzmaßnahmen nicht ergreifen. Verpflichten kann man sich vertraglich oder faktisch.

645   In folgenden Konstellationen kommen Beschützergarantenstellungen in Betracht: Kindergärtner, Lehrer, Bademeister, Pflegepersonal (zB in einem Seniorenheim oder in einer Psychiatrie), Bergführer, Justizvollzugsbedienstete gegenüber Gefangenen, Gastwirte gegenüber volltrunkenen Gästen (§ 20 Nr. 2 GastG), Ärzte gegenüber Patienten, Polizeibeamte gegenüber festgenommenen Personen und Bürgern beim Schutz vor gegen sie gerichteten Straftaten, Polizisten und Staatsanwälte beim Schutz der staatlichen Strafrechtspflege (vgl. § 258a, 13 I), Jugendamtsmitarbeiter gegenüber betreuten Kindern.

b) Bewachergaranten

Ein Bewachergarant hat für eine bestimmte Gefahrenquelle Siche- **646** rungspflichten – er muss dafür sorgen, dass von ihr weder Personen noch Sachen geschädigt werden. Solche Sicherungspflichten können sich ergeben aus der Verantwortlichkeit für Sachen als Gefahrenquellen, für Personen als Gefahrenquellen oder gefährdendes (pflichtwidriges) Vorverhalten (Ingerenz).

aa) **Verantwortlichkeit für gefährliche Sachen:** Wer Eigentümer **647** oder Besitzer einer Sache ist, den treffen zivilrechtlich Verkehrssicherungspflichten (vgl. zB § 836 I BGB). Er muss dafür Sorge tragen, dass von diesen Sachen keine naheliegenden Gefahren für andere Rechtsgüter ausgehen.

Beispiele: Grundstücks- oder Wohnungseigentümer, Kfz- oder Tierhalter, Be- **648** treiber von Baustellen, Spielplätzen, Freizeitparks oder Rennstrecken; Veranstalter von Festivals, Silvesterfeuerwerken, Sportveranstaltungen (zB Bergläufen – Falllösung bei *Albrecht/Kaspar* JuS 2010, 1074 f.).

Gefährliche Sachen können auch Produkte sein, die ein Unternehmer **649** herstellt und/oder vertreibt.

Fall 76: Unternehmer U bringt ein Auto auf den Markt, bei dem sich | **650**
bald herausstellt, dass nach einiger Zeit die Bremsen versagen. U unternimmt nichts. Autofahrer A verunglückt deshalb tödlich.

Produktüberwachungspflichten greifen auch dann, wenn ein Produkt **651** zunächst ohne Sorgfaltspflichtverstoß auf den Markt gebracht wurde und die Fehlerhaftigkeit später eintritt. Wenn U zuverlässig erfährt, dass die Bremsen versagen, muss er die betreffenden Autos zurückrufen und den Mangel beseitigen. Tut er das nicht, kann er strafbar sein nach §§ 212 I, 13 I oder §§ 223 I, 13 I oder (falls der Vorsatz fehlt) nach §§ 222, 13 I oder §§ 229, 13 I.

bb) **Verantwortlichkeit für gefährliche Personen:** Es gibt Konstel- **652** lationen, in denen eine Aufsichtspflicht besteht und der Aufsichtspflichtige Sorge dafür tragen muss, dass die beaufsichtigte Person keinen Schaden anrichtet.

Beispiele: eigene Kinder, Patienten in einer Psychiatrie, Gefangene in einem **653** Gefängnis, Lehrer gegenüber Schülern, militärische Vorgesetzte gegenüber Soldaten, Betriebsinhaber bezogen auf betriebsbedingte Straftaten (vgl. BGHSt 54, 44, 49 f.).

654   Jeder Mensch ist auch ein Bewachergarant für sich selber (weshalb entgegen der hA bei jedem Handlungsdelikt zugleich ein Unterlassungsdelikt verwirklicht ist – das aber wegen Gesetzeskonkurrenz zurücktritt). Man könnte auch sagen: Wer einen Menschen tötet, hat es pflichtwidrig unterlassen, den Totschlag abzuwenden (*Herzberg* JuS 1996, 377, 382).

655   cc) **Ingerenz: gefährdendes (pflichtwidriges) Vorverhalten:** Wer (fahrlässig oder vorsätzlich) eine nahe Gefahr schafft, ist dafür verantwortlich, dass niemand dadurch zu Schaden kommt.

656 | **Fall 77:** A fährt alkoholisiert den Fahrradfahrer F an, den er anschließend, lebensgefährlich verletzt liegen lässt, weil er zum Tennis verabredet ist. F stirbt, wäre aber zu retten gewesen, wenn A einen Krankenwagen gerufen hätte, was A durchaus bewusst war.

657   Zunächst hat A eine fahrlässige Körperverletzung begangen (§ 229). Diese wird aber verdrängt von einem Totschlag durch Unterlassen (§§ 212 I, 13 I), weil A wegen der unerlaubten (sorgfalts[pflicht]widrigen) Gefahrschaffung (Unfall) eine Einstandspflicht trifft.

658 | **Fall 78:** A wird von B mit einem Messer angegriffen. Nur mit einem Schuss in Bs Oberkörper kann A einem tödlichen Stich entgehen. B stirbt, weil A anschließend keine Hilfe holt, wodurch B hätte gerettet werden können. Das alles war A bekannt. §§ 212 I, 13 I?

659   Die hM verlangt für eine Garantenstellung aus gefährdendem Vorverhalten, dass dieses pflichtwidrig war (strafbar muss es nicht sein). Im Fall hat A gerechtfertigt, also erlaubt gehandelt. Ob daraus eine Garantenpflicht folgt, ist umstritten.

660   Nach einer Ansicht besteht eine Einstandspflicht nur bei pflichtwidrigem Vorverhalten. Denn „wer durch einen rechtswidrigen Angriff eine Selbstgefährdung herbeiführt, kann hierdurch nicht erzwingen, dass der Angegriffene als Garant zu seinem Beschützer wird" (BGHSt 23, 327, 328). Strafbar wäre A allenfalls nach § 323c. Fraglich ist aber schon, ob das etwa bei Angriffen von Kindern durchgehalten werden kann. Nach anderer Ansicht besteht denn auch eine Einstandspflicht trotz pflichtgemäßen Verhaltens. Denn § 32 II erlaubt nur eine „erforderliche", also möglichst milde Verteidigung. Wer gemäß § 32 II bei seiner Verteidigung gehalten ist, unnötige Schädigungen des Angreifers zu vermeiden, sollte auch verpflichtet sein, nachträglich eine zunächst erlaubt-scharfe Verteidigung abzumildern (*Herzberg* JZ 1986, 986, 989 f.). Dafür spricht der Rechtsgedanke aus § 904 S. 2 BGB, der einerseits die Erlaubnis enthält, ein wichtigeres Rechtsgut auf Kosten eines weniger wichtigen zu schützen, andererseits aber die Pflicht zur Beseitigung der (wirtschaftlichen) Folgen vorsieht. Daraus ergibt sich aber dann logischerweise die Pflicht, Schäden möglichst zu vermeiden und gering zu halten.

III. Entsprechungsklausel

Bei reinen Erfolgsdelikten (zB §§ 223, 212, 303) spielt die Entspre- **661** chungsklausel keine Rolle, weil die Gleichwertigkeit des Unterlassens mit dem aktiven Tun abschließend durch die Garantenstellung begründet wird.

In einem Gutachten genügt der Satz: „Die Nichtabwendung des tat- **662** bestandsmäßigen Erfolgs durch einen Garanten entspricht stets der aktiven Erfolgsherbeiführung."

Bei verhaltensgebundenen Erfolgsdelikten (zB bei § 211: Heimtücke **663** und Grausamkeit, § 224 I Nr. 3: hinterlistiger Überfall, § 225 I: rohe Misshandlung, § 240 I: Gewalt und Drohung, § 263: Täuschung) muss die sog. **Modalitätenäquivalenz** positiv festgestellt werden: Eine Gleichstellung ist i.d.r. gegeben, wenn der Garant für die Tatmodalität selber verantwortlich ist – nicht, wenn er die Tat nur geschehen lässt.

IV. Rechtswidrigkeit und Schuld

Bei Unterlassungsdelikten kann auf der Ebene der Rechtswidrigkeit **664** als besonderer Rechtfertigungsgrund die rechtfertigende Pflichtenkollision zu berücksichtigen sein und auf der Ebene der Schuld als Entschuldigungsgrund die Unzumutbarkeit normgemäßen Verhaltens.

1. Rechtfertigende Pflichtenkollision

Wenn jemanden (scheinbar, → Rn. 314) mehrere Handlungspflich- **665** ten gleichzeitig treffen, die er aber nicht gleichzeitig erfüllen kann, steht er vor einem Dilemma: Welcher soll er nachkommen und was passiert, wenn er es deshalb (weil er nicht anders kann) unterlässt, die andere Handlungspflicht zu befolgen?

Fall 79: Als im Krankenhaus zwei Corona-Infizierte eingeliefert **666** werden, die beide intensivmedizinischer Behandlung bedürfen, steht nur eine Beatmungsmaschine zur Verfügung. Arzt A entscheidet deshalb, die 40-jährige Mutter M anstelle des 80-jährigen Rentners R anzuschließen. R stirbt. §§ 212 I, 13 I?

Ausgangspunkt ist, dass von niemandem verlangt werden kann, Ver- **667** haltenspflichten zu befolgen, die er nicht erfüllen kann. A kann nicht beide Corona-Patienten retten (man spricht von „Triage" = sortieren, aussuchen). Da er aber auch R anstelle von M hätte retten können, weshalb er in der Lage war, den Todeserfolg bei R abzuwenden, stellt sich die Frage, ob das tatbestandsmäßige Verhalten rechtswidrig war. Liegt ein Fall einer rechtfertigenden Pflichtenkollision vor, wäre das zu verneinen (→ Rn. 314).

668 Folgende Voraussetzungen müssen dafür vorliegen:

1. Mindestens zwei zusammentreffende Handlungspflichten
2. Eine Handlungspflicht kann nur auf Kosten der anderen erfüllt werden.
3. Gleichwertigkeit der Handlungspflichten (kein Überwiegen der verletzten Rettungspflicht gegenüber dem geschützten Rettungsinteresse)

669 A hat als Arzt die Pflicht, beide Patienten vor Schaden zu bewahren. Die ihn treffende Rettungspflicht kann er aber nur bei einer Person erfüllen. Beide Pflichten sind gleichwertig – ein Menschenleben ist weniger wert. Da A von beiden zusammentreffenden Handlungspflichten nur eine erfüllen kann, ist sein Verhalten gerechtfertigt, das den Tod bei R verursacht hat. Anders liegt die Sache, wenn der 80-Jährige schon beatmet wird – ihn zu extubieren, wäre als Aktivdelikt rechtswidrig.

2. Unzumutbarkeit normgemäßen Verhaltens

670 Während beim echten Unterlassungsdelikt des § 323c die Zumutbarkeit Tatbestandsmerkmal ist, wird die Unzumutbarkeit normgemäßen Verhaltens beim unechten Unterlassungsdelikt von der hM als Entschuldigungsgrund angesehen.

671 Nach aA spricht § 323c eher dafür, die Zumutbarkeit bei unechten Unterlassungsdelikten nicht als Strafausschließungsgrund anzuerkennen (MüKo/*Schlehofer* Vor § 32 Rn. 338 f.).

672 Unzumutbar ist die Erfüllung einer Handlungspflicht, wenn das Gewicht der Interessen, die der Handlungspflichtige preisgeben soll, dem Gewicht des drohenden Erfolges entspricht. Ob das der Fall ist, dafür gibt es kein wirkliches Kriterium – es kommt auf eine recht freie Wertung an.

673 **Fall 80:** A ist untergetaucht, weil er wegen eines Raubes eine langjährige Freiheitsstrafe fürchtet. Als er mit seinem Dackel D unterwegs ist, der „allergisch" auf Polizisten reagiert und bereits mehrfach zugebissen hat, entzieht A sich der drohenden Polizeikontrolle, ohne D anzuleinen, weil ihn das zu viel Zeit gekostet und eine Verhaftung gedroht hätte. D beißt zu. §§ 224 I Nr. 2, 13 I?

674 Bei Vornahme der gebotenen Rettungshandlung (Anleinen des Hundes) hätte A die Strafverfolgung gedroht. Deshalb wird die Zumutbarkeit nur bejaht, wenn Lebens- oder erhebliche Körperverletzungsgefahren drohen, was im Fall eines Dackelbisses wohl zu verneinen ist. Unzumutbar soll es in der Regel auch sein, wenn durch die Gebotserfüllung Angehörigen eine Strafverfolgung droht.

Kapitel 7. Anstiftung (§ 26) und Beihilfe (§ 27)

675   Anstiftung gemäß § 26 und Beihilfe gemäß § 27 sind Formen der Teilnahme an der vorsätzlichen rechtswidrigen Tat eines anderen, des sog. Haupttäters. In den Tatbestandsmerkmalen unterscheiden sie sich nur durch das Handlungsmerkmal: Der Anstifter *bestimmt* vorsätzlich einen anderen zu dessen vorsätzlicher rechtswidriger Tat, der Gehilfe *leistet* vorsätzlich einem anderen *Hilfe* zu dessen vorsätzlicher rechtswidriger Tat.

A. Die objektiven Tatbestände der §§ 26, 27

I. Die vorsätzlich begangene rechtswidrige Tat eines anderen

676   Es muss ein „anderer" – der sog. Haupttäter – vorsätzlich eine rechtswidrige Tat begangen haben. Rechtswidrige Tat i.S.d. §§ 26, 27 ist gemäß § 11 I Nr. 5 nur die rechtswidrige Verwirklichung eines Straftatbestandes. Andere Taten wie etwa Ordnungswidrigkeiten fallen nicht darunter. Vorsätzlich ist die rechtswidrige Tat begangen, wenn die gesetzlichen Vorsatzvoraussetzungen erfüllt sind. Daran fehlt es, wenn der Vorsatz wegen Tatbestandsirrtums gemäß § 16 I 1 ausgeschlossen ist oder auch wenn man bei einem Erlaubnistatbestandsirrtum den Vorsatz gemäß oder analog § 16 I 1 verneint. Wird im Falle des Erlaubnistatbestandsirrtums hingegen nur die Vorsatzschuld verneint, lässt der Irrtum den Vorsatz unberührt. Als vorsätzliche Taten gelten darüber hinaus gemäß § 11 II auch die Vorsatz-Fahrlässigkeitskombinationen (s.o.).

677   Schuldhaft braucht der andere die Tat nicht begangen zu haben. Man spricht deshalb von einer **limitierten** (begrenzten) **Akzessorietät** (Abhängigkeit) der Teilnahme. So sind Anstiftung und Beihilfe etwa auch an der Tat eines nach § 20 Schuldunfähigen möglich. Allerdings kommt im Falle der Schuldunfähigkeit des Haupttäters vorrangig eine mittelbare Täterschaft gemäß § 25 I Alt. 2 in Betracht (→ Rn. 165).

II. Die Handlungsmerkmale „Bestimmen" und „Hilfeleisten"

1. Das „Bestimmen"

a) Die Art und Weise des Bestimmens

Einen anderen bestimmen bedeutet allgemeinsprachlich, ihn ent- **678** scheidend beeinflussen, ihn drängen. In diesem Sinne versteht die hM das Bestimmen grundsätzlich auch: als **Hervorrufen des Tatentschlusses**, des Entschlusses, die vorsätzliche rechtswidrige Tat zu begehen (so etwa *Fischer* § 26 Rn. 3 mwN). Wer schon zur Tat entschlossen sei (sog. omnimodo facturus) könne nicht mehr zur Tat bestimmt werden. Allerdings hält die hM das nicht konsequent durch. So wird ein Bestimmen auch angenommen, wenn einem innerlich schon zur Tat Entschlossenen die Belohnung gewährt wird, von der er die Tatbegehung abhängig gemacht hat.

Zudem ist man sich uneins darüber, wie der Tatentschluss hervorge- **679** rufen werden muss. Die einen verstehen das Hervorrufen weit: Es könne geschehen durch geistige Beeinflussung – etwa wie im typischen Fall der Anstiftung durch ausdrückliche Aufforderung zur Tat –, aber auch durch die Schaffung einer zur Tat anreizenden Situation. So soll beispielsweise ein Bestimmen zu einer Hehlerei gemäß § 259 oder jedenfalls zu einer Unterschlagung gemäß § 246 auch gegeben sein, wenn ein Räuber auf der Flucht seine Verfolger durch das Hinwerfen von Beutestücken dazu motiviert, sie an sich zu nehmen und für sich zu behalten (*Kühl* AT § 20 Rn. 171). Zum Teil aber wird das Bestimmen stark verengt, etwa durch die Voraussetzung eines Unrechtspaktes zwischen Anstifter und Täter, weil nur dann eine Entsprechung zur Mittäterschaft gegeben sei (siehe SK/*Hoyer* § 26 Rn. 13 f. mwN).

Diese den allgemeinsprachlichen Wortsinn des Bestimmens ein- **680** schränkenden Deutungen sind jedoch systematisch nicht gerechtfertigt. Das ergibt sich aus dem Zusammenhang mit der Rechtsfolge des § 26, daraus, dass der Anstifter „gleich einem Täter bestraft" wird. Auf diese Rechtsfolge muss die Auslegung des Bestimmens abgestimmt werden. Das heißt, es muss so gedeutet werden, dass es ein Verhalten erfasst, das einem täterschaftlichen Begehen gleichsteht; nur dann ist es ja gerechtfertigt, den Anstifter gleich einem Täter zu bestrafen. Dafür reicht es aber aus, das Bestimmen als *Schaffung der Gefahr* zu deuten, dass ein anderer eine vorsätzliche rechtswidrige Tat begeht. Das heißt, für das Bestimmen auch ausreichen zu lassen, dass die Gefahr der Tatbegehung durch eine zur Tat anreizende Situation oder durch eine äußere Bedingung wie die Gewährung einer Belohnung an den schon Tatentschlossenen geschaffen wird. Denn wie sich oben gezeigt hat, ist es ja die *Schaf-*

fung der tatbestandsmäßigen Gefahr, die einem Begehen alleintäterschaftliches Gewicht gibt. Und nur ein solches alleintäterschaftliches
Gewicht braucht das Bestimmen zu haben. Es muss nicht einem mittäterschaftlichen Begehen gleichstehen. Denn die Bestrafung „gleich einem Täter", die § 26 androht, meint die Bestrafung gleich einem Alleintäter, nicht gleich einem Mittäter. Das zeigt sich bei mehraktigen Delikten wie § 249. Stiftet beispielsweise jemand einen anderen an, das Opfer
niederzuschlagen, damit er dem Opfer anschließend selbst das Geld ab-
nehmen kann, und geschieht das dann auch so, haftet der Anstifter für
die Gewaltanwendung nicht wie ein Mittäter. Er haftet nicht wie im Fall
der Mittäterschaft wegen Raubes, sondern nur wegen Diebstahls und
Anstiftung zur Körperverletzung. Deswegen bedarf es für das Bestimmen auch keiner Voraussetzung wie der eines Unrechtspaktes, die möglicherweise eine Gleichstellung mit der Mittäterschaft erlauben würde.

b) Der Umfang des Bestimmens

681   Nach dem Wortlaut des § 26 bezieht sich das Bestimmen auf die vorsätzliche rechtswidrige Tat des anderen. Offen bleibt dabei, ob der
Haupttäter zu seiner *gesamten* Tat bestimmt werden muss, oder ob es
ausreicht, dass er zu einem **Teil des tatbestandlichen Unrechts** bestimmt wird. Beispielhaft

> **Fall 81:** D will in ein Juweliergeschäft einbrechen. A rät ihm, sicher-
> heitshalber eine Pistole mitzunehmen. D befolgt seinen Rat und
> begeht den Einbruchsdiebstahl mit einer Waffe.

682   D hat durch das Bei-sich-Führen der Waffe einen qualifizierten Diebstahl nach
§ 244 I Nr. 1 a) begangen. Dazu könnte A ihn gemäß § 26 angestiftet haben. A hat
ihn aber nur zur Verwirklichung der Qualifikationsmerkmale des § 244 I Nr. 1 a)
bestimmt; zum Diebstahl war D ja bereits entschlossen, als A ihm zur Mitnahme
der Waffe riet. Die hM (BGHSt 19, 39; *Roxin* AT II § 26 Rn. 104 mwN) lässt eine
solche **Aufstiftung** für eine Anstiftung zu § 244 I Nr. 1 a) ausreichen. Andere
(wie beispielsweise *Stratenwerth/Kuhlen* § 12 Rn. 145) verneinen hingegen eine
Anstiftung, weil D zu einer Teilverwirklichung des § 244 I Nr. 1 a) – zu dem in
ihm enthaltenen Diebstahl – bereits entschlossen war. Das ist auch richtig. Auch
das ergibt sich aus dem systematischen Zusammenhang des Bestimmens mit der
Rechtsfolge des § 26, dass der Anstifter gleich dem Täter zu bestrafen ist. Denn
dem Täter darf der Anstifter nur gleichgestellt werden, wenn sein Bestimmen genauso schwer wiegt wie ein täterschaftliches Begehen. Das ist aber nur dann der
Fall, wenn er genauso wie der Täter die Gefahr schafft, dass der *gesamte* Tatbestand der Haupttat verwirklicht wird.

683   Auch nach hM (zB LK/*Schünemann,* § 26 Rn. 28) scheidet eine Anstiftung im
Fall der **Abstiftung** aus, d.h. wenn der Beteiligte den Täter dazu bringt, statt eines

Qualifikationstatbestandes nur den darin enthaltenen Grundtatbestand zu verwirklichen. So wäre es beispielsweise, wenn D zu einem Diebstahl mit einer Waffe gemäß § 244 I Nr. 1 a) entschlossen gewesen wäre, A ihn aber dazu gebracht hätte, auf die Waffe zu verzichten, also nur einen Diebstahl gemäß §§ 242, 243 I Nr. 1 zu begehen. Denn zum Diebstahl hat A den D nicht bestimmt; er war dazu bereits entschlossen.

Hingegen ist eine Anstiftung gegeben im Fall der **Umstiftung.** Eine solche **684** liegt darin, dass der zu einer Straftat – etwa einem Diebstahl – entschlossene Täter dazu veranlasst wird, eine andere Straftat – etwa einen Betrug – zu begehen. Zu dieser vorsätzlichen rechtswidrigen Tat ist er dann ja bestimmt worden.

2. Das Hilfeleisten

Hilfe leistet allgemeinsprachlich, wer einen anderen unterstützt, ihm **685** etwas erleichtert. Dementsprechend wird für das Hilfeleisten ein Verhalten vorausgesetzt, das für die Begehung der vorsätzlichen rechtswidrigen Tat kausal geworden ist oder wie manche sagen, ihre Begehung **gefördert** hat. In der Sache macht das keinen Unterschied. Denn in den Fällen der Förderung ist auch die (naturgesetzliche) Kausalität gegeben. So etwa in dem Fall, dass A dem D einen Nachschlüssel für das Haus des E gibt, damit D daraus stehlen kann, sich dann aber beim Diebstahlsversuch herausstellt, dass der Schlüssel nicht passt, D deshalb die Tür aufbricht und so den Diebstahl begeht. Hier ist das Überlassen des Nachschlüssels kausal für den Diebstahl, obwohl der Schlüssel nicht passte. Denn den Entschluss, die Tür aufzubrechen hat D ja gefasst, weil der Schlüssel nicht passte.

Geleistet werden kann die Hilfe **physisch,** etwa durch die Überlas- **686** sung von Tatwerkzeugen, **oder psychisch,** etwa durch Ratschläge.

3. Die Voraussetzungen der objektiven Zurechnung

Darüber hinaus müssen sowohl für das Bestimmen wie für das Hilfe- **687** leisten die Voraussetzungen der objektiven Zurechnung erfüllt sein. Diese einschränkende Voraussetzung gilt für die Teilnahmedelikte genauso wie für die Täterdelikte. Das heißt, das Bestimmen und das Hilfeleisten müssen **strafrechtlich missbilligt** sein und zwar gerade wegen der Gefahr, dass es zu der vorsätzlichen rechtswidrigen Haupttat kommt. Problematisch sind diese Voraussetzungen bei der Teilnahme insbesondere in den Fallgruppen des äußerlich neutralen Verhaltens, der notwendigen Teilnahme und des agent provocateur.

a) Die Fallgruppe des äußerlich neutralen Verhaltens

688   Mit äußerlich neutralem Verhalten ist ein alltägliches, insbesondere ein berufstypisches Verhalten gemeint, das auch ohne Bezug zu einer Straftat Sinn hat. Ein Beispiel ist

> **Fall 82:** M will seine Frau F auf unauffällige Weise töten. Er will sie mit einer tödlichen Dosis Nikotin vergiften. Gewinnen will er diese, indem er das Nikotin aus Zigarettentabak herauslöst und damit ein Getränk der F vergiftet. Ms Freund, der Kioskbesitzer K, ist eingeweiht. Trotzdem verkauft K dem M an seinem Kiosk wie immer Zigaretten. Mit ihnen verfährt M wie geplant und bringt so seine Frau um.

689   M hat F gemäß § 211 heimtückisch getötet. Zu dieser Tat hat K dem M durch den Verkauf der Zigaretten Hilfe geleistet. Da dies allerdings durch eine äußerlich ganz unverfängliche Handlung im Rahmen des Kioskgeschäfts geschah, könnte es an der strafrechtlichen Missbilligung des Verhaltens fehlen. Ob das der Fall ist, ist durch Abwägung nach dem Prinzip des überwiegenden Interesses zu entscheiden. Manche (zB Schönke/Schröder-*Heine/Weißer* § 27 Rn. 10 ff.) wollen dabei die äußeren Umstände – dass das Verhalten berufstypisch ist, dass es auch ohne die Haupttat sinnvoll ist – den Ausschlag geben lassen. Danach wäre der Verkauf der Zigaretten nicht strafrechtlich missbilligt. Rechtsprechung (BGHSt 46, 107) und hL (zB *Roxin* AT II § 26 Rn. 218 ff.) machen die Entscheidung hingegen auch davon abhängig, für wie wahrscheinlich der Helfer die Begehung der Haupttat hält. So nimmt der *BGH* eine Beihilfe an, wenn der Helfer sich sicher ist, dass der andere die Haupttat begehen wird oder wenn er das Risiko zumindest als hoch veranschlagt (BGHSt 46, 107). So gesehen ist der Verkauf der Zigaretten ein strafrechtlich missbilligtes Hilfeleisten; denn K wusste ja, was M mit den Zigaretten vorhatte. Diese Lösung ist auch richtig. Ob ein Verhalten strafrechtlich missbilligt ist oder nicht, entscheidet sich nicht nur nach den äußeren Umständen, sondern auch danach, welches Risiko der Handelnde sich vorstellt. Das zeigt sich beim Versuch gemäß § 22. Hätte M etwa irrig geglaubt, Ascorbinsäure (Vitamin C) sei ein Gift, mit dem er einen Menschen töten könne, und hätte er eine Tagesdosis in Fruchtsaft aufgelöst und seiner Frau zu trinken gegeben, wäre das trotz der objektiven Unverfänglichkeit des Verhaltens wegen des von M gesehenen Tötungsrisikos ein strafrechtliches missbilligtes Verhalten – ein Mordversuch gemäß §§ 211, 22. Der grobe Unverstand könnte M nur gemäß § 23 III bei der Entscheidung über die Strafzumessung zugutekommen.

b) Die Fallgruppe der notwendigen Teilnahme

690   Von notwendiger Teilnahme spricht man, wenn ein Straftatbestand die Beteiligung eines anderen voraussetzt. So ist es etwa bei der Gefangenenbefreiung gemäß § 120, wo die Mitwirkung des Gefangenen vorausgesetzt wird. Die Frage ist dann, ob der Beteiligte – im Beispiel des § 120 der Gefangene – sich nach den §§ 26, 27 strafbar macht.

> **Fall 83:** Der Strafgefangene S verleitet seinen Verteidiger V dazu, **691**
> ihm eine Pistole zu verschaffen. Mit dieser bricht S gewaltsam aus
> der Haftanstalt aus.

V hat das Entweichen des S durch das Verschaffen der Waffe gefördert und **692** damit den Tatbestand des § 120 I verwirklicht. Dazu könnte S ihn gemäß § 26 angestiftet haben. Bestimmt hat er ihn zu der Tat. Fraglich ist aber, ob S auch die Voraussetzungen der **objektiven Zurechnung** erfüllt hat. Dazu müsste das Bestimmen gerade wegen der Gefahr strafrechtlich missbilligt sein, dass es zu der vorsätzlichen und rechtswidrigen Tat des S gemäß § 120 kommt. Das kann man zwar nicht schon deswegen verneinen, weil § 120 die Mitwirkung des Gefangenen voraussetzt. Gerade darin könnte sich ja die strafrechtliche Missbilligung seiner Beteiligung ausdrücken. Dass diese nicht strafrechtlich missbilligt ist, ergibt sich aber systematisch daraus, dass die Selbstbefreiung nicht strafbar ist. Denn es wäre widersprüchlich, die Selbstbefreiung nicht strafrechtlich zu missbilligen, die Mitwirkung an der Befreiung durch einen anderen aber schon. Die bloße Mitwirkung wiegt ja weniger schwer.

c) Die Fallgruppe des agent provocateur

Agent provocateur ist jemand, der einen anderen zu einer Straftat in **693** dem Wissen verleitet, dass es nicht zur Vollendung der Straftat kommen wird. Ein typisches Beispiel ist der **polizeiliche Lockspitzel** im

> **Fall 84:** Die Polizei verdächtigt H, gestohlene Pkws gewerbsmäßig
> anzukaufen und ins Ausland zu verschieben. Um H zu überführen,
> setzt sie den Beamten P als Lockspitzel ein. H geht in die Falle. Bei
> der Übergabe des Wagens, den P ihm als Diebesgut zum Kauf angeboten hat, wird H wie geplant festgenommen.

P könnte den H zu einer versuchten Hehlerei gemäß § 259 III angestiftet ha- **694** ben. Die vorsätzliche rechtswidrige Tat, die H begangen hat, ist nur der Versuch einer Hehlerei. Zur Vollendung ist es nicht gekommen. Denn das Ankaufen und das Sonst-sich-oder-einem-Dritten-Verschaffen setzen die Erlangung einer selbständigen Verfügungsgewalt voraus. Ein solche hat H nicht erlangt.

Zum Versuch der Hehlerei hat P den H auch bestimmt; er hat in ihm den Ent- **695** schluss dazu hervorgerufen und damit die Gefahr geschaffen, dass H den Versuch begeht. Das Bestimmen zu diesem Versuch könnte jedoch nicht strafrechtlich missbilligt sein, weil die Vollendung der Hehlerei durch die Festnahme des H verhindert werden sollte. Ob das ein Grund ist, die strafrechtliche Missbilligung und damit die objektive Zurechnung auszuschließen, hängt davon ab, weswegen das Bestimmen strafrechtlich missbilligt wird. Darüber gehen die Meinungen auseinander. Nach der **Schuldteilnahmetheorie** (zB von *Less,* in ZStW 69 (1957), 43) ist es strafrechtlich missbilligt, weil der Anstifter einen anderen in strafrechtliche Schuld verstrickt, nach der **Unrechtsteilnahmetheorie** (*Welzel,* Dt. Strafrecht, S. 112, 115), weil er einen anderen in strafrechtliches Unrecht verstrickt und nach der herrschenden **Verursachungstheorie** (dazu *Kühl* AT § 20 Rn. 132), weil er durch die vorsätzliche rechtswidrige Tat des Haupttäters ein Rechtsgut verletzt oder gefährdet.

696   Nach der Schuldteilnahmetheorie und der Unrechtsteilnahmetheorie hat P strafrechtlich missbilligt gehandelt. Indem er H zur versuchten Hehlerei bestimmt hat, hat er ihn in strafrechtliche Schuld und in strafrechtliches Unrecht verstrickt. Die Verursachungstheorie hat hingegen keinen Grund, das Verhalten des P strafrechtlich zu missbilligen. Denn da H festgenommen werden sollte, bevor er die Verfügungsgewalt über den Wagen erlangen konnte, war das von § 259 geschützte Rechtsgut – nach hM das Vermögen, nach aA auch das Interesse der Allgemeinheit, dass durch die Hehlerei kein Anreiz für die Begehung von Vermögensdelikten geschaffen wird – nicht verletzt. Weder war das Vermögen des PKW-Eigentümers gefährdet noch das Interesse der Allgemeinheit, dass durch die Hehlerei kein Anreiz für die Begehung von Vermögensdelikten geschaffen wird. Ein solcher Anreiz kann von einem gescheiterten Hehlereiversuch ja nicht ausgehen. Er wird niemanden dazu verleiten, ein Vermögensdelikt zu begehen, um die Beute dann einem Hehler zu verkaufen.

697   Mit den Vorgaben des § 26 ist nur die Verursachungstheorie vereinbar. Die Schuldteilnahmetheorie widerspricht ihnen schon deswegen, weil § 26 keine schuldhafte, sondern nur eine vorsätzliche rechtswidrige Tat voraussetzt. Eine Anstiftung kann danach also auch gegeben sein, wenn der Haupttäter ohne Schuld handelt. Dann kann der Grund für die strafrechtliche Missbilligung des Bestimmens aber nicht die Verstrickung des Haupttäters in strafrechtliche Schuld sein. Die Unrechtsteilnahmetheorie ist mit den Merkmalen der vorsätzlichen rechtswidrigen Tat zwar vereinbar. In strafrechtliches Unrecht wird ja auch derjenige verstrickt, der zu einem für das Rechtsgut ungefährlichen Versuch veranlasst wird. Aber die Unrechtsteilnahmetheorie passt nicht zu der Rechtsfolge des § 26, dazu, dass der Anstifter „gleich einem Täter bestraft" wird. Das bedeutet ja, dass der Anstifter aus dem Strafrahmen des Delikts bestraft wird, das der Haupttäter verwirklicht. Dann muss das Unrecht der Anstiftung aber auch dem Unrecht der Haupttat entsprechen. Und das ist nur der Fall, wenn auch das Unrecht der Anstiftung in der Rechtsgutsgefährdung oder -verletzung liegt.

698   Verbreitet übergeht man beim agent provocateur die Frage der objektiven Zurechnung allerdings. Man verortet das Problem erst beim Vorsatz (→ Rn. 705).

B. Die subjektiven Tatbestände der §§ 26, 27

I. Der Vorsatz hinsichtlich der Umstände, die zum objektiven Tatbestand gehören

699   In subjektiver Hinsicht setzen die §§ 26, 27 ausdrücklich voraus, dass der Anstifter und der Gehilfe vorsätzlich handeln. Ob der Vorsatz gegeben ist, richtet sich nach den allgemeinen Vorsatzvoraussetzungen (→ Rn. 192). Wie der Umkehrschluss aus § 16 I 1 ergibt, muss sich auch der Vorsatz des Anstifters und des Gehilfen bei Begehung der Tat auf alle Umstände beziehen, die zum gesetzlichen Tatbestand gehören. Das sind im Fall der Anstiftung alle Umstände, die dem objektiven Tatbestand des § 26 unterfallen und im Fall der Beihilfe alle Umstände, die dem objektiven Tatbestand des § 27 unterfallen. Da sich der Vorsatz somit sowohl auf die Tathandlung – das Bestimmen und das Hilfeleisten – wie auch auf die vorsätzliche rechtswidrige Tat des anderen beziehen muss, spricht man vom doppelten Anstifter- und Gehilfenvorsatz. Das ist aber nichts Besonderes. Damit wird nur gesagt, dass der Vorsatz sich sowohl auf den einen wie auf den anderen Tatumstand beziehen muss. Zudem ist die Redeweise vom doppelten Anstifter- und Gehilfenvorsatz ungenau. Der Vorsatz hat noch einen dritten Bezugspunkt: Er muss sich auch auf die Umstände beziehen, die die objektive Zurechnung begründen; auch sie gehören ja zum gesetzlichen Tatbestand.

Wie beim Täterdelikt kann auch bei den §§ 26, 27 der Vorsatz gemäß **700** § 16 I 1 ausgeschlossen sein, wenn das **Geschehen** einen **anderen Verlauf** nimmt, als der Teilnehmer sich vorgestellt hat. Zu beurteilen ist das nach § 16 I 1 – vorausgesetzt, die Abweichung ist nicht so erheblich, dass sie schon die objektive Zurechnung und damit den objektiven Tatbestand ausschließt (→ Rn. 213). Bei der Auslegung des § 16 I 1 tauchen bei der Teilnahme die gleichen Probleme auf wie beim Täterdelikt: Ob „Kenntnis" die bloße Vorstellung oder nur die der Wirklichkeit entsprechende Vorstellung meint und welches die Umstände sind, die zum gesetzlichen Tatbestand gehören, nur die von den abstrakten Tatbestandsmerkmalen beschriebenen oder auch noch andere „wesentliche" Tatumstände (→ Rn. 205). Dazu

---

Fall 85: E hat erfahren, das seine Frau F ihn mit ihrem Arbeitskolle- **701** gen K betrügt. Er will sich dafür an K rächen. Er heuert den Schläger S an und verspricht ihm 500 Euro, wenn er K zusammenschlage. S ist einverstanden. E zeigt ihm ein Foto von K, das er heimlich gemacht hat, und das Haus, in dem K wohnt. Vor diesem soll S dem K auflauern. So geschieht es auch. Als sich am Abend ein Mann der Haustür nähert, glaubt S, es sei K und schlägt den Mann zusammen. Tatsächlich ist es aber Ks Bruder B, der K stark ähnelt, und K besuchen wollte.

S hat eine Körperverletzung gemäß § 223 begangen. Er hatte dabei den nach **702** § 15 nötigen Vorsatz. Dieser ist nicht gemäß § 16 I 1 ausgeschlossen. S hat bei Begehung der Tat zwar die Identität seines Opfers verkannt, doch ist sie kein Umstand, der zum gesetzlichen Tatbestand des § 223 gehört (→ Rn. 220). Es handelt sich nur um einen für den Vorsatz unbeachtlichen error in persona.

703   Zu dieser vorsätzlichen und rechtswidrigen Tat könnte E den S angestiftet haben. Bestimmt hat er ihn zu der Tat. Er hat in S den Entschluss hervorgerufen, K zusammenzuschlagen, und hat dadurch die Gefahr geschaffen, dass S aufgrund einer Verwechslung den B zusammenschlägt. Auch die Voraussetzungen der objektiven Zurechnung sind erfüllt. In S durch das Versprechen einer Belohnung den Entschluss zu wecken, K vor seinem Haus zusammenzuschlagen, ist strafrechtlich missbilligt, und zwar auch wegen der Schaffung der Gefahr, dass S den K mit seinem Bruder verwechselt und diesen zusammenschlägt. Denn das ist kein Verlauf, der so unwahrscheinlich ist, dass man nicht mit ihm zu rechnen braucht. In der vorsätzlichen rechtswidrigen Körperverletzung hat sich also auch eine von E geschaffene strafrechtlich missbilligte Gefahr realisiert.

704   Die Frage ist aber, ob E auch Vorsatz hatte. Der Vorsatz könnte gemäß § 16 I 1 ausgeschlossen sein. Dafür kommt es darauf an, ob E bei Begehung seiner Tathandlung – der Verleitung des S – einen Umstand nicht gekannt hat, der zum gesetzlichen Tatbestand der §§ 223, 26 gehört. Und das hängt davon ab, ob man sich für die Kenntnis mit der bloßen Vorstellung irgendeiner dem gesetzlichen Tatbestand unterfallenden Tat begnügt, gleich ob sie tatsächlich verwirklicht worden ist oder nicht, oder ob man die Kenntnis auf die *tatsächliche* Verwirklichung des objektiven Tatbestandes der §§ 223, 26 bezieht. Lässt man die Vorstellung von irgendeiner den §§ 223, 26 unterfallenden Tat genügen, ist der Vorsatz nicht gemäß § 16 I 1 ausgeschlossen. E hat sich ja beim Bestimmen des S eine Verwirklichung des objektiven Tatbestandes der §§ 223, 26 vorgestellt, nämlich dass er den S zu einer Körperverletzung des K bestimmt und dass S diese Tat begeht. Versteht man unter Kenntnis hingegen die Vorstellung von der tatsächlichen Verwirklichung des objektiven Tatbestandes, fehlt sie dem E. Denn von den Umständen, die den objektiven Tatbestand der §§ 223, 26 real verwirklichen, hat E bei Begehung seiner Tat einen nicht gekannt: den, der die objektive Zurechnung begründet. E hat nicht gewusst, dass er durch das Bestimmen des S zur Verletzung des K die strafrechtlich missbilligte Gefahr schafft, dass S den K mit B verwechselt und diesen verletzt. Wie sich oben gezeigt hat, entspricht nur diese Deutung der gesetzlichen Differenzierung zwischen der Kenntnis beim Vollendungsvorsatz in § 16 I 1 und der Vorstellung beim Versuchsvorsatz in § 22 (→ Rn. 208; näher zum Streit um die Relevanz von Irrtümern beim Anstifter- und Gehilfenvorsatz *Schlehofer* GA 1992, 307 ff.).

II. Der Vollendungsvorsatz als Voraussetzung?

705   Die hM (etwa *Wessels/Beulke/Satzger* Rn. 888, 892) fordert für den Anstifter- und Gehilfenvorsatz noch eine besondere Voraussetzung: Der Vorsatz müsse auch die Vollendung der Haupttat umfassen, und zwar auch dann, wenn die Haupttat nur versucht ist, deren Vollendung also gar nicht zum gesetzlichen Tatbestand der §§ 26, 27 gehört. Damit geht die hM über das hinaus, was § 16 I 1 vorschreibt. Denn danach braucht sich der Vorsatz nur auf die Umstände zu beziehen, die zum gesetzlichen

Tatbestand gehören. Der Grund für diese Abweichung von der allgemeinen Vorsatzregel liegt darin, dass die hM eine Teilnahme in den Fällen verneinen will, wo – wie beim agent provocateur – das geschützte Rechtsgut durch die Haupttat nicht gefährdet werden soll. Denn nach der herrschenden Verursachungstheorie ist dann kein Strafgrund für die Teilnahme gegeben (s.o.).

Damit wird das Problem aber nicht richtig verortet. Wie sich oben **706** gezeigt hat, fehlt es **schon** an der **objektiven Zurechnung,** wenn die Haupttat das geschützte Rechtsgut nicht gefährdet. Eines Vollendungsvorsatzes bedarf es deshalb für die Teilnahme nicht. Das gilt auch dann, wenn das Rechtsgut zwar objektiv gefährdet ist, der Teilnehmer das aber nicht weiß. So wäre es etwa im Fall 84, wenn der Lockspitzel P nur glaubt, H werde bei der Übergabe des Wagens festgenommen. Wenn die Haupttat dem P dann wegen der Gefährdung des geschützten Rechtsguts objektiv zurechenbar ist, ergibt sich der Vorsatzausschluss schon aus der allgemeinen Vorschrift des § 16 I 1. Es fehlt dann am Vorsatz hinsichtlich der objektiven Zurechnung. Denn P stellt sich ja vor, dass das Rechtsgut nicht gefährdet sei.

C. Die Modifizierungen der §§ 26, 27 durch § 28

Nach den §§ 26 I, 27 II 1 richtet sich die Strafe für den Teilnehmer **707** grundsätzlich nach der Strafdrohung für den Haupttäter, für den Gehilfen gemäß § 27 II 2 mit der Maßgabe, dass seine Strafe gemäß 49 I zu mildern ist. Diese sog. **Akzessorietät der Teilnahme** wird jedoch von § 28 für „besondere persönliche Merkmale" **durchbrochen.**

I. Die Rechtsfolge des § 28 I

Gemäß § 28 I ist die Strafe für den Anstifter und den Gehilfen gemäß **708** § 49 I zu mildern, wenn bei ihm besondere persönliche Merkmale fehlen, die die Strafbarkeit des Täters begründen. **§ 28 I modifiziert** damit den für den Teilnehmer geltenden **Strafrahmen.** Das heißt, § 28 I ist eine Strafzumessungsvorschrift, die nach den Strafbarkeitsvoraussetzungen und den Strafverfolgungsvoraussetzungen zu prüfen ist.

II. Die Rechtsfolge des § 28 II

Die Rechtsfolge des § 28 II ist weniger eindeutig. § 28 II bestimmt **709** für besondere persönliche Merkmale, die die Strafe schärfen, mildern

oder ausschließen, dass dies nur für den Beteiligten (Täter oder Teilnehmer) „gilt", bei dem sie vorliegen. Was das Merkmal „gilt" meint, ist
strittig. Nach einem Teil der Lehre (etwa nach SK/*Hoyer* § 28 Rn. 45)
bezieht sich das „gilt" nur auf die *Rechtsfolge*, die mit dem besonderen
persönlichen Merkmal verknüpft ist, auf die Strafdrohung bei den strafschärfenden und den strafmildernden Merkmalen und auf den Strafausschluss bei den strafausschließenden Merkmalen. Zur Veranschaulichung

---

710   **Fall 86:** F ist seit Jahren von ihrem Mann M misshandelt worden. Sie
entschließt sich deshalb, jemanden zu gewinnen, der M tötet. T erklärt sich dazu gegen Zahlung von 10.000 Euro bereit. Er erschießt
M auf offener Straße.

---

711   T hat M gemäß § 211 II aus Habgier getötet und damit einen Mord begangen.
Dazu könnte F ihn gemäß § 26 angestiftet haben. Sieht man mit der hL in der
Habgier ein (im Verhältnis zu § 212) strafschärfendes besonderes persönliches
Merkmal i.S.d. § 28 II, „gilt" dieses aber nur für den Beteiligten, bei dem es vor-
liegt: die Habgier des T also nur für T. Bezieht man das „gilt" allein auf die
Rechtsfolge, die die Habgier (mit-) auslöst – die Strafdrohung des § 211 –, wirkt
sich § 28 II im Tatbestand des § 26 aber nicht aus. Die vorsätzliche rechtswidrige
Tat des anderen ist der von T begangene Habgiermord. Erst die Rechtsfolge – die
Strafdrohung – wird dann durch § 28 II modifiziert: Sie „gilt" nicht für F. Das
heißt, F ist zwar der Anstiftung zum Habgiermord gemäß § 211 schuldig, wird
aber nicht – wie es § 26 vorsähe – nach dem Strafrahmen des § 211 bestraft. Die
Strafe ist dann vielmehr der Strafvorschrift zu entnehmen, die ohne das strafschär-
fende besondere persönliche Merkmal die Strafgrundlage wäre. Das wäre hier
§ 212. Es kommt danach also zu einer sog. **Strafrahmenverschiebung.** F ist also
nach dieser Deutung des § 28 II strafbar wegen Anstiftung zum Mord mit der
Rechtsfolge des § 212.

712   Die **hM** (zB MüKo/*Joecks/Scheinfeld,* § 28 Rn. 7–10, 56 mwN) versteht die Rechtsfolge des § 28 II anders. Danach „gilt" das besondere
persönliche Merkmal schon im Tatbestand nur für denjenigen, bei dem
es vorliegt. § 28 II führt danach zu einer **Tatbestandsverschiebung.**

713   So gelesen verbietet § 28 II schon, der F die Habgier des T beim Merkmal der
vorsätzlichen rechtswidrigen Haupttat anzulasten. Die der F anzulastende Haupttat ist dann nur ein Totschlag gemäß § 212. Das heißt, F wäre nach hM strafbar
wegen Anstiftung zum Totschlag gemäß §§ 212, 26.

714   Entsprechend ist nach diesen Auslegungen des § 28 II zu verfahren,
wenn der Teilnehmer ein besonderes persönliches Merkmal aufweist,
das die Strafe schärft, mildert oder ausschließt. So ist es im

> **Fall 87:** F (Abwandlung von Fall 86) bewegt T zur Tötung des M, weil sie seine Lebensversicherungssumme bekommen will.

Hier hat F selbst habgierig gehandelt. Bezieht man die Rechtsfolge „gilt" nur **715** auf die Rechtsfolge, so bleibt die Habgier der F im Tatbestand unberücksichtigt: Sie bliebe schuldig der Anstiftung zu dem von M begangenen Habgiermord. Bei der Rechtsfolge käme es aber wieder zu einer Strafrahmenverschiebung. Ihr würde hier nach § 28 II zwar nicht die Habgier des M angelastet (der Strafrahmen also insofern zunächst nach § 212 verschoben) , wohl aber ihre eigene Habgier – mit der Folge einer weiteren Strafrahmenverschiebung, nun nach § 211. F ist danach strafbar wegen Anstiftung zum Totschlag mit der Rechtsfolge des § 211.

Nach hM führt die Habgier der F gemäß § 28 II hingegen zu einer (weiteren) **716** Tatbestandsverschiebung. Es bleibt zwar dabei, dass die vorsätzliche rechtswidrige Haupttat nur ein Totschlag ist – die Habgier des T gilt nach hM ja schon tatbestandlich nicht für F. Im Tatbestand gilt für F aber ihre eigene Habgier. Sie wird über § 28 II zu einem zusätzlichen subjektiven Tatbestandsmerkmal des § 26. Danach ist F *wegen ihrer eigenen Habgier* strafbar wegen Anstiftung zum Mord gemäß §§ 211, 26.

Von diesen Deutungen des § 28 II fügt sich nur die der hM in die **717** gesetzliche Systematik ein. Denn das Gesetz enthält Vorschriften, bei denen sich die von § 28 II angeordnete Geltung nicht mit einer bloßen Strafrahmenverschiebung erreichen lässt. Das zeigt sich im

> **Fall 88:** V leidet an einer unheilbaren qualvollen Krankheit. Er bittet deshalb seinen Sohn S – einen Arzt –, ihm eine tödliche Spritze zu geben. S lehnt das ab. Als er seiner Frau F davon erzählt, versucht diese, ihn umzustimmen, um in den Genuss der Erbschaft zu kommen, die V ihnen zugedacht hat. F hat aber keinen Erfolg.

F könnte sich durch das Bemühen, S zur Tötung des V zu bewegen, gemäß **718** § 30 I Alt. 1 wegen versuchter Anstiftung zu einem Verbrechen strafbar gemacht haben. Dazu müsste sie sich vorgestellt haben, dass S durch die Tötung ein Verbrechen begeht. Würde er die Tat begehen, wäre das aber nur eine Tötung auf Verlangen gemäß § 216, die gemäß § 12 I, II ein Vergehen ist. Allerdings „gilt" für die F gemäß § 28 II auch ein strafschärfendes besonderes persönliches Merkmal, das sie in eigener Person erfüllt. Und ein solches Merkmal ist hier nach hM die Habgier. Deren Geltung für F lässt sich aber nur erreichen, indem man das Merkmal schon im Tatbestand berücksichtigt, also eine versuchte Anstiftung zum Verbrechen des Mordes gemäß § 211 annimmt. Tut man das nicht, kann man die Geltung der strafschärfenden Habgier nicht mit einer Strafrahmenverschiebung erreichen; dann ist ja schon der Tatbestand des § 30 I nicht erfüllt: Es wäre keine versuchte Anstiftung zu einem Verbrechen gegeben, sondern nur zu einem Vergehen gemäß § 216.

III. Die Voraussetzungen des § 28 I, II

1. Die Voraussetzungen des § 28 I

719   § 28 I setzt voraus, dass ein besonderes persönliches Merkmal, welches die Strafbarkeit des Täters begründet, beim Teilnehmer fehlt.

a) Die besonderen persönlichen Merkmale

720   Welche Merkmale § 28 I mit den „besonderen persönlichen" meint, ist unklar. Er verweist dafür zwar auf § 14 I. Aber das bringt keine Klarheit. In § 14 stehen die „besonderen persönlichen Merkmale" in einem ganz anderen Zusammenhang als in § 28 I: Nach § 28 I ist ihr Fehlen **Voraussetzung für eine Entlastung** – für eine Strafmilderung gemäß § 49 I –, nach § 14 ist ihr Fehlen eine Voraussetzung für eine Belastung – die Anwendung eines Strafgesetzes auch auf einen Vertreter oder Beauftragten. Das könnte bedeuten, dass die „besonderen persönliche Merkmale" des § 28 I andere sind als die des § 14.

721   Zweierlei ist nach dem Wortlaut aber immerhin sicher. Erstens kommen als „besondere persönliche Merkmale" nur Merkmale in Betracht, die die Person beschreiben; nur sie sind „persönliche" Merkmale. Nicht dazu gehören Merkmale, die Umstände beschreiben, die außerhalb der Person liegen, die beispielsweise wie die Merkmale „mit gemeingefährlichen Mitteln" in § 211 die Art und Weise der Tatbegehung beschreiben. Zweitens erfasst § 28 II eindeutig nicht alle persönlichen Merkmale, sondern nur die „besonderen".

722   Das sollen nach **hM** (*Kindhäuser* LPK-StGB, § 28 Rn. 5 ff. mwN) die sog. *täterbezogenen* persönlichen Merkmale sein. Darunter versteht man *höchst*persönliche Merkmale, die sich nicht auf das objektive Unrecht der Tat beziehen. Dazu zählt man beispielsweise in § 211 II die „niedrigen Beweggründe" und in § 266 I die „Pflicht, fremde Vermögensinteressen wahrzunehmen". Keine „besonderen" persönlichen Merkmale seien hingegen die sog. *tatbezogenen* persönlichen Merkmale. Damit sind persönliche Merkmale gemeint, die sich auf das objektive Unrecht beziehen, das verwirklicht werden soll. So soll es etwa sein beim „Vorsatz" oder bei der „Absicht, sich oder einem Dritten einen rechtswidrigen Vermögensvorteil zu verschaffen" in § 263.

723   Diese Differenzierung ist jedoch schon in sich nicht schlüssig. Ein Merkmal kann i.S.d. hM ein höchstpersönliches und damit ein täterbezogenes sein und sich trotzdem auf das objektive Unrecht beziehen, also auch tatbezogen sein. Das zeigt sich beispielsweise in § 266 I bei der „Pflicht, fremde Vermögensinteressen wahrzunehmen". Sie kennzeichnet nach hM eine höchstpersönliche Pflicht, ist aber trotzdem auch auf das objektive Unrecht des § 266 I bezogen; das Verhaltensunrecht des

§ 266 I liegt ja gerade in dieser Pflichtverletzung. Manche qualifizieren die „Pflicht, fremde Vermögensinteressen wahrzunehmen" daher auch nicht als täterbezogen, sondern als tatbezogen und damit nicht als besonderes persönliches Merkmal. Entsprechend uneins ist man sich innerhalb der hM auch bei vielen anderen persönlichen Merkmalen.

Eingrenzen lassen sich die **„besonderen persönlichen Merkmale"** **724** aber durch die systematische Auslegung, durch die Abstimmung auf die Rechtsfolge des § 28 I. Danach muss es sich um persönliche Merkmale handeln, deren Fehlen die Strafmilderung nach § 49 I auslösen kann. Das sind nach § 46 I 1 persönliche Merkmale, **die das Maß der Schuld bestimmen.** Denn nach § 46 I 1 ist die Schuld „Grundlage für die Zumessung der Strafe". Zu diesen schuldrelevanten persönlichen Merkmalen gehören zum einen persönliche Merkmale, die das Maß des Unrechts mitbestimmen. Das ergibt sich aus § 46 II 2, wonach das Maß der Schuld auch abhängt vom Maß der Pflichtwidrigkeit, der Art der Ausführung und den verschuldeten Auswirkungen der Tat. Zum andern sind nach § 46 II 2 persönliche Merkmale schuldrelevant, die die Beweggründe und Ziele, die aus der Tat sprechende Gesinnung und den bei der Tat aufgewendeten Willen betreffen. Solche schuldrelevanten und damit *besonderen* persönlichen Merkmale sind beispielsweise in § 266 I die „Pflicht, fremde Vermögensinteressen zu betreuen" und in § 331 die Eigenschaft „Amtsträger".

Keine besonderen persönlichen Merkmale i.S.d. **§ 28 I** sind hingegen **725** persönliche Merkmale, die der Gesetzgeber lediglich deswegen in die Deliktsbeschreibung aufgenommen hat, weil sie Umstände beschreiben, die man als für das Delikt typisch ansieht (näher dazu *Herzberg* GA 1991, 173 ff.). Ein solches persönliches Merkmal ist beispielsweise in § 259 I die Absicht, sich oder einen Dritten zu bereichern. Dieses Merkmal hat der Gesetzgeber nur deshalb in den Tatbestand eingefügt, weil das „Handeln in Vorteilsabsicht ... der im Volksbewußtsein lebendigen Vorstellung vom Hehler" entspreche und er dem Rechnung tragen wollte (E 1962, S. 457). Fehlen solche nur deliktstypisierenden persönlichen Merkmale beim Teilnehmer, mindert das nicht dessen Schuld – weil diese Merkmale eben keine Umstände beschreiben, die für das Maß der Schuld relevant sind.

b) Besondere persönliche Merkmale, welche die Strafbarkeit des Täters begründen

Von den besonderen persönlichen Merkmalen erfasst § 28 I nur die- **726** jenigen, „welche die Strafbarkeit des Täters begründen". Besondere persönliche Merkmale, die die Strafe schärfen, mildern oder ausschließen, unterfallen der Regelung des § 28 II. Eindeutig strafbegründend sind die

oben beispielhaft genannten besonderen persönlichen Merkmale, in
§ 266 I die „Pflicht, fremde Vermögensinteressen zu betreuen" und in
§ 331 die Eigenschaft „Amtsträger". Es gibt aber auch besondere persönliche Merkmale, bei denen zweifelhaft ist, ob sie die Strafe begründen oder ob sie sie schärfen oder mildern. So ist es bei den Mordmerk-
malen der 1. und der 3. Gruppe des § 211 II und beim Bestimmtsein
durch das ausdrückliche und ernstliche Verlangen des Opfers in § 216 I.
Sieht man wie die Rechtsprechung (BGHSt 50, 1 (5); in Frage gestellt
von BGH NJW 2006, 1008) in den §§ 211, 216 von § 212 artverschie-
dene Tatbestände, sind die besonderen persönlichen Merkmale der
§§ 211 II, 216 I strafbegründend. Hingegen sind sie strafmodifizierend,
wenn man mit der hL (Schönke/Schröder-*Eser* Vorbem. §§ 211 ff. Rn. 5
mwN) in § 211 eine Qualifizierung und in § 216 eine Privilegierung des
§ 212 sieht. Die Strafe des § 212 wird dann durch die besonderen persönlichen Merkmale des § 211 II geschärft und durch das besondere persönliche Merkmal des § 216 I gemildert.

727   Im Fall 86, wo F den T angestiftet hat, M gegen eine Belohnung zu töten, wird
die Strafbarkeit der F nach der Rechtsprechung durch § 28 I modifiziert. Die Habgier des T sei ein besonderes persönliches Merkmal, das seine Strafbarkeit begründe. Da es bei F fehlt, ist sie so gesehen strafbar wegen Anstiftung zum Mord
mit der Maßgabe, dass ihre Strafe gemäß §§ 28 I, 49 I zu mildern ist. Die hL sieht
in der Habgier hingegen ein besonderes persönliches Merkmal, das die Strafe
schärft. Danach gilt das Habgiermerkmal gemäß § 28 II nur für den, bei dem es
vorliegt, hier also nur für T, nicht für F. Für F wäre die vorsätzliche rechtswidrige
Tat des anderen mithin nicht der Habgiermord, sondern nur ein Totschlag gemäß
§ 212. Sie wäre strafbar gemäß §§ 212, 26 wegen Anstiftung zum Totschlag.

2. Die Voraussetzungen des § 28 II

a) Die besonderen persönlichen Merkmale

728   Für § 28 II muss ein Gesetz bestimmen, „daß besondere persönliche
Merkmale die Strafe schärfen, mildern oder ausschließen". „Besondere
persönliche Merkmale" sollen nach hM auch hier die sog. täterbezogenen persönlichen Merkmale sein. Aus dem systematischen Zusammenhang ergibt sich jedoch in § 28 II ebenso wie in § 28 I, dass besondere
persönliche Merkmale nur solche persönlichen Merkmale sein können,
die **für die Bemessung der Strafe relevant** sind – und das sind gemäß
§ 46 I eben die schuldrelevanten persönlichen Merkmale. Nur bei ihnen
ist es gerechtfertigt, sie lediglich bei dem strafschärfend, strafmildernd
oder strafausschließend wirken zu lassen, bei dem sie vorliegen. Nur
dann besteht zwischen den Beteiligten ein Schuldgefälle, das die unterschiedlichen Rechtsfolgen legitimiert – Strafschärfung, Strafmilderung
oder Strafausschluss bei dem, der die Merkmale verwirklicht, bei dem

anderen nicht. Persönliche Merkmale, die nur deliktstypisierend sind, können die unterschiedlichen Rechtsfolgen nicht rechtfertigen. Weil sie schuldirrelevant sind, können sie kein für die Strafbemessung relevantes Schuldgefälle erzeugen.

b) Die strafschärfenden, strafmildernden und strafausschließenden besonderen persönlichen Merkmale

Strafschärfend sind besondere persönliche Merkmale, die qualifizie- **729** rend wirken, so etwa in § 246 II das Anvertrautsein der Sache, in § 340 die Amtsträgereigenschaft und nach hL in § 211 die Mordmerkmale der 1. und 3. Gruppe. Strafmildernde besondere persönliche Merkmale sind in § 218 III die Eigenschaft als Schwangere und nach hM in § 216 I das Bestimmtsein durch das ausdrückliche und ernstliche Verlangen des Opfers. Beispiele für strafausschließende persönliche Merkmale sind in § 173 III die Merkmale „Abkömmlinge und Geschwister", die „zur Zeit der Tat noch nicht achtzehn Jahre alt waren" und in § 258 VI die Angehörigeneigenschaft des Täters.

IV. Die Prüfung des § 28 im Deliktsaufbau

1. Die deliktssystematische Einordnung des § 28 I

§ 28 I ist nach seiner Rechtsfolge eindeutig eine bloße Strafzumes- **730** sungsvorschrift für den Teilnehmer, den Anstifter und den Gehilfen. Er ist daher erst nach den Strafbarkeitsvoraussetzungen und eventuellen Strafverfolgungsvoraussetzungen zu prüfen:

I. Tatbestand der §§ 26, 27   **731**
II. Rechtswidrigkeit
III. Schuld
IV. Fehlen von Strafausschließungs- und Strafaufhebungsgründen
V. Strafverfolgungsvoraussetzungen
VI. Strafmilderung gemäß § 28 I

2. Die deliktssystematische Einordnung des § 28 II

a) Bei Deutung der Rechtsfolge als Strafrahmenverschiebung

Deutet man die Rechtsfolge des § 28 II im Sinne einer Strafrah- **732** menverschiebung (s.o.), ist auch § 28 II eine bloße Strafzumessungsvorschrift. Er ist dann wie § 28 I nach den Strafbarkeits- und etwaigen Strafverfolgungsvoraussetzungen zu prüfen.

b) Bei Deutung der Rechtsfolge als Tatbestandsverschiebung

733   Versteht man die Rechtsfolge des § 28 II hingegen mit der hM so, dass sich das Merkmal „gilt" nicht nur auf die mit dem besonderen persönlichen Merkmal verbundene Rechtsfolge bezieht, sondern auf das besondere persönliche Merkmal selbst, ist § 28 II bei dem besonderen persönlichen Merkmal zu prüfen. Dort ist dann zu fragen, ob dieses für den Teilnehmer „gilt". Da die besonderen persönlichen Merkmale des § 28 II sich auf verschiedenen Deliktsebenen finden, kann auch § 28 II auf diesen verschiedenen Ebenen zu prüfen sein.

734   Ist das besondere persönliche Merkmal ein Tatbestandsmerkmal, das der Haupttäters verwirklicht, ist § 28 II in den §§ 26, 27 bei diesem Merkmal, also im Rahmen der Prüfung der vorsätzlichen rechtswidrigen Tat des anderen zu verorten.

735   Geht es um ein besonderes persönliches Merkmal des Teilnehmers, ergänzt § 28 II die Deliktsmerkmale der §§ 26, 27 um dieses Merkmal: den objektiven Tatbestand, wenn es ein objektives Tatbestandsmerkmal ist wie „Amtsträger", den subjektiven Tatbestand, wenn es ein subjektives Tatbestandsmerkmal ist wie nach hM die „Habgier", die jenseits der Schuld zu prüfenden Strafausschließungsgründe, wenn es ein strafausschließendes Merkmal ist.

736   Zur Veranschaulichung

Fall 89: F (Fall 86) dingt den T gegen Zahlung von 10.000 Euro dafür, ihren Mann zu töten, weil sie mit ihrem Geliebten ein neues Leben anfangen möchte.

---

737   Hier wird § 28 II bei der Prüfung der §§ 211, 26 zweimal relevant. Zum einen ist im objektiven Tatbestand des § 26 zu prüfen, ob die vorsätzliche rechtswidrige Tat des anderen für F der von T begangene Mord aus Habgier ist oder ob das Habgiermerkmal gemäß § 28 II in casu nur für den T gilt, weil nur er es verwirklicht. Zum andern ist im subjektiven Tatbestand des § 26 nach der Prüfung des Vorsatzes zu fragen, ob das Mordmerkmal „sonst aus niedrigen Beweggründen" gemäß § 28 II für F gilt, weil sie den T aus einem solchen niedrigen Beweggrund zur Tötung des M bestimmt hat.

738   Danach ergibt sich für die Prüfung des § 28 II im Rahmen der §§ 26, 27 folgender Aufbau:

I.   Objektiver Tatbestand des § 26/§ 27
   1. Vorsätzlich begangene rechtswidrige Tat eines anderen
      Gilt ein Merkmal dieser Tat gemäß § 28 II nicht für den Teilnehmer?
   2. Bestimmen (§ 26) / Hilfeleisten (§ 27)

3. Geltung eines objektiven besonderen persönlichen Merkmals für den Teilnehmer gemäß § 28 II?

II. Subjektiver Tatbestand der §§ 26/27
    1. Vorsatz
    2. Geltung eines subjektiven besonderen persönlichen Merkmals für den Teilnehmer gemäß § 28 II?

III. Rechtswidrigkeit

IV. Schuld

V. Strafausschluss gemäß § 28 II bei strafausschließenden besonderen persönlichen Merkmalen?

Kapitel 8. Versuch und Rücktritt

739   Das StGB enthält etliche Regelungen zum Versuch. Die wichtigsten davon sind: §§ 22, 23, 24, 30, 31 und 11 I Nr. 6.

740   Während Vorbereitungshandlungen des Einzeltäters selbst bei Verbrechen in der Regel straflos sind, stellt § 30 Vorstufen der Verbrechensbeteiligung unter Strafe (versuchte Anstiftung, Versuch der Anstiftung zur Anstiftung, Sichbereiterklären, Annahme eines Erbietens und Verbrechensverabredung). Für die Versuchsstrafbarkeit besonders wichtig ist der persönliche Strafaufhebungsgrund des § 24 (das Pendant bei § 30 ist § 31). Wer die Voraussetzungen von § 24 oder § 31 erfüllt, wird wegen Versuchs nicht bestraft.

741   § 11 I Nr. 6 sieht für sog. Unternehmungsdelikte vor (etwa Hochverrat, § 81), dass das Unternehmen einer Tat sowohl ihren Versuch als auch deren Vollendung umfasst. Dadurch werden Unternehmensdelikte (jedenfalls partiell) den Versuchsregeln entzogen.

Wer nach dem **Strafgrund des Versuchs** fragt, findet bei der hM den Hinweis auf den „rechtserschütternden Eindruck", den ein nach außen manifestierter rechtsfeindlicher Wille bei der Bevölkerung zu hinterlassen geeignet ist.

742   Wer genauer hinsieht, wird feststellen, dass es keinen Unterschied zum Vollendungsdelikt gibt: Dienen etwa die §§ 223 I, 229 dem Schutz der menschlichen Gesundheit, tut es die Strafbarkeit eines Körperverletzungsversuchs (§§ 223 II, 22) ebenso. Der Strafgrund liegt also im „Schutz der jeweils (möglicherweise) bedrohten Werte und Interessen, deren Gefährdung der Umstand indiziert, dass der Täter von seiner Tat die Verwirklichung des Tatbestandes erwartet" (MüKo-StGB/*Hoffmann-Holland* § 22 Rn. 16).

A. Versuch

743   § 22 ist die **wichtigste Norm**. Für sich allein genommen, ergibt **§ 22** noch keinen Straftatbestand. Dafür muss man dessen Voraussetzungen kombinieren mit einer Norm, die ein strafbares Verhalten beschreibt.

Etwa bei einem Körperverletzungsversuch lautet der (konstruierte) Straftatbestand wie folgt: „Wer nach seiner Vorstellung von der Tat unmittelbar dazu ansetzt, eine andere Person körperlich zu misshandeln oder an der Gesundheit zu schädigen, wird ... bestraft."

Allerdings ergibt nicht jede derartige Kombination automatisch einen **744** strafbaren Versuch. Das trifft nur bei Verbrechen zu, also bei rechtswidrigen Taten, die im Mindestmaß mit Freiheitsstrafe von einem Jahr oder darüber bedroht sind (§ 12 I). Sie zu versuchen, ist gemäß § 23 I Hs. 1 stets strafbar. Anders bei Vergehen, sprich rechtswidrigen Taten, die im Mindestmaß mit einer Freiheitsstrafe unter einem Jahr oder mit Geldstrafe bedroht sind (§ 12 II): Vergehen zu versuchen, ist gemäß § 23 I Hs. 2 nur strafbar, wenn das Gesetz die Strafbarkeit des Versuchs ausdrücklich bestimmt.

Geregelt ist dies bei den entsprechenden Vorschriften meist in einem eigenen **745** Absatz, etwa im dritten bei § 240. § 23 regelt noch mehr: Nach Absatz 2 kann der Versuch milder bestraft werden als die vollendete Tat (Absatz 2), und Absatz 3 regelt einen Spezialfall des sog. untauglichen Versuchs.

I. Die gesetzlichen Merkmale

Der **Versuchsaufbau** ergibt sich im Wesentlichen aus § 22. Für den **746** subjektiven Teil ist (wegen einer früheren Gesetzesfassung) die Bezeichnung „Tatentschluss" üblich; der objektive Teil beinhaltet das „unmittelbare Ansetzen" zur Tatbestandsverwirklichung.

In einer Klausur ist es üblich, nach dem Einleitungssatz (Obersatz) **747** zunächst festzustellen, dass die Tat nicht vollendet und der Versuch des gerade geprüften Delikts strafbar ist. Beispielhaft kann die Formulierung bei Verbrechen wie folgt lauten: „A lebt noch, weshalb die Tat nicht vollendet ist. Die Strafbarkeit des Versuchs ergibt sich aus dem Verbrechenscharakter eines Totschlags (§§ 23 I, 12 I, 212 I)." Bei Vergehen: „A hat keinen neuen Gewahrsam begründet, weshalb die Tat nicht vollendet ist. Die Strafbarkeit des Versuchs ergibt sich aus § 242 II."

Außer Betracht bleiben für die Einteilung eines Delikts als Verbrechen oder **748** Vergehen nach § 12 III Schärfungen oder Milderungen nach den Vorschriften des Allgemeinen Teils (zB § 49) oder für besonders schwere (zB § 335 I) oder minder schwere (zB § 249 II) Fälle.

Die Versuchsstrafbarkeit ist wie folgt zu prüfen: **749**

Nichtvollendung und Strafbarkeit des Versuchs

I. Tatbestand
    1. Tatentschluss
    2. Unmittelbares Ansetzen
II. Rechtswidrigkeit und Schuld

III. Ggf. (kein) Rücktritt gemäß § 24
IV. Fakultative Strafmilderung nach § 23 II und III

1. Vorstellung von der Tatbestandsverwirklichung und weitere subjektive Tatbestandsmerkmale (Tatentschluss)

750 Der subjektive Tatbestand beim Versuch umfasst die „Vorstellung von der [...] Verwirklichung des Tatbestandes" **(Versuchsvorsatz)** sowie – soweit deliktsspezifisch vorhanden – **besondere subjektive Unrechtsmerkmale**.

751 Es wäre aber ganz falsch zu sagen, „A müsste sich vorgestellt haben, habgierig zu sein" oder „Zueignungsabsicht zu haben". Man stellt sich Habgier oder Zueignungsabsicht nicht vor, man *ist* habgierig oder *hat* Zueignungsabsicht.

752 Für die Klausur ist empfehlenswert, die (übliche) Bezeichnung „Tatentschluss" allein der Überschrift oder einem Klammerzusatz vorzubehalten und sonst mit dem geltenden Gesetzestext zu arbeiten: „A müsste sich vorgestellt haben, einen Menschen zu töten (Tatentschluss)."

753 Die Vorstellung muss **sämtliche Umstände** umfassen, die, lägen sie tatsächlich vor, einen bestimmten Straftatbestand erfüllen würden. Das bedeutet mit anderen Worten, dass der subjektive Tatbestand des Versuchs dem subjektiven Tatbestand des vollendeten Delikts entspricht (und damit alle Vorsatzarten umfasst, auch dolus eventualis), mit einem Unterschied, nämlich dass es sich nicht auf die Kenntnis i.S.d. § 16 I 1 bezieht, sondern auf die Vorstellung nach § 22.

754 Die Tätervorstellung muss also alle Tatumstände umfassen: des Tatsubjekts (des Täters), des Tatobjekts, Erfolgseintritt, Handlung bzw. Unterlassen der gebotenen Handlung, Ursächlichkeit, beim Unterlassungsdelikt: der Garantenstellung, der objektiven Zurechnung (unerlaubte Gefahrschaffung, Gefahrverwirklichung) und je nach Tatbestand weitere objektive Umstände.

755 Gerichtet sein muss die Vorstellung auf die Vollendung der Tat. Wer zum Beispiel jemandem, um ihn mörderisch zu erschrecken, eine Pistole an den Kopf hält und abdrückt, wissend, dass sie ungeladen ist, stellt sich nicht vor, einen anderen Menschen zu töten.

a) Unbedingter Handlungswille

756 Nach hM muss ein Täter unbedingten Handlungswillen haben. Drei Konstellationen werden unterschieden: „bloße Tatgeneigtheit" (A blättert in einem Kochbuch und will es vielleicht stehlen, falls er darin ein

Rezept für Szegediner Gulasch findet), „Tatentschluss auf bewusst unsicherer Tatsachengrundlage" (A will B töten, zuvor aber in einem Gespräch herausfinden, ob dieser auch betrunken genug ist, damit es zu keiner Gegenwehr kommt) und „Tatentschluss mit Rücktrittsvorbehalt" (A klingelt an Bs Haustür in der Absicht, B zu entführen, falls sie ohne ihr 10 Monate altes Kind erscheine. Mit dem Kind auf dem Arm öffnet B die Tür; s. *Hardtung/Putzke* Rn. 1168.)

Während die **hM** bei bloßer Tatgeneigtheit Tatentschluss erst dann **757** bejaht, wenn die zur Deliktsbegehung hindrängenden Motive das Übergewicht über die Hemmungsvorstellungen erlangt haben, sei die Vorstellung der Tatbestandsverwirklichung in den beiden anderen Konstellationen zu bejahen. Doch gilt für alle drei Fälle, dass, bis die objektive Bedingung eingetreten ist (das Rezept gefunden, die Trunkenheit erkannt oder die Mutter ohne Kind erschienen ist), solange die Tatbestandsbegehung auch subjektiv bedingt ist: Mit dem Willen, die Tat nur bei Bedingungseintritt zu begehen, ist notwendig der Wille verbunden, sie bis dahin *nicht* zu begehen (*Schlehofer*, Vorsatz und Tatabweichung, S. 48).

Nach unserer Auffassung ist die Vorstellung in allen drei Konstella- **758** tionen vorhanden, sobald sich jemand die Schaffung einer unerlaubten Gefahr vorstellt. Die alles entscheidende Frage (straflose Vorbereitung oder strafbarer Versuch) stellt sich dann bei der zweiten Versuchsvoraussetzung: Genügt der Willensimpuls, um ein unmittelbares Ansetzen zu bejahen (→ dazu unten Rn. 771)?

b) Untaugliche, abergläubische (irreale) Versuche und Wahndelikt

Fall 90: A hält B, um ihn zu töten, eine Pistole an den Kopf und | **759**
drückt ab, irrtümlich davon ausgehend, dass sie geladen ist.

Wer sich alle Umstände vorstellt, die einen Straftatbestand verwirk- **760** lichen, hat den nötigen Tatentschluss, selbst wenn zum Beispiel das von ihm eingesetzte Mittel (im Fall die ungeladene Pistole) objektiv ungeeignet ist. Die Rede ist dann von einem **„untauglichen Versuch"**. Die Untauglichkeit kann sich neben dem Tatmittel auch auf das Tatobjekt (Bsp.: Das potentielle Raubopfer ist bereits tot) oder -subjekt beziehen. Dass untaugliche Versuche strafbar sind, ergibt sich auch aus § 23 III, der einen Spezialfall des untauglichen Versuchs enthält, nämlich den „grob unverständigen". Das Argument lautet: Wenn beim grob unverständigen untauglichen Versuch (nur) von Strafe abgesehen oder diese gemildert werden kann, so ist erst recht der nicht grob unverständige untaugliche Versuch strafbar.

761 In einer Klausur bedarf es keines Hinweises darauf, dass ein untauglicher Versuch vorliegt. Allein bei grobem Unverstand ist beim Gliederungspunkt „Strafzumessung" auf § 23 III hinzuweisen.

762 Vom untauglichen Versuch ist der abergläubische (irreale) zu unterscheiden. Gemeint sind damit Fälle, in denen jemand einen tatbestandlichen Erfolg mit nicht den Naturgesetzen unterliegenden Kräften erstrebt.

763 **Fall 91:** Voodoo-Meister V verbrennt eine Puppe, die den Politiker P darstellt, in der Absicht und festen Überzeugung, ihn damit zu töten. Als das misslingt, versucht er anschließend, P totzubeten.

764 Voodoo und Beten gehören zum Bereich des Aberglaubens. Die Vorstellung i.S.d. § 22 muss sich – wie gesagt – auf den kompletten objektiven Tatbestand beziehen, also auch auf Kausalität und die Umstände der objektiven Zurechnung. Fehlt ein empirisch nachprüfbarer Wirkzusammenhang – wie im vorigen Fall – fehlt es an der Vorstellung, jemandes Tod – im Sinne des StGB – zu verursachen, weshalb eine Versuchsstrafbarkeit in solchen Fällen ausscheidet. Man darf sich den Gesetzgeber ja nicht als jemanden denken, der an Vodoo und dergleichen glaubt, sodass das Merkmal „verursacht" (§ 222) wie das Merkmal „tötet" (§ 212 I) allein naturgesetzliche Wirkzusammenhänge meint.

765 Auch ein sog. **Wahndelikt** führt zur Straflosigkeit. Hier irrt sich jemand nicht in tatsächlicher Hinsicht, sondern in rechtlicher, indem sich jemand etwa eine Norm vorstellt, die tatsächlich nicht existiert (Strafbarkeit des Ehebruchs, Sodomie), die tatsächlich nicht so weit auszulegen ist (etwa irrige Annahme einer Garantenpflicht) oder jemand ein objektiv gerechtfertigtes Verhalten für strafbar hält, weil er etwa die Grenzen eines Rechtfertigungsgrundes falsch zieht (irrige Annahme, Notwehr erlaube nicht den Schutz von Sachwerten).

766 Anders liegt es, wenn die Vorstellung des Handelnden aufgrund eines Rechtsirrtums sehr wohl eine Tatbestandsverwirklichung ergibt: Alleinerbe T glaubt, mit einem schlichten Vermächtnis sei L schon Eigentümerin einer Ming-Vase geworden, die er absichtlich fallen lässt, weil er sie ihr nicht gönnt. Damit stellt er sich (irrig) vor, fremdes Eigentum zu zerstören.

c) Irrtümer (error in persona)

767 **Fall 92** (*Hardtung/Putzke* Rn. 1140): Jäger J will Schwarzwild erlegen. Als er einen kapitalen Keiler im Gebüsch wähnt, gibt er einen Schuss ab, der den Spaziergänger S, den J irrtümlich für einen Keiler hält, knapp verfehlt.

Hätte J den S tödlich getroffen, wäre ihm über § 16 I 1 eine Bestra- **768**
fung aus dem vollendetem Vorsatzdelikt erspart geblieben (nicht aber
wegen fahrlässiger Tötung, §§ 222, 16 I 2). Beim Versuch hingegen ist
allein entscheidend, welche **Vorstellung** J hatte. Weil sie keinen Menschen umfasste, fehlte ihm die für § 212 I erforderliche Vorstellung,
weshalb er sich nicht wegen Versuchs strafbar gemacht hat. Beim Versuch ist ein Rückgriff auf § 16 I 1 also verfehlt.

Fall 93: A lässt in der Donau zwei Kinder ertrinken. Das eine (S) hält **769**
er irrig für seinen bei ihm lebenden zehnjährigen Sohn, das andere
zutreffend für seine elfjährige Tochter (T), zu der er aber, weil sie bei
seiner getrenntlebenden Ehefrau wohnt, keinen Kontakt mehr hat,
weshalb er der Meinung ist, sie nicht retten zu müssen. Beide Kinder
werden im letzten Moment von einem Apostelfischer an Land gezogen.

A hat bezüglich S einen versuchten Totschlag durch Unterlassen be- **770**
gangen. Denn er hat sich alle Umstände vorgestellt, die zum objektiven
Tatbestand der §§ 212 I, 13 I gehören, inklusive seiner (Beschützer-)Ga-
rantenstellung als Vater. Das gilt auch mit Blick auf T – sein Irrtum betrifft eine rechtliche Verpflichtung, was nach § 17 zu behandeln ist.

2. Unmittelbares Ansetzen „nach seiner Vorstellung"

Sich nur vorzustellen, jemanden zu töten, ist straflos. Alles andere **771**
wäre Gesinnungsstrafrecht (in „Des Knaben Wunderhorn" heißt es so
schön: „Die Gedanken sind frei"). Die Schwelle zum strafbaren Verhalten markiert (abgesehen von Straftaten, die schon Vorbereitungshandlungen erfassen, s. zB § 83, 234a III) das „unmittelbare Ansetzen".
Die Grenze ist nicht rein objektiv zu bestimmen. § 22 verbindet das **772**
unmittelbare Ansetzen mit der Vorstellung des Täters. Er muss **„nach
seiner Vorstellung"** unmittelbar ansetzen (objektiv-subjektives Misch-
merkmal).

Diesen Aspekt kann man gar nicht genug betonen, nicht zuletzt, weil **773**
viele Studierende blind auf scheinbar klare Aufbauschemata vertrauen, die den Tatbestand des Versuchs unterteilen in „subjektiver
Tatbestand" und „objektiver Tatbestand". Das ist zwar nicht falsch,
führt aber oft zu groben Fehlern.

Das bedeutet auf der einen Seite: Was sich der Täter zum Versuchs- **774**
beginn vorstellt, ist so lange irrelevant, wie seine Vorstellung nicht mit
denjenigen Kriterien übereinstimmt, die den Versuchsbeginn objektiv

näher bestimmen. Wer etwa glaubt, unmittelbar zum Tötungsversuch anzusetzen, wenn er sein Haus verlässt und in Richtung Tatort läuft, der setzt nach den (von Rechtsprechung und Literatur) entwickelten Maßstäben nicht unmittelbar an. Auf der anderen Seite heißt das: Wer sich irrig Umstände vorstellt, die nach den von Rechtsprechung und Literatur entwickelten Maßstäben als unmittelbares Ansetzen gelten, der setzt unmittelbar an, mag auch die eigentliche Tatbestandsverwirklichung (d.h. die tatsächliche Gefährdung des Rechtsguts) noch in weiter Ferne liegen.

775   Wäre es anders, gäbe es keine untauglichen Versuche, weil deren Untauglichkeit allein daraus resultiert, dass es objektiv an einer Rechtsgutsgefährdung fehlt.

776   Zunächst zwei wichtige Hinweise: 1. Was die Fallbearbeitung angeht, so können Sie getrost auf das Auswendiglernen der Theorienamen zum Versuchsbeginn verzichten (formal-objektiven Theorie, materiell-objektiven Theorie usw.). Diese Bezeichnungen sind für eine Falllösung irrelevant. 2. Zur Bestimmung des unmittelbaren Ansetzens liefert die hM kein Kriterium, mit dem sich alle Fälle zweifels- oder widerspruchsfrei lösen lassen. Die Ergiebigkeit der unterschiedlichen Lösungsansätze dürfen Sie nicht überschätzen. Am Ende müssen Sie immer eine eigene Wertung treffen.

a) Allgemeine Kriterien

777   Wie verlässlich diese Wertung ausfällt, ist abhängig von der Aussagekraft der Kriterien, die Sie bei der Entscheidungsfindung heranziehen. Als unbrauchbar erweist sich etwa, die Bejahung eines Versuchs daran zu orientieren, ob „der Verbrechensvorsatz die Feuerprobe der kritischen Situation bestanden" (*Bockelmann*) oder ob der Täter „subjektiv die Schwelle zum ‚Jetzt geht es los' überschritten" hat (zB BGHSt 26, 201, 203). Beide Umschreibungen sind anschaulich und einprägsam, eignen sich aber nicht für eine Subsumtion – sie sind unklarer als das gesetzliche Merkmal des unmittelbaren Ansetzens. Zudem sind diese Kriterien rein subjektive und folglich nicht mit § 22 vereinbar.

778   Es gibt unterschiedliche Kriterien, die Sie kennen sollten. Das unmittelbare Ansetzen ist zu bejahen, wenn

– das Rechtsgut nach der Vorstellung des Handelnden oder Unterlassenden unmittelbar gefährdet ist („Gefährdungstheorie"),

– wenn der Handelnde oder Unterlassende eine Handlung vornimmt, die nach dem Tatplan der Verwirklichung eines Tatbestandsmerkmals unmittelbar vorgelagert ist und im Falle des ungestörten Fortgangs ohne wesentliche Zwischenakte in die Tatbestandsverwirklichung einmünden soll („Zwischenaktstheorie") oder

— wenn es nach Vorstellung des Handelnden oder Unterlassenden zwischen dem Verhalten und der Tatbestandsverwirklichung einen engen zeitlichen Zusammenhang gibt und der Täter auf die Opfer- oder Tatbestandssphäre einwirkt („Sphärentheorie" oder „konkretisierte Teilaktstheorie").

Die meisten folgen (mit Abweichungen im Detail) wohl dem BGH, **779** der die vorgenannten Kriterien in der Regel kumulativ aufgreift und damit gewissermaßen Schöpfer und Vertreter einer „Vereinigungslehre" ist. Beispielhaft eine typische BGH-Formulierung:

„Das Versuchsstadium erstreckt sich … auf Handlungen, die in ungestörtem **780** Fortgang unmittelbar zur Tatbestandserfüllung führen sollen oder die in unmittelbarem räumlichen und zeitlichen Zusammenhang mit ihr stehen. Dies ist der Fall, wenn der Täter subjektiv die Schwelle zum ‚jetzt geht es los' überschreitet und objektiv zur tatbestandsmäßigen Angriffshandlung ansetzt, so dass sein Tun ohne Zwischenakte in die Erfüllung des Tatbestandes übergeht."

Als Indiz für das Überschreiten der Versuchsschwelle wertet der BGH **781** in einigen Entscheidungen auch, ob es nach der Vorstellung des Täters bereits zu einer konkreten Gefährdung des Rechtsguts gekommen sei.

> Es genügt, sich die maßgeblichen Gesichtspunkte zu merken, näm- **782** lich das Kriterium des räumlichen und zeitlichen Zusammenhanges, der wesentlichen Zwischenakte und der Gefährdung des Rechtsguts. Alle Aspekte können Sie hervorragend für Ihre Argumentation, d.h. die eigene Wertung nutzen.

Folgende Formulierung hat sich bei Hausarbeiten und Klausuren als **783** Definition bewährt:

> A müsste nach seiner Vorstellung unmittelbar zur Tatbestandsverwirklichung angesetzt haben. Dies ist zu bejahen, wenn er subjektiv die „Schwelle zum ‚Jetzt geht es los'" überschritten hat, was dann der Fall ist, wenn nach seiner Vorstellung bis zur Tatbestandsverwirklichung keine wesentlichen Zwischenschritte mehr erforderlich sind (sog. Zwischenaktstheorie) oder sich – nach seiner Vorstellung – das Rechtsgut in unmittelbarer Gefahr befindet (Gefährdungstheorie). …

Für die Begründung können Sie mitunter einen Fallvergleich anstel- **784** len, als Unterfall der systematischen Auslegung (→ Rn. 68 ff. zu Fall 5).

> **Fall 94:** A schlägt den Jogger J nieder, um ihm seinen iPod abzuneh- **785** men. Bevor A das Gerät ergreifen kann, gelingt J die Flucht.

786   Im Fall könnte A sich wegen versuchten Raubes (§§ 249 I, 22, 23 I, 12 I) strafbar gemacht haben. Anders als zum Beispiel beim Totschlag enthält der Raubtatbestand zwei Handlungsmerkmale (Einsatz eines Nötigungsmittels und Wegnahme). Eines davon, nämlich Gewalt gegen eine Person, hat A bereits verwirklicht. Weil die Wegnahme nach seiner Vorstellung unmittelbar bevorstand, hat A nach sämtlichen Ansichten unmittelbar zum Raubversuch angesetzt. Oft ist bei solchen Fällen zu lesen: Ein unmittelbares Ansetzen sei gegeben, wenn der Täter „bereits ein Tatbestandsmerkmal verwirklicht" habe (Teilverwirklichung des objektiven Tatbestands).

787   Beachte aber: Die Verwirklichung einzelner Tatbestandsmerkmale ist nur ein Indiz – nicht zwangsläufig führt es zur Bejahung des unmittelbaren Ansetzens, wie der folgende Fall zeigt.

788   **Fall 95:** A hat in einer Drogerie teures Parfüm eingesteckt, um es zu stehlen. Falls er von irgendwem erwischt werden sollte, will er notfalls Gewalt anwenden, um mit seinem Diebesgut zu flüchten. Gerade als er sich anschickt, das Geschäft zu verlassen, sieht er davor einen wartenden Polizisten. Sicherheitshalber stellt er die Flasche zurück ins Regal.

789   Schuldig ist A wegen vollendeten Diebstahls, nicht aber wegen versuchten räuberischen Diebstahls. Wie bei § 249 handelt es sich auch bei § 252 um einen mehraktigen Tatbestand. Einen Teil davon, nämlich die Wegnahme, hat A bereits verwirklicht. Wer nun das Kriterium der Teilverwirklichung für bare Münze nähme, müsste die Strafbarkeit nach §§ 252, 22 bejahen. Aber das würde niemand tun. Nimmt man die üblichen Kriterien zur Hand, ist der Unterschied zum Raubfall leicht auszumachen: Während der Einsatz des Nötigungsmittels hier im wahrsten Sinne des Wortes noch mehrere Schritte in der Zukunft lag, hat A sich dort die Wegnahme als unmittelbar folgend vorgestellt. Wo die Teilverwirklichung im Einsatz von Gewalt besteht, ist es eher untypisch, dass der Täter sich danach noch einen langen Weg vorstellt. Fazit: Nicht eine „Teilverwirklichung", sondern die **Nähe und Unmittelbarkeit zur Tatbestandsverwirklichung** (gemessen an der Vorstellung des Täters) ist das ausschlaggebende Kriterium.

790   **Fall 96:** A dringt in die Wohnung des O ein, um ihn zu erschießen, plant aber vorher, auf ihn vier Stunden lang die Pistole zu richten, weil auch er sie vier Stunden hat leiden lassen. Nach einer Stunde merkt A, dass sie die Patronen zu Hause vergessen hat.

Zwar richtet A die Pistole auf O, allerdings stellt sie sich vor, den **791** Tatbestand (§ 212 I) erst in vier Stunden zu verwirklichen. Wie würde der BGH in einem solchen Fall wohl entscheiden? Bei ungestörtem Fortgang folgt in vier Stunden der tödliche Schuss. Auch einen räumlichen Zusammenhang gibt es. In zeitlicher Hinsicht kann man hingegen nicht von Nähe sprechen (wohl auch noch nicht nach einer Stunde). Und zur „Angriffshandlung" wird das Zielen erst wenige Augenblicke vor dem Schießen. Es dürfte also richtig sein, das unmittelbare Ansetzen zu einem versuchten Totschlag zu verneinen.

Der Fall zeigt, dass das unmittelbare Ansetzen nicht nur eine **Ansetzungs-** **792** **handlung** beinhaltet, sondern auch einen **Ansetzungserfolg** (im Sinne eines versuchsspezifischen Erfolges [nicht zu verwechseln mit der tatbestandlichen Deliktsvollendung], d.h. einer unmittelbaren Gefährdung – gemessen an der Vorstellung des Täters). In der Regel fallen beide Momente zusammen, etwa wenn der von A auf B abgegebene tödliche Schuss sein Ziel um Haaresbreite verfehlt (denn dann hat A sich den unmittelbaren Eintritt des Ansetzungserfolges vorgestellt, also eine zugespitzte Gefahr).

Fall 97: F droht ihrem geschiedenen Mann M mit einer Strafanzeige, **793** falls er sich weigert, der gemeinsamen und von M sexuell missbrauchten Tochter in vier Jahren, also genau an ihrem 16. Geburtstag, 20.000 Euro zu übergeben.

Der hM bereitet die Bejahung eines Erpressungsversuchs keine Kopf- **794** schmerzen, weil sie die Drohung üblicherweise bereits als unmittelbares Ansetzen wertet. Die Begründung lautet sinngemäß, dass ein zeitlicher Zusammenhang deshalb vorliege, weil sich das weitere Geschehen im Anschluss an die Erpressungshandlung kontinuierlich und ohne weiteres Zutun des Erpressers zur Schädigung entwickeln soll. Nicht anders werden Fälle zum versuchten Betrug behandelt, in denen der Täter das Opfer täuscht, bis zur erstrebten Vermögensverfügung aber noch geraume Zeit vergehen wird. Mit der Täuschung habe der Täter den auf ihn entfallenden Teil schon vollbracht und alles Weitere solle sich von selbst vollziehen.

Diese Sicht ist nicht überzeugend. Denken Sie etwa an den Karstadt-Erpresser **795** „Dagobert" – welch' enorme Fantasie und Mühe investierte der Mann in die Geldübergaben! Hatte er vielleicht die Vorstellung, dass sich das weitere Geschehen „ohne sein Zutun … zur Schädigung entwickeln soll" und „von selbst vollzieht"? Ganz sicher nicht. Auch ist daran zu erinnern, dass § 22 ein unmittelbares Ansetzen „zur Verwirklichung des Tatbestandes" verlangt, wozu auch der Eintritt des Vermögensnachteils (§ 253 I) bzw. -schadens (§ 263 I) gehört.

Zur Verdeutlichung ein paar Beispiele. Zum Versuch setzt (nach der Rspr.) **796** nicht unmittelbar an, wer Tatwaffen besorgt, Waffen am Tatort versteckt, den Tatort auskundschaftet oder Schüssel für Einbruchszwecke nachmacht, wer, um einen Banküberfall zu begehen, sich im Fahrzeug vor dem Bankeingang sitzend maskiert und Waffen hervorholt (BGH MDR 1978, 985), wer in der Nacht zum Sonntag in einer Bank Überwachungseinrichtungen außer Betrieb setzt, um am Montagmorgen Bankangestellte zur Herausgabe von Geld zu nötigen (BGH NStZ 2004, 38), wer eine im 4. Stock wohnende Person töten will und unten an der Haustür klingelt (BGH NStZ-RR 2004, 361), wer einen Supermarkt betritt, um vor dem geplanten Überfall zu prüfen, ob die Anwesenheit zu vieler Kunden der Ausführung seines Plans entgegensteht (BGH NStZ-RR 1996, 34), wer Vorbereitungshandlungen vornimmt (u.a. die Anfertigung inhaltlich falscher Erklärungen), die darauf abzielen, unrichtige Vorstellungen bei einem Darlehensgeber zu erwecken – unmittelbares Ansetzen erst mit der Täuschungshandlung, die den Irrtum beim Opfer hervorrufen soll (BGH NStZ 2002, 433), wer sich in diebischer Absicht einen Nachschlüssel für ein Kraftfahrzeug beschafft (BGH NJW 1979, 378).

797   Zum Versuch setzt (nach der Rspr.) unmittelbar an, wer eine Schusswaffe herauszieht mit unmittelbarer Schussabsicht, erst recht beim Anlegen der Waffe (BGH NStZ 1993, 133), wer an den Vorderrädern eines Autos rüttelt, um dieses zu stehlen (§§ 242 I, 22), sobald er so feststellt, dass das Lenkradschloss nicht eingerastet ist (BGHSt 22, 80), wer ein Übel für den Fall androht (§§ 240 I, II, 22), dass das Opfer sich beim Eintritt einer bestimmten Bedingung nicht wie vom Täter gewollt verhält, wenn diese Bedingung allein vom jederzeit realisierbaren Willen des Nötigenden abhängt (OLG Celle BeckRS 2017, 115001), wer mit den erforderlichen Tatmitteln in das in Brand zu setzende Gebäude (§§ 306, 22) eindringt (BGH NStZ 2006, 331).

b) Besondere Konstellationen

798   Wer beim Versuch die soeben gelehrten Grundsätze konsequent anwendet, wird selbst mit Fällen, die vom Normalfall abweichen, gut zurechtkommen. Weil gleichwohl noch vieles strittig ist, gibt es zu manchen Konstellationen unterschiedliche Ansichten – die Sie kennen müssen.

aa) Qualifikationen und Regelbeispiele

799   Bei einem Qualifikationstatbestand richtet sich das unmittelbare Ansetzen nach den allgemeinen Grundsätzen. Es ist danach zu fragen, ob der Täter sich die Verwirklichung des Tatbestandes ohne wesentliche Zwischenschritte, also im unmittelbaren zeitlichen Anschluss, vorgestellt hat. Insoweit ist es irrelevant, wenn etwa bei § 244 I Nr. 3 dieser schon teilweise verwirklicht ist (Einbrechen in eine Wohnung). Auch ist das unmittelbare Ansetzen nicht allein gegeben wegen des Tragens einer Waffe auf der Fahrt zum Tatort (§ 244 I Nr. 1a) oder des Zusammenschlusses zu einer Bande (§ 244 I Nr. 2). Generell gilt bei **Qualifikationstatbeständen**, bei denen ein qualifizierendes Merkmal bereits erfüllt ist, dass der Versuch davon abhängt, ob der Täter sich vorgestellt hat, zur Verwirklichung des Grunddelikts unmittelbar anzusetzen.

Das **Erfüllen von Regelbeispielen** führt allein erst recht nicht auto- **800** matisch zur Bejahung des Versuchsbeginns – denn bei ihnen bedeutet das Erfüllen nicht einmal ein Teilverwirklichen des Tatbestandes. Dass die Erfüllung eines Regelbeispiels zugleich ein unmittelbares Ansetzen zum Grunddelikt darstellt, ist allerdings gar nicht selten. Denn in der Regel dürfte sich der Täter vorstellen, dass sich das tatbestandsmäßige Verhalten unmittelbar anschließt.

bb) Mittelbare Täterschaft, notwendige Mitwirkung des Opfers und actio libera in causa

Fälle der mittelbaren Täterschaft lassen sich ohne weiteres mit den ganz **801** normalen Kriterien bewältigen, indem man im Vergleich zur unmittelbaren Täterschaft schlicht **jede Besonderheit verneint**. Das Freilassen des gefährlichen „Schwachsinnigen" (Begriff seit 2020 in § 20 ersetzt durch „Intelligenzminderung") sollte unter sonst gleichen Umständen im selben Moment zum Versuch führen wie das Freilassen des bissigen Hundes. Nichtsdestoweniger müssen Sie den Meinungsstreit kennen.

Fall 98: A fordert den achtjährigen K auf, die Scheune des Bauern B **802** anzuzünden. Nachdem A dem K eine Schachtel Streichhölzer gegeben hat, macht K sich auf den Weg zum Hof des B, der sich in zwei Kilometern Entfernung am Ende des Dorfes befindet.

Die Vertreter der sog. **Einzellösung** stellen auf den Hintermann ab **803** und bejahen das unmittelbare Ansetzen bereits dann, wenn der mittelbare Täter auf den Tatmittler einzuwirken beginnt oder seine Einwirkung abgeschlossen hat (deshalb wird dieser Ansatz auch als „Einwirkungstheorie" bezeichnet). Danach hätte A bereits mit der Aufforderung unmittelbar angesetzt.

Diese Meinung ist unvereinbar mit dem Wortlaut des § 22 („unmittelbar") und **804** entspricht zudem nicht dem Willen des Gesetzgebers. Auch das Argument, es dürfe nichts anderes gelten als für die versuchte Anstiftung (§ 30 I), überzeugt nicht. Zwar ist richtig, dass die Strafbarkeit des A wegen versuchter Anstiftung nach § 30 I bereits zu bejahen wäre bei der Einwirkung auf K. Aber daraus lässt sich für den Zeitpunkt des unmittelbaren Ansetzens bei § 22 nichts herleiten. Die Vorschriften sind schlicht nicht aufeinander abgestimmt.

Ganz anders sehen es die Vertreter der sog. **Gesamtlösung**, die auf **805** den Zeitpunkt abstellen, zu dem der Tatmittler (also das Werkzeug) unmittelbar zur Tatbestandsverwirklichung ansetzt. Hier wäre das zu bejahen, wenn K bei der Scheune das Streichholz zückt.

806   Auch diese Meinung verstößt gegen § 22. Denn das Versuchsdelikt des Hinter-
mannes wird an ein reales Tun des Tatmittlers geknüpft, obwohl es allein auf die
Vorstellung des Täters ankommt. Diese Sicht hätte zudem eine seltsame Konsequenz, nämlich die Straflosigkeit des mittelbaren Täters, wenn der Tatmittler etwa
nur zum Schein einen Auftrag annimmt oder es aus anderen Gründen nicht zum
unmittelbaren Ansetzen kommt. Es leuchtet auch nicht ein, warum der Anstiftungsversuch mit Strafe bedroht ist, das Losschicken des Werkzeugs aber nicht.

807   Eine Variante der Einzellösung (**„modifizierte Einzellösung"**) stellt
es dar, wenn auf den Zeitpunkt abgestellt wird, zu dem der mittelbare
Täter das Geschehen „aus der Hand gibt" und der Tatmittler die Tat „als-
bald" begehen soll (sog. Entlassungstheorie).

808   Mit der hM können Sie ein unmittelbares Ansetzen schon bejahen, wenn der
Täter den Tatmittler aus dem Herrschaftsbereich entlassen hat, soweit ab diesem
Zeitpunkt keine Einflussnahme mehr möglich ist. Gibt es eine Möglichkeit der
Einflussnahme (etwa über Handy), ist ein strafbarer Versuch zu bejahen, wenn das
Rechtsgut unmittelbar gefährdet ist (was der Fall ist, wenn der Tatmittler selber
unmittelbar ansetzt).

809   Gegen die hM spricht, dass die mittelbare Täterschaft nur ein Spezialfall des Selbstbegehens ist, sodass keine Besonderheiten, sondern
dieselben Kriterien wie beim Selbstbegehen gelten müssen. Ob ein
tierisches oder menschliches Werkzeug eingesetzt wird, macht keinen Unterschied.

810   Im Zusammenhang mit der notwendigen Mitwirkung des Opfers sind vor allem drei Konstellationen klausurrelevant: Erstens die Giftfallen („Passauer Gift-
falle" [BGHSt 43, 177]: Ein Apotheker platziert eine mit tödlichem Gift präpa-
rierte Schnapsflasche sichtbar in seiner Ferienhütte, wobei er in Kauf nimmt, dass
möglicherweise wiederkehrende Einbrecher der alkoholischen Versuchung erliegen
und so eine tödliche Vergiftung erleiden.) Zweitens die sog. Sprengfallen-Entschei-
dung (BGH NStZ 1998, 294; *Herzberg* JuS 1999, 224), bei der der Täter ein Auto
derart mit einer Handgranate präpariert, dass diese bei einer Radumdrehung zünden sollte. Drittens die sog. Elektrofallen-Entscheidung (BGH NStZ 2001, 475),
bei der der Täter Steckdosen in einer Wohnung derart manipuliert hatte, dass ein
Nutzer bei bestimmungsgemäßem Gebrauch einen Stromschlag erhalten hätte.

811   Bei der *actio libera in causa* (alic) setzt der Täter sich als nicht mehr
verantwortliches Werkzeug zur Tatbestandsverwirklichung ein, ohne
freilich die Tat „durch einen anderen" zu begehen; die Fälle entsprechen
nur in der Struktur der mittelbaren Täterschaft (→ schon Rn. 500).

812   **Fall 99:** Die bereits volltrunkene Frau F erzählt dem Wirt in ihrer
Stammkneipe wahrheitsgemäß, dass sie sich nur deshalb habe „voll-
laufen" lassen, um es über sich zu bringen, das Haus ihres Exmannes
anzuzünden.

Wer den Versuchsbeginn an das unmittelbare Ansetzen des Tatmitt- **813** lers knüpft (Gesamtlösung), muss das Trinken als Vorbereitung einstufen und kann erst etwa beim Entflammen des Streichholzes einen Brandstiftungsversuch bejahen. Speziell bei der alic spricht dagegen, dass im Zeitpunkt des unmittelbaren Ansetzens nicht nur das Quasi-Werkzeug (die F), sondern auch der „mittelbare Täter" (ebenfalls die F) schuldunfähig ist. Nach der Einwirkungs- und Entlassungstheorie würde F dagegen bereits unmittelbar ansetzen, wenn sie die Kontrolle über sich verliert. Weil das Erreichen dieses Moments hier nahe liegt („bereits volltrunken"), könnte F also noch am Tresen wegen versuchter Brandstiftung verhaftet werden.

Wer dieses Ergebnis wegen des frühen Strafbarwerdens befremdlich findet, **814** der kann im Trinken die Ansetzungshandlung sehen, die Straflosigkeit (im Falle einer Verhaftung) aber mit dem Ausbleiben des Ansetzungserfolgs begründen.

cc) Mittäterschaft

> **Fall 100:** Gemeinsam wollen A und B den Schmuckhändler S über- **815** fallen. Dazu soll B aus dem von A geführten Auto herausspringen, in das Geschäft stürmen, S bedrohen, die Vitrine zertrümmern, den Inhalt zusammenraffen und mit A im Fluchtauto verschwinden. Am Tattag wird B jedoch in vollem Lauf von der verriegelten Tür gestoppt, weil S das Geschäft wegen Krankheit geschlossen hat.

Jedenfalls B hat (nach sämtlichen Theorien) zum Raubversuch un- **816** mittelbar angesetzt, weil er sich vorgestellt hat, unmittelbar (also ohne weitere Zwischenschritte) nach Aufstoßen der Tür den S zu bedrohen und Schmuck wegzunehmen. Zu prüfen ist, ob auch A sich wegen eines versuchten Raubes nach §§ 249 I, 22 strafbar gemacht hat. A hat sich vorgestellt, den Raub mit einem anderen „gemeinschaftlich" (§ 25 II) zu begehen. Des Weiteren müsste er nach seiner Vorstellung unmittelbar zur Verwirklichung eines Raubes angesetzt haben. Fraglich ist, ob es erforderlich ist, dass A selber unmittelbar ansetzt, oder ob es genügt, wenn B nach der Vorstellung des A unmittelbar ansetzt.

Nach der sog. **Einzellösung** ist der Versuchsbeginn für jeden einzel- **817** nen Mittäter gesondert danach festzulegen, ob er zu dem ihm nach dem Tatplan zugedachten Beitrag unmittelbar angesetzt hat. Begründet wird dies vor allem damit, dass ein objektiver Tatbeitrag vorliegen müsse, der bei jemandem, der nicht selbst unmittelbar ansetzt, gerade fehlt. Im Fall hat A seinen Tatbeitrag – das Fahren des Autos – bereits teilweise erbracht, hat mithin unmittelbar angesetzt.

Die hM folgt der sog. **Gesamtlösung**: Setzt ein Mittäter nach den all- **818** gemeinen Regeln unmittelbar an, sei das unmittelbare Ansetzen für alle anderen ebenfalls zu bejahen. Denn jeder Mittäter müsse sich die Tatbeiträge jedes anderen zurechnen lassen. Auch nach der Gesamtlösung hat A also unmittelbar angesetzt, weil er sich das unmittelbare Ansetzen des B zurechnen lassen muss.

819 Ein **Sonderproblem** stellt die **vermeintliche Mittäterschaft** dar.

> **Fall 101:** Wie der vorige Fall, allerdings wurde B von der Polizei angeheuert, um A überführen zu können. Nachdem B in das Geschäft gerannt ist, wird A verhaftet.

820 Die wohl hL geht davon aus, dass das vermeintliche Ansetzen eines Mittäters für den Versuchsbeginn bei anderen Mittätern nicht genüge. Danach hätte A sich nicht strafbar gemacht nach §§ 249 II, 25 II, 22 i.V.m. 23 I, 12 I (aber immerhin nach §§ 30 II i.V.m. 249 I).

821 Nach anderer Ansicht kommt es allein auf die Vorstellung des einzelnen Mittäters an. Zu fragen ist also, ob A sich Umstände vorgestellt hat, bei deren Vorliegen ihm das unmittelbare Ansetzen zum Raubversuch über § 25 II zugerechnet werden könnte. Im Auto sitzend hat A sich vorgestellt, dass er bereits einen mittäterschaftsrelevanten Tatbeitrag geleistet hat und B gemäß dem gemeinsamen Tatplan in das Geschäft des S stürmt, um dort einen Raub zu begehen. Obwohl B real weder Mittäter war noch selber unmittelbar ansetzte, stellte A sich gleichwohl genau solche Tatumstände vor, was dem § 22 genügt.

822 Im Münzhändler-Fall hat der 4. Strafsenat des BGH für das unmittelbare Ansetzen noch ein äußerliches Verhalten des vermeintlichen Mittäters gefordert (BGHSt 40, 299), das dem Versuchstäter auf Basis seiner Vorstellung zugerechnet werden könne (widerlegt von *Roßmüller/Rohrer* MDR 1996, 986).

823 Unter Berufung auf das Gesetz fällt auch die Entscheidung zwischen beiden Ansichten leicht: Es ist falsch, entgegen § 22 etwas als objektive Gegebenheit zu fordern, was der Handelnde sich nur vorstellen muss (nämlich zurechenbares fremdes Handeln). Dass As Vorstellung mit der Realität nicht übereinstimmt, ist der typische Fall eines untauglichen Versuchs.

dd) Unterlassungsdelikte

824 Mit Blick auf § 12 II handelt es sich bei sämtlichen sog. echten Unterlassungsdelikten im StGB um Vergehen (zB §§ 138, 323c). Sie zu versuchen, ist in der Regel nicht strafbar (vgl. § 23 I Hs. 2). Anders bei sog. unechten Unterlassungsdelikten, deren Strafbarkeit sich nach § 13 I richtet. Sie zu versuchen, ist immer dann strafbar, wenn das Handlungsdelikt ein Verbrechen ist (vgl. §§ 23 I; 12 I, II).

Der Prüfungsaufbau bei einem versuchten Unterlassungsdelikt weist **825**
keine Besonderheiten auf. Zu beachten ist lediglich, dass sich der Täter auch diejenigen Umstände vorstellen muss, die für ihn eine Garantenpflicht begründen.

Fall 102: Infolge eines kräftigen Kinnhakens des Schlägers T fällt O **826**
bewusstlos auf die Gleise einer S-Bahnstrecke. T verlässt den Bahn-
hof, den Tod des O in Kauf nehmend und vermutend, dass der
nächste Zug etwa in zehn Minuten einfahren wird.

Umstritten ist, zu welchem Zeitpunkt das unmittelbare Ansetzen vor- **827**
liegt. Nach einer Ansicht beginnt der Unterlassungsversuch mit dem Unterlassen der erstmöglichen Handlung zur Erfolgsabwendung, im Fall
also mit dem Verlassen des Bahnsteigs. Andere stellen auf die letztmög-
liche Rettungs- bzw. Erfolgsabwendungsmöglichkeit ab, was hier kurz
vor Einfahrt des Zuges gewesen wäre. Schließlich orientiert die hM sich
daran, wann nach der Vorstellung des Täters eine **konkrete Gefährdung**
des Opfers eintritt. Im Fall hat T zwar vermutet, dass zehn Minuten bis zur
Ankunft des nächsten Zuges verstreichen könnten, doch konnte er auch ein
früheres Eintreffen nicht ausschließen. Deshalb ist ein unmittelbares Ansetzen zum versuchten Totschlag durch Unterlassen jedenfalls dann zu
bejahen, als T die Möglichkeit aus der Hand gab, rettend einzugreifen,
wenn ein Zug just nach Verlassen des Bahnsteigs eingefahren wäre.

Überzeugend ist die hM, vor allem, weil sie sich an den allgemeinen und vor- **828**
zugswürdigen Ansätzen zum Versuchsbeginn orientiert. Vermieden werden
dadurch Wertungswidersprüche im Vergleich zum aktiven Tun. Hier wie dort ist
entscheidend, ob der Täter die Vorstellung hat, sich pflichtwidrig zu verhalten,
also eine zurechenbare unmittelbare Gefahr für ein Rechtsgut zu schaffen.

Fall 103: L sitzt im Schaukelstuhl am Ufer eines Baggersees, als er die **829**
Hilferufe des achtjährigen K vernimmt, der zu ertrinken droht. Irrtümlich hält L den K für sein eigenes, ungeliebtes Kind, weshalb L sitzen
bleibt, wissend, er könnte K retten, wenn er ihm sofort zu Hilfe käme.
Im allerletzten Moment ist ein Rettungsschwimmer zur Stelle.

L muss rechtlich nicht dafür einstehen, den Erfolg abzuwenden, weil **830**
es sich bei K nicht um seinen Sohn handelt, L mithin kein Garant ist.
Allerdings stellt L sich mit seiner Vaterschaft Umstände vor, die für ihn
eine Garantenpflicht begründen. Damit hat er die Vorstellung, eine Tat
nach §§ 212 I, 13 I zu verwirklichen. Das unmittelbare Ansetzen lässt
sich nach allen zuvor dargestellten Meinungen bejahen: L hat nach seiner Vorstellung sowohl die erste wie die letzte Möglichkeit, „sein" Kind

zu retten, verstreichen lassen und hat sich auch vorgestellt, dass für K der Ertrinkungstod unmittelbar bevorsteht.

831   Eigentlich ist damit zu dieser Konstellation alles gesagt. Manche stört indes, dass L ausschließlich im Schaukelstuhl saß und keine auf eine Rechtsgutsverletzung zielende Handlung vorgenommen habe. Die Bestrafung beträfe allein die im Willensentschluss zum Ausdruck kommende böse Gesinnung. Aus diesem Grund wird die Bestrafung des untauglichen Unterlassungsversuchs teilweise generell abgelehnt (Stichwort: Gesinnungsstrafrecht).

832   Die hM sieht das mit guten Gründen anders. Denn die Warnung vor einem „Gesinnungsstrafrecht" betrifft ganz andere Fälle, etwa wenn sich ein gedemütigter Angestellter vorstellt, wie er seinen Chef zerstückelt. Solche bösen Gedanken sind frei. Nicht aber Gedanken, die in der Vorstellung des Täters eine Situation schaffen, bei der ein vernünftiger Dritter sich zum Eingreifen verpflichtet gesehen hätte. Nach der Vorstellung des L ist sein Unterlassen nicht weniger gefährlich als sein entsprechender Begehungsversuch, etwa durch Stoßen des Kindes ins Wasser (§§ 212, 22). Da der Gesetzgeber im Vorhinein nicht wissen kann, ob die Vorstellung des L zutrifft, tut er gut daran, die Vorstellung des L als Indikator für eine Gefahrenlage heranzuziehen und eine strafbewehrte Handlungspflicht zu statuieren.

II. Sonderkonstellationen

1. Versuch bei erfolgsqualifizierten Delikten

833   Manche Vorschriften im StGB knüpfen an eine besondere Folge der Tat eine schwerere Strafe (zB §§ 226 I, 227 I, 238 III, 251, 340 III) – man nennt diese Delikte: Erfolgsqualifikationen. Aus der Kombination von Grunddelikt und schwerer Folge ergeben sich für den Versuch etliche examensrelevante Probleme. Zwei Konstellationen sind zu unterscheiden: „Versuch der Erfolgsqualifikation" (das gleiche ist gemeint mit der Bezeichnung: „Versuch eines erfolgsqualifizierten Deliktes") und „erfolgsqualifizierter Versuch".

834   Der Versuch eines erfolgsqualifizierten Delikts ist trotz des Fahrlässigkeitsteils (vgl. § 18) konstruktiv möglich: Wie bei anderen Merkmalen, die keinen Vorsatzgegenstand beschreiben (etwa die Rauschtat in § 323a), ergibt dies die Gesetzesauslegung. Wenn etwa der Todeseintritt nach § 251 („leichtfertig") oder nach § 227 I (vgl. § 18) beim vollendeten Delikt kein Vorsatzgegenstand ist, muss dies beim Versuch auch so sein, denn das vollendete Delikt durchläuft den Versuch.

835   An gleicher Stelle der Versuchsprüfung ist auf die (herrschende) Meinung einzugehen, dass ein Erfolgsqualifikationsversuch nicht bestraft werden dürfe, wenn das Grunddelikt im Versuch stecken bleibt und es keine Strafbarkeit des Grunddeliktsversuchs gibt (diese Konstellation ist etwa zu finden bei den §§ 221 II Nr. 2, 221 III, 235 V i.V.m. I Nr. 1 und I Nr. 2, 238 III). Argumentiert wird, dass die Folge, an die § 18 eine schwerere Strafe knüpft, die Strafe nicht begründen dürfe.

a) Versuch eines erfolgsqualifizierten Delikts

Von einem „Versuch der Erfolgsqualifikation" ist die Rede, wenn das **836** Grunddelikt versucht oder vollendet wird und die schwere Folge trotz Vollendungsvorsatzes ausbleibt.

Bei der Deliktsprüfung gibt es **keine Besonderheiten** zum Prüfungs- **837** aufbau beim Versuch: Der „Tatentschluss" muss die Vorstellung enthalten, mit Begehung eines Grunddelikts eine besondere Folge herbeizuführen; das unmittelbare Ansetzen ist i.d.R. zu bejahen, wenn der Täter nach seiner Vorstellung zur Verwirklichung des Grunddelikts unmittelbar ansetzt.

Wenn erfolgsqualifizierte Delikte den Tod als Erfolg beinhalten (zB §§ 227, **838** 251, 306c), dann liegt mit dem Versuch der Erfolgsqualifikation ein versuchter Totschlag oder gar ein Mord vor, der den Versuch der Erfolgsqualifikation wegen Spezialität verdrängt.

Der **Rücktritt** vom Versuch eines erfolgsqualifizierten Delikts wirft **839** keine Probleme auf, wenn der Täter die besondere Folge mit in seinen Vorsatz aufgenommen hat und zB der Tod noch nicht eingetreten ist. Dann ist der Rücktritt nach allgemeinen Regeln möglich. Tritt der Täter vom nur versuchten Grunddelikt zurück, erhält er nicht nur Straffreiheit mit Blick auf diesen Versuch, sondern auch mit Blick auf den Versuch der Herbeiführung der besonderen Folge. Bei Vollendung des Grunddelikts kommt ein Rücktritt insoweit nicht mehr in Betracht. Dennoch kann der Täter Straffreiheit vom Versuch der schweren Folge erlangen, wenn er die Vollendung der besonderen Todesfolge im Sinne von § 24 I 1 Alt. 2 verhindert (BGHSt 42, 158; dazu *Klaas*, in: Putzke, Formalien, S. 157).

b) Erfolgsqualifizierter Versuch

Von einem „erfolgsqualifizierten Versuch" ist die Rede, wenn das **840** Grunddelikt nur bis ins Versuchsstadium gelangt, die schwere Folge gleichwohl fahrlässig (bei § 251: leichtfertig) verursacht wurde.

Die meisten erblicken darin einen Versuch des betreffenden Delikts **841** mit Todesfolge (zB §§ 251, 22). Diese Ansicht (sog. **Versuchslösung**), kommt wegen der verwirklichten schweren Folge (Tod des Opfers) zu dem hohen Strafrahmen der Erfolgsqualifikation, mit einer Milderungsmöglichkeit gemäß § 23 II. Andere gehen für Fall 104 lediglich von einem Versuch des Grunddelikts aus (zB §§ 249, 22). Da die schwere Folge (Tod des Opfers) jedoch eingetreten ist, soll der Strafrahmen gemäß § 23 II aus der Erfolgsqualifikation entnommen werden (sog. **Strafschärfungslösung**). Auch dabei besteht die Möglichkeit der Strafrahmenmilderung (§ 23 II).

842 | **Fall 104** (nach BGHSt 42, 158): A hat sich bei einem Einbruch mit einer Pistole bewaffnet, um damit möglichen Widerstand bei den Wegnahmehandlungen mithilfe von Drohungen zu brechen. Während der Tatausführung löst A versehentlich, aber grob fahrlässig einen Schuss aus, der den B tötet. A ist darüber sehr erschrocken und verlässt den Tatort ohne Beute.

843   Ob A einen versuchten Raub mit Todesfolge begangen hat, indem er B bedrohte, ist im Tatbestand wie folgt zu prüfen:

    1.   Versuch des Grunddelikts (hier: Versuch eines Raubes, § 249 I)

        D.h. Tatentschluss und unmittelbares Ansetzen.

    2.   Verursachung der schweren Folge (hier: Verursachung des Todes, § 251)

        Erfolgseintritt, Verursachung durch das Grunddelikt (d.h. Eintritt der Folge und Kausalität), wenigstens Fahrlässigkeit (bzw. Leichtfertigkeit als qualifizierte Fahrlässigkeitsform), gefahrspezifischer Zusammenhang zwischen Grunddelikt und schwerer Folge

        An dieser Stelle darf man sich nicht verwirren lassen: Um einen Täter aus dem Qualifikationstatbestand zu bestrafen, begnügt man sich gemeinhin damit, dass er die Vorstellung hatte, den Tatbestand des Grunddelikts zu verwirklichen. Die darüber hinaus gehenden Merkmale der Erfolgsqualifikation werden „objektiv" geprüft.

844   In der Schuld ist nach üblicher Sicht die subjektive Fahrlässigkeit (→ Rn. 601) zu prüfen: War der Täter nach seinen persönlichen Fähigkeiten und Kenntnissen in der Lage, die Tatbestandserfüllung vorherzusehen (= subjektive Vorhersehbarkeit) und die Sorgfaltspflicht zu erfüllen (= subjektive Vermeidbarkeit)?

845   Auch beim erfolgsqualifizierten Versuch ist nach h.A. – trotz Eintritts der schweren Folge (!) – ein Rücktritt möglich: Verzichtet der Täter freiwillig etwa auf die Wegnahme, ist er strafbefreiend gemäß § 24 I 1 vom Versuch des § 251 zurückgetreten. – Das Vollenden der Wegnahme wäre die weitere Ausführung der Tat gewesen, und die hat er aufgegeben (BGHSt 42, 158; *Klaas*, in: Putzke, Formalien, S. 148 ff.). Es kommt lediglich eine Strafbarkeit gemäß § 222 in Betracht.

2. Versuchte Anstiftung (§ 30 I)

846   In § 30 I ist die Rede von „versucht", weshalb es aus systematischen Gründen nahe liegt, die Prüfung an § 22 zu orientieren. Zunächst ist also im „Tatbestand" die Vorstellung zu prüfen, gerichtet auf ein „Verbrechen".

Fall 105: F beauftragt den Killer K, ihren sterbenskranken Ehemann M zu töten, weil dieser die F ernstlich und ausdrücklich darum gebeten hat. K kennt die Hintergründe nicht; ihm geht es ums Geld. Bevor K zuschlagen kann, verstirbt M.

847

F hat sich Umstände vorgestellt, die bei K die Strafbarkeit nach § 211 begründen. Mit Blick auf sich selbst hat F sich allerdings Umstände vorgestellt, die nur eine Strafbarkeit nach § 216 ergeben. **848**

Es ist umstritten, bei welchem Beteiligten anzuknüpfen ist, wenn es darum geht, die Tat im Sinne von § 12 zu bestimmen. Rechtsprechung und Teile der Literatur erheben die ins Auge gefasste Haupttat zum Maßstab (knüpfen also beim Haupttäter an). Danach hätte F sich wegen versuchter Anstiftung zum Mord schuldig gemacht (wobei die Strafe laut BGH – soweit besondere persönliche Merkmale eine Rolle spielen – dem Grunddelikt, hier § 216, entnommen werden soll). **849**

Nach aA müsse die Tat für die Person des Auffordernden ein Verbrechen darstellen, weshalb F straflos wäre. Dasselbe Ergebnis käme zustande, wenn diejenigen Recht hätten, die die Verbrechensqualität sowohl in der Person des Anstifters als auch des Haupttäters fordern (MüKo/*Joecks/Scheinfeld* § 30 Rn. 14–20). **850**

Für die hier zuerst erwähnte Ansicht spricht vor allem der klare Wortlaut. Denn ein Verbrechen „begeht" nicht der Anstifter, sondern der Adressat der Anstiftungshandlung. **851**

Die Vorstellung muss sich also darauf beziehen, bei dem Anzustiftenden einen **Tatentschluss hervorzurufen**, wobei manche dafür irgendeine ursächliche Anstiftungshandlung genügen lassen, andere fordern ein Willensbeeinflussung im Wege des offenen geistigen Kontakts oder gar einen „Unrechtspakt". **852**

Wie konkret die Vorstellungen des Anstiftungswilligen sein müssen, darüber herrscht keine Klarheit. Manche verlangen, dass die „ungefähre Dimension des Unrechts" nach Art und Schwere klar umrissen sein müsse. Andere halten „Ort, Zeit und Art der Verübung" für irrelevant und lassen die verbrechensbegründenden Umstände genügen. **853**

Da es sich um ein allgemeines Vorsatzproblem handelt, muss konsequenterweise derselbe Konkretisierungsgrad maßgeblich sein wie beim Täterdelikt: Die zum gesetzlichen Tatbestand gehörenden Umstände müssen so weit konkretisiert werden, wie das für die Strafzumessung nötig ist (→ Rn. 208). **854**

Schließlich muss der Auffordernde **nach seiner Vorstellung zum Bestimmen unmittelbar ansetzen**. Manche wollen den Versuchsbeginn erst annehmen, wenn der kommunikative Akt den Einflussbereich **855** des Anzustiftenden erreicht hat (etwa bei Zugang eines Briefes, nicht aber bereits beim Absenden). Die hM wendet zutreffend die allgemeinen Versuchsregeln an (Müko/Joecks/Scheinfeld § 30 Rn. 33–38).

856 Wer es genau nimmt, muss auch bei § 30 I darauf achten, dass es auf die Vorstellung des potentiellen Anstifters ankommt. Insoweit gibt es auch eine (strafbare) untaugliche versuchte Anstiftung, etwa wenn der Adressat der Anstiftungsbemühungen bereits zur Tat entschlossen ist („omnimodo facturus"). Dass auch der untaugliche Anstiftungsversuch strafbar ist, ergibt sich aus § 30 I 3, der auf § 23 III verweist.

B. Rücktritt vom Versuch

857 „Wegen Versuchs wird nicht bestraft" (§ 24 I 1), wer etwa sein Opfer in Tötungsabsicht würgt (§§ 212 I, 22), dann aber den Todeserfolg vermeidet, indem er zu würgen rechtzeitig und freiwillig aufhört. Ein solcher Rücktritt vom Versuch, der gemäß § 24 die Versuchsstrafbarkeit beseitigt, ist nach hM ein **persönlicher Strafaufhebungsgrund**. Strafaufhebungsgrund bedeutet, dass der Rücktritt Rechtswidrigkeit und Schuld der Versuchstat bestehen lässt, er ist deshalb hinter der Schuld zu prüfen (wie zB § 258 VI); persönlich bedeutet, dass die Strafaufhebung nur für denjenigen an der Versuchstat Beteiligten greift, der die Rücktrittsvoraussetzungen in eigener Person erfüllt, § 24 ist also für jeden an der Versuchstat Beteiligten gesondert zu prüfen.

858 Die erste Weichenstellung bieten die Absätze des § 24: In § 24 I ist der Rücktritt des Einzeltäters geregelt, dagegen greift § 24 II stets dann, wenn mehrere an der Tat „beteiligt" sind. Da der Terminus „Beteiligter" in § 28 II als Oberbegriff für „Täter und Teilnehmer" ausgewiesen ist, muss § 24 II stets angewendet werden, wenn ein Teilnehmer oder ein weiterer Täter an der Tat mitwirkt.

859 Einigkeit über die Anwendung des § 24 II besteht für einen Rücktritt des Mittäters, Anstifters und Gehilfen. – Die hM will in manch anderen Fällen der Beteiligung mehrerer § 24 I anwenden: Wenn etwa der Haupttäter am Tatort allein agiert, mag er angestiftet oder im Vorfeld des Versuchs von einem Gehilfen unterstützt worden sein. Gleiches soll gelten für den mittelbaren Täter, auch wenn sein Werkzeug Beteiligter ist (etwa nur schuldlos handelt). Die hM sieht sich dazu gezwungen wegen ihrer Lesart des § 24 II, wonach diese Norm strengere Rücktrittsvoraussetzungen aufstellt als § 24 I, denn diese Strenge ist nicht sachangemessen für den Versuchstäter, der am Tatort allein agiert und deshalb über das Abbrechen oder Fortsetzen des Versuchs allein entscheiden kann. In Wahrheit stimmt aber die Prämisse nicht, vielmehr kann in allen angeblichen Sonderfällen der Versuchstäter nach § 24 II zurücktreten (→ Rn. 926).

I. Ratio legis

Großer Streit herrscht über Sinn und Zweck des Rücktrittsprivilegs. **860** Verbreitet sind zwei Ansätze: Die **Strafzwecklehre** sieht es so, dass mit dem Rücktritt das gesellschaftliche Strafbedürfnis entfallen sei, insbesondere weil der Täter sich letztlich mit der „Rückkehr in die Legalität" als doch rechtstreu, ungefährlich und einer Strafe nicht bedürftig erwiesen habe (BGHSt 9, 48, 52; *Roxin* AT II § 30 Rn. 7). Die **kriminalpolitische Theorie** erklärt die Rechtsfolge des § 24 damit, dass dem Versuchstäter – im Interesse des Opfer- und Rechtsgüterschutzes – eine goldene Brücke gebaut wird (*Puppe* NStZ 1984, 490; ähnlich stellt die Rspr. teils auf den Opferschutz ab, etwa BGHSt 39, 221, 232).

Was auf den ersten Blick einleuchtend erscheint, erweist sich bei nä- **861** herem Hinsehen als methodischer Irrweg: Diese Ansätze können die Straffreiheit nicht für alle Rücktrittsfälle erklären, die § 24 klar zu solchen bestimmt, weshalb die Vertreter dieser Sinngebungen zum unzulässigen Mittel der teleologischen Reduktion greifen.

> **Fall 106:** A hat das Streichholz schon entzündet, um die Scheune des **862** F anzubrennen, da pustet er es aus, weil er sich sagt, dass ihm die Sache nach Einlagerung der Ernte (nächsten Monat) noch mehr Freude machen wird. §§ 306 I Nr. 1, 22? **Fall 107:** B setzt dazu an, den P gewaltsam zu berauben, lässt diesen aber ziehen, als der wohlhabende W des Weges kommt, weil B nun dieses lohnendere Opfer berauben will. §§ 249 I, 22 gegenüber P?

Beide Versuchstäter haben die weitere Ausführung der Tat i.S.d. § 24 **863** I 1 Alt. 1 freiwillig aufgegeben, A das In-Brand-Setzen der Scheune, B das Berauben des P. Ihre Straffreiheit lässt sich aber mit den besagten Erklärungsansätzen nicht begründen. Weder haben die Täter sich als ungefährlich erwiesen noch dient es dem Opferschutz, wenn B sich lediglich einem anderen Opfer zuwendet. Teilweise wird deshalb versucht, das von § 24 I 1 Alt. 1 gesetzlich klar bestimmte Ergebnis zu negieren, indem – wider den Wortsinn – die „Freiwilligkeit" des Rücktrittsverhaltens bestritten wird (*Roxin* AT II § 30 Rn. 379–386). So wird das Gesetz der eigenen Theorie angepasst. Geboten ist es jedoch, eine Sinnerklärung zu suchen, die alle Rücktrittsfälle zu erklären vermag. Sie ist darin zu finden, dass das Rücktrittsverhalten in den größeren systematischen Zusammenhang des Nachtatverhaltens gestellt wird (§ 46 II 2: „Verhalten nach der Tat"): Das **spezielle Nachtatverhalten des Rücktritts**, so hat der Gesetzgeber es innerhalb seines Beurteilungsspielraums bestimmt, reduziert das Strafmaß der Versuchstat auf null (eingehend zur Diskussion um die Ratio Legis MüKo/*Hoffmann-Holland* § 24 Rn. 8–43).

864   Diese bescheidenere Sinnerklärung kann zwar die Gesetzesauslegung nicht anleiten, sie vermeidet aber den Zirkelschluss, der häufig bei einer teleologischen Auslegung droht: bei der Suche nach dem Sinn des Gesetzes auf den Gesetzessinn abzustellen (*Herzberg* JuS 2005, 1, 7).

II. Einzeltäter (§ 24 I)

865   Beim Einzeltäter gibt es **drei Formen des Rücktritts**: erstens das freiwillige Aufgeben der Tatvollendung (§ 24 I 1 Alt. 1), zweitens das freiwillige Verhindern der Tatvollendung (§ 24 I 1 Alt. 2) und drittens das freiwillige und ernsthafte Bemühen, die Vollendung zu verhindern, falls die Tat unabhängig vom Rücktrittsverhalten des Täters nicht vollendet wird (§ 24 I 2).

1. Gesetzesfremde Prüfpunkte und das Prinzip der Sorgfaltswahrung

866   In den meisten Lehrbüchern ist zu lesen, dass sich die Frage, ob § 24 überhaupt anwendbar ist und falls ja, welche der Alternativen anzuwenden ist („aufgeben" oder „verhindern"), klären lässt, indem man in einer Vorprüfung zunächst den „Fehlschlag" des Versuchs ausschließt und dann entscheidet, ob ein unbeendeter Versuch (§ 24 I 1 Alt. 1) oder beendeter Versuch (§ 24 I 1 Alt. 2) gegeben ist.

867   **Fehlgeschlagen** soll ein Versuch sein, „wenn die Tat nach Misslingen des zunächst vorgestellten Tatablaufs mit den bereits eingesetzten oder naheliegenden Mitteln objektiv nicht mehr vollendet werden kann und der Täter dies erkennt, oder wenn er subjektiv die Vollendung nicht mehr für möglich hält" (BGH NStZ 2015, 26); **beendet**, wenn der Täter sich vorstellt, alles zur Verwirklichung des Tatbestandes Erforderliche getan zu haben (er eine Vollendungsgefahr sieht); **unbeendet**, wenn der Täter sich vorstellt, noch nicht alles getan zu haben, was zur Tatbestandsverwirklichung nötig ist (er keine Vollendungsgefahr sieht).

868 | **Fall 108:** Erbonkel E hat die Hälfte eines Kakaos getrunken, den sein Neffe N mit Gift versehen hatte. N hält nun ein Überleben des E für möglich, weiß aber auch, dass die Giftmenge am Ende durchaus tödlich wirken könnte und dass er sicherheitshalber einen Arzt rufen müsste.
a) N hatte dem schwachen E den vergifteten Kakao eingeflößt, nach der Hälfte aber damit aufgehört.
b) Wie Fall a), nur hatte N irrig und versehentlich nicht das Gift, sondern eine harmlose Substanz beigemischt.

---

c) N hatte dem E die Tasse mit dem vergifteten Kakao überreicht und selbst trinken lassen. Als E die Hälfte ausgetrunken hatte, hat er sie ihm weggenommen.

Für Fall 108a würde die hM einen Rücktritt durch Aufgeben (§ 24 I 1 **869** Alt. 1) gesperrt sehen, weil N eine Vollendungsgefahr gesehen habe, der Versuch deshalb „beendet" sei und allein Rücktritt durch Verhindern (§ 24 I 1 Alt. 1) in Frage komme; und da das Verhindern ein – hier nicht gegebenes – aktives Tun voraussetze, scheide Rücktritt insgesamt aus.

Dies ist nur im Ergebnis richtig. Will man dem Versuchstäter das Rücktrittsprivileg versagen, muss man angeben, welches Gesetzesmerkmal des § 24 denn nicht erfüllt ist – die Antwort darf nicht in gesetzesfremde Begriffe verschoben werden.

Im Fall 108a muss man das richtige Ergebnis so begründen: Mit dem **870** möglichen Einflößen von weiterem Kakao hätte N seine Tat zwar weiter ausgeführt. Doch hat er diese ihm mögliche Tatausführung nicht i.S.d. § 24 I 1 Alt. 1 „aufgegeben". Das Merkmal ist einschränkend so zu interpretieren, dass der Versuchstäter mit seinem Rücktrittsverhalten die **gebotene Sorgfalt wahren** muss.

Sonst ergäbe sich ein Wertungswiderspruch zum Fall 108b. Da im **871** Fall 108b ein untauglicher Versuch vorliegt (es gab von vornherein objektiv keine Todesgefahr), ist die Vollendung „ohne Zutun" des N ausgeblieben, weshalb er sich hätte „ernsthaft bemühen" müssen, die Vollendung der Tat zu verhindern (§ 24 I 2). Für das „ernsthafte Bemühen" verlangt man indes ein sorgfaltswahrendes Verhalten (*Fischer* § 24 Rn. 36), das nicht gegeben ist, wenn der Versuchstäter (wie N) eine Vollendungsgefahr sieht und mögliche Gegenmaßnahmen unterlässt; N hätte danach einen Arzt herbeirufen müssen. Ist man sich aber für Fall 108b einig, dass N mangels Sorgfaltswahrung kein Rücktrittsverhalten vollzieht, gibt es keinen Sachgrund, den N im Fall 108a besser zu stellen. Einziger Unterschied ist, dass er im Fall 108a nicht nur in seiner Vorstellung, sondern auch objektiv eine Todesgefahr für E geschaffen hat, was sicher keine Besserstellung begründen kann.

Methodengerecht verneinen lässt sich ein Rücktritt in den Fällen des **872** „beendeten" Versuchs nur über die Auslegung des Merkmals „aufgibt": Der Versuchstäter tritt bei Bestehenlassen einer Vollendungsgefahr nicht zurück, weil das Aufgeben ein sorgfaltswahrendes Rücktrittsverhalten voraussetzt.

Diese Erkenntnis schlägt durch auf das Merkmal **„verhindert"** in **873** § 24 I 1 Alt. 2: N hat im Fall 108c zwar mit dem Wegnehmen des Bechers ein aktives und für das Ausbleiben des Taterfolges ursächliches

Verhalten gezeigt, er hat damit aber nicht die Vollendung der Tat i.S.d. § 24 I 1 Alt. 2 „verhindert". Denn auch dieses Merkmal verlangt – konsequenterweise – ein sorgfaltswahrendes Verhalten (MüKo[1]/*Herzberg* § 24 Rn. 155–160).

874   Teilweise wird eine solch einschränkende Lesart des Merkmals „verhindert" abgelehnt, sie verstoße gegen den Wortsinn (MüKo/*Hoffman-Holland* § 24 Rn. 133). Doch wird damit übersehen, dass eine entsprechende Einschränkung beim Merkmal „aufgibt" allgemein praktiziert wird, wenn das Verhalten des Versuchstäters nicht die gebotene Sorgfalt wahrt. Nur verschleiert die hM das, indem sie dieses Merkmal über den gesetzesfremden Begriff des „beendeten" Versuchs sperrt, anstatt methodengerecht das Merkmal zu benennen, an dem die Anwendung des § 24 I 1 scheitert. Eine solch einschränkende Auslegung ist (wie bei tatbestandlichen Handlungsmerkmalen) durchaus zulässig – der Wortlaut muss nicht stets voll ausgeschöpft werden, vor allem dann nicht, wenn die systematische Auslegung zum engen Verständnis drängt.

2. Die gesetzlichen Rücktrittsalternativen des § 24 I

875   Infolge der Unterscheidung zwischen dem Rücktritt vom unbeendeten Versuch (Aufgeben) und dem Rücktritt vom beendeten Versuch (Verhindern) sieht die hM die Alternativen im Verhältnis der Exklusivität (*Wessels/Beulke/Satzger* Rn. 1033). Doch umfasst auch das Verhindern des § 24 II 1 zwingend das schlichte Aufhören eines von mehreren Beteiligten, wenn dieser die alleinige Vollendungsmacht hat (nur er kennt den Code für den Safe), dann darf man das Merkmal auch in § 24 I 1 so deuten (*Hardtung/Putzke* Rn. 1212).

876   Beim Aktivdelikt ist das Aufgeben ein Sonderfall des Verhinderns (wer sich entschließt, die auf das Opfer gerichtete Pistole doch nicht abzudrücken, verhindert mit diesem Entschluss die Vollendung). Beim Unterlassungsdelikt kann ersichtlich beides Vorliegen: Rettet der Vater am Ende doch seinen vierjährigen Sohn vor dem Ertrinken, hat er sowohl die Vollendung verhindert wie er die weitere Ausführung der Unterlassungstat aufgegeben hat (sie bestünde ja in der Nichtvornahme der rettenden Handlung).

877   In der Klausur sollte man die Rücktrittsalternative prüfen, die phänomenologisch näher liegt: beim schlichten Aufhören das Aufgeben, beim aktiven Einschreiten das Verhindern (dies also auch beim Unterlassungsversuch).

a) Aufgeben der weiteren Tatausführung (§ 24 I 1 Alt. 1)

aa) Systematik des Tatbegriffs

878   Für die Aufgebensalternative zentral ist das Merkmal der **„Tat"**. Das, was der Versuchstäter sich als ihm mögliches Weiterhandeln vorstellt (auch hier ist seine Vorstellung maßgeblich), muss als weiteres Ausführen der Versuchstat bewertet werden können.

Fall 109: Der Obdachlose O will in der Silvesternacht seinen Erzfeind E verprügeln und berauben. Als er auf den unter Zeitungen liegenden E zutritt und schon mit einem dicken Ast zum Schlag ausholt, erkennt er, dass E erfroren ist. Die wenigen Habseligkeiten des E lässt er aus Pietät unangetastet. §§ 223 I, 22; 249 I, 22? Oder Rücktritt durch Aufgeben?

879

---

§ 24 I 1 gewährt Straffreiheit für eben und nur den Versuch, den der **880** Täter gemäß § 22 begangen hat. Deshalb kann mit „Tat" nach dem systematischen Zusammenhang nur die Tat gemeint sein, die der Täter versucht hat. Sie ist zu sehen in der „Verwirklichung des Tatbestandes", wozu der Täter „nach seiner Vorstellung" unmittelbar angesetzt hat (BGH[GS]St 39, 221, 230). Daraus folgt bereits, dass ein Rücktritt ausscheidet, wo alle dem Versuchstäter noch offenstehenden Aktivitäten auch nach seiner Vorstellung nicht mehr zur Tatbestandsverwirklichung führen können. Ferner ergibt sich für die Fälle des Deliktswechsels eine klare Lösung: Wer versucht, im Wege der Täuschung an eine Sache zu gelangen (§§ 263, 22), setzt seinen Betrugsversuch nicht fort, wenn er die Täuschung für aussichtslos hält und zur offenen Wegnahme übergeht (§§ 242, 22).

Im Fall 109 hat O einen Körperverletzungsversuch begangen. Das ihm noch **881** mögliche Zuschlagen wäre kein weiteres Ausführen dieser Tat. Denn O hat erkannt, dass E tot ist, das Zuschlagen also nach seiner (zutreffenden) Vorstellung nur einen Leichnam träfe; es wäre also kein Misshandeln und kein An-der-Gesundheit-Schädigen i.S.d. § 223 I. – Gleiches gilt für den Raubversuch (§§ 249 I, 22): Das dem O mögliche Zuschlagen wäre keine Gewalt gegen eine (lebende) Person; das mögliche Mitnehmen der Habseligkeiten des Verstorbenen wäre mangels Gewahrsamsbruchs keine Wegnahme i.S.d. § 249 I. – Anders lägen die Dinge, wenn O den E irrig noch für lebend hielte. Dann wären nach seiner Vorstellung, auf die es ankommt, die Taten noch weiter ausführbar.

Aus der Gleichsetzung des Merkmals „Tat" mit „Verwirklichung des **882** Tatbestandes" folgt nicht nur, dass das hypothetische Weiterhandeln des Täters noch die **Verwirklichung desselben Tatbestandes** sein muss, sondern auch, dass es sich um **dieselbe Verwirklichung des Tatbestandes** handeln muss (dieselbe Gesetzesverletzung iS einer tatbestandlichen Handlungseinheit).

Beispiel: Um seine Frau F zu töten, würgt M sie kräftig mit beiden Händen. F **883** kann sich aber befreien und läuft in den Keller. M könnte sie leicht einholen und erneut würgen. Er tut aber nichts.

884   Ein dem M mögliches weiteres Würgen (nach wenigen Sekunden) wäre noch die Fortsetzung der begonnenen Versuchstat, die „weitere Ausführung der Tat" (§ 24 I 1). Warum? Ausgeführter und hinzugedachter Akt würden (bei Weiterhandeln) zu ein und derselben Tatbestandsverwirklichung verschmelzen, weil die **einheitsstiftenden Momente die trennenden überwiegen**, insbesondere: zwischen ihnen ein (enger) zeitlich-räumlicher Zusammenhang bestanden hätte, mit dem zweiten Akt – im Vergleich zum ersten Akt – keine Unrechtssteigerung verbunden gewesen wäre (also bei wertender Betrachtung eine ähnliche Begehungsweise vorliegen würde) und beide Akte auf einheitlicher Motivation beruht hätten, also der zweite Akt dem ursprünglich verfolgten Zweck entsprochen hätte.

bb) Fehlen der Tatidentität (Fehlschlag)

885   Obwohl also der Täter nach seiner Vorstellung noch etwas tun könnte, fehlt es im Einzelfall an der Tatidentität von schon ausgeführtem und subjektiv noch möglichem Akt. Dabei kann sich der Grund für das **Zerschlagen der Tatidentität** auf unterschiedliche Aspekte der Unrechtstat beziehen: auf den Tatbestand an sich, auf das Tatobjekt, auf die Tatausführung, auf das Tatmotiv oder auf die zeitlich-situative Einheit.

---

886   **Fall 110:** Um an das Erbe ihrer 92-jährigen Mutter (M) zu gelangen, sucht T die M im Altenheim auf. T betritt das Zimmer der M, geht auf das Bett Liegende zu und drückt ihr ein Kissen aufs Gesicht, um sie zu ersticken. Es soll aussehen, als sei M entschlafen. Nach kurzer Zeit lässt T aber davon ab, weil...

a) T erkannt hat, dass M bereits tot ist;
b) T erkannt hat, dass nicht M, sondern ihre Zimmergenossin in Ms Bett liegt;
c) M zu starken Widerstand leistet und T sie jetzt nur noch mit einer bereitliegenden Schere erstechen könnte.
d) Ts Ehemann E ins Zimmer tritt und ihr sagt, dass M am Vortag heimlich ihr gesamtes Vermögen rechtswirksam auf T übertragen hat;
e) der Altenpfleger A ins Zimmer tritt und eine halbstündige Waschung der M vornimmt.

---

887   Im Fall 109a fehlt es wegen des Todes der M (wie im Obdachlosen-Fall) an jeder Möglichkeit, den Tatbestand überhaupt an ihr zu verwirklichen. Im Fall 110b erkennt T ihren error in persona, was ebenfalls die Tatidentität zerschlägt; T könnte zwar die Zimmergenossin töten, aber dafür fehlt ihr jedes Motiv, sie müsste dafür erst einen neuen Tatentschluss fassen.

Dass es auch entscheidend auf den **Gleichlauf des Motivs** als einheitsstiftenden Umstand ankommt, wird bei einem vom Täter bemerkten error in persona (Fall 109b) fast einhellig anerkannt. Dann muss es aber auch für Fall 109c gelten: T könnte die M zwar trotz ihres Widerstandes noch töten, indem sie mit der Schere zusticht, doch würde diese Art der Ausführung den ursprünglichen Zweck der Tat konterkarieren – eine natürliche Todesursache schiede für jeden ersichtlich aus, sodass das Erlangen des Erbes wegen drohender Aufdeckung der Erbunwürdigkeit ungewiss wäre (§ 2339 I Nr. 1 BGB). Das Zustechen wäre daher eine neue Tat. **888**

Dass es für die Tatidentität zwischen dem ausgeführten und dem möglichen Akt auch auf die Beschränkungen ankommt, die der Versuchstäter sich anfänglich selbst gesetzt hat, das wird zwar nicht stets erkannt, aber unbewusst von allen vollzogen: Findet beispielsweise der Einbrecher den aufgebrochenen Geldschrank leer vor, wird der Diebstahlsversuch allgemein als fehlgeschlagen eingestuft. Doch könnte der Versuchstäter, etwa im fremden Haus, alle möglichen Sachen wegnehmen (zB Fernseher, Espressomaschine, teures Porzellan) und so den Diebstahlstatbestand noch verwirklichen. Das würde man indes nicht als Fortsetzung des ursprünglichen Versuchs, sondern als neue Tat bewerten. Der Grund für diese Sicht liegt darin, dass der Einbrecher, wenn er das Mitnehmen dieser anderen Sachen unterlässt, nicht die weitere Ausführung der Versuchstat aufgegeben hat, denn die Mitnahme entspräche nicht der ursprünglichen Selbstbegrenzung auf das bei Versuchsbeginn allein erstrebte Geld (näher noch MüKo[1]/*Herzberg* § 24 Rn. 73–85). **889**

Die **Einzelakttheorie** will weitergehend die Tatidentität begrenzen. Nach ihr ist eine Versuchstat abgeschlossen, sobald der Täter subjektiv einen erfolgstauglichen und nicht revidierbaren Akt vollzieht, wenn er also die Herrschaft über die Erfolgsgefahr nach seiner Vorstellung unumkehrbar aus der Hand gibt, er zB in Tötungsabsicht eine Kugel auf sein Opfer abfeuert (*Jakobs* ZStW 1992, 82, 89). Mit der herrschenden **Gesamtbetrachtungslehre** ist das zu bestreiten (BGHSt 34, 53): Auch beim vollendeten Delikt werden erfolgstaugliche Einzelakte zu einer Tatbestandsverwirklichung verbunden. So gilt die Tracht Prügel insgesamt nur als eine einzige Körperverletzung i.S.d. § 223 I, obwohl jeder einzelne Faustschlag tatbestandsmäßig ist und obwohl der Schläger vielleicht auch neben den Treffern mehrfach vorbeigeschlagen hat. Alles bildet eine einheitliche Tatbestandsverwirklichung. Für den Versuch kann dann nichts anderes gelten. **890**

Unvereinbar ist die Einzelakttheorie auch mit der Verhinderungsalternative (§ 24 I 2 Alt. 2). Wenn der Täter dem Opfer in Tötungsabsicht in den Bauch geschossen hat, ihn die Tat dann reut und er rettend einen Notarzt herbeiruft, hat er allemal – und trotz Vollzugs eines subjektiv erfolgstauglichen Akts – die Vollendung der Tat verhindert. Denn hätte sich die Schusswunde verschlimmert und zum **891**

Tod des Opfers ausgewachsen, hätte sich die durch die Versuchshandlung des Schießens geschaffene Gefahr im Todeserfolg verwirklicht und damit die Tat vollendet. Und eben diese Gefahrverwirklichung und Tatvollendung hat der Versuchstäter des Beispiels i.S.d. § 24 I 1 Alt. 2 „verhindert". – Wenn aber bei der Verhinderungsalternative der Verlust der Gefahrbeherrschung einem Rücktritt nicht entgegensteht, muss es das beim Aufgeben ebenfalls nicht.

892   An der Tatidentität fehlt es aber nach vorzugswürdiger Sicht in Fällen der **Sinnlosigkeit des Weiterhandelns**. Das Tatmotiv des Täters bricht dann nämlich vollständig weg, die ursprüngliche Versuchsgefahr ist erloschen. So liegt es im Fall des vom Täter erkannten error in persona (Fall 109b). Doch auch im Fall 109d hat T überhaupt keinen Grund mehr, die M noch zu töten, nachdem sie vom Vermögensübergang erfahren hat, den zu erreichen alleiniger Sinn ihrer versuchten Tötungstat war. Das Erreichen eines außertatbestandlichen Ziels begrenzt die Versuchseinheit. – Eine solche Begrenzung ergibt sich auch, wenn das außertatbestandliche Ziel unerreichbar wird. So läge es, wenn T vom eintretenden Ehemann erfahren hätte, dass M jemand anderen testamentarisch zur Alleinerbin eingesetzt hat. Dann würde das Weiterhandeln sogar das von T mit der Versuchstat erstrebte Beerben der M dauerhaft vereiteln.

893   Allgemein lässt sich sagen, dass das Aufgeben der weiteren Tatausführung einen **Verzicht** auf etwas verlangt, was zu erreichen der Täter zu Beginn seines Versuchs bestrebt war (MüKo[1]/*Herzberg* § 24 Rn. 73–79; *Scheinfeld*, Tatbegriff, S. 97).

894   Die richtige Lösung von Fall 110b bis Fall 110e droht zu verfehlen, wer mit der hM den gesetzesfremden Begriff des Fehlschlags bemüht. Denn einen Fehlschlag sieht man erst gegeben, wenn der Täter den Erfolg nicht mehr mit den in der Tatsituation bereitliegenden Mitteln herbeiführen kann. Und die Erfolgsherbeiführung war T in Fall 110b und Fall 110d noch möglich. Entscheidend ist das aber nicht. Vielmehr sprengt jeweils schon der Eintritt äußerer Umstände die Tatidentität, weil mit dem Tatmotiv die Versuchsgefahr erlischt. – Im berühmten Denkzettel-Fall hat der Große Senat des BGH deshalb zu Unrecht einen Rücktritt bejaht (BGHSt 39, 221): Der Versuchstäter hatte seinem Opfer mit bedingtem Tötungsvorsatz eine Messerklinge in den Bauch getrieben, um ihm einen Denkzettel zu verpassen, um ihm klarzumachen, wer das Sagen hat. Nach dem Zustechen sah er keine Todesgefahr und vor allem sah er sein Ziel erreicht. In dieser Lage müsste er ein neues Motiv in sich bilden, damit es zu einem (ihm äußerlich möglichen) erneuten Zustechen kommt. Dazu wäre aber ein neuer Handlungsentschluss nötig, der eine neue Tat ergäbe.

895   Im Fall 109e steht das Eintreten und die Anwesenheit des Altenpflegers A der Tötung des Opfers eine halbe Stunde lang entgegen. Ein derartiges **Aufschieben der Tatbegehung** kann von seiner Dauer ein solches Gewicht bekommen, dass es in der Bewertung der einheitsstiftenden und trennenden Umstände den Ausschlag gibt. Im Fall 109e würde man es wohl allgemein so sehen, dass ein erneutes Aufdrücken des Kissens nach Weggang des A einen neuen Versuch darstellte. Denn die mit dem ursprünglichen Versuch begründete Todesgefahr war nach dem Eintreten des A situativ vollständig gebannt; die halbe Stunde würde man als „Abkühlungsphase" betrachten, nach der sich T erneut zur Tötung der M entschließen müsste.

Für die Bewertung der Tatidentität kann in der Gesamtwürdigung insbesondere **896** relevant werden, ob der Versuchstäter, der seinen Versuch für eine gewisse Zeitspanne aufschiebt oder aufschieben muss, sozusagen von vorn anfangen muss oder ob er auf dem schon Geleisteten aufbauen kann (der Einbrecher muss nur noch das Gemälde hinaustragen, versteckt sich aber zwei Minuten, bis der Wachmann vorbeigezogen ist).

Ob die Tat noch weiter ausführbar und noch durch schlichtes Aufhö- **897** ren aufgebbar ist, richtet sich nach der Vorstellung des Täters, wobei Beurteilungszeitpunkt die letzte Ausführungshandlung ist („Lehre vom **Rücktrittshorizont**" statt „Tatplantheorie"). Möglich ist bei einem mehraktigen Versuchsgeschehen auch eine Korrektur des Rücktrittshorizonts („korrigierter Rücktrittshorizont"): Im Ich-lebe-noch-Fall hatte der Täter tötungsvorsätzlich mit dem Messer auf das Opfer eingestochen und zunächst geglaubt, es lebensgefährlich verletzt zu haben; doch war das Opfer noch vital und rief: „Ich lebe noch, ich rufe die Polizei!" Das alleinige Verzichten auf weiteres Zustechen war (subjektiv) sorgfaltsgemäß, weil der Versuchstäter zu diesem Zeitpunkt keine Vollendungsgefahr gesehen hat (BGHSt 36, 224). – Im Einzelfall kann eine mehrfache Korrektur des Rücktrittshorizonts gegeben sein. Entscheidend ist stets, ob der Versuchstäter zum Zeitpunkt seines Rücktrittsverhaltens die Vorstellung hat, die ausgeführte Tat noch fortsetzen zu können.

Korrekturen des Rücktrittshorizonts lässt der BGH aber nur „in engen Gren- **898** zen" zu. Innerhalb dieser Grenzen bewege eine Korrektur sich dann, wenn sie in engstem räumlichen und zeitlichen Zusammenhang stattfinde, was jedenfalls der Fall sei bei einem einminütigen und ohne wesentliche Zwischenakte ablaufenden dynamischen Geschehen. Bei einer Zäsur von zehn oder 15 Minuten hat der BGH einen solchen engen zeitlichen Zusammenhang hingegen verneint (BGH NStZ 2010, 146). Methodisch gewendet: Es fehlt dann die Tatidentität, weil der neue Anlauf einen neuen Versuch begründen würde.

Merke: Die **Tatidentität** zwischen ausgeführtem und nach der Tä- **899** tervorstellung noch möglichem Akt besteht dann, wenn bei einer Gesamtwürdigung die **einheitsstiftenden Momente die trennenden überwiegen**. Das ist insbesondere der Fall, wenn zwischen ausgeführtem und möglichem Akt ein (enger) zeitlich-räumlicher Zusammenhang bestanden hätte, mit dem zweiten Akt – im Vergleich zum schon Ausgeführten – keine (wesentliche) Unrechtssteigerung verbunden gewesen wäre und beide Akte auf (im Wesentlichen) einheitlicher Motivation beruht hätten, also der zweite Akt dem ursprünglich verfolgten Zweck entsprochen hätte.

cc) Aufgeben als Verzichtsleistung

900   Die hM lässt für das Aufgeben ein schlichtes Aufhören genügen: das Unterlassen des noch möglichen Weiterhandelns. Andere verlangen dagegen, dass der Versuchstäter mit seinem Unterlassen **auf etwas verzichtet**, was er eigentlich noch gern hätte (MüKo[1]/*Herzberg* § 24 Rn 73–79). Das ist auch richtig. Das Merkmal „aufgibt" schafft ein Band zwischen dem schon Geschehenen und dem noch Möglichen; der Versuchstäter muss nach dem Wortsinn etwas unterlassen, was mit dem Ausgeführten zu erreichen er bestrebt war. – Freilich ergibt sich dies schon, wenn man für die Tatidentität zutreffend verlangt, dass das mögliche Weiterhandeln dem anfänglichen Versuchszweck entspricht (→ Rn. 889). Das Merkmal des Aufgebens drückt dies nur erneut aus.

b) Verhindern der Tatvollendung (§ 24 I 1 Alt. 2)

901   Der Versuchstäter „verhindert" die Vollendung seiner Versuchstat, wenn er mit seinem Rücktrittsverhalten vermeidet, dass sich die zum Rücktrittszeitpunkt verbleibende Versuchsgefahr im Erfolg verwirklicht. Allerdings muss nach richtiger Ansicht das Rücktrittsverhalten ein **sorgfaltsgemäßes Vermeiden der Tatbestandsverwirklichung** sein (→ Rn. 870). Denn diese Deutung passt systematisch zur entsprechenden und anerkannten Lesart der Merkmale „aufgibt" (§ 24 I 1 Alt. 1) und „ernsthaft bemüht" (§ 24 I 2).

902   Damit unvereinbar ist die Sicht der hM, wonach der Zurücktretende nur mit einer auf die Erfolgsabwendung zielenden aktiven Tätigkeit eine Kausalkette in Gang setzen muss, die für die Nichtvollendung der Tat mindestens mitursächlich wird (vgl. zur uneinheitlichen Rspr. bei *Fischer* § 24 Rn. 30 ff.). Für diese hM wird auch mit dem Opferschutzgedanken argumentiert, besser überhaupt eine Rettungschance als gar keine. Der Opferschutzgedanke ist aber zweischneidig und kann nicht den Ausschlag geben, denn er könnte genauso gut gegen die hM gewendet werden: Im Sinne des Opfers liegt es, ein sorgfaltsgemäßes Rettungsverhalten zu fordern. – Umgekehrt wird zu stark formuliert, wenn die Bestleistungstheorie dem Worte nach ein „optimales Rettungsverhalten" verlangt. Letztlich ist damit lediglich das Sorgfaltserfordernis gemeint. „Optimal" wäre es ja etwa, für das angeschossene Opfer alle erreichbaren Notärzte herbeizurufen, denn der einzig herbeigerufene Notarzt kann leicht im Verkehr stecken bleiben. So ist das Bestleistungspostulat aber nicht gemeint (*Fischer* § 24 Rn. 33).

903   Der Verhinderungserfolg muss das **Werk des Versuchstäters**, ihm zurechenbar sein. Die von ihm geschaffene Erhaltungschance (für das

Rechtsgut) muss sich im Ausbleiben des Erfolges realisieren. Eine solche Realisierung der eröffneten Rettungschance liegt etwa vor, wenn der herbeigerufene Notarzt das angeschossene Opfer rettet, sie fehlt beispielsweise, wenn das Opfer beim Verbringen ins Krankenhaus bei einem unverschuldeten Verkehrsunfall stirbt (dann kommt ein Rücktritt nach § 24 I 2 in Betracht → Rn. 910).

Der BGH bejaht ein Verhindern der Tatvollendung auch bei einem **904** „**antizipierten Rücktritt**" (St 44, 204). Der Opferschutz spreche für eine Honorierung selbst der im Vorfeld des Versuchs erbrachten Rücktrittsleistung.

Fall 111: D trifft sich mit K zu einem Pistolenduell, bei dem das Ziel **905** ist, den Kontrahenten zu töten. Sicherheitshalber hat D aber den Arzt A mitgebracht, der helfen soll, wer immer seiner Hilfe bedürfe. Der Schuss des D trifft den K in die Brust, doch rettet A ihm mit seinem ärztlichen Können das Leben.

Hätte D erst nach Abgabe des Schusses den Arzt zum Nutzen des K **906** herbeigerufen, wäre D klar nach § 24 I 1 Alt. 2 zurückgetreten. Im Vergleich dazu verschafft sein Handeln im Vorfeld der Versuchshandlung, das frühe Herbeirufen des Arztes in Fall 111, dem Rechtsgut bessere Erhaltungschancen. Das spricht für das Bejahen eines Verhinderns. Doch ist das **Gesamtverhalten** gerade **nicht sorgfaltsgemäß**. Vielmehr reduziert das Vorverhalten nur die Erfolgswahrscheinlichkeit der späteren Versuchshandlung, was im Ganzen immer noch eine rechtlich missbilligte und vorsätzliche Gefahrschaffung ergibt.

Konsensfähiger wird die Verneinung des Rücktritts, wenn man die Antizipa- **907** tion ins Aufgeben verschiebt: T entschließt sich dazu, mit seinem Entführungsopfer ein einziges Mal russisches Roulette zu spielen. Er drückt ihm seinen mit einer Kugel geladenen Revolver an die Schläfe und drückt ab. Es passiert nichts. Den anfänglichen Entschluss, nicht weiter zu schießen, würde niemand als Aufgeben einstufen. Dabei ist klar, dass ein Rücktritt durch Aufgeben vorläge, wenn T anfänglich zu sechs Durchgängen entschlossen gewesen wäre und aber nach dem ersten aufgehört hätte. Es ergibt sich genau die Differenzierung, die auch fürs Verhindern greift (MüKo[1]/*Herzberg* § 24 Rn. 120 f.).

Beim **Unterlassungsdelikt** kann der Täter nicht durch bloßes Aufhö- **908** ren zurücktreten, er muss vielmehr das Unterlassene nachholen oder andere aktive Gegenmaßnahmen ergreifen (BGH NStZ 2016, 664). Richtig ist das auch für Konstellationen folgender Art:

Fall 112 (nach *Rengier* AT § 49 Rn. 65): Auf einer Segeltour fällt die 6-jährige Tochter T des Rabenvaters R über Bord. Danach fasst R den Vorsatz, T ertrinken zu lassen. Er erkennt die Lebensgefahr, in der sie schwebt. Der um ihr Leben kämpfenden T gelingt es schließlich, ein Tau zu ergreifen und die Schiffswand hochzuklettern. R könnte sie ins Wasser zurückstoßen, tut das aber nicht. Rücktritt vom versuchten Totschlag durch Unterlassen?

909 Durch Aufgeben i.S.d. § 24 I 1 zurückgetreten wäre R nur, wenn das ihm mögliche Zurückstoßen der T sich gedanklich mit seinem anfänglichen Unterlassen zu einer einheitlichen Tatbestandsverwirklichung verbinden würde. Das tut es aber nicht. Die unterschiedlichen Verhaltensweisen des Unterlassens und des aktiven Handelns unterliegen einem Unrechtsgefälle (arg. § 13 II). Zur Begehung des gesteigerten Unrechts eines Handlungsdeliktes war R bei seinem anfänglichen Unterlassen nicht entschlossen, vielmehr müsste er sich dazu erst durchringen, also einen neuen Tatentschluss fassen. Das Zurückstoßen wäre eine andere Tat (iErg. auch *Murmann* GA 2012, 711, 721; aA *Engländer* JZ 2012, 130, 133; *Rengier* AT § 49 Rn. 65).

c) Ernsthaftes Bemühen um Vollendungsverhinderung (§ 24 I 2)

910 § 24 I 2 erfasst alle Fälle, in denen das Ausbleiben der Tatvollendung dem Täter (in positiver Hinsicht) nicht zugerechnet werden kann, m.a.W.: Der Täter möchte den Erfolg verhindern, aber sein Beitrag ist für die Erfolgsverhinderung gänzlich irrelevant oder sein Rettungsbemühen hat nicht zum Rettungserfolg geführt. Das hat vor allem drei Gründe:

911 Die **Vollendung** ist **unmöglich**. Gemeint sind Fälle, in denen der Versuch – vom Täter unbemerkt – von Anfang untauglich war oder nach Versuchsbeginn untauglich geworden ist. Wer etwas objektiv Ungefährliches versucht und sich bemüht, den nach seiner Vorstellung möglichen Taterfolg zu verhindern, der darf nicht schlechter stehen als jemand, der etwas mit tauglichen Mitteln oder an einem tauglichen Objekt versucht.

912 Die **Vollendung** ist dem Täter objektiv **nicht zurechenbar**. A hat B in Tötungsabsicht niedergestochen. Während er reuig zu seinem Auto rennt, um mit dem dort befindlichen Mobiltelefon Hilfe zu rufen, kommt unvorhersehbar Bs ärgster Feind vorbei, der die Gunst der Stunde nutzt und B „den Rest gibt". Die Tat (§§ 212, 22) ist „ohne Zutun" des Versuchstäters „nicht vollendet" worden, sondern allein wegen des unvorhersehbaren Dazwischentretens eines Dritten (MüKo[1]/*Herzberg* § 24 Rn. 170).

913 Der Erfolg bleibt aus, obwohl das vom Täter entfaltete **Rücktrittsbemühen ins Leere geht**. Beispielhaft: Die Rettungsbemühungen des Täters kommen zu spät, weil schon jemand anderes (ein Dritter oder das Opfer selbst) erfolgsverhindernd tätig geworden ist.

914 Für das **ernsthafte Bemühen** um Vollendungsverhinderung gelten die allgemeinen Grundsätze: Der Versuchstäter muss mit seinem Rücktrittsverhalten anstreben, die Vollendung sorgfaltsgemäß zu vermeiden.

Das tut er, wenn er in der Tatsituation das Gebotene leistet, etwa für das von 915
ihm angeschossene Opfer einen Notarzt herbeiruft. Kein Bemühen um Vollendungsverhinderung bieten Verhaltensweisen, die auf Übersinnliches zielen (zB
Gesundbeten), auch dann nicht, wenn irdische Hilfe unerreichbar ist und der Täter
fest an die Wirksamkeit glaubt: Gesundbeten ist objektiv kein Verhindern, sodass
es auch kein Bemühen um Vollendungsverhinderung sein kann.

d) Freiwilligkeit als Voraussetzung eines jeden Rücktritts

Welche Rücktrittsalternative im Einzelfall auch greift, stets muss der 916
Versuchstäter „freiwillig" zurücktreten. „Wie die Pflicht*verletzung*
durch eine ‚rechtswidrige Tat' (§ 11 I Nr. 5) ein Werk der Freiheit und
Verantwortlichkeit des Täters sein muss, damit sie Strafe *begründet*,
so muss es auch die Pflicht*erfüllung* durch Rücktritt sein, damit sie von
Strafe *befreit*" (MüKo[1]/*Herzberg* § 24 Rn. 122). Wie die anderen Rück-
trittsvoraussetzungen beurteilt sich die Freiwilligkeit auf Basis der vom
Versuchstäter vorgestellten Umstände. Umstritten sind die Kriterien der
Freiwilligkeit.

Fall 113: Familienvater V stach in Tötungsabsicht auf seine Ehefrau 917
ein, als unerwartet seine beiden Söhne ins Zimmer traten. Er unter-
ließ ein weiteres Zustechen, weil er „seine Tat vor den Augen seiner
Kinder nicht fortsetzen wollte und emotional und psychisch auch
nicht konnte" (BGH NStZ 1994, 428).

Nach der **„psychologischen Betrachtungsweise"** der Rspr. tritt ein 918
Täter freiwillig zurück, solange er noch „Herr seiner Entschlüsse" ist,
„er also weder durch eine äußere Zwangslage daran gehindert noch
durch seelischen Druck unfähig geworden war, die Tat zu vollbringen"
(BGH NStZ 2011, 454). Eben diese emotionale Unfähigkeit hatte das
Landgericht im Fall 113 festgestellt, weshalb der BGH die Verneinung
von Freiwilligkeit und Rücktritt bestätigt hat.

Doch kommt das Abstellen auf die Unfähigkeit zum Weiterhandeln im Gefüge 919
des § 24 zu spät, wenn man die Freiwilligkeit verneint. Wenn der Versuchstäter
zur Fortsetzung des Versuchs wirklich unfähig ist, liegt in der Terminologie der
hM ein Fehlschlag vor (*Roxin* FS Heinitz 1972, 251, 252). Außerdem müsste die
Rspr. die Freiwilligkeit manchmal bei einem von der Rechtsordnung gewünschten
Sinneswandel verneinen, wenn etwa dem Täter eines Tötungsversuchs das Weiterhandeln vom überwältigenden Mitleid verstellt ist; diese Konsequenz vermeidet sie aber – unter Preisgabe ihres Kriteriums (BGH NJW 1967, 1189).

Richtig ist es, systematisch auszulegen und gesetzliche Wertungen 920
heranzuziehen. Das StGB enthält ja Vorschriften, die angeben, wann ein
Täterverhalten unfrei ist **(§ 35)** und wann bestimmte Umstände eine

rechtserhebliche Unfreiheit begründen (§ 240). Aus ihnen lässt sich ableiten, wann ein Rücktrittsverhalten unfrei ist (*Hardtung/Putzke* Rn. 1248; MüKo[1]/*Herzberg* § 24 Rn. 136):

921   **Unfreiwilligkeit** des Rücktrittsverhaltens liegt vor, wenn sich aus Sicht des Versuchstäters die Situation nach Versuchsbeginn derart ändert, dass er bei Fortsetzung der Tat eine qualifizierte Gefahr hinzunehmen hätte: entweder die gegenwärtige Gefahr für Leben, Leib oder Freiheit für sich oder eine nahestehende Person (§ 35) oder die gegenwärtige Gefahr eines empfindlichen Übels (§ 240).

922   Danach hat der BGH den Fall 112 im Ergebnis richtig entschieden: Das unvorhergesehene Hinzutreten seiner Söhne hat für V die Lage nach Versuchsbeginn derart verschlechtert, dass er nunmehr ein **empfindliches Übel** auf sich nehmen müsste, nämlich seinen Kindern den Anblick des ihre Mutter tötenden Vaters zuzumuten. Sein Aufhören war unfreiwillig. – Anders wäre dies zu beurteilen, wenn er sich dieses Übel schon zu Versuchsbeginn selbst „zugemutet" hätte, er also bei Anwesenheit der Kinder zur Tötung angesetzt hätte. Dies lässt sich der Wertung des § 35 I 2 entnehmen (MüKo[1]/*Herzberg* § 24 Rn 129).

923   Die hL will für das Freiwilligkeitsmerkmal darauf abstellen, ob das Rücktrittsverhalten **autonom** (dann freiwillig) oder **heteronom** (dann unfreiwillig) motiviert war (MüKo/*Hoffmann-Holland* § 24 Rn. 116 ff.). Doch sind diese Begriffe nicht klarer als das gesetzliche Merkmal. Sie lassen zudem das entscheidende offen: Welche heteronomen Gründe bewirken eine Unfreiheit? Dafür bieten die §§ 35, 240 eine gesetzliche Wertung. – Nach der **Strafzwecklehre** liegt kein freiwilliger Rücktritt vor, wenn der Täter allein der „Verbrechervernunft" entsprechend handelt, der Rücktritt m.a.W. aus Sicht „eines hartgesottenen, Risiko und Chance des konkreten Tatplans kalt abwägenden Delinquenten" vernünftig ist (*Roxin* FS Heinitz, 1972, 251, 256). Das entspringt aber einer zirkelhaften teleologischen Argumentation (→ Rn. 861).

924   In einer Klausur empfiehlt es sich, von der hL auszugehen und diese mit den einschlägigen gesetzlichen Wertungen (s.o.) zu konkretisieren (§§ 35, 240).

925   Die gesetzlichen Wertungen weisen auch den richtigen Weg, wenn der Rücktritt im Zustand der **Unzurechnungsfähigkeit** geleistet wird: Der Täter schlägt das Opfer tötungsabsichtlich mit einer Eisenstange nieder. Während es bewusstlos auf dem Boden liegt und zu sterben droht, betrinkt sich der Täter bis in eine tiefgreifende Bewusstseinsstörung. In diesem Zustand ruft er einen Notarzt herbei, der das Opfer rettet. Die Wertung des § 20 führt nicht etwa zum Ausschluss der Freiwilligkeit. Das Vollziehen des Rettungsverhaltens belegt vielmehr, dass die

von § 20 für das Ausschließen der Verantwortlichkeit verlangten Fähigkeiten – trotz des Rausches – gegeben sind: „das Tatunrecht einzusehen sowohl wie einsichtsmäßig zu handeln" (MüKo[1]/*Herzberg* § 24 Rn. 138). Indem der Zurechnungsunfähige sich hinsichtlich der Vermeidung der Vollendung sorgfaltsgemäß verhält, handelt er „verantwortlich".

III. Mehrere Beteiligte (§ 24 II)

§ 24 II gilt für Beteiligte (§ 28 II: „Täter und Teilnehmer"), was Mit- **926** täter, Anstifter und Gehilfen umfasst, mittelbare Täter nur, wenn das Werkzeug „Beteiligter" ist, also etwa nur ohne Schuld handelt. Wie bei § 24 I muss es aus Tätersicht zunächst überhaupt noch möglich sein, die Tat weiter auszuführen, sie mit den bereits eingesetzten oder naheliegenden Mitteln zu vollenden (kein Fehlschlag).

§ 24 II 1 entspricht § 24 I 1 Alt. 2 und knüpft die Straffreiheit an die **927** freiwillige Verhinderung der Tatvollendung.

Beispiel: A und B wollen C ausrauben. Nachdem beide zusammen ihr Opfer **928** niedergeschlagen haben, besinnt B sich und läuft wortlos davon. C kann flüchten, bevor A ihm seinen Laptop wegnehmen kann. Die Verfolgung bricht A nach kurzer Zeit ab, weil C viel schneller ist als A. – A hat sich strafbar gemacht wegen §§ 249 I, 25 II, 22. Weil die Wegnahme nicht mehr möglich ist, kann A die Tat nicht weiter ausführen (Fehlschlag). Dass B die Tatvollendung aufgegeben hat, nützt ihm nichts, denn für ein Verhindern i.S.d. § 24 II 1 reicht sein Aufhören nicht, weil es nicht sorgfaltsgemäß ist; ernsthafte Verhinderungsbemühungen i.S.d. § 24 II 2 hat er nicht ergriffen. B ist ebenfalls strafbar (§§ 249 I, 25 II, 22).

Die Rücktrittsanforderungen sind (jedenfalls auf den ersten Blick) **929** strenger als beim unbeendeten Versuch eines Einzeltäters, weil das Risiko der Tatbegehung bei mehreren Tatbeteiligten größer ist: Wie bei § 24 I 1 Alt. 2 müssen in der Regel aktive Gegenmaßnahmen ergriffen werden.

Auf den zweiten Blick zeigt sich aber, dass es Fälle gibt (unbeendete **930** Versuche), in denen auch bei der Beteiligung mehrerer zur Tatvollendungsvermeidung genügt, das Weiterhandeln zu unterlassen. In solchen Konstellationen wäre es absurd, aktive Gegenmaßnahmen zu fordern. Dies betrifft Fälle, in denen das Aufhören die Tatvollendung sorgfaltsgemäß vermeidet. Insofern gilt: Jedes die Vollendung sorgfaltsgemäß vermeidende Aufgeben ist zugleich ein Verhindern der Tatvollendung (MüKo[1]/*Herzberg* § 24 Rn. 188).

Beispiele: A und B schlagen auf C ein, um ihn aus Mordlust zu töten, doch **931** beschließen sie aufzuhören, bevor sie eine Vollendungsgefahr geschaffen haben. – Der Mittäter des Safeknackers „verhindert" den Diebstahl, indem er die Zahlenkombination nicht vollständig verrät (*Hardtung/Putzke* Rn. 1212).

932   **§ 24 II 2 Alt. 1** verlangt ein freiwilliges und ernsthaftes Bemühen um
Nichtvollendung, wenn die Tat ohne Zutun des Rücktrittswilligen nicht
vollendet wird (Fehlen der Verhinderungskausalität). Er ist identisch mit
§ 24 I 2.

933   **§ 24 II 2 Alt. 2** führt trotz Erfolgseintritts zur Straffreiheit, wenn die
Tat unabhängig von dem Tatbeitrag des Rücktrittswilligen begangen
wird und der rücktrittswillige Beteiligte sich freiwillig und ernsthaft um
Nichtvollendung bemüht.

IV. Partieller Rücktritt

934   § 24 ist **(analog)** anzuwenden auf den partiellen Rücktritt. Dies meint
Fälle, in denen der Täter nur einen Teil des mit dem Versuch auf den
Weg gebrachten Unrechts vermeidet. Beispielhaft: (1) Der Ehemann
setzt in Tötungsabsicht an, seine Ehefrau zu verbrennen, doch erbarmt
er sich ihrer ein Stück weit und erschießt sie in unmittelbar-zeitlichem
Zusammenhang. Es ergibt sich ein vollendeter Totschlag und ein Rücktritt vom Mordversuch durch Vermeiden der grausamen Tötungsart. (2)
Der Einbrecher will 50.000 Euro Bargeld bei der einer Rentnerin erbeu-
ten, lässt dann aber die Hälfte zurück (näher MüKo/*Hoffmann-Holland*
§ 24 Rn. 98 f.).

V. Rücktritt vom Versuch nach § 31

935   § 31 I Nr. 1 regelt den Fall des Rücktritts von der versuchten Anstiftung nach § 30 I, § 31 I Nr. 2 den Rücktritt vom Sichbereiterklären zur
Begehung eines Verbrechens (§ 30 II Var. 1) und § 31 I Nr. 3 den Rücktritt von der Verbrechensverabredung und der Annahme des Erbietens.
§ 31 II entspricht § 24 II 2.

Kapitel 9. Konkurrenzen

A. Die konkurrenzrechtliche Ausgangslage

Häufig verletzt eine Person mit einer Handlung oder mit mehreren **936** Handlungen zugleich mehrere Strafgesetze, etwa der Heckenschütze, der mit dem Abfeuern einer einzigen Kugel einen Mordversuch gegenüber der anvisierten Person und eine fahrlässige Tötung an der getroffenen Person begeht. Dann muss entschieden werden, wie das Gericht mit dieser Deliktskumulation umzugehen hat. Die Lösungen folgen aus den gesetzlichen Konkurrenzregeln.

Die Bezeichnung „Konkurrenzen" rührt daher, dass entschieden **937** wird, welches von mehreren verletzten Strafgesetzen (im Beispiel §§ 211, 22; 222) bei der „Bildung der konkreten Strafe" (auch) zur Anwendung kommt; um die Anwendung auf den Einzelfall also „konkurrieren" die verletzten Strafgesetze (*Hardtung/Putzke* Rn. 1693). Denn anders als etwa das spanische Strafrecht, das Verurteilungen zu 144 Jahren Freiheitsstrafe ermöglicht, kennt unser Strafrecht keine schlichte Addition von Einzelstrafen. Neben solchen Strafzumessungsaspekten geht es in der Konkurrenzlehre um die Entscheidung, welches Strafgesetz im Urteilstenor mitgenannt wird: Nur Delikte, die auf der Prüfungsstufe Gesetzeskonkurrenz nicht verdrängt werden und deshalb entweder in Tateinheit (§ 52) oder in Tatmehrheit (§ 53) stehen, werden im Urteilstenor genannt. Der Urteilstenor hat also eine gewisse **Klarstellungsfunktion**, er benennt das begangene und abgeurteilte Unrecht und macht es damit in gedrängter Aussage sichtbar. Auf die beiden genannten Rechtsfolgen in puncto Strafzumessung und Urteilstenor müssen die Konkurrenzvoraussetzungen abgestimmt werden.

Konkurrenzfragen stellen sich aber überhaupt erst, wenn **mindestens 938 zwei Gesetzesverletzungen** vorliegen. Wichtig ist deshalb die Erkenntnis, dass mehrere Einzelakte durchaus nur eine einzige Gesetzesverletzung ergeben können. Auf der Hand liegt dies für mehraktige Delikte, die mehrere Einzelakte voraussetzen, beispielsweise Gewalt und Wegnehmen beim Raub (§ 249 I). Anerkannt ist die Zusammenfassung mehrerer Einzelakte aber etwa auch, wenn der Täter einer Körperverletzung innerhalb derselben Kampfsituation mehrere verletzende Faustschläge ausführt oder wenn ein anderer Täter eine Beleidigung begeht, indem er plangemäß und kurz hintereinander gegen dasselbe Opfer mehrere

Schimpfwörter ausspricht. Die Tracht Prügel verletzt dann den § 223 I nur ein einziges Mal, beziehungsweise es liegt bei der Kaskade von Schimpfworten nur eine einzige Verletzung des § 185 vor.

939 Kennengelernt haben Sie eine solche Zusammenfassung von Einzelakten zu einer Tatbestandsverwirklichung schon in der Versuchslehre: So verschmelzen beispielsweise mehrere schnell ausgeführte und tötungsabsichtliche Messerstiche gegen dasselbe Opfer zu einem einzigen Totschlagsversuch (§§ 212, 22); und wenn die Stiche zum Tode des Opfers führen, ist § 212 I nur ein einziges Mal verwirklicht, weil alle Messerstiche zu einer tatbestandlichen Handlungseinheit zusammengefasst werden. Und da man ein **Gesetz nur verletzen** kann (s. § 52 I), indem man **seinen Tatbestand verwirklicht** (s. § 22), liegt bei einer einzigen Tatbestandsverwirklichung auch nur eine einzige Gesetzesverletzung vor. Formal und in Zeitlupe betrachtet lassen sich zwar mehrere Einzelakte ausmachen, die schon für sich eine Gesetzesverletzung (=Tatbestandsverwirklichung) ergeben, gleichwohl fasst man sie am Ende zu einer einzigen zusammen. Die Kriterien für ein solches Zusammenfassen von Einzelakten zu einer Gesetzesverletzung sind dieselben wie in der Versuchslehre: ein einheitlicher Willensentschluss sowie eine situative Einheitlichkeit hervorgehend insbesondere aus einer (normativen) Gleichartigkeit der Ausführungshandlungen – und je nach Delikt auch aus einem engen räumlich-zeitlichen Zusammenhang (→ Rn. 899).

940 Das Zusammenfassen mehrerer Einzelakte zu einem Tatverhalten sollten Sie in der Klausur schon in Überschrift oder Einleitungssatz ausdrücken („Totschlagsversuch durch das mehrfache Zustechen"; „Beleidigung durch das Bezeichnen als Honk und Vollpfosten"); zudem sollten Sie bei Prüfung des objektiven Tatbestandes das Vorliegen der tatbestandlichen Handlungseinheit kurz begründen.

941 Beachte: Sind höchstpersönliche Rechtsgüter verschiedener Rechtsgutsträger betroffen (T schlägt unmittelbar nacheinander drei Personen die Faust ins Gesicht), lassen sich die Einzelakte nicht zu einer Gesetzesverletzung verbinden. Es liegen drei Körperverletzungen vor.

B. Konkurrenzen bei mehreren Gesetzesverletzungen

942 Liegen mehrere Gesetzesverletzungen vor, muss entschieden werden, welche im Urteilstenor benannt werden und bei der konkreten Strafzumessung zur Anwendung kommen.

943 In der Klausur sollten Sie als Service für den Leser zunächst hinschreiben, welche Tatbestände der betreffende Beteiligte schuldhaft verwirklicht hat.

I. Gesetzeskonkurrenz

Verdrängt werden diejenigen Gesetzesverletzungen, die zu einer ge- **944** wichtigeren (oder gleich gewichtigen) in Gesetzeskonkurrenz stehen. Man unterscheidet drei Fälle: Spezialität, Konsumtion und Subsidiarität.

1. Spezialität

Im Fall von Spezialität geht mit der Verwirklichung des einen Tatbe- **945** standes *zwingend* die Verwirklichung eines anderen Tatbestandes einher (etwa mit dem Raub der Diebstahl, mit dem vollendeten Delikt der Deliktsversuch, mit dem Totschlag die fahrlässige Tötung [str.]). Grund des Zurücktretens ist: Bei Nennung des spezielleren Tatbestandes im Urteil ist klar, dass der verdrängte Tatbestand verwirklicht worden ist; auch umfasst die Strafzumessung das gesamte Tatunrecht, weil ja alle Merkmale und Unrechtsaspekte vom spezielleren Tatbestand erfasst sind.

2. Konsumtion

Bei der Konsumtion ist das eine Delikt *typische Begleittat* des ande- **946** ren, das heißt, wenn der eine Tatbestand verwirklicht worden ist, ist zwar nicht notwendig, aber *fast immer* der andere mitverwirklicht. So hat man es bislang im Verhältnis von Wohnungseinbruchsdiebstahl zur Sachbeschädigung gesehen (dezidiert anders nun BGH HRRS 2018 Nr. 841). Grund des Zurücktretens ist: Steht der verdrängende Tatbestand des § 244 I Nr. 3 Fall 1, IV („einbricht") im Urteilstenor, rechnet der Leser damit, dass der verdrängte Tatbestand des § 303 miterfüllt worden ist **(kein Klarstellungsinteresse)**; und die Strafzumessung kann allein mit dem verdrängenden Tatbestand erfolgen, denn der Gesetzgeber hat bei der Bestimmung der Strafrahmen das Unrecht der verdrängten Tat (§ 303) mitbedacht, das Unrecht ist ja typischerweise mitverwirklicht und kann deshalb erschöpfend über das verdrängende Strafgesetz abgeurteilt werden. – Eigenständige Bedeutung kann das Sachbeschädigungsunrecht aber erlangen, wenn der Sachschaden besonders hoch ist; ein im Verhältnis zum Diebstahlsschaden hoher Sachschaden ist gerade nicht typische Begleiterscheinung. In diesen Konstellationen ist dann Tateinheit anzunehmen (§ 52 I Fall 1).

Umstritten ist, ob beispielsweise beim Einbrechen in einen Geschäftsraum zur **947** Ausführung des Diebstahls die §§ 242, 243 I 2 Nr. 1 Fall 3 den § 303 konsumieren können. Denn § 243 wird herrschend nicht als Tatbestand, sondern als *Strafzumessungsgrund* verstanden (arg. Regelbeispielscharakter des § 243 I 2), und ein solcher Strafzumessungsgrund könne keinen Tatbestand verdrängen (BGH NStZ 2001, 642; vgl. aber BGH NStZ-RR 2011, 111). Das ist zu formal gedacht und macht die Konkurrenzbetrachtungen von Zufälligkeiten der Gesetzesfassung abhängig. Ein Grund für ein Zurücktreten eines Deliktes im Wege der Gesetzeskonkurrenz liegt für § 303 auch im Verhältnis zu §§ 242, 243 I 2 Nr. 1 Fall 3 vor: Im betreffenden Einzelfall weist die Sachbeschädigung (§ 303) gegenüber dem von §§ 242, 243 erfassten Unrecht keine Eigenständigkeit auf.

3. Subsidiarität

948   Schließlich liegt Gesetzeskonkurrenz vor im Fall von Subsidiarität. Sie wird angenommen, wenn eine Norm im Verhältnis zu einer anderen **nur hilfsweise** gilt, nur für den Fall, dass die andere Norm nicht verwirklicht ist.

949   Zwingend ist das in Fällen der **formellen Subsidiarität**, in denen das Zurücktreten im Gesetz (formell) angeordnet ist (etwa bei der Unterschlagung (§ 246 I) im Verhältnis zu anderen Vermögensdelikten, insbesondere dem Diebstahl (§ 242 I); oder der vorbereitende Versicherungsmissbrauch nach § 265 I im Verhältnis zum späteren Betrug nach § 263 I.

950   Der Hilfsnormcharakter soll sich aber – ohne ausdrückliche gesetzliche Anordnung – auch aus der Auslegung einer Norm ergeben können **(materielle Subsidiarität)**. So wird der Beihilfenorm (§ 27) im Verhältnis zur Anstiftung (§ 26) ein solcher Hilfsnormcharakter zugeschrieben (arg. § 27 II 2); liegen hinsichtlich ein und desselben Deliktserfolges Anstiftung und Beihilfe vor, soll die Beihilfe subsidiär sein. Hier einzuordnen sind die Konstellationen der **mitbestraften Nachtat** (ebenso mitbestrafte Vor- und Begleittaten): D stiehlt eine Flasche Schnaps bei Rewe, und als der Filialleiter ihn vor dem Ausgang zur Rede stellt, lügt D ihm unter Vorzeigen eines Kassenbons erfolgreich vor, den Schnaps zuvor bei Edeka erworben zu haben. Der Sicherungsbetrug des D weist – nach üblicher Wertung – gegenüber dem Diebstahl keinen relevanten eigenen Unrechtsgehalt auf; der Sicherungsbetrüger hält mit seiner Täuschung nur die schon beim Diebstahl gefasste Zueignungsabsicht durch.

951   Die hM ordnet der Subsidiarität allerdings Fälle zu, bei denen in Wahrheit Spezialität vorliegt: so im Verhältnis von Vorsatzdelikt (zB § 212) und Fahrlässigkeitsdelikt (zB § 222); Versuch und Vollendung; Verbrechensverabredung (§ 30 II) und mittäterschaftlicher Verbrechensbegehung (zB §§ 212, 25 II). In einer Klausur können Sie pragmatisch darauf verweisen, dass so oder so Gesetzeskonkurrenz gegeben ist.

4. Konkrete Normbetrachtung

952   Spezialität, Konsumtion und Subsidiarität sind zu prüfen im Hinblick auf die je einschlägige Alternative des Straftatbestandes. So ist beispielsweise nicht abstrakt danach zu fragen, ob § 315c in allen Fällen der Vorschrift spezieller ist gegenüber § 316 (was zu verneinen wäre), sondern zu fragen ist konkret und bezogen etwa auf § 315c I Nr. 1a. Dieses konkrete Strafgesetz steht zu § 316 im Verhältnis der Spezialität, weil sich in der konkreten Gefahr des § 315c gerade die von § 316 I erfasste Gefahr der rauschbedingten Fahrunsicherheit zum spezifischen Gefährdungserfolg zuspitzen muss; die Verwirklichung des § 316 I ist der Verwirklichung des § 315c I Nr. 1a folglich immanent. Auf die formelle Subsidiarität (vgl. § 316 I aE) kommt es streng genommen nicht an. Doch sollte in der Klausur dieser gesetzlich vorgesehenen Subsidiaritätsform der Vorzug gegeben werden.

II. Tateinheit (§ 52 I)

Liegt bezogen auf mehrere schuldhafte Gesetzesverletzungen des Beteiligten kein Fall der Gesetzeskonkurrenz vor, stellt sich die Frage der Tateinheit: Sind die Gesetze durch **„dieselbe Handlung"** verletzt worden (§ 52 I)? Bei gegebener Tateinheit spricht die Strafrechtsdogmatik von *Idealkonkurrenz*.   **953**

1. Mehrere Gesetzesverletzungen

Basisvoraussetzung ist das Vorliegen **von mindestens zwei Gesetzesverletzungen** (die nicht in Gesetzeskonkurrenz stehen). Gesetzesverletzungen des Beteiligten hat man im Gutachten zuvor als Zwischenergebnis gefunden, sodass an dieser Stelle die schuldhaft verwirklichten Straftatbestände schlicht zu nennen sind.   **954**

Stehen die Delikte am Ende in Tateinheit, spricht die Dogmatik bei Verletzung verschiedener Tatbestände von *ungleichartiger Idealkonkurrenz* (§ 52 I Fall 1) dagegen bei mehrmaliger Verletzung desselben Tatbestandes von *gleichartiger Idealkonkurrenz* (§ 52 I Fall 2). „Ideal" meint dabei, dass die Konkurrenz der Taten nicht wie bei Tatmehrheit (§ 53) „real" gegeben, sondern nur „ideeller" Art ist; denn den einzelnen Gesetzesverletzungen liegt ja „dieselbe Handlung" (dasselbe Verhalten) zugrunde (*Roxin* AT II § 33 Rn. 4).   **955**

2. Dieselbe Handlung

Kernmerkmal des § 52 I ist „dieselbe Handlung". Alltagssprachlich erscheint das Merkmal klar, juristisch birgt es Probleme.   **956**

a) Eine Handlung im natürlichen Sinn

957   Der Wortlaut der Vorschrift drängt dahin, Tateinheit stets anzunehmen, wenn die einzelnen Gesetzesverletzungen – nach dem Alltagsverständnis – auf einer einzigen Körperbewegung (im natürlichen Sinn) beruhen: die Äußerung „Ihr Vollidioten" beleidigt drei Personen (§ 185); das einmalige Schießen mit einer Pistole beschädigt zwei Sachen verschiedener Eigentümer (§ 303) oder verletzt zwei Menschen (§ 224 I Nr. 2 Fall 1). Die Annahme von Tateinheit gilt dann nach hM unabhängig davon, ob höchstpersönliche Rechtsgüter betroffen sind (Ehre bzw. körperliche Unversehrtheit). Der Gesetzgeber hatte die Vorstellung, dass es diese kleinste Einheit der Handlung gibt („dieselbe Handlung"), dies bindet den Rechtsanwender. Beim Zünden einer Bombe etwa stehen deshalb alle verwirklichten Tatbestände, die nicht in Gesetzeskonkurrenz stehen, in Tateinheit (zB §§ 211, 303, 52 I Fall 1).

958   Dasselbe gilt **beim Unterlassen**: Wer zunächst fahrlässig ein Segelboot beschädigt und dann seine Erfolgsabwendungsfähigkeit vorsätzlich nicht nutzt, indem er die Besatzung nicht auf den Schaden und das Risiko des Sinkens hinweist, begeht etwaige Unterlassungsdelikte tateinheitlich durch dasselbe Verhalten des Nicht-Hinweisens (§§ 212 I, 13 I, 303, 13 I, 52 I Fall 1).

b) Eine Handlung im rechtlichen Sinn

959   Aber auch mehrere Handlungen im natürlichen Sinn (mehrere Einzelakte) können „dieselbe Handlung" im Sinn des § 52 I bilden.

aa) Überschneidung von Handlungen im natürlichen Sinn

960   *(1) Teilidentität der Ausführungshandlungen:* Für die Erfüllung des Merkmals „dieselbe Handlung" genügt es, dass die Tathandlungen der einzelnen Gesetzesverletzungen **teilidentisch** sind. Beispielhaft: Das Ausführen eines Faustschlages zur Ermöglichung einer Wegnahme ist als misshandelnde Gewalt sowohl körperliche Misshandlung im Sinn des § 223 I als auch Gewalt im Sinn des § 249 I; da zum Raub als Tatverhalten noch das Wegnehmen gehört, ist das Körperverletzungsverhalten des Zuschlagens (Misshandeln) aber nur teilidentisch mit dem Raubverhalten (Gewalt plus Wegnahme). Zum Tatverhalten, das eine Teilidentität ergeben kann, zählen Einzelakte, die zwischen Versuchshandlung und Vollendung der Tat verübt werden.

961   Die Rechtsprechung zählt (von ihrem Standpunkt konsequent) solche Einzelakte hinzu, die zwischen Vollendung und Beendigung der Tat verübt werden (BGH StV 1983, 104 f.). Diese Verhaltensweisen „verletzen" indes nicht das betreffende Strafgesetz (vgl. zur Mittäterschaft oben zu Fall 23); sie können daher nicht die von § 52 I gemeinte (Tat-)„Handlung" sein.

(2) Zusammentreffen von Dauerdelikt und Zustandsdelikt: Unter **962** Dauerdelikten versteht man zum einen Delikte, deren Tatverhalten andauern kann (etwa das Fahrzeugführen nach § 316 oder das In-Gebrauch-Nehmen nach § 248b, worunter auch das In-Gebrauch-Halten fällt); zum andern meint man Delikte, deren Erfolg eine Zeit lang andauern kann (etwa das Eingesperrtsein bei § 239). Zustandsdelikte hingegen sind solche, denen dieser Aspekt fehlt und die lediglich eine Rechtsgutsverletzung oder eine Rechtsgutsgefährdung beschreiben (*Hardtung/Putzke* Rn. 1730).

Fall 114: O hat die Schwester des T vergewaltigt. Um ihn zu über- **963** führen, will T ihn zwingen, ein Geständnis niederzuschreiben, mit dem O Täterwissen offenbart. Dazu steigt er über den Balkon des O in dessen Haus ein, hält ihm eine Schusswaffe vor und fordert ihn auf, sitzen zu bleiben sowie das Geständnis niederzuschreiben und darin den Tatablauf zu schildern – sonst würde er ihm ins Bein schießen. Als O nach zehn Minuten fliehen will, schlägt T ihn nieder. Nach weiteren zehn Minuten des Bedrohtwerdens verfasst und unterzeichnet O schließlich das Geständnis. Während O schreibt, nennt T ihn ein „mieses Schwein".

T begeht mit dem Betreten des Hauses einen Hausfriedensbruch **964** (§ 123), mit dem Vorhalten der Waffe eine Freiheitsberaubung (§ 239: „auf andere Weise der Freiheit beraubt") und verbunden mit dem Auffordern zum Gestehen eine Nötigung (§ 240), mit dem Zuschlagen eine Körperverletzung (§ 223) und mit dem Aussprechen der Worte „mieses Schwein" eine Beleidigung (§ 185).

Die mit der Freiheitsberaubung identische Nötigung soll außer Betracht blei- **965** ben, sie tritt hinter der spezielleren Freiheitsberaubung zurück.

Das Vorhalten der Waffe ist sowohl Teil des Tatverhaltens bei der **966** Freiheitsberaubung als auch bei der Nötigung zum Gestehen, weshalb die Delikte wegen **Teilidentität der Ausführungshandlungen** in Tateinheit stehen. Ebenso liegt es beim Zuschlagen (§ 223) im Verhältnis zur Freiheitsberaubung durch Vorhalten der Waffe (§ 239); das Zuschlagen verhindert die Flucht und beraubt den O ebenfalls seiner Fortbewegungsfreiheit, ist also Teil der Freiheitsberaubung „auf andere Weise" (§§ 239, 223, 52 I Fall 2). Beides ist zu einer tatbestandlichen Handlungseinheit zu verbinden, verwirklicht also zusammen nur einmal den Tatbestand des § 239 I.

Die übrigen Delikte der §§ 123, 185 fallen im Tatverhalten mit kei- **967** nem anderen Delikt zusammen. Insbesondere ist die Tathandlung des § 123 I nur das unbefugte Hineingelangen, nicht mehr das Sich-im-

Haus-Aufhalten. Mit dem Eindringen hat T aber – bezogen auf die übrigen Delikte – noch nicht einmal eine Versuchshandlung vollzogen. Aber steht der Hausfriedensbruch wegen der Zweck-Mittel-Relation in Tateinheit zur Nötigung? T ist ja eingedrungen, um die Nötigung ausführen zu können. Die Rechtsprechung kommt in diesen Fällen (fehlender Teilidentität der Ausführungshandlungen) zur Tatmehrheit (BGH NStZ 1999, 83). Tateinheit liege auch bei einer solchen Zweck-Mittel-Relation nur vor, wenn das „Dauerdelikt [unmittelbar] Mittel zur Verwirklichung des Zustandsdeliktes ist oder umgekehrt".

968   Im Fall des T steht danach der Hausfriedensbruch nicht in Tateinheit, denn nicht schon das Hineingelangen dient unmittelbar der Verwirklichung der Nötigung, sondern erst das Im-Haus-Sein.

969   Nach allgemeiner Auffassung besteht keine Tateinheit, wenn das Zustandsdelikt **nur bei Gelegenheit** des Dauerdeliktes begangen wird, wenn also überhaupt keine Zweck-Mittel-Relation besteht. So liegt es bei der Beleidigung im Verhältnis zur Freiheitsberaubung. Die Delikte stehen in keinem inneren Zusammenhang.

bb) Verklammerung

970   Das Prinzip der Verklammerung kommt zum Tragen, wenn die Begehung eines Deliktes **erstens** teilidentisch ist mit der Begehung von zwei anderen Delikten und wenn **zweitens** das verklammernde Delikt im Unrechtsgehalt (nach den Strafrahmen) zumindest so schwer wiegt wie eines der zu verklammernden Tatbestände. Beispiel (nach *Rengier* AT § 56 Fall 3): T begeht eine Gebrauchsanmaßung am Fahrzeug des E. Im Verlauf der Fahrt verletzt er fahrlässig und ohne es überhaupt zu bemerken den Fußgänger F. Danach fährt er fahrlässig den Passanten P tot. Die §§ 222, 229, 248b stehen in Tateinheit, wobei § 248b die anderen Delikte verklammert: Das Autofahren ist als andauerndes In-Gebrauch-Nehmen (§ 248b) jeweils teilidentisch mit dem fahrlässigen Verursachen der Verletzung (§ 229) und dem fahrlässigen Verursachen des Todes (§ 222); und die Gebrauchsanmaßung hat vom Unrechtsgehalt her auch die nötige Schwere, um die übrigen Delikte zu verklammern; denn die Tat nach § 248b wiegt nach dem Strafrahmen so schwer wie die Tat nach § 229.

cc) Natürliche Handlungseinheit

971   Von einer natürlichen Handlungseinheit spricht man auf dem Feld der Tateinheit, wenn einzelnen Gesetzesverletzungen erstens **ein einheitlicher Willensentschluss** zugrunde liegt und zweitens sich das **Geschehen** für einen objektiven Beobachter als **eine Einheit** darstellt, insbesondere weil ein enger zeitlich-räumlicher Zusammenhang besteht.

Beispiel: Um sich abzureagieren, wirft T in seiner Stammkneipe in kurzer Folge zwei Bierkrüge an die Wand; die Scherben des einen Kruges verletzen den X, die Scherben des anderen den Y. T begeht eine einzige Sachbeschädigung an den Krügen (tatbestandliche Handlungseinheit) und – dazu wegen natürlicher Handlungseinheit in Tateinheit stehend – zwei fahrlässige Körperverletzungen.

Von einer natürlichen Handlungseinheit sollte man nur sprechen, wenn es bei Vorliegen mehrerer Gesetzesverletzungen um die Begründung von Tateinheit geht. Wenn es – unter Anwendung ähnlicher Kriterien – darum geht, mehrere Einzelakte zu einer einzigen Gesetzesverletzung zu verschmelzen (das Beschädigen der Bierkrüge zu einer Sachbeschädigung oder etwa noch die Akte einer Schimpftirade zu einer einzigen Beleidigung), sollte man der begrifflichen Klarheit wegen von „tatbestandlicher Handlungseinheit" sprechen (→ Rn. 938). **972**

III. Tatmehrheit (§ 53 I)

Das Vorliegen von Tatmehrheit ist – nach Verneinung von Gesetzeskonkurrenz und Tateinheit – nicht mehr gesondert zu prüfen. Die Tatmehrheit ergibt sich im Umkehrschluss schon daraus, dass man Gesetzeseinheit und Tateinheit verneint hat. Das Verhältnis der Tatmehrheit ist dann folglich schlicht festzustellen. **973**

Bei Tatmehrheit ist (im Gegensatz zur Idealkonkurrenz, → Rn. 955) auch die Rede von *Realkonkurrenz*. **974**

IV. Ergebnissatz mit Normenkette

Mit dem Ergebnissatz werden die schuldhaft verwirklichten Tatbestände aufgeführt, und zwar getrennt nach den Beteiligten und unter Nennung des Konkurrenzverhältnisses. Beispielhaft für Fall 114: T ist strafbar nach §§ 223 I; 239 I; 240 I, II; 52 I Fall 1; 123; 185; 53 I. Hinter jeder Gruppe von tateinheitlich begangenen Delikten steht § 52, am Ende steht dann § 53. **975**

Prüfschema Konkurrenzen bei mehreren Gesetzesverletzungen	**976**

I.   Nennung der schuldhaft verwirklichten Normen
II. Verdrängung wegen Gesetzeskonkurrenz?
   1.   Spezialität
   2.   Konsumtion
   3.   Subsidiarität (auch: mitbestrafte Vor-, Begleit- oder Nachtaten)

[Falls nicht:]
III. Tateinheit (§ 52 I)?
    1. Mehrere Gesetzesverletzungen
    2. Dieselbe Handlung
       a) Eine Handlung im natürlichen Sinn
       b) Eine Handlung im rechtlichen Sinn
          aa) Überschneidungen von Handlungen im natürlichen Sinn
             (1) Teilidentität der Ausführungshandlungen
             (2) Dauerdelikte und Zustandsdelikte
          bb) Klammerwirkung
          cc) Natürliche Handlungseinheit
[Falls nichts greift, steht fest: Die Delikte stehen in...]
IV. Tatmehrheit (§ 53 I)
V. Ergebnissatz mit Normenkette

Stichwortverzeichnis

Die Zahlen verweisen auf Seiten.

Abergläubischer Versuch 196
aberratio ictus 61, 62
Abschreckung 17
Absicht 55, 56, 142
Absichtsprovokation 97
Abstiftung 176
Abwägungsprinzip 106
actio illicita in causa 125
actio libera in causa 128, 204
agent provocateur 179
Aggressivnotstand 7, **103**, 105
Aktives Personalitätsprinzip 9
Akzessorietät 174
Akzessorietät der Teilnahme 183
Allgemeiner Teil 2, 7
Allgemeinrechtsgut 93
Alternative Kausalität 26
Amtsträger 13
Analogie 76, 82, 83, 84, 108, 136,
    137, 144, 145, 157, 162, 174, 228
Angehörige 138, 140, 144, 189
Angemessenheitsklausel 106
Angriff 87, **88**
    durch Unterlassen 100
    gegenwärtig 90
    rechtswidrig 90
    Schuldloser 87, 95, 97
Angriffsprovokation 95, **96**
Anstiftervorsatz 181
Anstiftung **174**
    Anstiftervorsatz 180
Antizipierte Notwehr 94
Antizipierter Rücktritt 223
Äquivalenztheorie 23
Arbeitsteiliges Zusammenwirken 43
Ärztlicher Heileingriff 77

Asthenischer Affekt 135
Asymmetrische Rettungschancen 107
Aufbau 2, 4
Aufgeben 215, **222**
Aufstiftung 176
Auslandsbezug 8
Auslandstaten 9
Auslegung 12, 181, 216, 232
    historische 136, 158
    systematische 21, 28, 48, 60, 74,
        156, 187, 188, 199
    teleologische 213, 214, 226
Ausnahmemodell 128
Äußerungsdelikte 9
Ausweichen 96
Bagatellangriff 95
Bagatellgrenze 99
Bedingter Vorsatz *siehe*
    Eventualvorsatz
Bedingungstheorie 23
Beendeter Versuch 214
Behördliche Erlaubnis 124
Behördliche Genehmigung 124
Beihilfe **174**
    Gehilfenvorsatz 180
Beschneidung 116
Beschützergarant 167
Besondere persönliche Merkmale 183,
    186
Bestimmen 175
Bestimmtheitsgrundsatz 136
Bestleistungstheorie 222
Bewachergarant 167, **169**
Bewusste Fahrlässigkeit 70, 149
Bewusstsein 57
Blutalkoholkonzentration 129

Blutentnahme 108
Bürgerliches Recht 14
Chronologische Prüfung 4
Conditio-sine-qua-non-Formel 23, 27
Dauerdelikt 13, 236, 238
Dauergefahr 91, 104
Defensivnotstand 7, 87, **103**, 107, 108
Delikstypen 12
Deliktsstufen 10
Deliktstypen 7
Disponibilität 114
Dispositionsbefugnis 113
Disproportionalität 96
dolus directus 55
dolus eventualis 55, 194
dolus generalis 66
Doppelkausalität *siehe* Alternative
    Kausalität
Dreistufenlehre 95, 97
Dreistufiger Deliktsaufbau 10, 56, 78
Duldungspflicht 86, 101
Echtes Unterlassungsdelikt 162
Eigenhändige Delikte 13
Eigenverantwortliche Selbstgefährdung
    94
Eingeschränkte Schuldtheorie 83
Eingriffsrecht 86
Einheitstäter 156
Einstandspflicht 29, 35, 167
Einverständnis **112**
    Voraussetzungen 112, 113
Einwilligung 33, 77, 85, 110, **112**
    hypothetische 79
    mutmaßliche 80, 86, 120
    Voraussetzungen 112, 113, 120
Einwilligungserklärung 116
Einwilligungsfähigkeit 116
    Definition 118
Einwilligungslösung 42
Einwilligungssperre 115
Einzelakttheorie 219
Einzellösung 204
Entschuldigender Notstand **137**

Entschuldigungsgründe 127
Entsprechungsklausel 171
Erfolg 22
Erfolgsabwendungsfähigkeit 166
Erfolgsdelikt 22, 154, 162, 171
Erfolgsort 9
Erfolgsqualifiziertes Delikt 13, 35,
    159
    Prüfschema 161
    Versuch 208
Erfolgsunrecht 73, 156
Erforderlichkeit 93
Erlaubnisnorm 81, 90
Erlaubnistatbestandsirrtum 49, 81, 82,
    90, 174
Erlaubtes Risiko 29, 33, 86
Ernsthaftes Bemühen 224
error in persona 61, 181, 197, 218, 219
Erziehungsrecht 123, 124
Euthanasie 110
Eventualvorsatz **69**
Ex-ante-Maßstab 90, 91, 104, 152
Exkulpationslösung 42
Ex-post-Maßstab 90
Extensiver Notwehrexzess 134
Fahrlässiges Unterlassungsdelikt 30
Fahrlässigkeit 30, **146**
    bewusste 70, 149
    grobe 159
    unbewusste 70, 149
Fahrlässigkeitsdelikt 12, 71, 78, **146**
    Rechtswidrigkeit 156
    Schuld 157
Fallvergleich 20, 21, 158
Fehlgeschlagener Versuch 214, **218**
Festnahmerecht 7, 84, **122**
Festnahmewille 123
Feuerprobe 198
Feuerwehrleute 133, 141
Finale Handlungslehre 19
Flaggenprinzip 9
Formelle Subsidiarität 232
Freiheitsstrafe 17

Freiverantwortliche Selbstgefährdung
33
Freiverantwortliche Selbstschädigung
33
Freiwilligkeit 213, 225
Fuchs 1
Fungibilität 42
Funktionelle Tatherrschaft 43
Garantenpflicht 167
Garantenstellung 167
Garantieverhältnisse 98
Gebotenheit 95
Gefahr **104**, **137**
gegenwärtige 138
nicht anders abwendbare 138
Gefährdungsdelikt 12, 22, 71, 154
abstraktes 12
konkretes 9, 12
Gefährdungstheorie 198
Gefährdungsvorsatz 70
Gefahrengemeinschaft 168
Gefahrerhöhung 46, 48
Gefahrschaffung 36, 37, 46, 48, 78,
147, 167
Gefahrtragungspflicht 133
Gefahrverursachung 139, 140, 142
Gefangenenbefreiung 178
Gegenwärtigkeit 90, 138
Gehilfenvorsatz 181
Geisteskrankheit 128
Geldbuße 1
Gemeinsamer Tatentschluss 52
Generalprävention 15, 16, 87
negative 15
positive 15
Gesamtbetrachtungslehre 219
Gesamtlösung 203
Gesamtwürdigung 221
Geschäftsfähigkeit 116
Gesetzeskonkurrenz 5, 6, 170, 229,
231, 233, **237**
Klarstellungsinteresse 231
Konsumtion 231

Mitbestrafte Nachtat 232
Mitbestrafte Vortat 232
Spezialität 231
Subsidiarität 232
typische Begleittat 231
Gesetzesverletzung 229
Natürliche Handlungseinheit 236
Gesinnungsstrafrecht 197
Gesundbeten 225
Gewissensfreiheit 145
Gewohnheitsrecht 128
Gleichartige Idealkonkurrenz 233
Gleichwertigkeitstheorie 58, 64
Gremienentscheidungen 25
Grundrechte 87
Gutachten 1
Habgier 72
Handlung 18
Handlung im natürlichen Sinn 234,
238
Handlung im rechtlichen Sinn 234,
238
Handlungsdelikt 13, 20, 28, 29, 38
Handlungseinheit 230
Handlungsherrschaft 47
Handlungslehren 19
Handlungsmerkmale 28, 38
Handlungsunrecht 86, 120
Handlungsunwert 108
Hilfeleisten 177
Hilfeleistungspflicht 139
Hilfspflicht 163
Historische Auslegung 136, 158
Höchstpersönliches Rechtsgut 230
Hypothetische Einwilligung **78**, 79
Hypothetische Kausalität 25
Idealkonkurrenz 233
Immunität 8
impossibilium nulla obligatio est 85
in dubio pro reo 153
Individualrechtsgut 9, 89, 104, 113,
114
Intensiver Notwehrexzess 134

Interessenabwägung 32, 84, 85, 103, 104, **105**
Irrealer Versuch 195
Irrtum 112
  Kausalverlauf 65
  normative Tatbestandsmerkmale 67
  Subsumtionsirrtum 67
  über die Garantenpflicht 165
  über die Garantenstellung 165
Jugendlicher 127
Kausale Handlungslehre 19
Kausalität 23
  alternative 26, 27
  Gremienentscheidungen 25
  hypothetische 25
  kumulative 27
  überholende 24
Kausalitätstheorien 23
Kenntnis 55
Klammerwirkung 238
Klarstellungsinteresse 231
Kognitives Vorsatzelement 70
Konkretes Gefährdungsdelikt 9
Konkurrenzen 229
  Dauerdelikt 235
  Zustandsdelikt 235
Konsumtion 231, 237
Korrektur des Rücktrittshorizonts 221
Kriminalpolitische Theorie 213
Kumulative Kausalität 27
Lebensverkürzung 110
Lehre von den negativen Tatbestandsmerkmalen 81
Lehre von der gesetzmäßigen Bedingung 23
Leichtfertigkeit 159, 160
Limitierte Akzessorietät 174
Lockspitzel 179, 183
Maßregeln der Besserung und Sicherung 15
Materielle Subsidiarität 232
Mehraktige Delikte 229

Mehrfachkausalität *siehe* Alternative Kausalität
Methodik **1**
Mitbestrafte Nachtat 232
Mitbestrafte Vortat 232
Mitbewusstsein 57
Mittäterschaft 43, 51, 53, 205
  Prüfschema 53
Mittelbare Täterschaft 53, 203
  Prüfschema 53
Modalitätenäquivalenz 171
Modifizierte Einzellösung 204
Motivbündel **99**
Motivirrtum 118
Motivunwert **100**
Mutmaßliche Einwilligung 80, 86, 90, **120**
Nachtatverhalten 213
Natürliche Handlungseinheit 236, 238
Nebenstrafrecht 2, 7
Nebentäterschaft 45
Negative Generalprävention 15
Negative Spezialprävention 15
Neurose 128
Neutrales Verhalten 178
Normative Tatbestandsmerkmale 67
Normative Tatherrschaft 41
Nothilfe 101
Nötigungsdruck 119
Nötigungsnotstand 107, **109**
Notstandshandlung 104
Notstandslage 91, 104
Notwehr 84, **86**
  antizipierte 94
  Erforderlichkeit 93
  Gebotenheit 95
  Krasses Missverhältnis 95, 96
  Unterlassen 93
Notwehreinschränkungen 98
Notwehrexzess 134
  extensiver 134
  intensiver 134
Notwehrhandlung 92

Notwehrlage 88, 90, 136
Notwehrrecht 87, 101
Notwendige Teilnahme 178
Objektive Bedingung der Strafbarkeit 8, 10
Objektive Sorgfaltspflichtverletzung 146, **147**, 160
Objektive Zurechnung 22, 35, 39, 61, 155
  Herleitung 28
omnimodo facturus 175
Opferschutz 213, 222
Ordnungswidrigkeit 1, 14
Organisatorische Machtapparate 42
Parallelwertung in der Laiensphäre 67
Partieller Rücktritt 228
Partieller Unrechtsausschluss 75, 114
Passives Personalitätsprinzip 9
Personale Handlungslehre 19
Personalitätsprinzip 9
Pflichtdelikte 43
Pflichtenkollision 85
Pflichtverletzung 43, 149
Pflichtwidrigkeit 29, 30, 31, 32, 34, 35, 90
Pflichtwidrigkeitsmerkmal 28
Pflichtwidrigkeitszusammenhang 78, 151, **152**
Polizeibeamte 133, 141, 168
Polizeirecht 102
Positive Generalprävention 15
Potentielles Unrechtsbewusstsein 131
Prävention 15
Präventionsgedanke 15
Prinzip der Rechtsbewährung **87**
Prinzip der stellvertretenden Strafrechtspflege 9
Prinzip des überwiegenden Interesses 32, 78, 84, 103, 114, 148, 151, 152, 178
Prüfreihenfolge 2
  Anstiftung 4
  Beihilfe 4

chronologisch 3, 4
Mittäterschaft 3
mittelbare Täterschaft 4
Qualifikationslos-doloses Werkzeug 49
Quasi-Kausalität 166
Räumlich-zeitlicher Zusammenhang 230
Realkonkurrenz 237
Rechtfertigende Pflichtenkollision 171
Rechtfertigender Notstand 84, **103**
Rechtfertigungsgründe 7, 31, 73
Rechtfolgenverweisende Schuldtheorie 83
Rechtliche Missbilligung 35
Rechtsbewährungsprinzip 87, 95, 97, 101
Rechtsdogmatik 15
Rechtsgut 12, 16, 86, **87**, 105, 107, 113, 123, 137, 213
Rechtsgüterschutz 16, 85
Rechtsgutsgefährdung 90, 92, 183
Rechtsgutsverletzung 85
Rechtswidrigkeit 7, 10, 32, **72**, 156
Reflexbewegungen 18
Resozialisierung 15, 17
Rettungschance 107
Risikoerhöhungslehre 153
Risikoverringerung 33, 154
Rückkehr in die Legalität 213
Rücktritt
  Freiwilligkeit 225
  partiell 228
  Unterlassungsdelikt 223
  Verbrechensverabredung 228
  versuchte Anstiftung 228
Rücktritt vom Versuch 212
Rücktrittshorizont 221
Rücktrittsverhalten 215, 221, 222, 224
Sachverhalt 2
Schizophrenie 128
Schuld 7, 10, 16, **126**, 157, 237
Schuldausgleich 15, 17

Schuldausschließungsgründe 127
Schuldausschluss 84, 128, 131, 134, 136, 137, 138, 143, 145
Schuldminderung 137
Schuldteilnahmetheorie 179
Schuldunfähigkeit 127
Schusswaffengebrauch 102
Schutzbereich der Norm 9
Schutzprinzip 9, 87, 95, 98, 101
Schutzwehr **95**, 96
Schutzzweckzusammenhang 78, 152, **154**
Schwelle zum 'Jetzt geht es los' 198, 199
Schwerpunkt der Vorwerfbarkeit 20, 21
Seelische Störung 128
Selbstbegehen 41, 46
Selbstbestimmungsrecht 33, 107, 115, 116
Selbsthilfe 7, 123
Selbsthilferecht 89
Selbstschussanlage 91
Sicherungsbetrug 232
Sittenwidrigkeit 112, 114
Soldaten 133, 141
Solidaritätspflicht 101, 103, 105, 106, 111, 163, 167, 168
Sonderwissen 148
Sorgfaltspflichtverletzung 29, 146
	objektive 146
	subjektive 146, 150, 158
Sozialadäquates Risiko 29
Soziale Handlungslehre 19
Sozialethische Einschränkungen 87, **95**
Sperrwirkung 110
Spezialität 231, 237
Spezialprävention 15, 16
	negative 15
	positive 15, 17
Spezifischer Gefahrzusammenhang 160
Sphärentheorie 199

Staatsangehörigkeit 8
Sterilisation 116
Sthenischer Affekt 136
Strafanwendungsrecht 8
Strafaufhebungsgrund 10, 212
Strafausschließungsgrund 172
Strafausschließungsgründe 10
Strafbarkeitslücke 83
Strafbarkeitsvoraussetzungen 6
Strafbemessung 16
Strafmilderung 186
Strafrahmenverschiebung 184
Strafrechtliche Missbilligung 34, 35
Strafrechtswidrigkeit 73
Strafübel 16
Strafverfolgungsvoraussetzungen 6, 7, 10
Strafvollzug 17
Strafvollzugsgesetz 17
Strafvoraussetzungen 10
Strafzumessung 59, 143, 229
Strafzumessungsvorschrift 189
Strafzwecke 15
	Vereinigungstheorie 15
Strafzwecklehre 213, 226
Strenge Schuldtheorie 83
Subjektive Sorgfaltspflichtverletzung 146, 158
Subjektive Theorie 44
Subjektiver Tatbestand 55
Subjektives Notwehrelement **99**
Subjektives Rechtfertigungselement 73, 156
Subsidiarität 232, 237
	formelle 232
	materielle 232
Subsumtion 11
Subsumtionsirrtum 67
Sühne 15
Syllogismus 11
Symmetrische Rettungschancen 107
Systematische Auslegung 21, 28, 48, 60, 74, 156, 187, 188, 199

Tatbestand 10
  objektiver 18
  subjektiver 55
Tatbestandliche Handlungseinheit 230
Tatbestandsausschließendes
  Einverständnis 112, 113
Tatbestandsirrtum 61, 63, 64, 83, 174
Tatbestandsverschiebung 184
Tatbestandsverwirklichung 222
Tateinheit 233
Tatentschluss 43, 46, 175, 193, **194**,
  195
  auf bewusst unsicherer
    Tatsachengrundlage 195
  mit Rücktrittsvorbehalt 195
Täterschaftsmerkmale 7, 155
Täterschaftsvoraussetzungen 39
Täterwille **44**, 47, 53
Tatgeneigtheit 195
Tatherrschaft
  funkionelle 43
  normative 41, 42
Tatherrschaftslehre 44
Tatidentität **219**, 221
Tätigkeitsdelikt 13, 22, 162
  Erfolgsmerkmal 22
  objektive Zurechnung 22
Tatkomplexe 2
Tatmehrheit 237, 238
Tatobjekt 38
Tatplantheorie 221
Tatsächliche Übernahme 168
Teilidentität 234
Teilidentität der
  Ausführungshandlungen 234, 238
Teilvorsatzdelikt 13, **159**
Teleologische Auslegung 213, 214,
  226
Teleologische Reduktion 213
Territorialitätsprinzip 8
Triage 171
Triebstörung 128
Trutzwehr 87, **95**, 96

Übergesetzlicher entschuldigender
  Notstand 144
Überholende Kausalität 24
Übermaßverbot 30, 34, 35, 149
Umstiftung 177
Unbedingter Handlungswille 194
Unbeendeter Versuch 214
Unbewusste Fahrlässigkeit 70, 149
Unechtes Unterlassungsdelikt 163
Ungleichartige Idealkonkurrenz 233
Unmittelbares Ansetzen 71, 197
Unrecht 75
Unrechtsausschluss 85, 113
Unrechtsbewusstsein 131
  Teilbarkeit 132
Unrechtseinsicht 131, 132
Unrechtsteilnahmetheorie 179
Untauglicher Versuch 193, 195, 215
Unterlassen
  Abgrenzung 20
Unterlassungsdelikt 20, **162**, 206
  echtes 13, 162
  Kausalität 166
  Prüfschema 163
  Rechtswidrigkeit 171
  Schuld 171
  unechtes 13, 163
  Zumutbarkeit 172
Unterlassungsdelikte 13
Unternehmungsdelikt 13, 192
Unvermeidbarer Verbotsirrtum 131, **132**
Unzumutbarkeit normgemäßen
  Verhaltens 157, 172
Urteilstenor 229
Verabredung 53
Verantwortlichkeit für gefährliche
  Sachen 169
Verantwortungsprinzip 41, 42
Verbotsirrtum 84
  unvermeidbarer 131, 132
Verbrechervernunft 226
Vereinigungstheorie 15
Verfahrensvoraussetzung 8

Verfolgungsverjährung 7
Verfügungsberechtigung 115
Vergeltung 15
Verhaltensregeln 31
Verhaltensunrecht 73, 74
Verhaltensunwert 86
Verhältnismäßigkeitsgebot 79
Verhältnismäßigkeitsprüfung 87
Verhindern 215, 216, **222**
Verjährung 7
Verkehrssicherungspflicht 169
Verklammerung 236
Verletzungsdelikt 12, 71
Verletzungsvorsatz 70, 71
Vermeidefähigkeit 19
Vermeintliche Mittäterschaft 206
Versuch 76, **192**
    error in persona 197
    Mittäterschaft 205
    mittelbare Täterschaft 203
    Rücktritt 212
    Strafgrund 192
    Tatentschluss 194
    unmittelbares Ansetzen 197
    Unterlassungsdelikt 206
Versuch eines erfolgsqualifizierten
    Deliktes 208
Versuchsaufbau 193
Versuchsbeginn 91
Versuchsdelikt 13
Versuchsstrafbarkeit 91
    Prüfschema 193
Versuchsunrecht 111
Versuchte Anstiftung 210
Verteidigungsmittel 93
Verteidigungswille **99**
Vertrauen 168
Verursachungstheorie 180
Verwerflichkeitsklausel 85
Vollendungsdelikt 13, 192

Vollendungsgefahr 215
Vollendungsvorsatz 182
Voluntatives Element 71, 74
Voluntatives Vorsatzelement 69
Vorbereitungshandlungen 192, 197
Vorsatz 55, 74
Vorsatzdelikt 12, 28, 160
Vorsatzelement
    kognitives 70
    voluntativ 69
Vorsatz-Fahrlässigkeits-Kombination
    13, 159
Vorsatzformen 55
Vorsatzprovokation 97
Vorsatzschuld 174
Vorstellungsunrecht 99
Vorverhalten 97, 149
Wahndelikt 196
Warnschuss 94
Weichensteller-Fall 107, 144
Weltrechtsprinzip 9
Willensdefizit 42
Willensmangel 119
Willensunfreiheit 126
Wirbeltiertötung 6
Wissensdefizit 42
Wissentlichkeit 55, 56
Wollen 69
Wollenselement 71
Züchtigungsrecht 124
Zueignungsabsicht 42
Zumutbarkeit 133, 138
Zurechnungsformel 35
Zurechnungsmerkmale 37
Zustandsdelikt 13, 235, 236, 238
Zustimmung **111**, 117
Zweispurigkeit des Strafrechts 15
Zweistufiger Deliktsaufbau 56, 81
Zwischenaktstheorie 198
Zwischenziel 56